Adrian Deuschle

Preisalgorithmen im Kartellrecht

Kollusion, künstliche Intelligenz und regulatorische Perspektiven

C.H.BECK

Nomos

Onlineversion
Nomos eLibrary

Die Deutsche Nationalbibliothek verzeichnet diese Publikation in der Deutschen Nationalbibliografie; detaillierte bibliografische Daten sind im Internet über http://dnb.d-nb.de abrufbar.

Zugl.: Düsseldorf, Univ., Diss., 2025

ISBN 978-3-7560-2003-4 (Print)

ISBN 978-3-7489-5541-2 (ePDF)

D 61

1. Auflage 2025

Für Augusta und Alma

Vorwort

Die vorliegende Arbeit wurde von der juristischen Fakultät der Heinrich-Heine-Universität Düsseldorf im Wintersemester 2024/2025 als Dissertation angenommen. Literatur und Rechtsprechung konnten bis zum 21. Februar 2025 berücksichtigt werden.

Mein besonderer Dank gilt meinem Doktorvater, *Herrn Prof. Dr. Rupprecht Podszun*, für die hervorragende Betreuung dieser Arbeit. Seine Unterstützung und die Zeit am Lehrstuhl waren von unschätzbarem Wert für die erfolgreiche Fertigstellung der Dissertation. Ebenso danke ich *Herrn Prof. Dr. Christian Kersting LL.M. (Yale)* für die zügige Erstellung des Zweitgutachtens. Bei *Herrn Jun.-Prof. Dr. Jannik Otto* sowie den beiden vorgenannten Gutachtern möchte ich mich auch für die spannende Diskussion in der mündlichen Prüfung am 3. Juli 2025 bedanken.

Dank gebührt auch *Prof. Dr. Thomas Ackermann LL.M. (Cambridge), Prof. Dr. Christian Heinze LL.M. (Cambridge), Prof. Dr. Patrick C. Leyens LL.M. (London), Prof. Dr. Rupprecht Podszun* und *Prof. Dr. Wolfgang Wurmnest LL.M. (Berkeley)* für die Aufnahme meiner Arbeit in die Schriftenreihe Europäisches Wirtschaftsrecht.

Die Tätigkeit am Lehrstuhl meines Doktorvaters *Prof. Dr. Rupprecht Podszun* hat mich stets fachlich und persönlich sehr bereichert. Dem gesamten Team möchte ich herzlich danken, insbesondere meinen ehemaligen Arbeitskollegen *Dr. Gregor Schmieder, Dr. Thilo Klawonn, Jun.-Prof. Dr. Tristan Rohner, Fabian Brauckmann, Philipp Bongartz, Sarah Langenstein-Graetz, Philipp Offergeld* und *Clemens Pfeiffer*. Die Arbeit hat daneben erheblich von dem interdisziplinären Austausch mit den Mitarbeitenden des DICE sowie den inspirierenden Veranstaltungen und Initiativen des Instituts für Kartellrecht (IKartR) profitiert.

Mein herzlicher Dank gebührt allen Personen, die mich in der Promotionszeit unterstützt, ermutigt und auch auf andere Gedanken gebracht haben. Besonders dankbar bin ich meiner Familie, insbesondere meiner *Frau Dr. Amanda Deuschle* und meinen Eltern *Viola* und *Axel Deuschle* für ihre ausnahms- und bedingungslose Unterstützung während des Studiums der Promotion und weit darüber hinaus. Ohne ihre kontinuierliche Unterstützung wäre die Fertigstellung dieser Dissertation nicht möglich gewesen.

Während der Fertigstellung dieser Arbeit sind meine beiden Töchter *Augusta* und *Alma Deuschle* geboren worden. Ihnen ist diese Arbeit in unendlicher Dankbarkeit und Liebe gewidmet.

Köln, Juli 2025
Adrian Deuschle

Inhaltsübersicht

Inhaltsverzeichnis

A. Einleitung

I. Problemstellung

In den letzten Jahren hat die Digitalisierung die Wirtschaft tiefgreifend verändert und neue Geschäftsmodelle sowie Technologien hervorgebracht. Eine zentrale Rolle spielen hierbei Preisalgorithmen, die in der Lage sind, Preise dynamisch und in Echtzeit anzupassen. Solche Algorithmen nutzen große Mengen an Daten, um Preise zu optimieren und Wettbewerbsvorteile zu erzielen. In vielen Märkten sind sie bereits fester Bestandteil des Preisgestaltungsprozesses und versprechen sowohl Unternehmen als auch Verbrauchern Effizienzgewinne.[1]

Gleichzeitig werfen Preisalgorithmen kartellrechtliche Fragen auf. Insbesondere besteht die Sorge, dass der Einsatz von Algorithmen zur Preisgestaltung neue Formen der Kollusion ermöglichen könnte. Traditionell wurde ein koordiniertes Marktverhalten durch explizite Absprachen zwischen Unternehmen erreicht, mit dem Ziel, Preise festzulegen, Märkte zu teilen oder andere wettbewerbswidrige Strategien zu verfolgen. Im digitalen Zeitalter entstehen jedoch neue, subtilere Formen der Koordination, bei denen Preisalgorithmen eine zentrale Rolle spielen können. Algorithmen sind in der Lage, auf Grundlage der beobachteten Preisstrategien von Wettbewerbern schnell und automatisiert auf Marktveränderungen zu reagieren. Diese Fähigkeit zur gegenseitigen Beobachtung und Reaktion schafft ein Umfeld, in dem implizite, algorithmisch unterstützte Kollusion entstehen kann, ohne dass eine direkte Kommunikation oder ein explizites Abkommen zwischen den beteiligten Unternehmen erforderlich ist. Solch ein koordiniertes Marktverhalten durch Preisalgorithmen stellt eine Herausforderung für das bestehende Kartellrecht dar, das in erster Linie auf menschliche Interaktion und explizite Absprachen ausgerichtet ist. *Mehra* hat dieses Problem sehr passend auf den Punkt gebracht:

"How will antitrust law work when decisions are no longer made by humans, but instead by machines? Antitrust's archetypal villains – price-

1 *Ezrachi/Stucke*, Virtual Competition, 2016, S. 2–22.

> *fixing bosses in a smoke-filled room – may be coming to the end of their road.*"[2]

Diese Entwicklung stellt die bestehenden kartellrechtlichen Rahmenbedingungen und Durchsetzungsmechanismen vor neue Herausforderungen. Ein kollusives Zusammenwirken von Unternehmen, um den Wettbewerb zu beeinträchtigen, ist eine der zentralen Herausforderungen des Kartellrechts. Das Kartellrecht dient dem Schutz des unverfälschten Wettbewerbs, der sich als effizientestes Instrument zur Herstellung und Verteilung von Gütern in der Wirtschaftspolitik durchgesetzt hat. Private Wettbewerbsbeschränkungen, wie Monopole und Kartelle, schaden dem Wettbewerb und sollen bekämpft werden, um so für einen möglichst fairen und stabilen Wettbewerb zu sorgen. Monopole haben keine Konkurrenz und daher auch keinen Anreiz die Qualität ihrer Produkte zu verbessern. Außerdem können sie ihre Produkte zu einem hohen Preis anbieten, da sie alternativlos sind. Wenn Unternehmen sich absprechen und vereinbaren, sich gegenseitig keine Konkurrenz mehr zu machen, dann agieren sie wie ein großes Monopol. Die Störungen des Wettbewerbs resultieren in zu hohen Preisen, geringerer Innovationskraft, niedrigerer Qualität und schwächen eine Volkswirtschaft insgesamt, da auch die Produktion und die Nachfrage nach Arbeitskräften zurückgehen.

Diese Arbeit beschäftigt sich mit der Frage, inwieweit der Einsatz von Preisalgorithmen eine Gefahr für den Wettbewerb darstellen könnte und wie das Kartellrecht auf diese neuen Herausforderungen reagieren sollte. Dabei werden sowohl ökonomische als auch rechtliche Aspekte berücksichtigt, um ein umfassendes Verständnis der Problematik zu gewährleisten. Angesichts der zunehmenden Digitalisierung und Automatisierung von Märkten ist eine solche Analyse von entscheidender Bedeutung, um die Integrität und Fairness des Wettbewerbs auch in Zukunft zu gewährleisten.

II. Relevanz

Preisalgorithmen haben in den letzten Jahren stark an Bedeutung gewonnen und sind zu einem zentralen Instrument in der modernen Unternehmenspraxis geworden. Durch die Digitalisierung und die rasante Entwicklung von Big Data und Künstlicher Intelligenz können Unternehmen nun

---

2 *Mehra*, 100 Minnesota Law Review 2016,1323,1324.

in Echtzeit auf Marktveränderungen reagieren und ihre Preise kontinuierlich optimieren.[3] Diese Algorithmen analysieren eine Vielzahl von Datenquellen, darunter historische Verkaufsdaten, Lagerbestände, Wettbewerberpreise und sogar Wetterbedingungen, um die optimalen Preise für Produkte und Dienstleistungen festzulegen. Die Fähigkeit, Preise dynamisch und automatisiert anzupassen, ermöglicht es Unternehmen, ihre Gewinnmargen zu maximieren und gleichzeitig wettbewerbsfähig zu bleiben.

Die Relevanz von Preisalgorithmen erstreckt sich jedoch weit über die bloße Gewinnoptimierung hinaus. Sie beeinflussen zunehmend die Marktstruktur und den Wettbewerb.[4] In vielen Branchen, insbesondere im Online-Handel, sind Preisalgorithmen bereits weitverbreitet und stellen eine Schlüsseltechnologie dar, die den Wettbewerb grundlegend verändert. Im Jahr 2017 verfolgten über 50 Prozent der Onlinehändler in der Europäischen Union die Online-Preise von Wettbewerbern und 67 Prozent dieser Händler benutzten Softwareprogramme, mit denen die eigenen Preise auf Basis der beobachteten Preise der Wettbewerber angepasst werden.[5] Allein in Deutschland nutzen rund 40 Prozent der Onlinehändler dynamische Preisanpassungssoftware und viele Unternehmen planen die Einführung in der Zukunft.[6] Insbesondere auf Onlineplattformen wird Software zur Preissetzung regelmäßig eingesetzt.[7] Im stationären Einzelhandel werden Algorithmen bisher nur vereinzelt eingesetzt. Aber auch der stationäre Handel möchte in Zukunft stärker auf ein dynamisches Preismanagement umsteigen.[8]

In der jüngeren Vergangenheit ist es immer häufiger zu kartellrechtswidrigen Praktiken durch oder mithilfe des Einsatzes von Preisalgorithmen gekommen. Die ersten Fälle, bei denen Preisalgorithmen zum Einsatz ka-

---

3 *Ebers*, NZKart 2016, 554, 555.

4 *OECD*, Algorithms and Collusion: Competition policy in the digital age, 2017, abrufbar unter https://www.oecd.org/competition/algorithms-collusion-competition-policy-in-the-digital-age.htm, S. 18 ff.

5 *Europäische Kommission*, Abschlussbericht über die Sektoruntersuchung zum elektronischen Handel, COM(2017) 229 final, 10.05.2017, abrubar unter https://eur-lex.europa.eu/legal-content/DE/TXT/?uri=CELEX%3A52017DC0229, S. 53.

6 *Ebers*, NZKart 2016, 554.

7 *CMA*, Pricing Algorithms - Economic Working Paper on the use of algorithms to faciliate collusion and personalised pricing, 08.10.2018, abrufbar unter https://assets.publishing.service.gov.uk/government/uploads/system/uploads/attachment_data/file/746353/Algorithms_econ_report.pdf, S. 3.

8 *Ebers*, NZKart 2016, 554.

men, sind die Poster-Kartelle aus den USA[9] und Großbritannien[10]. Die Europäische Kommission hat im Fall *Asus, Denon & Marantz, Philips und Pioneer* Bußgelder wegen des Einsatzes von Algorithmen zur Umsetzung einer vertikalen Preisbindung erlassen.[11] In Indien[12] und den USA[13] wurden jeweils unabhängig voneinander kartellrechtliche Verfahren gegen *Uber* wegen der Nutzung eines einheitlichen Preisalgorithmus für alle angeschlossenen Unternehmen geführt. In Luxemburg wurde ein ähnliches Verfahren gegen das Taxiunternehmen *Webtaxi* geführt.[14] Am 23. August 2024 hat das US-amerikanische Department of Justice (DoJ) in einer Pressemitteilung verlauten lassen, dass es zusammen mit verschiedenen Generalstaatsanwaltschaften eine Klage gegen das Softwareunternehmen *RealPage Inc.* eingeleitet hat, da angeblich mittels eines Preisalgorithmus die Wohnungsmietpreise von mehreren Vermietern koordiniert wurden.[15] In vielen weiteren europäischen und internationalen Verfahren wurde Software genutzt, um kartellrechtswidrige Verhaltensweisen zu realisieren. Diese Verfahren zeigen, dass Verstöße gegen das Kartellrecht durch Algorithmen ein reales Problem darstellen, welches sich in der Zukunft mutmaßlich noch ausweiten dürfte.

9 *Department of Justice,* Pressemitteilung v. 06.04.2015, Former E-Commerce Executive Charged with Price Fixing in the Antitrust Division's First Online Marketplace Prosecution, abrufbar unter https://www.justice.gov/opa/pr/former-e-commerce-executive-charged-price-fixing-antitrust-divisions-first-online-marketplace.

10 CMA, Entscheidung v. 12.08.2016, Case 50223– *Online sales of posters and frames.*

11 *Europäische Kommission,* Pressemitteilung v. 24.07.2018, Kommission verhängt Geldbußen gegen vier Elektronikhersteller wegen Festsetzung von Online-Wiederverkaufspreisen, abrufbar unter https://europa.eu/rapid/press-release_IP-18-4601_de.htm.

12 Competition Commission of India, Entscheidung v. 06.11.2018, Case No. 37 of 2018 - *Samir Agrawal v. ANI Technologies Pvt. Ltd. and ors.*

13 U.S. District Court of the Southern District of New York, Entscheidung v. 31.03.2016, 174 F. Supp. 3d 817, Rn. 820 - *Meyer v. Kalanick I.*

14 Conseil de la Concurrence, Entscheidung vom 07.06.2018, Az. 2018-FO-01 – *Webtaxi S.à.r.l.*

15 *Departement of Justice,* Pressemitteilung v. 23.08.2024, Justice Department Sues RealPage for Algorithmic Pricing Scheme that Harms Millions of American Renters, abrufbar unter https://www.justice.gov/opa/pr/justice-department-sues-realpage-algorithmic-pricing-scheme-harms-millions-american-renters.

III. Forschungsfragen

Diese Arbeit sollen drei Forschungsfragen leiten.

Durch den Einsatz von Software zur Preissetzung ändern sich die Wettbewerbsbedingungen, da unter anderem die Markttransparenz erhöht wird und die Reaktionsgeschwindigkeit auf Preisänderungen zunimmt. Aus diesem Grund wird von einigen Autoren die Sorge geäußert, dass es in Zukunft aufgrund des Einsatzes von Preisalgorithmen häufiger zu einem kollusiven Marktergebnis – d.h. einem Preisniveau über dem Wettbewerbspreis – kommt.[16] Andere Autoren zeigen sich dagegen gelassen und prognostizieren, dass es keine Evidenz für ein vermehrtes Auftreten von Kollusion durch den Einsatz von Preisalgorithmen gibt.[17] Im ersten Kapitel dieser Arbeit soll die Frage untersucht werden, welchen Einfluss der Einsatz von Preisalgorithmen auf die Wahrscheinlichkeit einer Kollusion hat

Eine Kollusion durch die Preisalgorithmen kann auf unterschiedliche Art und Weise erreicht werden. Menschen können Algorithmen als Werkzeug nutzen, um eine zuvor getroffene Kartellabsprache effizient umzusetzen. Andererseits können die Algorithmen auch aufgrund der Reaktionsverbundenheit auf oligopolistischen Märkten selbstständig zu einer Kollusion konvergieren, indem sie beispielsweise eine kollusive Preisstrategie erlernen. Theoretisch möglich ist es auch, dass die Preisalgorithmen mittels eines gemeinsamen Kommunikationsprotokolls miteinander in Kontakt treten und vollkommen selbstständig eine Absprache treffen. Im zweiten Kapitel dieser Arbeit wird der Frage nachgegangen, inwiefern eine Kollusion durch oder mithilfe von Preisalgorithmen durch das Kartellrecht de lege lata erfasst werden kann.

Die Arbeit beschränkt sich jedoch nicht auf eine Analyse des Status quo. Die im zweiten Kapitel der Arbeit identifizierten Rechtsschutzlücken geben Anlass dazu, sich mit der Regulierung von Preisalgorithmen und Kollusion

---

16 *Gal*, 34 Berkeley Technology Law Journal (2019) 67, 116; *Ezrachi/Stucke*, Virtual Competition, 2016, S. 70; *Capobianco/Nyeso*, JECLAP 2018, 19, 25; *Göhsl*, WuW 2018, 121, S. 125.

17 *Schrepel*, Here's why algorithms are NOT (really) a thing, 15.05.2017, abrufbar unter https://www.networklawreview.org/algorithms-based-practices-antitrust/; *ders.*, The Fundamental Unimportance of Algorithmic Collusion for Anitrust Law, 10.02.2020, abrufbar unter https://orgs.law.harvard.edu/antitrust/2020/02/10/the-fundamental-unimportance-of-algorithmic-collusion-for-antitrust-law/; *Veljanovski*, 2022 IIC, 604, 608; *Furman/Coyle/Fletcher u.a.*, Unlocking Digital Competition, 13.03.2019, abrufbar unter https://www.gov.uk/government/publications/unlocking-digital-competition-report-of-the-digital-competition-expert-panel, S. 110.

de lege ferenda auseinanderzusetzen. Daher wird im dritten Kapitel der Arbeit die Frage untersucht, ob das Recht zur Erfassung einer Kollusion durch Preisalgorithmen de lege ferenda angepasst werden sollte.

IV. Methodisches Vorgehen

Die Beantwortung der Forschungsfragen erfolgt anhand unterschiedlicher Methoden.

Die erste Forschungsfrage wird anhand einer Auswertung ökonomischer Studien beantwortet werden. In der Ökonomie wird im Rahmen der experimentellen wirtschaftswissenschaftlichen Forschung der Einfluss von Preisalgorithmen auf das Entstehen von Kollusion in Studien untersucht. Es gibt eine Vielzahl von spieltheoretischen Studien, welche sich mit dem Entstehen einer Kollusion beim Einsatz von Preisalgorithmen beschäftigen. Zur Beantwortung der ersten Forschungsfrage werden diese Studien in Form einer Metastudie dargestellt und ausgewertet. Aus der Auswertung der Studien können Thesen abgeleitet werden, welche zur Beantwortung der Forschungsfrage genutzt werden.

Die zweite Forschungsfrage wird mithilfe einer klassisch rechtswissenschaftlichen Methodik bearbeitet. Zunächst werden Fallgruppen gebildet, bei denen der Einsatz von Preisalgorithmen kartellrechtliche Probleme aufwirft. Diese Fallgruppen sind realen Sachverhalten entnommen oder wurden in der Literatur aufgeworfen, ohne dass entsprechende Präzedenzen bestehen. Die Fallgruppen werden einer rechtlichen Bewertung unterzogen. Dabei wird die Methode der Auslegung des europäischen Kartellrechts verwendet.

Im dritten Kapitel werden die Regelungsmöglichkeiten von Preisalgorithmen und Kollusion bewertet. Eine spezifische Methodik für die Bewertung von Regelungsvorschlägen de lege ferenda im Rahmen einer juristischen Dissertation gibt es bisher nicht. Für die rechtliche Bewertung der Vor- und Nachteile der verschiedenen Regelungsmöglichkeiten werden in methodischer Hinsicht vier Kriterien aufgestellt. Diese Kriterien sind im Lichte des Regelungszwecks von besonderer Bedeutung bei der Bewertung. Die Kriterien dienen der Wissenschaftlichkeit der Arbeit und sollen die Bewertung der Regelungsoptionen vergleichbar machen.

V. Eingrenzung des Untersuchungsgegenstands

Im ersten Kapitel dieser Arbeit werden ökonomische Studien ausgewertet. Die Untersuchung beschränkt sich dabei auf ökonomische Studien, die sich mit dem Entstehen einer Kollusion beim Einsatz von Preisalgorithmen beschäftigen. Computerwissenschaftliche Studien zum Entstehen einer Kooperation in sozialen Dilemmasituation[18] werden dabei explizit ausgeklammert.

Im zweiten Kapitel dieser Arbeit werden nur Fallgruppen einer rechtlichen Bewertung unterzogen, bei denen durch oder mithilfe von Algorithmen kollusiv zusammengewirkt wird. Daher sind rein einseitige Verhaltensweisen durch oder mithilfe von Algorithmen nicht Gegenstand dieser Arbeit.[19] Die kartellrechtliche Bewertung des Einsatzes von Algorithmen zur individualisierten Behandlung von Kunden durch personalisierte Preise ist nicht Gegenstand dieser Arbeit.[20] Ebenso wenig geht es in dieser Arbeit um eine Bewertung des Einsatzes von Algorithmen durch Marktbeherrscher zur Durchsetzung überhöhter Preise. Dieser Vorwurf lag einem Verfahren des Bundeskartellamts gegen die Lufthansa zugrunde.[21] Die Preise stiegen nach der Insolvenz von Air Berlin auf innerdeutschen Strecken um 25-30 %. Die Preissetzung wurde hierbei von einem Algorithmus übernommen. Das Verfahren wurde allerdings wieder eingestellt, da die Preiserhöhungen nicht von Dauer waren und durch die Konkurrenz von easyJet wieder auf das Niveau vor dem Marktaustritt gesunken sind.[22] Auch weitere einseitige Verhaltensweisen, wie der missbräuchliche Einsatz von Rankingalgorithmen zur faktischen Durchsetzung von Preisparitätsklauseln[23], sind nicht Gegenstand dieser Arbeit. Die Bewertung des kollusiven Zusammenwirkens durch oder mithilfe von Algorithmen erfolgt naturgemäß in erster

18 Nur beispielsweise seien hier genannt *Leibo/Zambaldi/Lanctot u.a.*, Multi-agent Reinforcement Learning in Sequential Social Dilemmas, 10.02.2017, abrufbar unter https://arxiv.org/abs/1702.03037; *Crandall/Oudah/Tennom u.a.*, 9 Nature Communications 2018, Article number: 233; *Lerer/Peysakhovich*, Maintaining cooperation in complex social dilemmas using deep reinforcement learning, 05.03.2018, abrubar unter https://arxiv.org/abs/1707.01068.

19 Vgl. hierzu *Waldmann*, Der Einsatz von Preisalgorithmen und das Marktmachtmissbrauchsverbot, 2024.

20 Vgl. hierzu *Paal*, GRUR 2019, 43 ff.

21 *Bundeskartellamt*, Fallbericht v. 29.05.2018, Az. B9-175/17 – *Lufthansa*.

22 *Bundeskartellamt*, Fallbericht v. 29.05.2018, Az. B9-175/17 – *Lufthansa*.

23 *Scott Morton*, Concurences Review N° 1-2024, Art. N° 116147; *Europäische Kommission*, Entscheidung v. 20.12.2022, Case AT.40462 – *Amazon Marketplace* und Case AT.40703 – *Amazon Buy Box*.

Linie anhand der Art. 101 AEUV bzw. § 1 GWB. Im Einzelfall ist es aber auch geboten, zu prüfen, ob bestimmte Fallgruppen, welche nicht von Art. 101 AEUV bzw. § 1 GWB erfasst werden, durch andere kartellrechtliche Normen sanktioniert werden können. Dabei werden auch die Vorschriften zum Missbrauch einer kollektiven Marktbeherrschung, die Fusionskontrolle oder der im Rahmen der 11. GWB-Novelle eingeführte § 32f GWB in den Blick genommen.

VI. Stand der Forschung

Das kollusive Zusammenwirken von Preisalgorithmen ist bereits in einigen Veröffentlichungen einer kartellrechtlichen Bewertung unterzogen worden. Der erste Aufsatz zu dem kartellrechtlichen Problem des Einsatzes von Preissetzungssoftware stammt von *Mehra*.[24] *Ezrachi/Stucke* haben mit ihrem Buch „*Virtual Competition*“[25] einen ersten Überblick über die wettbewerbsrechtlichen Problemstellungen geliefert und die Diskussion im größeren Umfang in Gang gesetzt. Daraufhin haben sich auch verschiedene öffentliche Institutionen mit der Problemstellung befasst, so zum Beispiel die OECD in ihrem Gutachten zu „*Algorithms and collusion*“[26] und die Monopolkommission in ihrem Hauptgutachten „*Wettbewerb 2018*“[27]. Auch Wettbewerbsbehörden haben sich in diversen Studien mit der Problematik auseinandergesetzt. Das Bundeskartellamt hat sich in einer gemeinsamen Studie mit der französischen Kartellbehörde *Autorité de la concurrence*[28] sowie in einer eigenen Veröffentlichung zu *Algorithmen und Wettbewerb*[29] mit der kartellrechtlichen Bewertung des Einsatzes von Algorithmen auseinandergesetzt. Die britische Wettbewerbsbehörde CMA hat eine Studie

---

24 *Mehra*, 100 Minnesota Law Review 2016, 1323 ff.

25 *Ezrachi/Stucke*, Virtual Competition, 2016.

26 *OECD*, Algorithms and Collusion: Competition policy in the digital age, 2017, abrufbar unter https://www.oecd.org/competition/algorithms-collusion-competition-policy-in-the-digital-age.htm.

27 *Monopolkommission*, Wettbewerb 2018, 03.07.2018, abrufbar unter https://www.monopolkommission.de/images/HG22/HGXXII_Gesamt.pdf.

28 *Autorité de la concurrence/Bundeskartellamt*, Algorithms and Competition, 06.09.2019, abrufbar unter https://www.bundeskartellamt.de/SharedDocs/Publikation/EN/Berichte/Algorithms_and_Competition_Working-Paper.pdf.

29 *Bundeskartellamt*, Algorithmen und Wettbewerb, 16.01.2020, abrufbar unter https://www.bundeskartellamt.de/SharedDocs/Publikation/DE/Schriftenreihe_Digitales/Schriftenreihe_Digitales_6.html, S. 31 ff.

zu Preisalgorithmen veröffentlicht.[30] Zudem gibt es zahllose Aufsätze, Beiträge in Festschriften, Vorträge und Zeitungsartikel zu der Problematik.[31] Es sind auch schon mehrere Monografien zur kartellrechtlichen Bewertung des Einsatzes von Preisalgorithmen veröffentlicht worden.[32]

Die erste Monographie zu diesem Themenkomplex stammt von *Veith* und ist im Jahr 2021 veröffentlicht worden. Die Arbeit beschäftigt sich in erster Linie mit der zivilrechtlichen Verantwortlichkeit beim Einsatz von künstlicher Intelligenz und den daraus folgenden Implikationen für das Kartellrecht. Der Schwerpunkt des kartellrechtlichen Teils der Arbeit liegt auf einer Analyse der Zurechnung von Verantwortlichkeit für Kartellrechtsverstöße durch Algorithmen.[33] Dabei wird neben einer ausführlichen Analyse der Rechtslage de lege lata auch untersucht, wie eine Regulierung des Einsatzes von künstlicher Intelligenz und Algorithmen im kartellrechtlichen Kontext de lege ferenda gestaltet werden könnte.[34] Die Monographie von *Andreas* aus dem Jahr 2022 setzt sich mit der Bewertung des Einsatzes von Preisalgorithmen im Rahmen des Art. 101 AEUV bzw. § 1 GWB auseinander und rückt den Fokus der Begutachtung auf die Frage der Haftung und der bußgeldrechtlichen Verantwortlichkeit. Dabei differenziert die Arbeit zwischen den verschiedenen potenziellen Haftungsadressaten (der Algorithmus selbst, das einsetzende Unternehmen, das den Algorithmus herstellende IT-Unternehmen) und entwickelt auf Basis der für künstliche Intelligenz in anderen Bereichen entwickelten Haftungskonzepte eigene Lösungsansätze.[35] Die Dissertation von *Kleeberger* aus dem Jahr 2023 widmet sich ebenfalls der Frage, unter welchen Voraussetzungen Unternehmen

30 *CMA*, Pricing Algorithms - Economic Working Paper on the use of algorithms to faciliate collusion and personalised pricing, 08.10.2018, abrufbar unter https://assets.publishing.service.gov.uk/government/uploads/system/uploads/attachment_data/file/746353/Algorithms_econ_report.pdf.

31 Statt aller *Ebers*, NZKart 2016, 554 f.; *Künstner/Franz*, K&R 2017, 688 ff.; *Pohlmann* in: Festschrift Dirk Schroeder, 2018, S. 633 ff.; *Hennes/Schwalbe*, Wenn die Computer Preise absprechen, FAZ v. 13.07.2018, https://www.faz.net/aktuell/wirtschaft/kuenstliche-intelligenz/koennen-lernende-algorithmen-kartelle-bilden-15688301.html?premium.

32 *Sternberg*, Algorithmische Preissetzung und tacit collusion, 2023; *Andreas*, Die Haftung für Kartellverstöße durch Preisalgorithmen, 2022; *Schröder*, Preisalgorithmen und Wettbewerb, 2024; *Veith*, Künstliche Intelligenz, Haftung und Kartellrecht, 2021; *Streitbörger*, Preisalgorithmenkartelle, 2024; *Kleeberger*, Kartellrechtliche Zurechnungsfragen bei der Verwendung von Algorithmen, 2023.

33 *Veith*, Künstliche Intelligenz, Haftung und Kartellrecht, 2021, S. 230 ff.

34 *Veith*, Künstliche Intelligenz, Haftung und Kartellrecht, 2021, S. 255 ff.

35 *Andreas*, Die Haftung für Kartellverstöße durch Preisalgorithmen, 2022, S. 3-4.

haften, wenn sie im Rahmen ihrer wirtschaftlichen Tatigkeit Algorithmen einsetzen, die gegen das Kartellrecht verstoßen. Im Rahmen dieser Arbeit wird die Frage der Zurechnung aus privatrechtlicher und strafrechtlicher Perspektive untersucht. Diese Erkenntnisse werden dann für die Beantwortung der Zurechnungsfragen im europäischen Kartellrecht fruchtbar gemacht. Die Frage der kartellrechtlichen Bewertung des Einsatzes von Algorithmen durch Unternehmen de lege lata und de lege ferenda wird in dieser Veröffentlichung nur am Rande behandelt.[36] Die Arbeit von *Sternberg* aus dem Jahr 2023 widmet sich in rechtlicher Hinsicht vornehmlich dem Umgang mit stillschweigenden Vereinbarungen durch Preisalgorithmen im Rahmen des gesamten Kartellrechts (Kartellverbot, Missbrauchs- und Fusionskontrolle) und diskutiert wettbewerbsrechtliche Anpassungen. Methodisch bedient er sich eines experimentellen Ansatzes, der einen Beitrag zur verhaltensökonomischen Literatur in Bezug auf die menschliche Interaktion mit Algorithmen im Labor leisten soll.[37] Die Doktorarbeit von *Schröder* aus 2024 befasst sich mit der Forschungsfrage, inwiefern sich der Wettbewerb durch den Einsatz von Preisalgorithmen verändert und wie deren Einsatz kartellrechtlich zu bewerten ist.[38] Dabei geht die Arbeit sowohl auf einen möglichen Verstoß gegen Art. 101 AEUV als auch auf einen potenziellen Missbrauch von Marktmacht durch personalisierte Preise gem. Art. 102 AEUV bzw. § 19 ff. GWB ein.[39] Die Arbeit von *Streitbörger* untersucht neben der Prüfung der Rechtslage de lege lata, welchen praktischen Herausforderungen die Kommission bei der Ermittlung von Preisalgorithmenkartellen ausgesetzt ist.[40] Im Rahmen der Beurteilung der geltenden Rechtslage, geht diese Arbeit die Tatbestandsmerkmale des Art. 101 AEUV durch und vergleicht jeweils das bisherige Verständnis mit den durch den Einsatz von Preisalgorithmen zutage tretenden Besonderheiten.[41] Methodisch weicht dieses Vorgehen deutlich von der in dieser Arbeit angewendeten Prüfung verschiedener Fallgruppen ab. Im Rahmen der Prüfung der Ermittlungen bei Preisalgorithmenkartelle werden die der Kommission zur Verfügung

---

36 *Kleeberger*, Kartellrechtliche Zurechnungsfragen bei der Verwendung von Algorithmen, 2023, S. 19.

37 *Sternberg*, Algorithmische Preissetzung und tacit collusion, 2023, S. 173-205; *Normann/Sternberg*, Human-algorithm interaction: Algorithmic pricing in hybrid laboratory markets, 2022.

38 *Schröder*, Preisalgorithmen und Wettbewerb, 2024.

39 *Schröder*, Preisalgorithmen und Wettbewerb, 2024, S. 147 ff.

40 *Streitbörger*, Preisalgorithmenkartelle, 2024, S. 27 und S. 265 ff.

41 *Streitbörger*, Preisalgorithmenkartelle, 2024, S. 44 ff.

stehenden Ermittlungsmaßnahmen analysiert und algorithmenspezifische Besonderheiten herausgearbeitet. Die Untersuchung zeigt die bestehenden Ermittlungsschwierigkeiten auf, die in erster Linie auf das Fehlen eines Kommunikationsakts zurückzuführen sind.[42]

Die englischsprachige Dissertation von *Dörr* untersucht die Vereinbarkeit des stillschweigenden Zusammenwirkens von Algorithmen mit dem europäischen Kartellrecht.[43] Die Arbeit untersucht die Thematik mit einer vergleichenden Analyse der ökonomischen, kartellrechtlichen und rechtspolitischen Dimensionen bei Sachverhalten in Online- und Offline-Umgebungen. Weiterhin werden in dieser Arbeit auch Möglichkeiten für die Gestaltung eines geeigneten Rechtsrahmens zur Erfassung eines stillschweigenden Zusammenwirkens de lege ferenda untersucht.

Trotz dieser Publikationen gibt es noch Raum für weitere wissenschaftliche Arbeiten in diesem Bereich. Erstens handelt es sich um ein hochaktuelles Thema, bei dem sich die technologischen Rahmenbedingungen und die Marktpraktiken stetig weiterentwickeln. Zweitens haben sich die bisherigen Arbeiten in ökonomischer Hinsicht nicht umfassend und aktuell mit der Studienlage zur Wahrscheinlichkeit einer Kollusion beim Einsatz von Preisalgorithmen auseinandergesetzt. Gerade in diesem Bereich sind sehr viele aktuelle Studien mit interessanten Erkenntnissen durchgeführt worden, welche in den bisherigen Arbeiten nicht herausgearbeitet worden sind. Drittens unterliegt auch der regulatorische Rahmen einer ständigen Veränderung, welche sich auch auf die rechtliche Bewertung des Einsatzes von Preisalgorithmen auswirkt. In diesem Sinne hat sich die Europäische Kommission in ihren im Jahr 2023 aktualisierten Horizontal-Leitlinien mit einigen Teilaspekten des Einsatzes von Preisalgorithmen auseinandergesetzt.[44] Weiterhin wurde im deutschen Kartellrecht mit der Einführung des § 32f GWB eine neue Norm geschaffen, welche bei einer Kollusion durch Preisalgorithmen eine Rolle spielen könnte. Zudem ist im Jahr 2024 die EU-Verordnung (EU) 2024/1689 über künstliche Intelligenz (auch als *KI-VO* oder *AI Act* bezeichnet) durch das Europäische Parlament und den Rat der europäischen Union verabschiedet worden.[45] Es handelt sich da-

42 *Streitbörger*, Preisalgorithmenkartelle, 2024, S. 287 ff.

43 *Dörr*, Algorithmic Tacit Collusion, 2025.

44 *Europäische Kommission*, Leitlinien zur Anwendbarkeit von Artikel 101 des Vertrags über die Arbeitsweise der Europäischen Union auf Vereinbarungen über horizontale Zusammenarbeit, 2023/C 259/01.

45 Verordnung (EU) 2024/1689 des Europäischen Parlaments und des Rates vom 13. Juni 2024 zur Festlegung harmonisierter Vorschriften für künstliche Intelligenz

bei um einen umfassenden regulatorischen Rahmen für den Einsatz von Künstlicher Intelligenz. Diese neuen rechtlichen Entwicklungen konnten in den bisherigen Veröffentlichungen naturgemäß noch nicht vollständig berücksichtigt werden. Zudem sind aktuell in den USA mehrere kartellrechtliche Sammelklagen gegen Preissetzungssoftwarefirmen geführt worden, welche die Preise von Vermietungsunternehmen zu Lasten der Mieter koordiniert haben sollen.[46] Das DoJ und die FTC haben sich teilweise an diesen Sammelklagen beteiligt und zusammen mit verschiedenen Generalstaatsanwaltschaften selbst eine Klage eingereicht.[47] Auch diese Verfahren konnten in den bisher erschienen Monographien nicht untersucht werden.

VII. Gang der Darstellung

Der Hauptteil dieser Arbeit besteht aus insgesamt drei Teilen.

Im ersten Kapitel wird untersucht, welchen Einfluss der Einsatz von Preisalgorithmen auf die Wahrscheinlichkeit einer Kollusion hat. Dazu werden im ersten Abschnitt zunächst die technischen Grundlagen zum Verständnis von Algorithmen, Preisalgorithmen und künstlicher Intelligenz geschaffen. In diesem Abschnitt soll zunächst definiert und beschrieben werden, wie diese Algorithmen funktionieren und welche verschiedenen Arten von Algorithmen es gibt. Im zweiten Abschnitt werden die ökonomischen Grundlagen einer Kollusion erläutert. Diese Abschnitte bilden die Grundlage für die kommenden Ausführungen. Im dritten Abschnitt werden die ökonomischen Studien zum Einfluss von Preisalgorithmen auf das

---

und zur Änderung der Verordnungen (EG) Nr. 300/2008, (EU) Nr. 167/2013, (EU) Nr. 168/2013, (EU) 2018/858, (EU) 2018/1139 und (EU) 2019/2144 sowie der Richtlinien 2014/90/EU, (EU) 2016/797 und (EU) 2020/1828 (Verordnung über künstliche Intelligenz).

46 United States District Court Middle District of Tennessee Nashville Division, Statement of Interest of the United States, 15.11.2023, Case No. 3:23-MD-3071 – *RealPage, Rental Software Antitrust Litigation (No. II);* United States District Court Western District of Washington at Seattle, Statement of Interest of the United States, 01.03.2024, Case No. 2:23-cv-01391-RSL – *McKenna Duffy v. Yardi Systems, Inc., et al.;* United States District Court District of New Jersey, Memorandum of Law in Support of the Statement of Interest of the United States, 28.03.2024, Civil Action No. 1:23-cv-02536-KMW-EAP – *Karen Cornish-Adebiyi, et al. v. Caesars Entertainment, Inc., et al.*

47 *Department of Justice,* Pressemitteilung v. 23.08.2024, Justice Department Sues RealPage for Algorithmic Pricing Scheme that Harms Millions of American Renters, abrufbar unter https://www.justice.gov/opa/pr/justice-department-sues-realpage-algorithmic-pricing-scheme-harms-millions-american-renters.

Entstehen von Kollusion ausgewertet. Das erste Kapitel endet mit einem Fazit, welches die wesentlichen Thesen und Erkenntnisse zur Beantwortung der Forschungsfrage enthält.

Im zweiten Kapitel wird die Frage bearbeitet, inwiefern eine Kollusion durch oder mithilfe von Preisalgorithmen durch das Kartellrecht de lege lata erfasst werden kann. Dazu werden in einem ersten Abschnitt zunächst die rechtlichen und methodischen Grundlagen des europäischen Kartellrechts dargestellt. Im nächsten Abschnitt werden verschiedene Fallgruppen gebildet und deren Vereinbarkeit mit dem Kartellrecht überprüft. Es konnten sechs Fallgruppen eines kollusiven Zusammenwirkens beim Einsatz von Preisalgorithmen identifiziert werden. Dazu gehören der Einsatz von Preisalgorithmen als Werkzeug, Preisalgorithmen und vertikale Preisbindung, Preisalgorithmen in Hub and Spoke-Konstellationen, Preisalgorithmen und öffentliche Ankündigungen, stillschweigendes Zusammenwirken durch Algorithmen und die explizite Kollusion durch Preisalgorithmen. Diese Fallgruppen werden nacheinander einer kartellrechtlichen Prüfung unterzogen. Bei den jeweiligen Fallgruppen wird auch die entsprechende Fallpraxis der Gerichte und Kartellbehörden mit diesen Konstellationen analysiert. Wenn es zu einzelnen Fallgruppen noch keine Fallpraxis gibt, werden hypothetische Szenarien gebildet, welche die rechtliche Analyse leiten. Das zweite Kapitel endet mit einem Fazit, in dem ausgearbeitet wird, inwiefern die Fallgruppen vom bestehenden Kartellrecht erfasst sind bzw. welche Rechtsschutzlücken identifiziert werden konnten.

Im dritten Kapitel wird untersucht, ob die rechtlichen Rahmenbedingungen zur Erfassung einer Kollusion durch Preisalgorithmen de lege ferenda angepasst werden sollten. Dazu wird im ersten Abschnitt zunächst die methodische Vorgehensweise bei der Bewertung der Regelungsoptionen offengelegt, insbesondere werden die eigens entwickelten Kriterien für eine gute Regulierung in diesem Bereich vorgestellt. Im nächsten Abschnitt werden die in der Literatur vorgeschlagenen Regelungsmöglichkeiten vorgestellt und anhand der Kriterien einer Bewertung unterzogen. Im dritten Abschnitt wird ein eigener Regelungsvorschlag für den Einsatz von Preisalgorithmen de lege ferenda erarbeitet. Der Abschnitt endet mit einem Fazit, in welchem die wesentlichen Erkenntnisse zu den Regelungsvorschlägen dargelegt werden.

Die Arbeit endet mit einer zusammenfassenden Darstellung der Forschungsergebnisse.

B. Algorithmen und der Wettbewerb

In den 1980er Jahren begann der flächendeckende Einsatz von Computern, Software und Datenauswertung und revolutionierte die Märkte weltweit. Die Digitalisierung ist in alle Wirtschaftsbereiche vorgedrungen und hat die Infrastruktur der Ökonomie und ihre Parameter verändert.[48] Plattformen, Daten und Künstliche Intelligenz sind die drei großen neueren Treiber dieser digitalen Revolution von Märkten und Marktstrukturen. [49] Es sind internetbasierte Firmen entstanden, die neue Produkte und Geschäftsmodelle angeboten haben. Viele dieser Firmen sind als Plattformen organisiert und haben Interaktionen zwischen verschiedenen Marktstufen zu ihrem Geschäftsmodell gemacht.[50] Dazu zählen soziale Netzwerke wie TikTok, Instagram oder Facebook und Streamingdienste wie Netflix, Spotify oder DAZN. Zudem kaufen viele Kunden Produkte online ein, insbesondere auf großen Handelsplätzen wie Amazon, Ebay oder Zalando. Einige Plattformen haben sich zu digitalen Konglomeraten entwickelt, die eine bisher ungekannte Marktkapitalisierung und Marktmacht auf sich vereinen. Die zentralen Akteure kommen aus dem Silicon-Valley: Alphabet, Apple, Amazon, Meta und Microsoft (*ehemals als GAFAM bekannt*).[51] Eine zentrale Rolle auf digitalen Märkten spielt die Erfassung, Nutzung und Verarbeitung von Daten. Daten sind dabei alle Arten von Informationen.[52] Die Wertschöpfung mit Daten hat in der Digitalwirtschaft enorme Ausmaße angenommen. Durch den Einsatz von immer leistungsfähigeren Algorithmen und vermehrt auch künstlicher Intelligenz können großen Menge an Informationen verarbeitet werden (*Big Data*). Big Data steht für die Bedeutung und Dimension, die die Nutzung von Daten mittler-

48 *Podszun*, Gutachten F zum 73. Deutschen Juristentag Hamburg 2020/Bonn 2022: Empfiehlt sich eine stärkere Regulierung von Online-Plattformen und anderen Digitalunternehmen?, 2020, S. 9.

49 *Käseberg/von Kalben*, WuW 2018, 2.

50 *Rochet/Tirole*, 1 Journal of the European Economic Association 2003, 990 ff.; *dies.*, 37 RAND Journal of Economics 2006, 645 ff.; *Evans*, 20 Yale Journal on Regulation 2003, 325 ff.

51 *Petit*, Big Tech and the Digital Economy: The Moligopoly Scenario, 2020, S. 5.

52 *Bundeskartellamt/Autorité de la concurrence*, Competition Law and Data, 10.05.2016, abrufbar unter https://www.bundeskartellamt.de/SharedDocs/Publikation/DE/Berichte/Big%20Data%20Papier.html, S. 6.

weile erreicht hat. Daten wurden schon immer gesammelt, was sich aber entscheidend geändert hat, sind: der Umfang, die Geschwindigkeit, die Vielfalt und der Wert der Daten. Es werden also mehr, schneller und vielfältigere Daten gesammelt, die dadurch auch einen höheren Wert für die Unternehmen haben.[53] Die Daten werden unter anderem genutzt, um damit Algorithmen zu trainieren. Die Algorithmen treffen auf Basis ihrer Datengrundlage und gegebenenfalls unter Nutzung einer künstlichen Intelligenz Entscheidungen. Algorithmen werden von Unternehmen immer häufiger auch eingesetzt, um bei der Preissetzung zu unterstützen. Insofern treten die Algorithmen mit anderen Marktakteuren in Wettbewerb. Bei dieser Interaktion kann es zu einem kollusiven Zusammenwirken kommen. Im ersten Kapitel dieser Arbeit soll die Frage untersucht werden, welchen Einfluss der Einsatz von Preisalgorithmen auf die Wahrscheinlichkeit einer Kollusion hat. Dazu werden im Folgenden zunächst die computerwissenschaftlichen Grundlagen zu Algorithmen, Preisalgorithmen und künstlicher Intelligenz dargestellt (I.). Dann werden die ökonomischen Grundlagen der Kollusion erörtert (II.). Es folgt eine Untersuchung zu der Frage, inwiefern der Einsatz von Preisalgorithmen Einfluss auf das Entstehen von Kollusion auf Märkten nehmen kann (III.). Das Kapitel endet mit einem Fazit (IV.)

I. Algorithmen, Preisalgorithmen und künstliche Intelligenz

In der digitalen Wirtschaft überlassen immer mehr Marktakteure (Hersteller, Händler und Endverbraucher) ihre Entscheidungen Algorithmen. Die Algorithmen sind in der Lage in kurzer Zeit die zur Verfügung stehenden Daten auszuwerten und eine darauf basierende unternehmerische Entscheidung zu treffen. Auch bei der Preissetzung werden Algorithmen eingesetzt, die mittels Datenauswertung den bestmöglichen Preis für ein Produkt oder eine Dienstleistung ermitteln. Relevante Daten für einen Preisalgorithmus können zum Beispiel die aktuellen oder historischen Preise von Wettbewerbern oder die fixen und variablen Produktionskosten für ein Produkt sein. Diese Algorithmen basieren teilweise auf künstlicher Intelligenz. Forschungsgegenstand dieser Arbeit sind Algorithmen, mit deren Hilfe Unternehmen ihre Preise setzen. Im Folgenden werden die technischen Grundlagen zu Algorithmen (1.), Preisalgorithmen (2.) und künstlicher Intelligenz (3.) näher beleuchtet.

---

53 Vgl. *Stucke/Grunes*, Big Data and Competition Policy, 2016, 15 ff.

1. Algorithmen

Jede Art von Software besteht mindestens aus einem Algorithmus.[54] Um zu verstehen, wie sich Algorithmen auf den Wettbewerb auswirken, muss zunächst nachvollzogen werden, wie sie funktionieren und welche grundlegenden verschiedenen Formen derzeit verwendet werden. Es hat sich bisher keine einheitliche Definition von Algorithmen herausgebildet, die universell eingesetzt wird.[55] In der Literatur wird eine Vielzahl von unterschiedlichen Definitionen vorgeschlagen. Aus technischer Sicht können Algorithmen folgendermaßen definiert werden:

> *„Ein Algorithmus ist ein klar definiertes Berechnungsverfahren, das ein oder mehrere Werte als Input nimmt und ein oder mehrere Werte als Output erzeugt.“*[56]

Diese Begriffsdefinition erfasst allerdings nicht nur von Maschinen ausgeführte Algorithmen. Auch ein Kochrezept könnte nach dieser Definition unter den Begriff Algorithmus gefasst werden.[57] Damit ein Computer einen Algorithmus ausführen kann, muss dieser in Programmiersprache geschrieben werden.[58] Von Computern ausgeführte Algorithmen nennt man digitale Algorithmen.[59] Untersuchungsgegenstand dieser Arbeit sind ausschließlich digitale Algorithmen.

---

54 *Bundeskartellamt*, Algorithmen und Wettbewerb, 16.01.2020, abrufbar unter https://www.bundeskartellamt.de/SharedDocs/Publikation/DE/Schriftenreihe_Digitales/Schriftenreihe_Digitales_6.html, S. 1.

55 *CMA*, Pricing Algorithms - Economic Working Paper on the use of algorithms to faciliate collusion and personalised pricing, 08.10.2018, abrufbar unter https://assets.publishing.service.gov.uk/government/uploads/system/uploads/attachment_data/file/746353/Algorithms_econ_report.pdf, S. 9; *Heilmann* in: Liggieri/Müller (Hrsg.), Mensch-Maschine-Interaktion, 2019, S. 229.

56 *Cormen/Leiserson/Rivest u.a.*, Introduction to Algorithms, 2022, S. 10; *Gal*, 34 Berkeley Technology Law Journal 2019, 67, 77; *Hacker* in: Bakhoum/Conde Gallego/Mackenrodt u.a. (Hrsg.), Personal Data in Competition, Consumer Protection and Intellectual Property Law, 2018, S. 88.

57 *OECD*, Algorithmic Collusion: Problems and Counter-Measures-Note by A. Ezrachi & M. E. Stucke, 31.05.2017, abrufbar unter https://web-archive.oecd.org/temp/2022-02-22/428074-algorithms-and-collusion.htm, S. 8.

58 *Heilmann* in: Liggieri/Müller (Hrsg.), Mensch-Maschine-Interaktion, 2019, S. 229, S. 229.

59 *Autorité de la concurrence/Bundeskartellamt*, Algorithms and Competition, 06.09.2019, abrufbar unter https://www.bundeskartellamt.de/SharedDocs/Publikation/EN/Berichte/Algorithms_and_Competition_Working-Paper.pdf, S. 3.

2. Preisalgorithmen

Algorithmen werden eingesetzt, um eine Vielzahl von Problemen bzw. Aufgaben zu lösen.[60] Es kann sich dabei um einfache, aber zeitintensive, repetitive oder sehr anspruchsvolle Aufgaben handeln. Diese Arbeit beschäftigt sich mit Algorithmen, deren Aufgabe es ist, den optimalen Preis für ein Produkt oder eine Dienstleistung zu ermitteln.[61] Forschungsgegenstand dieser Arbeit sind Algorithmen, die entweder Preise als Eingabewert nehmen und/oder ein Berechnungsverfahren nutzen, um einen Preis als Ausgabe zu erzeugen (sog. *Preisalgorithmen*).[62] Preisalgorithmen werden für verschiedene Zwecke eingesetzt. Ihre Komplexität kann dabei erheblich variieren.[63] Aus diesem Grund ist es notwendig, Preisalgorithmen in verschiedene Kategorien aufzuteilen, um diese voneinander abzugrenzen. Im Folgenden werden die verschiedenen Kategorien zur Unterscheidung von Preisalgorithmen dargestellt. [64] Preisalgorithmen können zunächst nach der auszuführenden Aufgabe unterschieden werden (a.). Weiterhin kann nach der verwendeten Lernmethode differenziert werden (b.). Nicht zuletzt können die Preisalgorithmen nach ihrer Interpretierbarkeit unterschieden werden (c.).

---

60 *OECD*, Algorithms and Collusion: Competition policy in the digital age, 2017, abrufbar unter www.oecd.org/competition/algorithms-collusion-competition-policy-in-the-digital-age.htm, S. 11 ff.

61 Vgl. zur Enststehung von Preisen auf Märkten Abschnitt B.II.1.

62 *CMA*, Pricing Algorithms - Economic Working Paper on the use of algorithms to faciliate collusion and personalised pricing, 08.10.2018, abrufbar unter https://assets.publishing.service.gov.uk/government/uploads/system/uploads/attachment_data/file/746353/Algorithms_econ_report.pdf, S. 9.

63 *CMA*, Pricing Algorithms - Economic Working Paper on the use of algorithms to faciliate collusion and personalised pricing, 08.10.2018, abrufbar unter https://assets.publishing.service.gov.uk/government/uploads/system/uploads/attachment_data/file/746353/Algorithms_econ_report.pdf, S. 10; *Banicevic/Kohlmaier/Pechersky u.a.*, Algorithms: Challenges and opportunities for antitrust compliance, 2018, abrufbar unter https://awards.concurrences.com/en/awards/2019/business-articles/algorithms-challenges-and-opportunities-for-antitrust-compliance, S. 4.

64 Vgl. *Bixer/Heimeshoff* in: Budzinski/Haucap/Stöhr u.a. (Hrsg.), Zur Ökonomik von Sport, Entertainment und Medien, 2021, S. 274 ff.

a. Unterscheidung nach der auszuführenden Aufgabe

Preisalgorithmen werden zur Lösung verschiedener Aufgaben eingesetzt. Bei einem Einsatz auf Seiten der Unternehmen wird differenziert zwischen Preisüberwachungsalgorithmen (aa.), Preisempfehlungsalgorithmen (bb.), Preissetzungsalgorithmen (cc.) und Rankingalgorithmen (dd.).[65] Der Unterschied zwischen den Algorithmen besteht hier im Wesentlichen darin, wieviel Autonomie ein Unternehmen bei der Preissetzung behalten bzw. an den Algorithmus abgeben möchte. Zudem werden Preisalgorithmen auch von Verbrauchern eingesetzt (ee.).

aa. Preisüberwachungsalgorithmen

Zunächst können Algorithmen eingesetzt werden, um die Preise von anderen Unternehmen zu beobachten. Preisüberwachungsalgorithmen – teilweise auch als Preisbeobachtungsalgorithmen bezeichnet – sind Webcrawler, die nach vordefinierten Kriterien das Internet nach bestimmten Angeboten durchsuchen und deren Preise bzw. Konditionen analysieren.[66] Der Einsatz dieser Algorithmen ist bereits weitverbreitet. Laut der Sektoruntersuchung im elektronischen Handel der Europäischen Kommission von 2017 überwachten 53 % der Einzelhändler im Online-Handel die Preise von konkurrierenden Unternehmen, wobei größere Unternehmen eher dazu neigen, die Konkurrenz zu beobachten als kleinere Unternehmen. Dabei nutzten 67 % der beobachtenden Einzelhändler Software – ergo Preisalgorithmen –, um die Preise ihrer Wettbewerber zu beobachten.[67] Auch Hersteller überwachten nach der Erhebung von 2017 häufig die Preise ihrer Einzelhändler, regelmäßig unter Einsatz von „Preissoftware".[68] Die Überwachung erfolgt vor allem aus zwei Motiven. Einerseits überwachen

65 *König* in: Ebers/Heinze/Krügel u.a. (Hrsg.), Künstliche Intelligenz und Robotik, 2020, § 17, Rn. 7.

66 *König* in: Ebers/Heinze/Krügel u.a. (Hrsg.), Künstliche Intelligenz und Robotik, 2020, § 17, Rn. 7.

67 *Europäische Kommission*, Staff Working Document Accompanying the document Report from the Commission to the Council and the European Parliament Final report on the E-commerce Sector Inquiry, 10.05.2017, abrufbar unter https://eur-lex.europa.eu/legal-content/DE/ALL/?uri=CELEX%3A52017SC0154, S. 51 Rn. 149.

68 *Europäische Kommission*, Abschlussbericht über die Sektoruntersuchung zum elektronischen Handel, COM(2017) 229 final, 10.05.2017, abrufbar unter https://eur-lex.europa.eu/legal-content/DE/TXT/?uri=CELEX%3A52017DC0229, S. 11.

Unternehmen die Preise von Wettbewerbern, um die eigenen Preise optimal anzupassen. Eine Überwachung von Preisen der Mitbewerber hat auch schon vor der Existenz von Algorithmen stattgefunden. Der Einsatz von Algorithmen erhöht vor allem die horizontale Transparenz zwischen den Unternehmen und die Reaktionsgeschwindigkeit. Andererseits beobachten Hersteller die Preise ihrer Einzelhändler. Dies könnte dazu dienen die Einhaltung von – gegebenenfalls kartellrechtswidrigen – Preisempfehlungen oder sonstigen vertikalen Vereinbarungen zu überwachen. Dadurch könnte laut der Kommission der Anreiz sinken, von vorgegebenen Preisen der Hersteller abzuweichen.[69]

bb. Preisempfehlungsalgorithmen

Unternehmen setzen auch Algorithmen ein, die über die reine Beobachtung hinausgehen. Preisempfehlungsalgorithmen sprechen anhand einer vorgegebenen Zielfunktion auf der Grundlage von Markt- und Unternehmensdaten als Input eine Empfehlung in Bezug auf die Preissetzung des Unternehmens als Output aus.[70] Als Input können dabei unter anderem externe Faktoren, wie Nachfrageverhalten und Marktentwicklung, oder interne Faktoren, wie Auslastungskapazitäten, Lagerbestand oder die eigenen Produktionskosten, dienen.[71] Die letztendliche Entscheidung über die Preissetzung verbleibt bei diesen Algorithmen bei dem Unternehmen bzw. den dahinter stehenden natürlichen Personen. Preisempfehlungsalgorithmen können auch in vertikalen Vertragsbeziehungen eingesetzt werden, beispielsweise, wenn eine Online-Plattform einen Preisempfehlungsalgorithmus einsetzt, welcher den auf der Plattform agierenden Händlern Empfehlungen für ihre Preissetzung ausspricht.

---

69 *Europäische Kommission*, Abschlussbericht über die Sektoruntersuchung zum elektronischen Handel, COM(2017) 229 final, 10.05.2017, abrufbar unter https://eur-lex.europa.eu/legal-content/DE/TXT/?uri=CELEX%3A52017DC0229, S. 11.

70 *König* in: Ebers/Heinze/Krügel u.a. (Hrsg.), Künstliche Intelligenz und Robotik, 2020, § 17, Rn. 7.

71 *Bernhardt/Dewenter*, 16 European Competition Journal 2020, 312, 315; *CMA*, Pricing Algorithms - Economic Working Paper on the use of algorithms to faciliate collusion and personalised pricing, 08.10.2018, abrufbar unter https://assets.publishing.service.gov.uk/government/uploads/system/uploads/attachment_data/file/746353/Algorithms_econ_report.pdf, S. 62.

cc. Preissetzungsalgorithmen

Beim Einsatz von Preissetzungsalgorithmen sind die Unternehmen bereit, noch mehr Autonomie von Menschen auf Algorithmen zu übertragen. Sie funktionieren in der Sache wie Preisempfehlungsalgorithmen, haben aber die Befugnis Preisanpassungen ohne menschliche Beteiligung selbstständig vorzunehmen.[72] Im elektronischen Handel nutzen 78 % derjenigen Einzelhändler, die Software zur Überwachung der Wettbewerber einsetzen, Preissetzungsalgorithmen, um ihre Preise an diejenigen der Wettbewerber anzupassen.[73] Auch auf Online-Plattformen werden Preissetzungsalgorithmen regelmäßig von Händlern eingesetzt. Eine Studie aus dem Jahr 2016 auf dem Amazon Marketplace zu den Händlern der am besten verkauften Produkte hat ergeben, dass über 500 von 1.641 Händlern Preissetzungsalgorithmen eingesetzt haben.[74] Auch auf der in den Niederlanden und Belgien aktiven Online-Plattform bol.com werden nach einer Studie aus dem Jahr 2021 Preissetzungsalgorithmen regelmäßig und häufig eingesetzt.[75] Preissetzungsalgorithmen sind in der Lage, wesentlich schneller und flexibler die Preise anzupassen als bei einer manuellen menschlichen Preisanpassung.[76] Preissetzungsalgorithmen können zur dynamischen Preissetzung und/oder personalisierten Preissetzung verwendet werden.

(1) Dynamische Preissetzung

Mittels dynamischer Preissetzung (engl. *dynamic pricing*) können Algorithmen eingesetzt werden, um eine Vielzahl von Informationen über das Wettbewerbsumfeld, die Kapazitätsauslastung oder sonstige Kriterien zu

72 *König* in: Ebers/Heinze/Krügel u.a. (Hrsg.), Künstliche Intelligenz und Robotik, 2020, §17, Rn. 7.

73 *Europäische Kommission*, Commission Staff Working Document Accompanying the document Report from the Commission to the Council and the European Parliament Final report on the E-commerce Sector Inquiry, 10.05.2017, abrufbar unter https://eur-lex.europa.eu/legal-content/DE/ALL/?uri=CELEX%3A52017SC0154, S. 51, Rn. 149.

74 *Chen/Mislove/Wilson*, An Empirical Analysis of Alorithmic Pricing on Amazon Marketplace, 11.04.2016, abrufbar unter https://dl.acm.org/doi/10.1145/2872427.2883089, S. 1.

75 *Wieting/Sapi*, Algorithms in the Marketplace: An Empirical Analysis of Automated Pricing in E-Commerce, 08.11.2021, abrufbar unter https://papers.ssrn.com/sol3/papers.cfm?abstract_id=3945137, S. 12 ff.

76 *Šmejkal*, Cartels by Robots - Current Antitrust Law in Search of an Answer, 31.12.2017, abrufbar unter https://hrcak.srce.hr/192773, S. 3.

verwerten und den Preis bzw. die Preise dynamisch sekundengenau daran anzupassen.[77] Diese algorithmische Preissetzung unterscheidet sich von der menschlichen im Wesentlichen durch die Fähigkeit eine Vielzahl von Informationen in kurzer Zeit zu verarbeiten. Dynamische Preissetzung nimmt nicht nur online stark zu. Technisch ist es auch unproblematisch möglich, mittels digitaler Preisschilder im Einzelhandel dynamische Preissetzung zu verwenden, allerdings ist dies in Deutschland – außerhalb von Tankstellen[78] – noch nicht sehr weitverbreitet.[79]

(2) Personalisierte Preissetzung

Bei personalisierter Preissetzung (engl. *personalized pricing)* wird der Preis zusätzlich anhand verbraucherspezifischer objektiver Kriterien (wie z.B. dem verwendeten Endgerät, Browser oder Betriebssystem) oder subjektiver Merkmale der Verbraucher (z.B. Alter, Herkunft, Geschlecht oder historische Einkaufsdaten) gebildet.[80] Verbraucher empfinden den Einsatz von personalisierter Preissetzung oft als nicht gerecht.[81] Ökonomisch handelt es sich bei personalisierten Preisen um eine Form der Preisdiskriminierung.[82] Im Gegensatz zur dynamischen Preissetzung konnte personalisierte Preissetzung im Online-Handel in der Praxis nur in seltenen Fällen festgestellt werden. Bei einer personalisierten Preissetzung stellen sich datenschutz- und lauterkeitsrechtliche Fragestellungen.[83] In kartellrechtlicher Hinsicht wäre es denkbar, dass eine personalisierte Preissetzung einen Missbrauch einer marktbeherrschenden Stellung darstellt.[84] Bei einer personalisierten Preissetzung handelt es sich aber grundsätzlich um eine rein einseitige Verhaltensweise, welche nicht Gegenstand dieser Arbeit ist.[85]

---

77 *Zander-Hayat/Reisch/Steffen*, VuR 2016, 403.

78 *Assad/Clark/Ershov u.a.*, Algorithmic Pricing and Competition: Empirical Evidence from the German Retail Gasoline Market, 28.08.2020, abrufbar unter https://papers.ssrn.com/sol3/papers.cfm?abstract_id=3682021, S. 7 ff.

79 *Yilnen*, NZKart 2018, 19; *Zander-Hayat/Reisch/Steffen*, VuR 2016, 403, 405.

80 *Zander-Hayat/Reisch/Steffen*, VuR 2016, 403, 404.

81 *Priester/Robbert/Roth*, 19 Journal of Revenue and Pricing Management 2020, 99, 109.

82 *Miller*, 19 Journal of Technology Law and Policy 2014, 41, 55.

83 *Hidar*, Rechtliche Grenzen smarter Preisgestaltung, 2021.

84 *Schröder*, Preisalgorithmen und Wettbewerb, 2024, S. 244 ff.; *Botta/Wiedemann*, 50 European Journal of Law and Economics 2020, 381 ff.; *Townley/Morrison/Yeung*, Big Data and Personalised Price Discrimination in EU Competition Law, 11.10.2017, abrufbar unter https://papers.ssrn.com/sol3/papers.cfm?abstract_id=3048688.

85 Vgl. oben Abschnitt A.V.

dd. Rankingalgorithmen

Eine weitere Variante von Preisalgorithmen sind Rankingalgorithmen. Dabei handelt es sich um Algorithmen, die auf der Basis eines bestimmten Inputs nach einem vorgegebenen Rechenverfahren als Output eine Liste von Objekten erstellen.[86] Rankingalgorithmen sind Preisalgorithmen nach der oben genannten Definition, wenn der Preis als Input dazu führt, dass Produkte in einem Online-Shop mehr oder weniger prominent angezeigt werden.[87] Ein besonders praxisrelevantes Beispiel für einen Rankingalgorithmus ist die Buy Box, welche auf verschiedenen Online-Plattformen wie Amazon und bol.com eingesetzt wird.[88] Die Buy Box wird von den Plattformen eingesetzt für den Fall, dass mehrere Händler und gegebenenfalls Amazon selbst das gleiche Produkt anbieten. In diesem Fall entscheidet der Buy Box Algorithmus, welcher Händler das Einkaufswagen Symbol erhält und damit die Buy Box gewinnt.[89] Die genaue Funktionsweise der Buy Box Algorithmen und die Gewichtung der Faktoren, die als Input genutzt werden, ist nicht bekannt und bietet Anlass für Spekulationen der Händler.[90] Zumindest für bol.com ist bekannt, dass als Input der Preis des Produkts, die Lieferkosten, die Verfügbarkeit, die Lieferzeit und der „performance score" des Händlers als Input genutzt werden.[91] Der Stellenwert der Buy

86 *CMA*, Pricing Algorithms - Economic Working Paper on the use of algorithms to faciliate collusion and personalised pricing, 08.10.2018, abrufbar unter https://assets.publishing.service.gov.uk/government/uploads/system/uploads/attachment_data/file/746353/Algorithms_econ_report.pdf, S. 9, Rn. 2.5.

87 *König* in: Ebers/Heinze/Krügel u.a. (Hrsg.), Künstliche Intelligenz und Robotik, 2020, §17, Rn. 7.

88 *Chen/Mislove/Wilson*, An Empirical Analysis of Alorithmic Pricing on Amazon Marketplace, 11.04.2016, abrufbar unter https://dl.acm.org/doi/10.1145/2872427.2883089, S. 1.

89 *Chen/Mislove/Wilson*, An Empirical Analysis of Alorithmic Pricing on Amazon Marketplace, 11.04.2016, abrufbar unter https://dl.acm.org/doi/10.1145/2872427.2883089, S. 1; *Wieting/Sapi*, Algorithms in the Marketplace: An Empirical Analysis of Automated Pricing in E-Commerce, 08.11.2021, abrufbar unter https://papers.ssrn.com/sol3/papers.cfm?abstract_id=3945137, S. 3.

90 *Chen/Mislove/Wilson*, An Empirical Analysis of Alorithmic Pricing on Amazon Marketplace, 11.04.2016, abrufbar unter https://dl.acm.org/doi/10.1145/2872427.2883089, S. 2; *Wieting/Sapi*, Algorithms in the Marketplace: An Empirical Analysis of Automated Pricing in E-Commerce, 08.11.2021, abrufbar unter https://papers.ssrn.com/sol3/papers.cfm?abstract_id=3945137, S. 3.

91 *Wieting/Sapi*, Algorithms in the Marketplace: An Empirical Analysis of Automated Pricing in E-Commerce, 08.11.2021, https://papers.ssrn.com/sol3/papers.cfm?abstract_id=3945137, S. 3.

Box auf Online Plattformen ist hoch, da zwischen 80-90 % der Verkäufe durch den Gewinn der Buy Box abgeschlossen werden.[92]

ee. Verbraucherseitig eingesetzte Algorithmen

Preisalgorithmen können auch von Verbrauchern genutzt werden. Dies geschieht vor allem bei der Nutzung von Online-Vergleichsportalen[93], bei denen Preiscrawler die Verbraucher über den günstigsten Preis eines Produkts bzw. einer Leistung informieren oder im Falle eines Preisrutsches eine Benachrichtigung schicken. Noch weiter gehen automatisierte Wechseldienste im Energiesektor.[94] Hier ermitteln die Algorithmen der Anbieter im Rahmen eines Dauerschuldverhältnisses regelmäßig den günstigsten Tarif und machen unverbindliche Tarifwechselvorschläge oder vollziehen mittels einer erteilten Vollmacht automatische Wechsel.[95] Darüber hinaus nutzen Verbraucher bereits heute intelligente persönliche Assistenten, die Kaufentscheidungen vorschlagen oder sogar selbstständig durchführen. Beispiele sind virtuelle Assistenten, wie *Alexa* von Amazon, über die man sprachgesteuert Bestellungen aufgeben und automatische Nachbestellungen für Smarte Geräte voreinstellen kann. Letzteres ist eine Ausprägung des *Internet of Things* (IoT), mit dessen Hilfe sich Anwendungen automatisieren und Aufgaben ohne Eingriff von außen erledigen lassen.

---

92 *Wieting/Sapi*, Algorithms in the Marketplace: An Empirical Analysis of Automated Pricing in E-Commerce, 08.11.2021, abrufbar unter https://papers.ssrn.com/sol3/papers.cfm?abstract_id=3945137, S. 3.

93 Nur beispielhaft seien hier genannt: https://www.verivox.de/; https://www.check24.de/; https://www.expedia.de/; https://www.skyscanner.de/; https://www.idealo.de/.

94 *Autorité de la concurrence/Bundeskartellamt*, Algorithms and Competition, 06.09.2019, abrufbar unter https://www.bundeskartellamt.de/SharedDocs/Publikation/EN/Berichte/Algorithms_and_Competition_Working-Paper.pdf, S. 8.

95 *Verbraucherzentrale*, Automatische Wechselservices für Strom- und Gaslieferverträge, 15.08.2022, abrufbar unter https://www.verbraucherzentrale.de/wissen/energie/preise-tarife-anbieterwechsel/automatische-wechselservices-fuer-strom-und-gasliefervertraege-38434.

b. Unterscheidung nach der Lernmethode

Preisalgorithmen lassen sich auch nach ihrer Komplexität unterscheiden.[96] Die Komplexität hängt dabei von dem zugrundeliegenden Berechnungsverfahren, also der Lernmethode ab. In der Literatur wird zwischen einfachen statischen (aa.) und komplexeren dynamischen Preisalgorithmen (bb.) unterschieden.[97]

aa. Statische Preisalgorithmen

Statische Algorithmen beruhen auf festgelegten Berechnungsverfahren, die initial gesetzt wurden und sich im Laufe der Zeit nicht automatisch verändern.[98] Das heißt die Regel bzw. die Berechnungsmethode, mit deren Hilfe aus dem Input ein Output generiert wird, bleibt immer gleich. Teilweise werden diese Algorithmen auch als stringente Algorithmen bezeichnet.[99] Ein statischer Algorithmus lernt somit gerade nicht dazu, auch wenn die Berechnungsmethode nicht von Erfolg gekrönt ist. Eine statische Regel könnte zum Beispiel die Nachahmung oder Unter- bzw. Überbietung des Wettbewerberpreises sein.[100] Laut einer Untersuchung der Monopolkommission aus dem Jahr 2018 werden bisher auf deutschen Online-Märkten

---

96 *CMA*, Pricing Algorithms - Economic Working Paper on the use of algorithms to faciliate collusion and personalised pricing, 08.10.2018, abrufbar unter https://assets.publishing.service.gov.uk/government/uploads/system/uploads/attachment_data/file/746353/Algorithms_econ_report.pdf, S. 9, Rn. 2.3; *Gal*, It's a Feature, not a Bug: On Learning Algorithms and what they teach us, 07.06.2017, abrufbar unter https://www.oecd.org/competition/algorithms-and-collusion.htm, S. 2.

97 *Monopolkommission*, Wettbewerb 2018, 03.07.2018, abrufbar unter https://www.monopolkommission.de/images/HG22/HGXXII_Gesamt.pdf, S. 66, Rn. 170; *Bundeskartellamt*, Algorithmen und Wettbewerb, 16.01.2020, abrufbar unter https://www.bundeskartellamt.de/SharedDocs/Publikation/DE/Schriftenreihe_Digitales/Schriftenreihe_Digitales_6.html, S. 2.

98 *Bundeskartellamt*, Algorithmen und Wettbewerb, 16.01.2020, abrufbar unter https://www.bundeskartellamt.de/SharedDocs/Publikation/DE/Schriftenreihe_Digitales/Schriftenreihe_Digitales_6.html, S. 2 f.

99 *Kleeberger*, Kartellrechtliche Zurechnungsfragen bei der Verwendung von Algorithmen, 2023, S. 48.

100 *CMA*, Pricing Algorithms - Economic Working Paper on the use of algorithms to faciliate collusion and personalised pricing, 08.10.2018, abrufbar unter https://assets.publishing.service.gov.uk/government/uploads/system/uploads/attachment_data/file/746353/Algorithms_econ_report.pdf, S. 10.

überwiegend statische Algorithmen eingesetzt.[101] Ein Fallbeispiel aus der Praxis bietet das Geschehen rund um das Buch „The Making of a Fly" aus dem Jahr 2011.[102] Hier nutzten zwei Verkäufer statische Algorithmen zur Preissetzung. Der erste Verkäufer stellte seinen Algorithmus so ein, dass der Preis immer das 1.27059-fache des Preises des zweiten Verkäufers betragen soll. Der zweite Verkäufer wollte dagegen den Preis des ersten Verkäufers leicht unterbieten und programmierte seinen Algorithmus so, dass der Preis immer das 0.9983-fache des Preises des ersten Verkäufers beträgt. Dies führte zu einer Preisspirale, die in einem Verkaufspreis von 23 Millionen $ endete, bevor dies den Beteiligten auffiel.[103] Ein weiteres Beispiel für einen solchen Algorithmus ist die „*Match Low Price*"-Funktion, die von Amazon in den Vereinigten Staaten für externe Händler angeboten wird.[104] Mit dieser Funktion können Händler ihren Preis automatisch an den günstigsten Wettbewerberpreis anpassen.[105]

bb. Selbstlernende Preisalgorithmen

Dynamische (oder auch *selbstlernende*[106]) Preisalgorithmen entwickeln ihre Verhaltensparameter mit einem gewissen Automationsgrad zur Erzielung des bestmöglichen Outputs ständig fort. [107] Beispielsweise könnten selbst-

---

101 *Monopolkommission*, Wettbewerb 2018, 03.07.2018, abrufbar unter https://www.monopolkommission.de/images/HG22/HGXXII_Gesamt.pdf, S. 66.

102 Siehe hierzu auch *Mehra*, 100 Minnesota Law Review 2016, 1323, 1325 f.; *Wolf*, NZKart 2019, 2, 4.

103 *CMA*, Pricing Algorithms - Economic Working Paper on the use of algorithms to faciliate collusion and personalised pricing, 08.10.2018, abrufbar unter https://assets.publishing.service.gov.uk/government/uploads/system/uploads/attachment_data/file/746353/Algorithms_econ_report.pdf, S. 10, Rn. 2.9.

104 Siehe https://sellercentral.amazon.com/help/hub/reference/external/200836360?ref=mpbc_200832850_cont_200836360&locale=en-US.

105 *CMA*, Pricing Algorithms - Economic Working Paper on the use of algorithms to faciliate collusion and personalised pricing, 08.10.2018, abrufbar unter https://assets.publishing.service.gov.uk/government/uploads/system/uploads/attachment_data/file/746353/Algorithms_econ_report.pdf, S. 10.

106 *Autorité de la concurrence/Bundeskartellamt*, Algorithms and Competition, 06.09.2019, abrufbar unter https://www.bundeskartellamt.de/SharedDocs/Publikation/EN/Berichte/Algorithms_and_Competition_Working-Paper.pdf, S. 9.

107 *Bundeskartellamt*, Algorithmen und Wettbewerb, 16.01.2020, abrufbar unter https://www.bundeskartellamt.de/SharedDocs/Publikation/DE/Schriftenreihe_Digitales/Schriftenreihe_Digitales_6.html, S. 2; *Autorité de la concurrence/Bundeskartellamt*, Algorithms and Competition, 06.09.2019, abrufbar unter https://www.bundeskartell

lernende Preisalgorithmen eingesetzt werden, um den Preis eines Produktes unter Einbeziehung von verschiedenen Faktoren nach einer zuvor festgelegten Lernmethode automatisch anzupassen, mit dem Ziel, einen maximalen Gewinn zu erwirtschaften.[108] Als Lernmethode werden dabei verschiedene Formen künstlicher Intelligenz[109] angewendet. In der Praxis sollen unter anderem Fluglinien bereits fortgeschrittene selbstlernende Algorithmen zur Preissetzung nutzen.[110]

c. Unterscheidung nach Interpretierbarkeit

Weiterhin können Preisalgorithmen danach unterschieden werden, inwiefern der Entscheidungsprozess für Menschen nachvollziehbar ist.[111] Dabei kann zwischen drei Arten von Algorithmen unterschieden werden: Black-Box, Grey-Box und White-Box Algorithmen.[112] Unter den Begriff White-Box Algorithmen fallen alle Algorithmen, deren Entscheidungsfindung mithilfe des Codes nachvollzogen werden kann, auch wenn dies erheblichen Aufwand mit sich bringt.[113] In der Regel sind statische Algorithmen White-Box Algorithmen. Wenn zumindest die wesentlichen Entscheidungsgrundlagen für Experten erkennbar sind, spricht man von Grey-Box Algorithmen.[114] Dagegen kann die Entscheidung eines Black-Box Algorithmus auch mithilfe des Codes kaum oder gar nicht nachvollzogen werden.[115] Agiert ein

amt.de/SharedDocs/Publikation/EN/Berichte/Algorithms_and_Competition_Working-Paper.pdf, S.9.

108 *Bixer/Heimeshoff* in: Budzinski/Haucap/Stöhr u.a. (Hrsg.), Zur Ökonomik von Sport, Entertainment und Medien, 2021, S. 275; *König* in: Ebers/Heinze/Krügel u.a. (Hrsg.), Künstliche Intelligenz und Robotik, 2020, §17, Rn. 8.

109 Vgl. unten Abschnitt B.I.3.

110 *Surblytė-Namavičienė*, WuW 2017, 120, 20 f.

111 *Autorité de la concurrence/Bundeskartellamt*, Algorithms and Competition, 06.09.2019, abrufbar unter https://www.bundeskartellamt.de/SharedDocs/Publikation/EN/Berichte/Algorithms_and_Competition_Working-Paper.pdf, S. 11; *Bixer/Heimeshoff* in: Budzinski/Haucap/Stöhr u.a. (Hrsg.), Zur Ökonomik von Sport, Entertainment und Medien, 2021, S. 279 f.

112 *Sommer*, Haftung für autonome Systeme, 2020, S. 46.

113 *Autorité de la concurrence/Bundeskartellamt*, Algorithms and Competition, 06.09.2019, abrufbar unter https://www.bundeskartellamt.de/SharedDocs/Publikation/EN/Berichte/Algorithms_and_Competition_Working-Paper.pdf, S. 11.

114 *Sommer*, Haftung für autonome Systeme, 2020, S. 46.

115 *Bixer/Heimeshoff* in: Budzinski/Haucap/Stöhr u.a. (Hrsg.), Zur Ökonomik von Sport, Entertainment und Medien, 2021, S. 280; *Pasquale*, The Black Box Society, 2015, S. 3; *Surblytė-Namavičienė*, WuW 2017, 120, 121.

Preissetzungsalgorithmus als Black-Box Algorithmus, kann nicht festgestellt werden, warum ein bestimmter Preis gesetzt wurde. Somit kann nicht nachvollzogen werden, ob der Algorithmus ein wettbewerbliches Verhalten angewendet hat oder mittels einer Kollusion zu diesem Preis gelangt ist.

3. Künstliche Intelligenz

Selbstlernende Preisalgorithmen basieren auf künstlicher Intelligenz. Aus diesem Grund wird im Folgenden näher untersucht, was unter künstlicher Intelligenz zu verstehen ist. Dazu soll zunächst eine Begriffsdefinition erfolgen (a.). Dann wird auf die Unterscheidung zwischen starken und schwachen Formen der künstlichen Intelligenz eingegangen (b.). Weiterhin wird dargestellt, was unter maschinellem Lernen (c.), Deep Learning (d.) und generativer KI (e.) zu verstehen ist. Dann werden die verschiedenen Lernmethoden bzw. Trainingsarten künstlicher Intelligenz vorgestellt (f.)

a. Begriffsdefinition

Die Idee von lernenden Maschinen wurde 1950 von Alan Turing zum ersten Mal entwickelt.[116] Generell kann man künstliche Intelligenz als ein Teilgebiet der Informatik beschreiben, indem Maschinen untersucht und entwickelt werden, die in der Lage sind, Aufgaben in einer Art und Weise zu lösen, die als intelligent wahrgenommen wird.[117] Algorithmen unterfallen nicht per se dem Begriff künstliche Intelligenz. Eine Software kann nur dann als intelligent wahrgenommen werden, wenn sie in der Lage ist, zu lernen und Probleme zu lösen.[118] Eine eindeutige und einheitliche Definition von künstlicher Intelligenz, welche eine Subsumtion ermöglicht, gibt es bisher aber noch nicht.[119] In Art. 3 Nr. 1 der KI-VO wird ein System der künstlichen Intelligenz folgendermaßen definiert:

---

116 *Turing*, 49 Mind 1950, 433 ff.

117 *OECD*, Algorithms and Collusion: Competition policy in the digital age, 2017, abrufbar unter www.oecd.org/competition/algorithms-collusion-competition-policy-in-the-digital-age.htm, S. 9; *Swarup*, 2 International Journal of Computing and Corporate Research 2012, ID: ISSN2249054X-V2I4M4-072012, S. 2.

118 *Kirn/Müller-Hengstenberg*, MMR 2014, 225, 231.

119 *Buxmann/Schmidt*, Künstliche Intelligenz, 2019, S. 6; *Klawonn*, Künstliche Intelligenz, Musik und das Urheberrecht, 2023, S. 25.

„KI-System“ ein maschinengestütztes System, das für einen in unterschiedlichem Grade autonomen Betrieb ausgelegt ist und das nach seiner Betriebsaufnahme anpassungsfähig sein kann und das aus den erhaltenen Eingaben für explizite oder implizite Ziele ableitet, wie Ausgaben wie etwa Vorhersagen, Inhalte, Empfehlungen oder Entscheidungen erstellt werden, die physische oder virtuelle Umgebungen beeinflussen können“.

Diese Definition ist nicht allgemeingültig, sondern definiert nur den sachlichen Anwendungsbereich der KI-VO.[120] Gleichwohl bildet sie einen ersten Anhaltspunkt für eine subsumtionsfähige Definition von künstlicher Intelligenz.

b. Starke und schwache KI

In der Informatik wird zwischen einer starken und schwachen Form von künstlicher Intelligenz (KI) unterschieden. Starke KI soll den Menschen bzw. bestimmte Vorgänge im Gehirn nachbilden, die es der KI erlauben, menschliche Eigenschaften zu entwickeln.[121] Die Algorithmen sind dann in der Lage, menschliche Intelligenz, Gefühle und Bewusstsein zu besitzen und sich menschlich zu verhalten.[122] Schwache künstliche Intelligenz meint, dass technische Systeme nur zur Unterstützung oder Entlastung menschlicher Entscheidungsprozesse und -handlungen eingesetzt werden.[123] Allerdings ist die Forschung derzeit noch nicht in der Lage, eine KI zu entwickeln, die dem Begriff der starken KI unterfällt.[124] In heutigen Softwarelösungen werden vor allem Formen der schwachen künstlichen Intelligenz verwendet. Schwache KI wird genutzt, um Algorithmen gezielt zur Lösung für bestimmte abgegrenzte Problemstellungen zu entwickeln.[125] Folglich unterfallen alle Preisalgorithmen – welche diese Arbeit ausschließlich behandelt – dem Begriff der schwachen KI.

---

120 Eine ausführliche Darstellung der KI-VO findet sich unten in Abschnitt D.III.1.
121 *Buxmann/Schmidt*, Künstliche Intelligenz, 2019, S. 6.
122 *Hennemann*, ZWeR 2018, 161, 164.
123 *Hennemann*, ZWeR 2018, 161, 164.
124 *Buxmann/Schmidt*, Künstliche Intelligenz, 2019, S. 6.
125 *Buxmann/Schmidt*, Künstliche Intelligenz, 2019, S. 7.

c. Maschinelles Lernen

Zu Beginn wurde künstliche Intelligenz vor allem eingesetzt, um durch eine lange Liste detaillierter Anweisungen menschliche Gedanken zu reproduzieren.[126] Der Einsatz künstlicher Intelligenz wurde aber um ein Vielfaches effektiver, nachdem Algorithmen entwickelt wurden, die Maschinen das Lernen beibringen konnten (sog. maschinelles Lernen).[127] Maschinelles Lernen (engl. *Machine Learning*) ist eine Unterkategorie von KI.[128] Die Algorithmen lernen hier aus der Nutzung von Daten und ihrer Erfahrung damit.[129] Algorithmen, die auf maschinellem Lernen basieren, lernen mittels linearer Regression.[130] Eine Regression dient dazu, aus bekannten Daten eine Vorhersage zu treffen. Eine sehr simple Regression ist die Vorhersage der Durchschnittstemperatur im Sommer anhand der Temperaturen im Sommer in den letzten Jahren.[131] Fortgeschrittene Algorithmen sind in der Lage, selbst auszuwählen, welche Daten sie nutzen, um ihre Ziele (z.B. Maximierung des Profits) zu erreichen. Die Algorithmen werden also nicht mehr im Sinne einer imperativen Programmierung, nach dem „Wenn-Dann-Schema", vollständig vorprogrammiert. Vielmehr wird eine deklarative Programmierung verwendet, bei der die Algorithmen unter Auswertung von Daten fortwährend versuchen, eine Aufgabe zu lösen.[132] Oft agieren auf maschinellem Lernen beruhende Algorithmen als Black-Box Algorithmen.[133]

---

126 *OECD*, Algorithms and Collusion: Competition policy in the digital age, 2017, abrufbar unter www.oecd.org/competition/algorithms-collusion-competition-policy-in-the-digital-age.htm, S. 9.

127 *OECD*, Algorithms and Collusion: Competition policy in the digital age, 2017, abrufbar unter www.oecd.org/competition/algorithms-collusion-competition-policy-in-the-digital-age.htm, S. 9.

128 *OECD*, Algorithms and Collusion: Competition policy in the digital age, 2017, abrufbar unter www.oecd.org/competition/algorithms-collusion-competition-policy-in-the-digital-age.htm, S. 9.

129 *OECD*, Algorithms and Collusion: Competition policy in the digital age, 2017 abrufbar unter www.oecd.org/competition/algorithms-collusion-competition-policy-in-the-digital-age.htm, S. 9.

130 *Deng*, 32 Antitrust Magazine 2018, 82 ff.

131 *Deng*, 32 Antitrust Magazine 2018, 82 ff.

132 *Buxmann/Schmidt*, Künstliche Intelligenz, 2019, S. 3 ff.

133 *Dohrn/Reinhold*, WuW 2023, 540, 541.

d. Deep Learning

Deep Learning ist eine spezielle Art des maschinellen Lernens.[134] Es existieren auch andere Formen des maschinellen Lernens. Deep Learning stellt aber die am weitesten verbreitete Form des maschinellen Lernens dar. Deep Learning Algorithmen sind schneller und akkurater als andere auf maschinellem Lernen basierende Algorithmen.[135] Heutige Softwarelösungen setzen weit überwiegend auf Deep Learning Algorithmen.[136] Deep Learning Algorithmen versuchen durch komplexe Software, die Aktivität menschlicher Neuronen nachzuahmen, indem ein künstliches neuronales Netz (KNN) geschaffen wird.[137] Ein KNN ist ein mathematisches Modell, welches vereinfacht menschliche Gehirnzellen abbildet. Ein auf Deep Learning basierendes KNN wird *deep neural network* (DNN) genannt. Die grundlegende Version eines DNN ist das *feedforward neural network* (FNN). Dessen Funktionsweise wird im Folgenden möglichst einfach und verständlich dargestellt. Bei einem FNN gelangen die Daten durch eine Eingabeschicht (*Input-Layer*) in die neuronalen Netzwerke und produzieren ein Ergebnis, welches in der Ausgabeschicht (*Output-Layer*) ausgegeben wird.[138] Dazwischen befinden sich versteckte Schichten (*Hidden-Layer*), in denen die Information verarbeitet wird.[139] Je mehr versteckte Schichten ein Netzwerk hat, umso tiefer ist es und desto besser können komplexe Aufgaben erledigt werden.[140] Die versteckten Schichten funktionieren auf dieselbe Art wie die Eingabeschicht. Sie bestehen aus künstlichen Neuronen, die mittels einer aktivierten linearen Regression abhängige Variablen finden. Der Input der ersten versteckten Schicht ist der Output der Eingabeschicht. Der Output der ersten versteckten Schicht ist dann der Input der nächsten versteckten Schicht, bis die letzte versteckte Schicht ihren Output schließlich als Input an die Ausgabeschicht weitergibt, welche den finalen Output produziert. Die verschiedenen Schichten sind somit wie ein Netz miteinander verbun-

134 *Goodfellow/Bengio/Courville*, Deep Learning, 2018, S. 107; *Klawonn*, Künstliche Intelligenz, Musik und das Urheberrecht, 2023, S. 28.

135 *OECD*, Algorithms and Collusion: Competition policy in the digital age, 2017, abrufbar unter www.oecd.org/competition/algorithms-collusion-competition-policy-in-the-digital-age.htm, S. 11.

136 *Klawonn*, Künstliche Intelligenz, Musik und das Urheberrecht, 2023, S. 36.

137 *Surblytė-Namavičienė*, WuW 2017, 120, 121; *Hennemann*, ZWeR 2018, 161, 164.

138 Ausführlich hierzu *Klawonn*, Künstliche Intelligenz, Musik und das Urheberrecht, 2023, S. 40 ff.

139 *Surblytė-Namavičienė*, WuW 2017, 120, 121.

140 *Surblytė-Namavičienė*, WuW 2017, 120, 121.

den.[141] Bei Deep Learning Algorithmen ist es nicht möglich, zu rekonstruieren aufgrund welcher Informationen oder Umstände der Input in Output verwandelt wurde – sie agieren daher immer als Black-Box Algorithmen.[142]

e. Generative KI

Generative Künstliche Intelligenz (Generative KI) ist ein Sammelbegriff für alle Arten von KI, die eigenständig Inhalte wie Texte, Bilder, Musik, Videos oder sogar Code erstellen können.[143] Im Gegensatz zu traditioneller KI, die oft darauf abzielt, Muster zu erkennen oder Aufgaben wie Klassifizierung oder Vorhersage zu lösen, zielt generative KI darauf ab, neue, originelle Daten zu generieren, die sich oft kaum von menschlich erstellten Inhalten unterscheiden lassen. Bei generativer KI wird Machine Learning verwendet, oft auch Deep Learning, unter Heranziehung unterschiedlicher Datenquellen und Trainingsmethoden. Zu den verbreitetsten Modellen generativer KI gehören Generative Adversarial Networks (GANs), Variational Autoencoders (VAEs) und Large Language Models (LLMs).[144]

f. Trainingsarten

Damit eine künstliche Intelligenz die gewünschten Ergebnisse erzielen kann, muss sie trainiert werden. Dies kann mittels verschiedener Trainingsarten bzw. Lernmethoden erreicht werden. Im Folgenden sollen die drei wichtigsten Trainingsarten näher dargestellt werden. Zunächst wird auf ein Training mittels überwachten Lernens eingegangen (aa.). Dann werden

---

141 *Klawonn*, Künstliche Intelligenz, Musik und das Urheberrecht, 2023, S. 42.

142 *OECD*, Algorithms and Collusion: Competition policy in the digital age, 2017, abrufbar unter www.oecd.org/competition/algorithms-collusion-competition-policy-in-the-digital-age.htm, S. 11; *Surblytė-Namavičienė*, WuW 2017, 120, 121 f.; *Hennemann*, ZWeR 2018, 161, 165.

143 *Europäische Kommission*, Competition Policy Brief, Competition in Generative AI and Virtual Worlds, 19.09.2024, S. 1, abrufbar unter https://digital-strategy.ec.europa.eu/en/news/commission-publishes-policy-brief-competition-generative-ai-and-virtual-worlds.

144 *Bendel*, 300 Keywords Generative KI, 2024, S. 95.

das unüberwachte Lernen (bb.) und das verstärkende Lernen (cc.) vorgestellt.[145]

aa. Überwachtes Lernen

Beim überwachten Lernen (engl. *Supervised Learning*) bekommt der Algorithmus ein Trainingsset von Beispielen, bei denen der Input mit dem korrekten Output verbunden ist. Der Algorithmus soll lernen, bei neuen Eingaben zu den richtigen Ergebnissen zu kommen.[146] Der Name „überwachtes Lernen" ist darauf zurückzuführen, dass der Lernprozess durch die zur Verfügung gestellten Trainingsdaten unter Aufsicht vollzogen wird. Ausschlaggebend für den Erfolg von überwachtem Lernen sind die Trainingsdaten für den Algorithmus. Die Trainingsdaten müssen eine sehr hohe Qualität haben, da fehlerhafte Daten automatisch zu einem fehlerhaften Lernerfolg des Algorithmus führen.[147] Die Qualität des Algorithmus kann überprüft werden, wenn der Algorithmus mit bisher unbekannten Daten als Eingabe gefüttert wird und die Ausgabe mit den erwünschten Ergebnissen übereinstimmt (sog. cross-validation).[148] Wenn dies nicht der Fall ist, muss der Algorithmus modifiziert werden. Der Algorithmus wird so lange trainiert, bis er das gewünschte Level an Übereinstimmung erreicht.[149] Überwachtes Lernen wird vor allem für zwei Arten von Aufgaben genutzt: Regressionsanalysen und Klassifizierungen.

145 Grundlegend *Anitha/Krithika/Choudhry*, 3 International Journal of Advanced Research in Computer Engineering & Technology 2014, 4324 ff.; *Buxmann/Schmidt*, Künstliche Intelligenz, 2019, S. 9.

146 *CMA*, Pricing Algorithms - Economic Working Paper on the use of algorithms to faciliate collusion and personalised pricing, 08.10.2018, abrufbar unter https://assets.publishing.service.gov.uk/government/uploads/system/uploads/attachment_data/file/746353/Algorithms_econ_report.pdf, S. 11.

147 *Deng*, 32 Antitrust Magazine 2018, 82, 84; *Veith*, Künstliche Intelligenz, Haftung und Kartellrecht, 2021, S. 40.

148 *CMA*, Pricing Algorithms - Economic Working Paper on the use of algorithms to faciliate collusion and personalised pricing, 08.10.2018, abrufbar unter https://assets.publishing.service.gov.uk/government/uploads/system/uploads/attachment_data/file/746353/Algorithms_econ_report.pdf, S. 11.

149 *Schwalbe*, Algorithms, Maschine Learning, and Collusion, 01.06.2018, abrufbar unter https://papers.ssrn.com/sol3/papers.cfm?abstract_id=3232631, S. 8.

Bei Regressionen ist die Ausgabe eine Zahl oder ein Vektor, zum Beispiel die Vorhersage des Preises für ein Grundstück.[150] Der Algorithmus wurde in diesem Fall mit Daten, wie der Fläche, der Größe des Hauses, der Lage, Angaben zu den Mietern, dem Mietpreisspiegel etc., trainiert, um einen möglichst präzisen Wert zu berechnen.

Bei einer Klassifizierung ist die Eingabe in zwei oder mehrere Klassen eingeteilt, zum Beispiel bei einer medizinischen Anwendung in gutartiger oder bösartiger Tumor. Die Ausgabe ist eine Kennzeichnung, im simpelsten Fall ist es entweder null (bösartig) oder eins (gutartig).[151] Das Training besteht hier aus Daten zu den jeweiligen Tumoren. Der Algorithmus lernt dann zu unterscheiden. Klassifizierung kann auch zur Mustererkennung eingesetzt werden, wie beispielweise zur Erkennung von handschriftlichen Zahlen oder zur Einteilung von Kunden in verschiedene Gruppen.[152]

bb. Unüberwachtes Lernen

Beim unüberwachten Lernen (engl. *Unsupervised Learning*) versucht der Algorithmus aus der Eingabe von Daten bestimmte Strukturen oder Muster zu erkennen, sog. clustering.[153] Dies kann zur Strukturierung von ähnlichen Daten eingesetzt werden. Ein Beispiel ist die Einordnung von Nachrichten in verschiedene Kategorien, wie zum Beispiel Politik, Finanzen, Sport oder Wirtschaft.[154] Der Algorithmus lernt hier aus Unterschieden, ohne dass die Daten vorher mit einem *Label* versehen werden.[155] Auf unüberwachtem Lernen basierende Algorithmen können auch eingesetzt werden, um Verbrechen aufzudecken. Beispielsweise können sie eingesetzt werden, um verdächtige Transaktionen mit einer Kreditkarte zu erkennen.[156] Dieses

150 *Schwalbe*, Algorithms, Maschine Learning, and Collusion, 01.06.2018, abrufbar unter https://papers.ssrn.com/sol3/papers.cfm?abstract_id=3232631, S. 8.

151 *Schwalbe*, Algorithms, Maschine Learning, and Collusion, 01.06.2018, abrufbar unter https://papers.ssrn.com/sol3/papers.cfm?abstract_id=3232631, S. 8.

152 *Schwalbe*, Algorithms, Maschine Learning, and Collusion, 01.06.2018, abrufbar unter https://papers.ssrn.com/sol3/papers.cfm?abstract_id=3232631, S. 8.

153 *OECD*, Algorithms and Collusion: Competition policy in the digital age, 2017, abrufbar unter www.oecd.org/competition/algorithms-collusion-competition-policy-in-the-digital-age.htm, S. 9.

154 *Schwalbe*, Algorithms, Maschine Learning, and Collusion, 01.06.2018, abrufbar unter https://papers.ssrn.com/sol3/papers.cfm?abstract_id=3232631, S. 8.

155 *Deng*, 32 Antitrust Magazine 2018, 82, 84.

156 *Deng*, 32 Antitrust Magazine 2018, 82, 84.

Herausfiltern von Anomalien kann auch genutzt werden, um rechtswidrige Kartellrechtspraktiken aufzudecken.[157]

cc. Verstärkendes Lernen

Bei verstärkendem Lernen (engl. *Reinforcement Learning)* lernt der Algorithmus durch Versuch und Irrtum.[158] Dabei wird ein sog. Agent vor eine bestimmte Aufgabe gestellt. Er bekommt dabei nur die Spielregeln mitgeteilt. Im Gegensatz zum Überwachten Lernen gibt es keine Daten oder Beispiele, die dem Algorithmus vorgeben, welche Ergebnisse richtig und welche falsch sind.[159] Der Output wird dann bewertet, indem positive Ergebnisse belohnt und negative bestraft werden. Auf Basis des erhaltenen Feedbacks versucht der Algorithmus herauszufinden, welche Handlungen in dem Umfeld zu einem optimalen Ergebnis führen.[160] Damit Reinforcement Learning Algorithmen den Nutzen ihrer Handlungen evaluieren können, werden die bisherigen Beobachtungen auf verschiedene Weise abgebildet. Zwei gängige Methoden sind das tabellarische Lernen (1) und die Funktionsapproximation (2).

(1) Tabellarisches Lernen

Beim tabellarischen Lernen (engl. *tabular learning*) wird eine Tabelle angelegt, in der alle möglichen Beobachtungen als Zeilen und alle möglichen Handlungen als Spalten aufgeführt sind. Die jeweiligen Werte werden dann während des Trainings mit den Output Werten ergänzt. Diese Methode ist begrenzt, da nicht unendlich viele Werte in die Tabelle eingefügt werden können. Eine sehr populäre Form des verstärkenden Lernens mittels

157 *Deng*, 5 Journal of Antitrust Enforcement 2017, 488 ff.; *Harrington* in: Buccirossi (Hrsg.), Handbook of antitrust economics, 2008, S. 213 ff.

158 *OECD*, Algorithms and Collusion: Competition policy in the digital age, 2017, abrufbar unter www.oecd.org/competition/algorithms-collusion-competition-policy-in-the-digital-age.htm, S. 9.

159 *Kantzenbach/Kottmann/Krüger*, Kollektive Marktbeherrschung: neue Industrieökonomik und Erfahrungen aus der europäischen Fusionskontrolle, 1996.

160 *CMA*, Pricing Algorithms - Economic Working Paper on the use of algorithms to faciliate collusion and personalised pricing, 08.10.2018, abrufbar unter https://assets.publishing.service.gov.uk/government/uploads/system/uploads/attachment_data/file/746353/Algorithms_econ_report.pdf, S. 11.

tabellarischen Lernens ist Q-Learning.[161] Bei dieser Methode werden die Beobachtungen in die Q-Tabelle eingetragen, in welcher bestimmte Handlungen einem Q-Wert zugeordnet werden.[162] Diese Form des verstärkenden Lernens wird in vielen ökonomischen Studien zugrunde gelegt.[163]

(2) Funktionsapproximation

Dagegen kann verstärkendes Lernen auch mittels Funktionsapproximation (engl. *function approximation)* den Wert der Aktionen verbessern.[164] Hierbei lernen die Algorithmen – im Gegensatz zum tabellarischen Lernen –, indem sie Muster in den Daten finden und ein Modell zur Annäherung an die unbekannte Funktion konstruieren. Dieses Modell wird dann zur Erstellung von Vorhersagen oder zur Steuerung eines Systems verwendet.[165] Es wird unterschieden zwischen linearer (engl. *linear function approximation*) und nichtlinearer Funktionsapproximation (engl. *nonlinear function approximation*).[166] Künstliche neuronale Netze sind die am weitesten verbreitete Technik für nichtlineare Funktionsapproximation.[167] Ein prominentes Beispiel für verstärkendes Lernen mittels nichtlinearer Funktionsapproximation ist der AlphaGo Algorithmus.[168] Dieser Algorithmus lernte das Spiel *Go*, indem er gegen sich selbst spielte und gewann damit gegen die besten menschlichen *Go* Spieler der Welt.[169] Die zugrundeliegende Lernmethode des AlphaGO Algorithmus basiert auf Q-Networks. Dabei handelt es sich um eine bestimmte Form des verstärkenden Lernens, welche auf Deep Learning basiert. Diese spezielle Lernmethode wird auch als Deep Q-Network (DQN), Deep Reinforcement Learning oder Deep Q-Learning

161 *Jeschonneck*, Collusion among Autonomous Pricing Algorithms Utilizing Function Approximation Methods, 2021, S. 4; *Sutton/Barto*, Reinforcement learning, 2018, S. 131 f.

162 *Lev*, A brief introduction to reinforcement learning: Deep Q-learning, 27.05.2022, abrufbar unter https://www.qwak.com/post/a-brief-introduction-to-reinforcement-learning-deep-q-learning.

163 *Jeschonneck*, Collusion among Autonomous Pricing Algorithms Utilizing Function Approximation Methods, 2021, S. 14 f.

164 *Sutton/Barto*, Reinforcement learning, 2018, S. 444.

165 *Sutton/Barto*, Reinforcement learning, 2018, S. 197.

166 *Sutton/Barto*, Reinforcement learning, 2018, S. 197 ff.

167 *Sutton/Barto*, Reinforcement learning, 2018, S. 223.

168 *Sutton/Barto*, Reinforcement learning, 2018, S. 441 ff.

169 *Deng*, 32 Antitrust Magazine 2018, 82, 85.

bezeichnet.[170] Viele ökonomische und computerwissenschaftliche Studien beschäftigen sich mit dem Risiko einer Kollusion beim Einsatz von Deep Q-Learning als Lernmethode für einen Preissetzungsalgorithmus.

4. Zwischenergebnis

Untersuchungsgenstand dieser Arbeit sind digitale Algorithmen. Digitale Algorithmen können für verschiedene Zwecke eingesetzt werden. Relevant für die weitere Untersuchung sind lediglich Preisalgorithmen. Preisalgorithmen können nach der auszuführenden Aufgabe, der Lernmethode und ihrer Interpretierbarkeit unterschieden werden. Die weite Definition für Preisalgorithmen umfasst verschiedene Formen von Algorithmen. Preisalgorithmen können verschiedene Aufgaben ausführen. Von Unternehmen werden Preisüberwachungsalgorithmen, Preisempfehlungsalgorithmen, Preissetzungsalgorithmen und Rankingalgorithmen eingesetzt. Diese können als statische oder selbstlernende Preisalgorithmen eingesetzt werden. In der Praxis kommen aktuell vor allem statische Preisalgorithmen zum Einsatz. Selbstlernende Preisalgorithmen basieren auf künstlicher Intelligenz. Als Trainingsarten selbstlernender Preisalgorithmen werden überwachtes Lernen, unüberwachtes Lernen und verstärkendes Lernen verwendet. Die Komplexität selbstlernender Preisalgorithmen variiert abhängig von der Trainingsart erheblich. Statische Preisalgorithmen sind grundsätzlich White-Box Algorithmen. Selbstlernende Preisalgorithmen agieren dagegen häufig als Black-Box, weswegen die Ergebnisse nur unzureichend erklärt werden können.

II. Ökonomische Grundlagen der Kollusion

In der Literatur werden Preisalgorithmen teilweise mit Sorge beobachtet. Es wird vermutet, der vermehrte Einsatz von Preisalgorithmen könnte sich negativ auf den Wettbewerb auswirken, da es immer öfter zu einer Kollusion kommen könnte.[171] Durch den Einsatz von Preisalgorithmen könnten sich die Marktbedingungen so verändern, dass eine Kollusion einfacher zu erreichen bzw. durchzusetzen ist. Es wird auch befürchtet, dass die Algo-

170 *Mnih/Kavukcuoglu/Silver u.a.*, 518 Nature 2015, 529 ff.

171 *Ezrachi/Stucke*, Virtual Competition, 2016, S. 60.

rithmen lernen zu kommunizieren und die Preise selbstständig absprechen. Dies alles könnte die Verbraucherwohlfahrt senken, da Kartelle zu höheren Preisen führen.[172] Im Folgenden werden die ökonomischen Grundlagen des Entstehens einer Kollusion dargestellt. Dazu wird zunächst darauf eingegangen, was Preise sind, welche Funktion ihnen zukommt, und wie sie auf Märkten gebildet werden (1.). Eine Kollusion tritt vor allem im Oligopol auf. In der Ökonomie wurden verschiedene Theorien entwickelt, um das Entstehen einer Kollusion im Oligopol zu erklären. Diese Theorien werden unter (2.) dargestellt. Das Entstehen einer Kollusion hängt weiterhin von den vorhandenen Marktbedingungen ab. Welche Faktoren das Entstehen einer Kollusion beeinflussen, wird unter (3.) vorgestellt. Der Abschnitt endet mit einem Zwischenergebnis (4.)

1. Preise und Märkte

Die Wissenschaft, die erklärt, wie Preise entstehen, ist die Volkswirtschaftslehre (VWL) und speziell die Mikroökonomie. Die Volkswirtschaftslehre untersucht die Gesetzmäßigkeiten der wirtschaftlichen Realität und versucht, mithilfe dieser Gesetzmäßigkeiten konkrete wirtschaftliche Ereignisse zu erklären.[173] Die Mikroökonomie ist ein Teilgebiet der Volkswirtschaftslehre, das sich mit dem Wirtschaftsverhalten von privaten Haushalten und Unternehmen befasst. Ein Teilbereich der Mikroökonomie bildet die Preistheorie, die sich mit der Preisbildung durch Angebot und Nachfrage auf unterschiedlichen Marktformen beschäftigt.[174]

a. Mikroökonomisches Grundmodell

Der Preis bildet sich auf dem Markt durch das Zusammenspiel von Angebot und Nachfrage.[175] Unter einem Markt sind sämtliche Austauschprozesse zu verstehen, die aus dem Zusammentreffen von Anbietern und

---

172 *Connor*, Cartels Costly for Consumers, 18.06.2017, abrufbar unter https://papers.ssrn.com/sol3/papers.cfm?abstract_id=2988489.

173 *Lorz/Endrikat*, Einführung in die Volkswirtschaftslehre, 2022, S. 14.

174 *Brösse*, Einführung in die Volkswirtschaftslehre. Mikroökonomie, 1999, S. 95.

175 *Sperber/Mändle*, Wirtschaft verstehen, 2024, S. 80.

Nachfragern (sog. Akteuren) entstehen.[176] Auf Märkten besteht Wettbewerb bzw. Konkurrenz hinsichtlich der Nutzung knapper Güter. Die Akteure beschränken sich im Allgemeinen nicht auf das, was angesichts begrenzter Ressourcen allen in gleicher Weise zur Verfügung stehen könnte. Vielmehr stehen sie bei dem Versuch, ihre eigenen Ziele zu verwirklichen, notwendigerweise in Konkurrenz zu anderen Akteuren. Diese Konkurrenz schlägt sich in den Preisen nieder. Der Preis eines Gutes ist folglich ein Indikator für seine Knappheit und zeigt an, auf welche Menge anderer Güter verzichtet werden muss, um eine Einheit des nachgefragten Gutes zu erwerben.[177]

b. Angebot und Nachfrage

Aus mikroökonomischer Sicht ist die Nachfrage die Menge an Gütern, die zu einem bestimmten Preis von bestimmten Wirtschaftssubjekten gekauft werden möchte. Das Angebot bezeichnet dagegen die Menge an Gütern, die zu einem bestimmten Preis von bestimmten Wirtschaftssubjekten verkauft werden möchte.[178] Die Nachfrage auf einem Markt für ein bestimmtes Gut ergibt sich aus der Summe der individuellen Nachfragen aller Konsumenten nach diesem Gut (sog. aggregierte Nachfrage).[179] Die aggregierte Nachfrage kann grafisch in einem zweidimensionalen Raum in Abhängigkeit von Menge (engl. *quantity*, q) und Preis (engl. *price*, p) dargestellt werden (sog. Marktnachfragefunktion, engl. *market demand function*, d). Sie schneidet die vertikale Achse dort, wo die maximale Zahlungsbereitschaft besteht – beim sog. Reservationspreis (engl. *reserve prize*, P_{max}).[180] Dagegen stellt die Marktangebotsfunktion (engl. *market supply function*, s) im selben Raum die Produktionsbereitschaft der Anbieter dar. Sie schneidet die vertikale Achse bei dem Preis, den ein Produzent mindestens für das Gut verlangen würde (P_{min}). Die Nachfrage- und Angebotsfunktion schneiden sich im Marktgleichgewicht (engl. *market equilibrium*, E). Damit stehen der Marktpreis (engl. *market prize*, P_E) und die zu diesem Preis produzierte Menge (engl. *equilibrium quantity*, Q_E) fest.[181]

176 *Fritsch*, Marktversagen und Wirtschaftspolitik, 2018, S.6; *Roth*, Der „ebenso effiziente Wettbewerber“, 2017, S. 38.

177 *Fritsch*, Marktversagen und Wirtschaftspolitik, 2018, S.7.

178 *Kyrer/Penker*, Volkswirtschaftslehre, 2000, S. 59.

179 *Brösse*, Einführung in die Volkswirtschaftslehre. Mikroökonomie, 1999, S. 148.

180 *Fritsch*, Marktversagen und Wirtschaftspolitik, 2018, S.43.

181 *Roth*, Der „ebenso effiziente Wettbewerber“, 2017, S. 38.

c. Konsumenten- und Produzentenrente

Einige Nachfrager würden das Gut auch zu einem höheren Preis als dem Marktpreis beziehen. Der Vorteil, der für die Gesamtheit der Nachfrager daraus resultiert, dass sie das Gut zu einem geringeren Preis erwerben, wird als Konsumentenrente (engl. *consumer surplus*) oder Konsumentenwohlfahrt (engl. *consumer welfare*) bezeichnet.[182] Die Höhe der Konsumentenrente pro Einheit ist die Differenz zwischen dem Reservationspreis und dem Marktpreis.[183] Grafisch lässt sich die Konsumentenrente als die Fläche zwischen dem Marktgleichgewicht, dem Marktpreis und dem Reservationspreis darstellen (E, P_E, P_{max}).[184] Die Produzentenrente ist der Vorteil, den ein Unternehmen dadurch erzielt, dass es das Gut zu einem höheren Preis verkauft, als es mindestens verlangen würde.[185] Sie lässt sich grafisch als die Fläche zwischen dem Marktgleichgewicht, dem Marktpreis und dem minimal akzeptierten Preis des Produzenten darstellen (E, P_E, P_{min})[186] Die Summe aus Konsumentenrente und Produzentenrente ist die volkswirtschaftliche Rente (engl. *total respective economic surplus*) oder Gesamtwohlfahrt (engl. *total welfare*).[187] Sie entspricht der Summe aller Tauschgewinne auf einem Markt und wird häufig als Maß für die durch die Bereitstellung des Gutes bewirkte Wohlfahrtssteigerung der Gesellschaft (engl. *total respective social welfare*) herangezogen.[188]

d. Das Modell perfekten Wettbewerbs

Das ökonomische Modell des perfekten Wettbewerbs bzw. der vollkommenen Konkurrenz beschreibt eine Marktform, in der viele Anbieter und Nachfrager existieren, keiner davon jedoch genügend Marktmacht besitzt, um den Preis zu beeinflussen.[189] Dieses Modell dient als theoretische Grundlage zur Analyse der Markteffizienz, da es unter idealen Bedingun-

182 *Schwalbe/Zimmer*, Kartellrecht und Ökonomie, 2021, S. 7.
183 *Fritsch*, Marktversagen und Wirtschaftspolitik, 2018, S.43.
184 *Roth*, Der „ebenso effiziente Wettbewerber“, 2017, S. 39.
185 *Fritsch*, Marktversagen und Wirtschaftspolitik, 2018, S.44.
186 *Roth*, Der „ebenso effiziente Wettbewerber“, 2017, S. 39.
187 *Schwalbe/Zimmer*, Kartellrecht und Ökonomie, 2021, S. 7.
188 *Knieps*, Wettbewerbsökonomie, 2008, S. 9; *Werden* in: Drexl/Kerber/Podszun (Hrsg.), Competition Policy and the Economic Approach, 2012, S. 11, S. 12.
189 Grundlegend *Arrow/Debreu*, 22 Econometrica 1954, 265 ff.

gen zur maximalen Wohlfahrt führt.[190] Es handelt sich um ein statisches Modell, das von gleichbleibenden, idealtypischen Bedingungen ausgeht, die in dieser Form auf realen Märkten nicht existieren. In diesem Idealzustand haben alle Anbieter Zugang zu derselben Produktionstechnologie, alle Akteure können frei in den Markt eintreten oder ihn verlassen (keine Marktzutrittschranken), alle Güter sind homogen und es herrscht vollständige Markttransparenz.[191] Der Preis wird bei perfektem Wettbewerb ausschließlich durch das Zusammenspiel von Angebot und Nachfrage bestimmt und spiegelt die Knappheit sowie den Wert des Gutes wider. Unternehmen agieren als Preisnehmer (engl. *price taker*), sie produzieren die Angebotsmenge, bei der die Grenzkosten dem Marktpreis entsprechen (sog. Mengenanpasser).[192] Die Grenzkosten sind die Herstellungskosten einer zusätzlichen Einheit.[193] Im Modell des perfekten Wettbewerbs erzielen die Anbieter keinen ökonomischen Gewinn.[194] Die Abbildung 1 veranschaulicht die Preisbildung im vollkommenen Wettbewerb.

Abbildung 1: Preissetzung im perfekten Wettbewerb

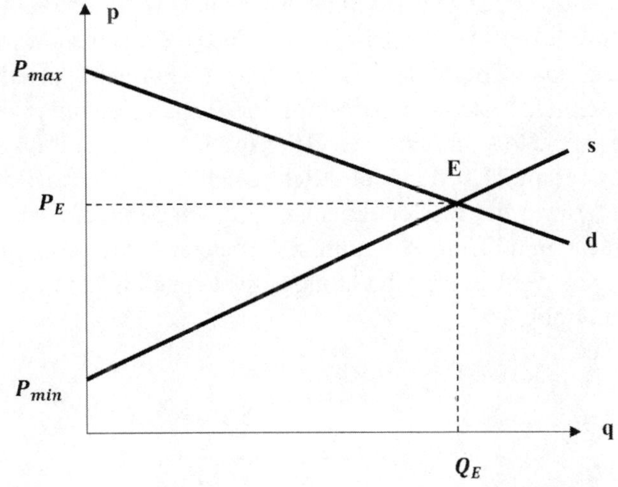

190 *Knieps*, Wettbewerbsökonomie, 2008, S. 7 f.; *Bühler/Jaeger*, Einführung in die Industrieökonomik, 2002, S. 57; *Schwalbe/Zimmer*, Kartellrecht und Ökonomie, 2021, S. 14 f.

191 *Roth*, Der „ebenso effiziente Wettbewerber", 2017, S. 41.

192 *Schwalbe/Zimmer*, Kartellrecht und Ökonomie, 2021, S. 15.

193 *Schwalbe/Zimmer*, Kartellrecht und Ökonomie, 2021, S. 5.

194 *Roth*, Der „ebenso effiziente Wettbewerber", 2017, S. 42.

e. Preissetzung im Monopol

Wenn auf einem Markt nur ein einziger Anbieter auftritt, spricht man von einem Monopol. Bei einem reinen Monopol ist der Monopolist weder aktuellem noch potenziellem Wettbewerb ausgesetzt.[195] Ein Monopolist ist in der Lage jeden beliebigen Punkt auf der Nachfragefunktion durch eine entsprechende Preis- oder Mengenpolitik zu realisieren (engl. *price maker*). Bietet der Monopolist eine weitere Einheit von seinem Produkt an, dann sinkt der Preis, den er für sein Produkt erzielen kann. Der geringere Preis gilt jedoch nicht nur für die zusätzliche Einheit (sog. marginale Einheit), sondern auch für alle anderen bereits hergestellten Einheiten (sog. inframarginale Einheiten). Allerdings kann der Monopolist auch eine zusätzliche Einheit verkaufen. Die Erlösänderung, der sogenannte Grenzerlös, setzt sich folglich aus dem geringeren Preis für alle Einheiten und dem Erlös aus der zusätzlich produzierten Einheit zusammen.[196] Die Produktion einer weiteren Einheit ist für den Monopolisten immer dann sinnvoll, wenn der dadurch erzielte Grenzerlös größer ist als die Grenzkosten.[197] Der Monopolist erzielt den maximalen Gewinn, wenn er die Menge des Produktes produziert, bei der sein Grenzerlös (engl. *marginal revenue*) den Grenzkosten entspricht.[198] Im Rahmen einer grafischen Darstellung eines Monopols schneidet die Grenzerlösfunktion (engl. *marginal revenue function*, r) die vertikale Achse im Reservationspreis und verläuft unterhalb der Nachfragefunktion. Das Monopol-gleichgewicht (M) offenbart den Monopolpreis (P_M) und die Monopolmenge (Q_M). Im Monopol wird dasselbe Produkt zu einem höheren Preis und in geringerer Menge angeboten als im vollkommenen Wettbewerb. Abbildung 2 dient zur Illustration der Preissetzung im Monopol.

195 *Schwalbe/Zimmer*, Kartellrecht und Ökonomie, 2021, S. 22.
196 *Tremblay/Tremblay*, New perspectives on industrial organization, 2012, S. 33 ff.
197 *Schwalbe/Zimmer*, Kartellrecht und Ökonomie, 2021, S. 23.
198 *Roth*, Der „ebenso effiziente Wettbewerber", 2017, S. 42.

Abbildung 2: Preissetzung im Monopol

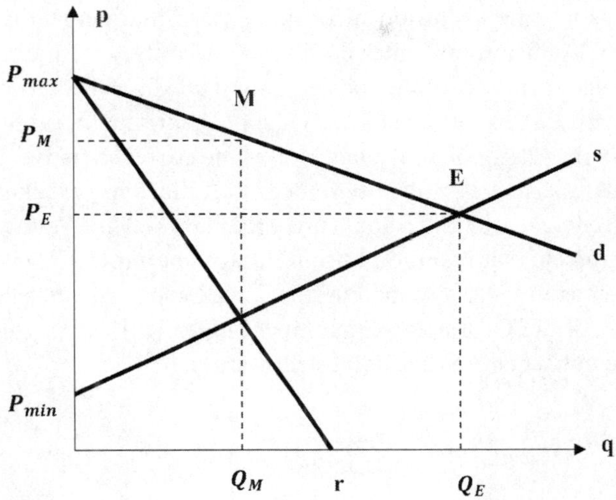

2. Kollusion im Oligopol

Im Modell vollkommener Konkurrenz (Polypol) müssen die Anbieter zu Grenzkostenpreisen anbieten und können den Preis nicht ohne eine Absprache beeinflussen.[199] Eine Absprache stellt sich im Polypol aber aufgrund der Vielzahl der Anbieter als schwierig bis unmöglich dar. Im Monopol gibt es nur einen Anbieter, der den Preis und die Menge selbständig bestimmen kann.[200] Folglich ist eine Kollusion nur im Oligopol denkbar.[201] Im Oligopol müssen die Anbieter ihr Marktverhalten strategisch anhand der möglichen Reaktionen der anderen Marktteilnehmer ausrichten. Eine stillschweigende Kollusion kann aufgrund der Berücksichtigung der oligopolistischen Reaktionsverbundenheit – und gerade nicht auf Basis einer Form der Kooperation – eintreten.[202] Die meisten wirklichen Märkte in modernen Volkswirtschaften sind als oligopolistische Märkte einzustu-

199 *Schwalbe/Zimmer*, Kartellrecht und Ökonomie, 2021, S. 15.

200 *Schwalbe/Zimmer*, Kartellrecht und Ökonomie, 2021, S. 22.

201 *Schuchmann*, Die Behandlung von tacit collusion im europäischen und deutschen Kartellrecht, 2017, S. 26.

202 *Kantzenbach/Kottmann/Krüger*, Kollektive Marktbeherrschung: neue Industrieökonomik und Erfahrungen aus der europäischen Fusionskontrolle, 1996, S. 36.

fen.[203] Daher ist zumindest in der Theorie auf fast allen Märkten eine Kollusion möglich.

Allerdings ist eine Kollusion nicht das einzige Marktergebnis. Vielmehr ist mit einer Kollusion nur unter bestimmten Marktgegebenheiten zu rechnen. Im Folgenden wird unter Bezugnahme auf die volkswirtschaftlichen Theorien zum Marktverhalten im Oligopol untersucht, unter welchen Umständen im Oligopol mit einer Kollusion zu rechnen ist. Dazu wird zunächst definiert, was unter dem Begriff Kollusion aus ökonomischer Sicht zu verstehen ist (a.). Dann wird erläutert, welche Voraussetzungen vorliegen müssen, damit eine Kollusion infrage kommt (b.). Weiterhin wird dargestellt, was unter Interdependenzen im Oligopol zu verstehen ist (c.). Dann wird auf die Oligopoltheorien eingegangen (d.). Nicht zuletzt sollen die spieltheoretischen Ansätze dargestellt werden (e.).

a. Kollusion – eine Begriffsbestimmung

Nach dem allgemeinen Sprachgebrauch bedeutet *kolludieren*, *„sich zur Täuschung eines Dritten mit jemanden abzusprechen“*.[204] Das Wort Kollusion stammt von dem lateinischen Begriff *collusio*, was *„geheimes Einverständnis“* bedeutet, bzw. colludere, worunter *„mit jemanden unter einer Decke stecken“* zu verstehen ist.[205] Der Begriff ist daher im allgemeinen Sprachgebrauch mit einem gewissen Vorwurf des Unrechts verbunden. Dieser Bedeutungsgehalt stimmt nicht vollständig mit dem ökonomischen Begriffsverständnis überein. In der Ökonomie wird von Kollusion gesprochen, wenn das Marktergebnis durch das Zusammenwirken mehrerer konkurrierender Unternehmen über bzw. unter demjenigen liegt, welches sich bei freiem Wettbewerb einstellen würde.[206] Eine Kollusion kann zum Beispiel in höheren Preisen, geringeren Mengen oder einer geringeren Qualität als unter Wettbewerbsbedingungen gesehen werden. Kollusion wird folglich als ein Marktergebnis verstanden.[207]

---

203 *Brösse*, Einführung in die Volkswirtschaftslehre. Mikroökonomie, 1999, S. 324; *Müller*, Mikroökonomie, 2020, S. 440.

204 *Rottmann*, Preisgarantien im Wettbewerbsrecht, 2024, S. 42.

205 Vgl. https://www.duden.de/rechtschreibung/Kollusion.

206 *Motta*, Competition Policy, 2009, S. 138; *Buccirossi* in: Buccirossi, Handbook of antitrust economics, 2008, S. 305.

207 *Motta*, Competition Policy, 2009, S. 138.

Der Begriff Kollusion beinhaltet aus ökonomischer Sicht die explizite Kollusion und die stillschweigende Kollusion (engl. *tacit collusion*).[208] Bei einer expliziten Kollusion liegt dem Marktergebnis eine Form der Kooperation zwischen den Marktteilnehmern (Wettbewerber) zugrunde (schriftliche oder mündliche Absprache, Informationsaustausch etc.).[209] Im Falle einer stillschweigenden Kollusion haben die Marktteilnehmer sich nicht schriftlich oder mündlich in irgendeiner Form abgesprochen.[210] Aus ökonomischer Sicht ist eine stillschweigende Kollusion ein Marktverhalten, das Firmen erlaubt, suprakompetitive Profite zu generieren, ohne dass die Unternehmen miteinander kommuniziert haben.[211] Stillschweigende Kollusion ist die Folge einer Reaktionsverbundenheit in oligopolistischen Märkten.[212] Sie kann entstehen, wenn Firmen dauerhaft interagieren und die Firmen stillschweigend darüber einig sind, dass eine Abweichung vom kollusiven Pfad zu einer Bestrafung führt. Diese Vergeltungsmaßnahme muss dabei so schnell und schwerwiegend sein, dass sie die kurzfristigen Vorteile einer Abweichung übertrifft, d.h. ein Abweichen darf sich nicht lohnen.[213] Der Begriff Kollusion trifft aus ökonomischer Sicht keine Aussage darüber, ob diese ausdrücklich oder stillschweigend zustande gekommen ist.

Eine rechtliche Bewertung im Sinne eines Verstoßes gegen das Kartellverbot aus Art. 101 AEUV oder § 1 GWB ist mit der Einordnung nicht verbunden. Insofern ist der Begriff missverständlich, da das Wort Kollusion – wie oben dargestellt – im deutschen Sprachgebrauch bereits ein gewisses Unrechtsurteil beinhaltet. Aus diesem Grund schlägt *Schuchmann* vor, den Begriff mit „stillschweigendem Zusammenwirken" ins Deutsche zu übersetzen.[214] In diesem Sinne wird im Rahmen der rechtlichen Bewertung der Begriff stillschweigendes Zusammenwirken zur Bezeichnung einer stillschweigenden Kollusion bzw. Tacit Collusion verwendet.

---

208 *Motta*, Competition Policy, 2009, S. 138.

209 *Motta*, Competition Policy, 2009, S. 138.

210 *Bühler/Jaeger*, Einführung in die Industrieökonomik, 2002, S. 107; *OECD*, Algorithms and Collusion: Competition policy in the digital age, 2017, abrufbar unter www.oecd.org/competition/algorithms-collusion-competition-policy-in-the-digital-age.htm, S. 19.

211 *Ivaldi/Jullien/Rey u.a.* in: Ghosal/Stennek (Hrsg.), The Political Economy of Antitrust, 2007, S. 217.

212 *Schuchmann*, Die Behandlung von tacit collusion im europäischen und deutschen Kartellrecht, 2017, S. 14.

213 *Ivaldi/Jullien/Rey u.a.* in: Ghosal/Stennek (Hrsg.), The Political Economy of Antitrust, 2007, S. 218.

214 *Schuchmann*, Die Behandlung von tacit collusion im europäischen und deutschen Kartellrecht, 2017, S. 17.

b. Voraussetzungen einer Kollusion

Eine Kollusion ist nicht einfach zu erreichen, da die Konkurrenten immer den Anreiz haben, von dem kollusiven Marktergebnis abzuweichen. Durch ein Abweichen können sie kurzfristig die Nachfrage auf sich vereinen und ihre Gewinne maximieren.[215] Daher gibt es zwei elementare Voraussetzungen, die stets vorliegen müssen, damit eine Kollusion überhaupt entstehen kann. Erstens muss es möglich sein, Abweichungen von dem kollusiven Marktergebnis effektiv aufzudecken. Zweitens müssen Abweichungen durch die anderen Unternehmen bestraft werden. Nur wenn die Bestrafung höher wiegt als der kurzfristige Gewinn einer Abweichung, werden die Unternehmen davon absehen, von der Kollusion abzuweichen.[216]

c. Interdependenzen im Oligopol

Die preistheoretische Analyse im Oligopol ist wesentlich schwieriger als auf anderen Märkten.[217] Ursache hierfür ist die sog. strategische oder oligopolistische Interdependenz.[218] Darunter versteht man den Fakt, dass Oligopolisten bei der Entscheidungsfindung die Entscheidungen anderer Oligopolisten berücksichtigen müssen.[219] In einem oligopolistisch organisierten Markt gibt es nur eine kleine Anzahl von großen Unternehmen, die eine bestimmte Menge ihrer Produkte zu einem bestimmten Preis anbieten. Wenn ein Unternehmen den Preis oder die angebotene Menge variiert, hat dies unmittelbaren Einfluss auf die anderen Unternehmen im Markt.[220] Der Erfolg eines Unternehmens hängt nicht nur von der individuellen Entscheidung, sondern auch von der Preis- und Mengenpolitik der anderen Unternehmen ab.

Im Modell kann in diesen Märkten eine formal-mathematisch präzise Berechnung der gewinnmaximalen Preise bzw. Mengen erfolgen.[221] Zur

---

215 *Motta*, Competition Policy, 2009, S. 139; *Marshall/Marx*, The Economics of Collusion, 2012, S. 105; *Levenstein/Suslow*, 44 Journal of Economic Literature 2006, 43, 44.

216 Grundlegend *Stigler*, 72 Journal of Political Economy 1964, 44 ff.

217 *Brösse*, Einführung in die Volkswirtschaftslehre. Mikroökonomie, 1999, S. 323.

218 *Brösse*, Einführung in die Volkswirtschaftslehre. Mikroökonomie, 1999, S. 324; *Schwalbe/Zimmer*, Kartellrecht und Ökonomie, 2021, S. 35.

219 *Brösse*, Einführung in die Volkswirtschaftslehre. Mikroökonomie, 1999, S. 323.

220 *Schwalbe/Zimmer*, Kartellrecht und Ökonomie, 2021, S. 35.

221 *Brösse*, Einführung in die Volkswirtschaftslehre. Mikroökonomie, 1999, S. 324.

Ermittlung des gewinnmaximalen Preises im Oligopol müssen aufgrund der oligopolistischen Interdependenzen somit Annahmen über die Auswirkungen der Reaktionen der anderen Marktteilnehmer getroffen werden. Dies stellt das Kernproblem bei der Untersuchung des Marktverhaltens im Oligopol dar (sog. Oligopolproblem).[222] Zur Lösung des Oligopolproblems werden einerseits die klassischen Oligopoltheorien zur Erklärung des Marktverhaltens im Oligopol herangezogen. Zum anderen wird auch die Spieltheorie angewendet.

d. Oligopoltheorien

Die Oligopoltheorien werden genutzt, um das strategisch bestmögliche Verhalten im Oligopol zu berechnen.[223] Diese Theorien bedienen sich vereinfachter Annahmen zur Berechnung der gewinnmaximalen Preise bzw. Mengen im Oligopol unter Berücksichtigung der strategischen Interdependenzen.[224] Die Grundlage jedes Oligopolmodells bildet die Annahme, dass ein Oligopolist sich auf dem Markt stets so verhält, dass der Gewinn des eigenen Unternehmens maximiert wird.[225] Zur Vereinfachung gehen die Modelle auf der Anbieterseite von einem Duopol aus, also zwei konkurrierenden Unternehmen.[226] Auf der Nachfrageseite agieren demgegenüber viele kleine Haushalte. Die Kostensituation hängt im Modell nur von der jeweiligen Produktionsmenge der Unternehmen ab. Anders verhält es sich mit der Erlössituation. Diese hängt aufgrund der strategischen Interdependenzen von dem Verhalten des anderen Oligopolisten ab.[227]

Zur Ermittlung, welche Preis- bzw. Mengenpolitik die optimale Strategie zur Gewinnmaximierung im Oligopol darstellt, werden verschiedene Theorien angewendet. Ziel dieser Theorien ist es immer, zu ermitteln, welches Ergebnis sich einstellen wird bzw. welche Strategien von den Anbietern angewendet werden. Das Spielergebnis wird Nash-Gleichgewicht (engl. *nash equilibrium*) genannt. Das Nash-Gleichgewicht ist die Kombination von Strategien, nach welcher kein Spieler unter Berücksichtigung der Handlun-

222 *Ott*, Grundzüge der Preistheorie, 1997, S. 210.

223 Vgl. *Friedman*, Oligopoly theory, 1987.

224 *Brösse*, Einführung in die Volkswirtschaftslehre. Mikroökonomie, 1999, S. 325.

225 *Stigler*, 72 Journal of Political Economy 1964, 44.

226 *Brösse*, Einführung in die Volkswirtschaftslehre. Mikroökonomie, 1999, S. 326; *Lorz/Endrikat*, Einführung in die Volkswirtschaftslehre, 2022, S. 127.

227 *Lorz/Endrikat*, Einführung in die Volkswirtschaftslehre, 2022, S. 127.

gen der anderen den Anreiz hat, sein Verhalten zu ändern.[228] In diesem Gleichgewicht ist jede Strategie die jeweils beste Antwort auf die Strategien der anderen Spieler.[229] Zur Ermittlung des Nash-Gleichgewichts in einem oligopolistischen Wettbewerb können abhängig von den eingesetzten Wettbewerbsparametern das Cournot[230] oder das Bertrand-Modell[231] genutzt werden. Die klassischen Modelle von Cournot und Bertrand zu homogenen Produkten sind theoretisch am weitesten entwickelt und sind am besten dazu geeignet, die prinzipiellen Wirkungen oligopolistischer Interdependenz aufzuzeigen.[232] Im Folgenden werden der Cournot-Mengenwettbewerb (aa.) und der Bertrand-Preiswettbewerb (bb.) dargestellt. Es existieren darüber hinaus noch weitere Modelle zur Berechnung von Preisen im Oligopol unter anderen Annahmen (cc.).

aa. Cournot-Mengenwettbewerb

Eine Lösung des Oligopolproblems stammt von *Antoine-Augustin Cournot* (1801-1877).[233] Sie bietet sich für diejenigen Märkte an, auf denen der entscheidende Wettbewerbsparameter die Menge und nicht der Preis ist.[234] Dies ist der Fall, wenn die Mengenentscheidung nur schwer rückgängig gemacht werden kann, während der Preis unproblematisch den Marktverhältnissen angepasst werden kann, um die produzierte Menge abzusetzen. Das heißt die Unternehmen entscheiden hier nur über ihre Angebotsmenge, während der Preis sich aus der Nachfrage ergibt.[235] Diese Märkte sind eher durch einen Mengenwettbewerb, oder auch Cournot-Wettbewerb, als durch einen Preiswettbewerb geprägt. Märkte mit homogenen Massengütern wie Zement, Beton oder Getreide sind Beispiele für Industrien, die

---

228 *Schuchmann*, Die Behandlung von tacit collusion im europäischen und deutschen Kartellrecht, 2017, S. 32.

229 *Werden*, 71 Antitrust Law Journal 2004, 719, 721; *Yao/DeSanti*, 38 The Antitrust Bulletin 1993, 113, 122.

230 *Cournot*, Untersuchungen über die mathematischen Grundlagen der Theorie des Reichtums, 1924.

231 *Bertrand*, Le Journal des sçavans 1883, 499 ff.

232 *Wied-Nebbeling*, Preistheorie und Industrieökonomik, 2009, S. 129.

233 Grundlegend *Cournot*, Untersuchungen über die mathematischen Grundlagen der Theorie des Reichtums, 1924; *ders.*, Recherches sur les principes mathématiques de la théorie des richesses, 1838.

234 *Schwalbe/Zimmer*, Kartellrecht und Ökonomie, 2021, S. 40.

235 *Lorz/Endrikat*, Einführung in die Volkswirtschaftslehre, 2022, S. 130.

eher durch einen Mengenwettbewerb geprägt sind.[236] Zur Berechnung im Modell eignet es sich besonders gut, einen Mengenwettbewerb mit homogenen Gütern zu beobachten. Komplizierter sind die Berechnungen, wenn es sich um Mengenwettbewerb mit differenzierten Gütern oder sequentiellen Entscheidungen handelt.

(1) Mengenwettbewerb mit homogenen Gütern

Zur Berechnung werden im klassischen Cournot-Modell folgende vereinfachte Annahmen getroffen. Es gibt zwei Anbieter eines homogenen Produkts, z.B. Mineralwasser.[237] Die Anbieter treten in Wettbewerb zueinander und treffen keine Vereinbarungen oder Absprachen.[238] Die Produktionskosten sind entweder bei null[239] oder sind für alle Teilnehmer konstant gleich hoch[240], können also außer Betracht bleiben. Die Nachfragekurve und die gegebenen Angebotsmengen des anderen Anbieters sind bekannt.[241] Es bestehen keine Kapazitätsbeschränkungen, das heißt jedes Unternehmen ist immer in der Lage die gesamte Nachfrage zu bedienen.[242] Die Firmen legen ihre Produktionsmenge gleichzeitig fest.[243] Die Oligopolisten bestimmen ihre gewinnmaximale Angebotsmenge unter Berücksichtigung der erwarteten Angebotsmenge des Konkurrenten.[244] Der Preis wird sich dann so bilden, dass die insgesamt hergestellte Menge abgesetzt werden kann.[245] Eine größere Angebotsmenge ist dabei mit einem geringeren Marktpreis verbunden. Es handelt sich folglich um eine fallende Nachfragefunktion.[246] Die Entscheidung über die Menge betrifft nicht nur das eigene Unternehmen, sondern auch alle anderen am Markt tätigen Akteure. Wird die produzierte Menge ausgeweitet, sinkt der Marktpreis insgesamt und

236 *Schwalbe/Zimmer*, Kartellrecht und Ökonomie, 2021, S. 40.
237 *Brösse*, Einführung in die Volkswirtschaftslehre. Mikroökonomie, 1999, S. 2.
238 *Schwalbe/Zimmer*, Kartellrecht und Ökonomie, 2021, S. 40; *Müller*, Mikroökonomie, 2020, S. 445.
239 *Lorz/Endrikat*, Einführung in die Volkswirtschaftslehre, 2022, S. 127.
240 *Schwalbe/Zimmer*, Kartellrecht und Ökonomie, 2021, S. 40.
241 *Brösse*, Einführung in die Volkswirtschaftslehre. Mikroökonomie, 1999, S. 327.
242 *Schwalbe/Zimmer*, Kartellrecht und Ökonomie, 2021, S. 42; *Brösse*, Einführung in die Volkswirtschaftslehre. Mikroökonomie, 1999, S. 327.
243 *Goolsbee/Syverson/Levitt*, Mikroökonomik, 2014, S. 578; *Vives*, Oligopoly pricing, 2001, S. 93.
244 *Brösse*, Einführung in die Volkswirtschaftslehre. Mikroökonomie, 1999, S. 327.
245 *Brösse*, Einführung in die Volkswirtschaftslehre. Mikroökonomie, 1999, S. 327.
246 *Schwalbe/Zimmer*, Kartellrecht und Ökonomie, 2021, S. 43.

die Konkurrenz macht bei gleicher Produktionsmenge weniger Umsatz. Folglich wird der andere Anbieter mit einer Reduktion der eigenen Produktionsmenge reagieren, um einen Preisverfall zu verhindern. Im Gegensatz dazu wird der andere Anbieter auf eine Reduktion der Produktionsmenge und den dadurch steigenden Preis mit einer Erhöhung der Produktionsmenge reagieren.[247]

Ziel des Cournot-Modells ist es, zu berechnen, welches Marktergebnis sich auf einem Markt unter gegebenen Bedingungen einstellt. Dieses Ergebnis stellt sich ein, wenn kein Anbieter einen Anreiz hat, sein Angebot bei gegebener Menge des anderen zu verändern (sog. Cournot-Gleichgewicht).[248] In diesem Gleichgewicht wird mehr produziert als in einer Monopolsituation, aber weniger als bei vollkommenem Wettbewerb. Dies liegt daran, dass der Wettbewerbsdruck bei Mengenwettbewerb nicht so hoch ist. Bei einer Mengenreduktion und einem dadurch steigenden Preis wird die Nachfrage verringert, aber sie wird nicht vollkommen verschwinden. Der fehlende Wettbewerbsdruck führt zu einer geringeren produzierten Menge, höheren Preisen, einer geringeren Konsumentenwohlfahrt und zu höheren Gewinnen für die Unternehmen als bei vollkommenem Wettbewerb.[249] Dieser Effekt verringert sich mit der Anzahl der aktiven Unternehmen auf einem Markt.[250] Dies liegt daran, dass der Preissenkungseffekt für das eigene Unternehmen geringer ist, wenn es mehr Unternehmen auf dem Markt gibt. Bei einer sehr großen Zahl von Unternehmen entspricht das Marktergebnis im Cournot-Modell ab einem gewissen Punkt dem bei vollkommenem Wettbewerb.[251]

(2) Mengenwettbewerb mit differenzierten Gütern

Beim Mengenwettbewerb mit differenzierten Gütern ändert sich das Marktergebnis abhängig vom Differenzierungsgrad der Güter.[252] Unter den gleichen Annahmen wie oben beschrieben, mit Ausnahme der Homogenität der Produkte, gilt: Je enger die Substitute sind, desto eher entspricht das Marktergebnis dem Cournot-Gleichgewicht. Je größer der Differenzie-

247 *Schwalbe/Zimmer*, Kartellrecht und Ökonomie, 2021, S. 44.
248 *Vives*, Oligopoly pricing, 2001, S. 93.
249 *Schwalbe/Zimmer*, Kartellrecht und Ökonomie, 2021, S. 45.
250 *Goolsbee/Syverson/Levitt*, Mikroökonomik, 2014, S. 588.
251 *Carlton/Perloff*, Modern industrial organization, 2005, 169 ff.
252 *Schwalbe/Zimmer*, Kartellrecht und Ökonomie, 2021, S. 48.

rungsgrad, desto eher können die Anbieter ihre Produkte zum Monopolpreis anbieten.[253]

(3) Mengenwettbewerb mit sequentiellen Entscheidungen (Stackelberg-Wettbewerb)

Eine Erweiterung des klassischen Cournot-Mengenwettbewerb Modells ist der Stackelberg-Wettbewerb.[254] Hier werden Situationen des Mengenwettbewerbs untersucht, in denen die Firmen ihre Preise nicht gleichzeitig festlegen. In diesem Modell gibt es jeweils einen Anbieter, der die Menge zuerst festlegt (sog. Stackelberg-Leader) und einen Anbieter, der seine Menge daraufhin anpasst (sog. Stackelberg-Follower).[255] Der Stackelberg-Leader kann bei seiner Entscheidung die potenziellen Handlungen des Stackelberg-Followers berücksichtigen, während der Follower bei seiner Entscheidung die Menge des Leaders als gegeben hinzunehmen hat.[256] Dies führt dazu, dass der Stackelberg-Leader eine höhere Menge anbietet und dadurch einen höheren Gewinn als im Grundmodell erhält, während der Stackelberg-Follower eine geringere Menge anbietet und einen geringeren Gewinn erwirtschaftet.[257]

bb. Bertrand-Preiswettbewerb

Eine Weiterentwicklung der Lösung des Oligopolproblems stammt von *Joseph Bertrand* (1822-1900).[258] Es kommt in Märkten zur Anwendung, in denen der Preis als wesentlicher Wettbewerbsparameter dient.[259] Auf diesen Märkten können Mengenanpassungen häufig durch Zukäufe von anderen Herstellern schnell erfolgen, während eine Preisanpassung nur schwer

253 *Shy*, Industrial organization, 2000, S. 137-139.

254 Grundlegend *Stackelberg*, Marktform und Gleichgewicht, 1934; *Goolsbee/Syverson/Levitt*, Mikroökonomik, 2014, S. 590; *Schwalbe/Zimmer*, Kartellrecht und Ökonomie, 2021, S. 48 f.; *Bühler/Jaeger*, Einführung in die Industrieökonomik, 2002, S. 46 f.

255 *Bühler/Jaeger*, Einführung in die Industrieökonomik, 2002, S. 86.

256 *Schwalbe/Zimmer*, Kartellrecht und Ökonomie, 2021, S. 49.

257 *Schwalbe/Zimmer*, Kartellrecht und Ökonomie, 2021, S. 49; *Bühler/Jaeger*, Einführung in die Industrieökonomik, 2002, S. 88; *Tirole*, The Theory of Industrial Organization, 2003, S. 315.

258 *Bertrand*, Le Journal des sçavans 1883, 499 ff.

259 *Schwalbe/Zimmer*, Kartellrecht und Ökonomie 2021, S. 40.

möglich oder sehr teuer ist.[260] Die Menge ist daher kein ausschlaggebender Parameter. Der Wettbewerb wird hier vorwiegend über die Preissetzung geführt.[261] Bei dieser Art von Wettbewerb kann sich ein gänzlich anderes Nash-Gleichgewicht einstellen als beim Mengenwettbewerb.[262] Es wird auch hier unterschieden zwischen Preiswettbewerb mit homogenen Gütern, heterogenen Gütern und bei sequentiellen Entscheidungen. Zusätzlich können Situationen mit Kapazitätsbeschränkungen beobachtet werden.

(1) Nash-Gleichgewicht bei Preiswettbewerb mit homogenen Gütern

Es wird wieder ein Duopol untersucht. Die Duopolisten produzieren homogene Güter, die aus Sicht der Nachfrager perfekte Substitute darstellen.[263] Die Nachfrager reagieren entsprechend sehr sensibel auf Preiserhöhungen und kaufen immer beim Anbieter mit dem günstigsten Preis.[264] Es bestehen keine Kapazitätsbeschränkungen und die Anbieter produzieren mit konstanten und gleichen Stückkosten.[265] Die Unternehmen legen ihre Preise gleichzeitig fest.[266]

Im Bertrand-Gleichgewicht[267] entspricht das Marktergebnis bei Bertrand-Wettbewerb in Bezug auf Menge und Preis demjenigen bei vollkommenem Wettbewerb.[268] Das heißt, der Preis entspricht hier den Grenzkosten.[269] Dies ergibt sich daraus, dass ein Unternehmen, welches unter den Grenzpreis geht, zwar die gesamte Nachfrage auf sich vereinen könnte, aber Verluste machen würde.[270] Würde ein Unternehmen über die Grenzkosten gehen, würden alle Konsumenten bei der Konkurrenz nachfragen.[271] Wenn alle Anbieter einen Preis über den Grenzkosten anbieten, wäre dies

260 *Schwalbe/Zimmer*, Kartellrecht und Ökonomie, 2021, S. 40.
261 *Goolsbee/Syverson/Levitt*, Mikroökonomik, 2014, S. 573; *Vives*, Oligopoly pricing, 2001, S. 117.
262 *Lorz/Endrikat*, Einführung in die Volkswirtschaftslehre, 2022, S. 130.
263 *Lorz/Endrikat*, Einführung in die Volkswirtschaftslehre, 2022, S. 130; *Bühler/Jaeger*, Einführung in die Industrieökonomik, 2002, S. 78; *Goolsbee/Syverson/Levitt*, Mikroökonomik, 2014, S. 573.
264 *Bühler/Jaeger*, Einführung in die Industrieökonomik, 2002, S. 78.
265 *Schwalbe/Zimmer*, Kartellrecht und Ökonomie, 2021, S. 40.
266 *Goolsbee/Syverson/Levitt*, Mikroökonomik, 2014, S. 573.
267 Zum Begriff siehe *Vives*, Oligopoly pricing, 2001, S. 117.
268 *Schwalbe/Zimmer*, Kartellrecht und Ökonomie, 2021, S. 40.
269 *Lorz/Endrikat*, Einführung in die Volkswirtschaftslehre, 2022, S. 130.
270 *Schwalbe/Zimmer*, Kartellrecht und Ökonomie, 2021, S. 40.
271 *Schwalbe/Zimmer*, Kartellrecht und Ökonomie, 2021, S. 41.

kein Nash-Gleichgewicht, da beide Unternehmen einen Anreiz hätten, den Preis zu senken, um so die Nachfrage auf sich zu vereinen.[272] Dieses Ergebnis wird Bertrand-Paradoxon genannt.[273] Es ist ein Paradoxon, da sich trotz nur zweier Anbieter das gleiche Marktergebnis wie in vollständiger Konkurrenz einstellt.[274] In der Praxis sind völlig homogene Produkte eher selten anzutreffen.[275] Weitgehend homogene Produkte werden zum Beispiel von Fluggesellschaften angeboten.[276] Hier gibt es wissenschaftliche Evidenz dafür, dass der Preiswettbewerb bei Inlandsstrecken zu keinen oder nur sehr geringen Gewinnen führt und bei einem Rückgang der Nachfrage sogar zu Verlusten.[277] Dies kann durch die theoretischen Erkenntnisse zum Bertrand-Preiswettbewerb mit homogenen Gütern erklärt werden.

(2) Nash-Gleichgewicht bei Preiswettbewerb mit heterogenen Gütern

Auf den meisten realen Märkten besteht aber zumindest bis zu einem gewissen Grad eine Produktdifferenzierbarkeit. In der Regel besteht diese aufgrund sachlicher, persönlicher oder räumlicher Präferenzen für bestimmte Güter.[278] In Falle heterogener Güter liegt das Nash-Gleichgewicht über den Grenzkosten.[279]

(3) Preiswettbewerb mit sequentiellen Entscheidungen

Wie oben in Bezug auf den Mengenwettbewerb beschrieben, kann auch der Preiswettbewerb sequentiell erfolgen. Im Falle homogener Produkte ändert sich nichts zum Ergebnis im Bertrand-Grundmodell: das Ergebnis entspricht dem bei vollkommenem Wettbewerb.[280] Bei differenzierten Pro-

272 *Schwalbe/Zimmer*, Kartellrecht und Ökonomie, 2021, S. 40.
273 *Bühler/Jaeger*, Einführung in die Industrieökonomik, 2002, S. 78; *Lorz/Endrikat*, Einführung in die Volkswirtschaftslehre, 2022, S. 130.
274 *Lorz/Endrikat*, Einführung in die Volkswirtschaftslehre, 2022, S. 130.
275 *Lorz/Endrikat*, Einführung in die Volkswirtschaftslehre, 2022, S. 130; *Schwalbe/Zimmer*, Kartellrecht und Ökonomie, 2021, S. 46.
276 *Münter*, Microeconomics, Competition and Strategic Behaviour, 2022, S. 378.
277 *Münter*, Microeconomics, Competition and Strategic Behaviour, 2022, S. 378.
278 *Lorz/Endrikat*, Einführung in die Volkswirtschaftslehre, 2022, S. 130.
279 Vgl. *Lorz/Endrikat*, Einführung in die Volkswirtschaftslehre, 2022, S. 130 f.; *Strotebeck*, Einführung in die Mikroökonomik, 2020, S. 346.
280 *Schwalbe/Zimmer*, Kartellrecht und Ökonomie, 2021, S. 48 f.

dukten ergibt sich ein anderes Bild.[281] Der Leader antizipiert hier die Preisunterbietung des Followers. Daher bietet der Leader sein Produkt zu einem höheren Preis an als im Bertrand-Grundmodell. Der Follower unterbietet den Preis des Leaders und kann daher einen großen Teil der Nachfrage in der zweiten Runde auf sich vereinen. Insgesamt wird ein höherer Gewinn erzielt als im Grundmodell, wobei der Follower einen höheren Gewinn erzielt als der Leader.[282]

(4) Preiswettbewerb mit Kapazitätsbeschränkungen (Edgeworth-Zyklen)

Im Standard Bertrand-Modell wird angenommen, dass die Unternehmen immer in der Lage sind, die gesamte Nachfrage zu bedienen. Ist dies nicht der Fall, spricht man von Kapazitätsbeschränkungen.[283] In einem Bertrand-Modell mit Kapazitätsbeschränkungen ergibt ein Preis in Höhe der Grenzkosten kein Gleichgewicht mehr. Wegen der Kapazitätsbeschränkungen existiert hier kein eindeutiges Gleichgewicht. Vielmehr entsteht ein Prozess des gegenseitigen Unterbietens, der beim Monopolpreis beginnt und sich dann bis zu einem Preis fortsetzt, bis es für ein Unternehmen wieder einen Anreiz gibt, einen höheren Preis zu setzen (sog. Edgeworth-Zyklen).[284]

cc. Weitere Wettbewerbsmodelle

Es gibt noch eine Vielzahl von Weiterentwicklungen der klassischen Oligopoltheorien unter verschiedenen Annahmen.[285] Eine eingehende Darstellung aller Theorien würde aber den Rahmen dieser Arbeit sprengen, weswegen an dieser Stelle auf weitere Ausführungen verzichtet wird.

281 *Shy*, Industrial organization, 2000, S. 142.
282 *Shy*, Industrial organization, 2000, S. 142; *Schwalbe/Zimmer*, Kartellrecht und Ökonomie, 2021, S. 49.
283 *Schwalbe/Zimmer*, Kartellrecht und Ökonomie, 2021, S. 42.
284 *Schwalbe/Zimmer*, Kartellrecht und Ökonomie, 2021, S. 43; *Vives*, Oligopoly pricing, 2001, S. 123 ff.
285 Vertiefend hierzu *Vives*, Oligopoly pricing, 2001; *Tirole*, The Theory of Industrial Organization, 2003.

e. Spieltheorie und Kooperation

Um das Verhalten der Akteure auf oligopolistischen Märkten nachzuvollziehen, bedient sich die neuere ökonomische Forschung auch spieltheoretischer Ansätze.[286] Die Spieltheorie ist ein Teilgebiet der Mathematik, welche menschliches Verhalten in einem Kontext strategischer Interaktion erklärbar macht.[287] Es wird unterschieden zwischen der nicht-kooperativen Spieltheorie und der kooperativen Spieltheorie.[288] Bei der kooperativen Spieltheorie könnte ein kooperatives Verhalten und ein entsprechendes Ergebnis von außen – z.B. durch eine höhere Instanz – erzwungen werden. Dagegen kann bei nicht-kooperativen Spielen eine Kooperation von außen nicht durchgesetzt werden (*self-enforcing*). Es können somit keine bindenden Vereinbarungen getroffen werden. Die Spieler treffen ihre Entscheidungen in jeder Runde frei von äußeren Zwängen anhand ihrer individuellen Interessen.[289] In den folgenden Ausführungen werden nur nicht-kooperative Spiele dargestellt, da diese den vorherrschenden Zweig in der Spieltheorie ausmachen[290] und für die Zwecke dieser Untersuchung von größerer Relevanz sind. Im Folgenden werden zunächst die grundlegenden Annahmen der Spieltheorie vorgestellt (aa.). Dann wird untersucht, unter welchen Bedingungen sich im Cournot-Duopol über eine Periode (bb.) und über mehrere Perioden (cc.) eine Kooperation einstellen wird. Abschließend wird noch darauf eingegangen, wann im Sinne der Spieltheorie in einem Cournot-Oligopol mit einer Kooperation zu rechnen ist (dd.).

aa. Grundlegende Annahmen

Für ein Spiel im Sinne der Spieltheorie braucht es Spieler, Handlungsmöglichkeiten (=Strategien) und es muss bestimmt werden, welche Ergebnisse (=Auszahlungen) mit den Handlungsmöglichkeiten verknüpft sind.[291] Die-

---

286 *Lorz/Endrikat*, Einführung in die Volkswirtschaftslehre, 2022, S. 126.

287 *Behnke*, Entscheidungs- und Spieltheorie, 2020, S. 9; Grundlegend *Neumann/Morgenstern*, Spieltheorie und wirtschaftliches Verhalten, 1961.

288 *Wiese*, Entscheidungs-und Spieltheorie, 2002, S. 3.

289 *Behnke*, Entscheidungs- und Spieltheorie, 2020 S. 59; *Holler/Illing/Napel*, Einführung in die Spieltheorie, 2019, S. 6; *Friedman*, Game Theory with Applications to Economics, 1986, S. 184.

290 *Behnke*, Entscheidungs- und Spieltheorie, 2020, S. 59.

291 *Vives*, Oligopoly pricing, 2001, S. 12.

se Ergebnisse nennt man Strategiekombinationen.[292] Das Nash-Gleichgewicht ist dabei diejenige Strategiekombination, bei der kein Spieler einen Anreiz hat, von seiner Strategie abzuweichen.[293] Ein Spiel kann aber auch mehrere Nash-Gleichgewichte oder gar kein Nash-Gleichgewicht haben.[294] In der Spieltheorie werden strategische Entscheidungssituationen betrachtet, die folgende Voraussetzungen erfüllen: Erstens ist das Ergebnis von den Entscheidungen mehrerer Akteure abhängig und kann nicht einseitig von Akteuren bestimmt werden. Zweitens sind sich dabei alle Akteure dieser Interdependenz bewusst. Drittens gehen sie auch davon aus, dass alle anderen sich ebenfalls der Interdependenz bewusst sind. Viertens berücksichtigen die Spieler bei ihren Entscheidungen die ersten drei Voraussetzungen.[295]

Die wohl bekannteste Konstellation in der Spieltheorie ist das Gefangenendilemma.[296] In der Grundkonstellation betrifft dieses Spiel die Situation zweier Gefangener, die entweder gestehen oder nicht gestehen können.[297] Das Gefangenendilemma wird in der Ökonomie aber auch auf strategische Entscheidungen von Unternehmen im Wettbewerb auf Märkten angewendet.[298] So kann die Spieltheorie auch angewendet werden, um zu untersuchen, wie hoch die Wahrscheinlichkeit einer Kollusion im Oligopol ist.[299] Klassische Kartelle sind in der Ökonomie nichts anderes als ein wiederholtes Gefangenendilemma im Sinne der Spieltheorie.[300] Zur Verdeutlichung sollen die folgenden Beispiele zu einem Cournot-Duopol über einer Periode und mit unbekannter Dauer dienen.

bb. Kooperation im Cournot-Duopol bei einem Einperiodenspiel

Zur Veranschaulichung der Anreize zur Kooperation im Cournot-Duopol soll folgendes Beispiel dienen: Die Unternehmen A_1 und A_2 sind die Spieler. Das Spiel geht nur über eine Periode. Sie haben zwei Verhaltensmög-

---

292 *Schwalbe/Zimmer*, Kartellrecht und Ökonomie, 2021, S. 37.

293 *Schwalbe/Zimmer*, Kartellrecht und Ökonomie, 2021, S. 38; *Sellenthin*, Volkswirtschaftslehre - mathematisch gedacht, 2022, S. 20.

294 *Hingston/Kendall* in: IEEE (Hrsg.), 2013 IEEE Congress on Evolutionary Computation (CEC), 2013, S. 364, S. 365.

295 *Holler/Illing/Napel*, Einführung in die Spieltheorie, 2019, S. 1.

296 *Holler/Illing/Napel*, Einführung in die Spieltheorie, 2019, S. 2.

297 *Holler/Illing/Napel*, Einführung in die Spieltheorie, 2019, S. 2.

298 *Lorz/Endrikat*, Einführung in die Volkswirtschaftslehre, 2022, S. 133 ff.

299 *Holler/Illing/Napel*, Einführung in die Spieltheorie, 2019, S. 7 f.

300 *Mehra*, 100 Minnesota Law Review 2016, 1323, 1356.

lichkeiten – Kooperation (q^k) oder Wettbewerb (q^c). Im Falle einer Kooperation beider Spieler erzielt jeder Spieler den halben Monopolgewinn:
($G^K = \frac{1}{2}G^M = 25$).

Wenn beide Unternehmen sich kooperativ verhalten, agieren sie somit wie ein Monopol und können insgesamt den Monopolgewinn erwirtschaften ($G^M = G_1^K + G_2^K = 25 + 25 = 50$). Wenn beide Unternehmen Wettbewerb als Strategie wählen, erwirtschaftet jeder Spieler den Oligopolgewinn ($G^W = 22{,}5$). Wenn ein Anbieter Kollusion wählt und ein Anbieter Wettbewerb, kommt es zu einem abweichenden Gewinn (G^A). Wählt der Anbieter A_1 Wettbewerb und A_2 Kooperation, ist der Gewinn von A_1 ($G_1^A = 40$) höher als der Gewinn von A_2 ($G_2^A = 20$).

Somit gilt im umgekehrten Fall – A_1 wählt Kooperation und A_2 Wettbewerb – das Gleiche. Die Strategien und deren Auszahlungsmöglichkeiten sind in *Tabelle 1* wiedergegeben.

Tabelle 1

		Unternehmen A_2	
		q^K	q^C
Unternehmen A_1	q^K	$25A_1/25A_2$	$20A_1/40A_2$
	q^C	$40A_1/20A_2$	$22{,}5A_1/22{,}5A_2$

Um das Nash-Gleichgewicht zu bestimmen, muss jedes Unternehmen die Strategie des anderen Unternehmens antizipieren. Zur Verdeutlichung wird die beste Reaktion aus Sicht des Unternehmens A_1 auf die möglichen Aktionen des Unternehmens A_2 betrachtet. Wenn Unternehmen A_1 sich für Kooperation entscheidet und Unternehmen A_2 für Wettbewerb, kann ein Gewinn von 20 erzielt werden. Im Fall der Kooperation von A_2 wird ein Gewinn von 25 erreicht. Dagegen steht A_1 in jedem Fall besser dar, wenn es sich für Wettbewerb entscheidet. Wenn Unternehmen A_2 sich dann kooperativ verhält, ist die Auszahlung höher (40 > 25) und wenn sich A_2 für Wettbewerb entscheidet auch (22,5 > 20). Das Gleiche gilt für Unternehmen A_2. Insofern ist die individuell rationale Strategie beider Unternehmen hier der Wettbewerb. Im Ergebnis wird daher eine Auszahlung von 22,5 an beide Unternehmen erfolgen. Es handelt sich um ein Nash-Gleichgewicht mit dominanter Strategie, da die Strategie q^C für jeden

Spieler immer das Beste ist, unabhängig davon, was der andere Spieler tut.[301] Diejenigen Strategien, die nie das Beste für einen Spieler sind, werden dominierte Strategien genannt.[302] Kooperation ist im vorliegenden Spiel die dominierte Strategie. In dieser Konstellation ist daher nicht mit einem kollusiven Marktergebnis zu rechnen.

cc. Kooperation im Cournot-Duopol bei Mehrperiodenspielen

Die Spiele können auch über mehrere Perioden wiederholt werden. Bei diesen Spielen kann das Ende bekannt oder unbekannt sein.[303]

(1) Spiele mit bekanntem Ende

Bei Spielen mit bekanntem Ende stellt sich grundsätzlich aus spieltheoretischer Sicht wieder das Nash-Gleichgewicht, wie im oben dargestellten Einperiodenspiel, ein.[304] Dies folgt daraus, dass die sogenannte Rückwärtsindikation angewendet wird. Danach wird zunächst die Entscheidungssituation in der letzten Periode analysiert.[305] In der letzten Periode wird sich aber keiner der rational agierenden Spieler kooperativ verhalten, wenn das Nash-Gleichgewicht im Einperiodenspiel nicht Kooperation ist, da er durch ein Angebot der Cournot-Menge seinen Gewinn maximieren kann und in der Folgeperiode keine Vergeltung durch den anderen Spieler in Form der Rückkehr zum Wettbewerb droht.[306] Dasselbe gilt auch für alle vorgelagerten Perioden. Die Rückwärtsindikation sagt: Gibt es in der letzten Periode keine Möglichkeit die Kooperation zu erzwingen, besteht auch in jeder vorhergehenden Runde keine Möglichkeit dazu.[307] Im Ergebnis würde dies bedeuten, dass sich im Gefangenendilemma mit bekannter Dauer nie eine Kollusion einstellt, wenn das Nash-Gleichgewicht im Einpe-

301 *Varian*, Grundzüge der Mikroökonomik, 2016, S. 603; *Goolsbee/Syverson/Levitt*, Mikroökonomik, 2014, S. 618.
302 *Goolsbee/Syverson/Levitt*, Mikroökonomik, 2014, S. 618.
303 *Wied-Nebbeling*, Preistheorie und Industrieökonomik, 2009, S. 136.
304 *Wied-Nebbeling*, Preistheorie und Industrieökonomik, 2009, S. 136; *Holler/Illing/Napel*, Einführung in die Spieltheorie, 2019, S. 150.
305 *Wied-Nebbeling*, Preistheorie und Industrieökonomik, 2009, S. 136; *Bühler/Jaeger*, Einführung in die Industrieökonomik, 2002, S. 115.
306 *Wied-Nebbeling*, Preistheorie und Industrieökonomik, 2009, S. 136.
307 *Wied-Nebbeling*, Preistheorie und Industrieökonomik, 2009, S. 136.

riodenspiel nicht Kooperation ist. Allerdings können die Spieler Strategien anwenden, mit deren Hilfe eine Kollusion auch in Mehrperiodenspielen mit bekannter Dauer erreicht werden kann. Zu diesen Strategien zählen die *Tit-for-Tat* und die *Win-Stay-Lose-Shift*-Strategie.

i. Tit-for-Tat-Strategie

In experimentellen Studien konnte gezeigt werden, dass sich eine Kollusion in Mehrperiodenspielen mit bekannter Dauer bei Anwendung bestimmter Strategien einstellen kann, obwohl das Nash-Gleichgewicht im Einperiodenspiel wettbewerbliches Verhalten ist.[308] Insbesondere hat eine experimentelle Studie von *Axelrod* gezeigt, dass sich eine Kooperation und damit ein kollusives Marktergebnis einstellt, wenn die Spieler eine „Wie du mir, so ich dir" (engl. *Tit-for-Tat*) Strategie anwenden.[309] Bei einer Tit-for-Tat-Strategie wählt der Spieler Kooperation in der ersten Runde und in jeder weiteren Runde wählt er die gleiche Strategie, die der andere Spieler in der vorigen Runde gewählt hat.[310] Wenn der andere Spieler dieses Verhalten durchschaut, wird er in der nächsten Runde auch Kooperation wählen, da er jedes Mal, wenn er wettbewerbliches Verhalten wählt, in der nächsten Runde bestraft wird.[311] Diese Strategie hat sich im Rahmen der sogenannten evolutionären Spieltheorie als überlegene Strategie zur Lösung des endlichen Gefangenendilemmas herausgestellt. [312] Bei der evolutionären Spieltheorie wird eine Population von Spieler betrachtet, bei der jeder Spieler eine von endlich vielen reinen Strategien anwendet. Die Spieler treten in langen, aber endlichen Spielen nach dem Zufallsprinzip gegeneinander an. Am Ende dieses Prozesses steht dann fest, welche Strategie relativ zu den anderen Strategien, die meisten Gewinne erwirtschaften konnte und damit überlegen ist.[313]

---

308 *Münter*, Microeconomics, Competition and Strategic Behaviour, 2022, S. 340; *Tirole*, The Theory of Industrial Organization, 2003, S. 260.

309 *Axelrod/Hamilton*, 211 Science 1981, 1390.

310 *Axelrod/Hamilton*, 211 Science 1981, 1390, 1393.

311 *Münter*, Microeconomics, Competition and Strategic Behaviour, 2022, S. 340.

312 *Axelrod*, Die Evolution der Kooperation, 2000; *Axelrod/Hamilton*, 211 Science, 1981, 1390.

313 *Schwalbe* in: Festschrift Dirk Schroeder, 2018, S. 754.

ii. Win-Stay-Lose-Shift-Strategie

Eine weitere Strategie, welche in einem wiederholten Gefangenendilemma zu einer Kollusion gelangen kann, ist die *Win-Stay-Lose-Shift* (WSLS) Strategie. Diese Strategie hat sich einer evolutionären Simulation von *Nowak/Sigmund* zum wiederholten Gefangenendilemma mit Missverständnissen als überlegene Strategie herausgestellt.[314] Missverständnis bedeutet in diesem Zusammenhang, dass die angewendete Strategie des anderen Spielers unter Umständen fehlinterpretiert werden kann, d.h. es kommt vor, dass Spieler A Kooperation spielt, aber Spieler B so reagiert, als hätte A Wettbewerb gespielt. Bei der WSLS-Strategie kooperiert der Spieler unter dem Vorbehalt, dass der andere Spieler ebenfalls kooperiert. Im Falle einer Abweichung des anderen Spielers reagiert WSLS ebenfalls mit einer Abweichung und bietet erst dann wieder Kooperation an, wenn alle Spieler in einer Runde Abweichung gespielt haben. WSLS hat bei Missverständnissen einige Vorteile gegenüber der Tit-for-Tat-Strategie. So kann im Zusammenspiel mit einem anderen Spieler, der WSLS anwendet, bei einer unbeabsichtigten Abweichung aufgrund eines Missverständnisses wieder zum kooperativen Gleichgewicht gelangt werden.[315]

(2) Spiele unbekannter Dauer

Ein Spiel von unbekannter Dauer liegt vor, wenn die Dauer der Konkurrenzsituation, also die Anzahl der Perioden nicht bekannt ist (sog. *supergames*).[316] Ein einziges Nash-Gleichgewicht gibt es bei unendlich wiederholten Spielen nicht.[317] Es sind daher viele Strategien möglich, die zu einem Gleichgewicht führen können, wobei von vorneherein nicht vorhergesagt werden kann, welche Strategien mit welcher Wahrscheinlichkeit von den Spielern angewendet werden.[318]

Eine Kollusion kann insbesondere entstehen, wenn die Unternehmen eine sog. „Trigger-Strategie“ verwenden.[319] Dabei löst das einmalige Abwei-

---

314 *Nowak/Sigmund*, 364 Nature 1993, 56 ff.

315 *Nowak/Sigmund*, 364 Nature 1993, 56.

316 *Shapiro* in: Schmalensee (Hrsg.), Handbook of industrial organization, 2009, S. 362 ff.; *Holler/Illing/Napel*, Einführung in die Spieltheorie, 2019, S. 148.

317 *Friedman*, 38 The Review of Economic Studies 1971, 1 ff.

318 *Motta*, Competition Policy, 2009, S. 166.

319 *Bühler/Jaeger*, Einführung in die Industrieökonomik, 2002, S. 116; *Wied-Nebbeling*, Preistheorie und Industrieökonomik, 2009, S. 223.

chen eines Unternehmens von der Kollusion eine Bestrafung mit wettbewerblichem Verhalten seitens aller anderen Unternehmens in allen weiteren Perioden aus. Das gilt auch, wenn das abweichende Unternehmen in Zukunft wieder zu einer Kollusion bereit wäre.[320] Dies nennt man eine unerbittliche Strategie (engl. *grim strategy*), da sie kein Verzeihen in den Folgeperioden kennt.[321]

In einem Spiel wird es zu einer Kollusion kommen, wenn ein wirtschaftlicher Anreiz dazu besteht. Dies ist der Fall, wenn der Gewinn einer andauernden Kooperation den Gewinn einer Abweichung in einer Periode zuzüglich des Gewinns bei wettbewerblichem Verhalten in den Folgeperioden übersteigt.[322] Ein wirtschaftlicher Anreiz zur Kollusion besteht dann, wenn bei einem gegebenen Diskontfaktor δ der Gewinn bei Kooperation größer ist als der Gewinn bei einer Abweichung.[323] Der Diskontfaktor dient zur Abzinsung zukünftiger Gewinne.[324] Der Diskontfaktor bestimmt sich immer nach dem Zinssatz. Der Diskontfaktor bewegt sich daher immer zwischen null und eins.[325] Er ist hinreichend groß, wenn der Zinssatz r genügend klein ist. Dann werden zukünftige Gewinne mit einem kleinen Zinssatz abdiskontiert und erhalten damit ein starkes Gewicht.[326] Mit dem Diskontfaktor kann berechnet werden, ob ein Anreiz zur Abweichung besteht. Der Anreiz zur Abweichung ist hoch, wenn zukünftigen Gewinnen ein kleines Gewicht zukommt, z.B. weil die zukünftigen Gewinne gering wären oder der Zinssatz besonders hoch. Eine Kooperation lohnt sich für die Anbieter, wenn der damit verbundene Gewinn mindestens genauso hoch ist wie die Summe aus dem Gewinn bei einer Abweichung und dem Gegenwartswert der zukünftigen Gewinne bei Wettbewerb.[327]

320 *Bühler/Jaeger*, Einführung in die Industrieökonomik, 2002, S. 117.
321 *Wied-Nebbeling*, Preistheorie und Industrieökonomik, 2009, S. 224.
322 *Bühler/Jaeger*, Einführung in die Industrieökonomik, 2002, S. 117; *Wissing*, WuW 2017, 543, 544; *Schmidt/Haucap*, Wettbewerbspolitik und Kartellrecht, 2013, 75 ff.
323 *Bühler/Jaeger*, Einführung in die Industrieökonomik, 2002, S. 117.
324 *Wied-Nebbeling*, Preistheorie und Industrieökonomik, 2009, S. 224.
325 *Wied-Nebbeling*, Preistheorie und Industrieökonomik, 2009, S. 225.
326 *Bühler/Jaeger*, Einführung in die Industrieökonomik, 2002, S. 117 f.
327 *Wied-Nebbeling*, Preistheorie und Industrieökonomik, 2009, S. 225.

dd. Kooperation im Cournot-Oligopol

Spieltheoretische Ergebnisse im Gefangenendilemma mit mehr als zwei Spielern sind zu komplex, um sie rechnerisch zu modellieren. Folglich müssen sie mit Computern simuliert werden. Auch im Cournot-Oligopol konnten Simulationen eine Kollusion nachweisen, bei Anwendung verschiedener Strategien. In der Studie von *Huck et al.* konvergieren die Spieler zu kollusiven Ergebnissen in einem wiederholten Cournot-Oligopol unter Anwendung der *Win-Continue, Lose-Reverse* (WCLR) Strategie. Bei dieser Strategie werden die Gewinne aus der letzten Aktion bewertet. Hat eine Erhöhung der Produktionsmenge zu höheren Gewinnen geführt, wird diese weiter erhöht, während bei einer Verringerung der Gewinne die Produktionsmenge reduziert wird.[328] Eine Kollusion kann allerdings nur unter vollständigen Symmetriebedingungen nachgewiesen werden, bei unterschiedlichen Kostenfunktionen der Spieler konvergiert diese Strategie zum Nash-Gleichgewicht.[329]

3. Eine Kollusion beeinflussende Faktoren

In der modernen Industrieökonomie wird das Entstehen einer Kollusion danach untersucht, ob bestimmte Faktoren den Anreiz zu einer Kollusion beeinflussen (sog. *incentive constraint*).[330]

Die Faktoren können die Anreize erhöhen, beschränken oder sich ambivalent auswirken.[331] Die anreizerhöhenden Faktoren sind kollusionsfördernde Faktoren (engl. *facilitating factors*), welche keine Bedingung für das Zustandekommen von Kollusion sind, aber eine stabile Kooperation erleichtern können.[332] Sie müssen von kollusionsfördernden Praktiken (engl. *facilitating practices*) abgegrenzt werden, welche auch Anknüpfungspunkt für eine kartellrechtliche Verantwortlichkeit nach Art. 101 AEUV bzw. Art. 102 AEUV sein können. Ein reines Marktstrukturmerkmal kann dagegen nicht Anknüpfungspunkt für eine kartellrechtliche Verantwortlichkeit

328 *Huck/Normann/Oechssler*, 220 Journal of Theoretical Biology 2003, 47 ff.
329 *Izquierdo/Izquierdo* in: Amblard/Miguel/Blanchet u.a. (Hrsg.), Advances in Artificial Economics, 2015, S. 33 ff.
330 *Motta*, Competition Policy, 2009, S. 142.
331 *Motta*, Competition Policy, 2009, S. 142.
332 *Schuchmann*, Die Behandlung von tacit collusion im europäischen und deutschen Kartellrecht, 2017, S. 40.

sein.[333] Im Folgenden werden die Marktstrukturmerkmale dargestellt, welche sich auf das Entstehen einer Kollusion auswirken. Die Darstellung betrachtet die Verhältnisse, wie sie vor dem Einsatz von Preisalgorithmen bestanden.

a. Anbieterkonzentration

Eine geringe Anzahl von Wettbewerbern begünstigt tendenziell eine Kollusion.[334] Eine stillschweigende Kollusion ist eher in Märkten mit weniger Teilnehmern zu erwarten als in Märkten mit sehr vielen Wettbewerbern, da hier schon eine stille Übereinkunft oder ein bewusstes Parallelverhalten ausreichend für eine fruchtbare Zusammenarbeit sein kann, während in Märkten mit mehr Teilnehmern eher eine explizite Kollusion notwendig ist, um ein stabiles Gleichgewicht zu erreichen. Gibt es weniger Teilnehmer ist es einfacher, ein abgestimmtes Verhalten zu kontrollieren und Vergeltungsmaßnahmen durchzuführen.[335] Es herrscht auch ein geringerer Anreiz von der Kollusion abzuweichen, da der Abweichungsgewinn relativ gering ist im Vergleich zu den niedrigen Profiten bei einer Bestrafung mit Wettbewerbsverhalten in den Folgeperioden.[336] Daher herrscht auf Märkten mit weniger Teilnehmern eine geringe Wettbewerbsintensität. Diese sinkt mit der Anzahl der Wettbewerber und ist in einem homogenen Duopol am geringsten.[337] Dagegen sind Märkte mit vielen Teilnehmern eher schwierig zu kontrollieren und anfälliger für abweichendes Verhalten.[338] Zudem herrscht hier ein besonders hoher Anreiz für Abweichungen, da der Abweichungsgewinn bei einer Vielzahl von Anbietern so hoch ist, dass selbst eine harte Bestrafung in den Folgeperioden dies nicht ausgleichen würde.[339]

333 *Schuchmann*, Die Behandlung von tacit collusion im europäischen und deutschen Kartellrecht, 2017, S. 41.

334 *Motta*, Competition Policy, 2009, S. 142; *Bühler/Jaeger*, Einführung in die Industrieökonomik, 2002, S. 121 f.; *Engel*, 12 Journal of Empirical Legal Studies 2015, 537, 548 f.

335 *Schmidt/Haucap*, Wettbewerbspolitik und Kartellrecht, 2013, S. 155.

336 *Motta*, Competition Policy, 2009, S. 143.

337 *Schmidt/Haucap*, Wettbewerbspolitik und Kartellrecht, 2013, S. 16.

338 *Schmidt/Haucap*, Wettbewerbspolitik und Kartellrecht, 2013, S. 155; *Bühler/Jaeger*, Einführung in die Industrieökonomik, 2002, S. 122.

339 *Motta*, Competition Policy, 2009, S. 142 f.; *Ivaldi/Jullien/Rey u.a.* in: Ghosal/Stennek (Hrsg.), The Political Economy of Antitrust, 2007, S. 220.

Diese theoretischen Überlegungen werden auch von empirischen und experimentellen Studien bestätigt. Laut einer empirischen Studie zu legalen und illegalen Kartellen aus Deutschland zwischen 1958 und 2004 waren am häufigsten zwei Unternehmen involviert, der Median betrug vier und der Durchschnitt fünfzehn Teilnehmer pro Kartell.[340] Ebenso haben experimentelle Studien ergeben, dass in Modellen mit und ohne die Möglichkeit zur Kommunikation Kollusion einfacher zu erreichen ist, je weniger Anbieter es gibt.[341]

b. Markteintritt

Je einfacher der Markteintritt, desto schwieriger ist es, eine Kollusion aufrechtzuerhalten.[342] Im Fall vollständig fehlender Markteintrittsbeschränkungen könnte ein aggressiv auftretendes in den Markt eintretendes Unternehmen (sog. *maverick*) jederzeit das kollusive Gleichgewicht unterbrechen.[343] Selbst wenn das eintretende Unternehmen die Kollusion unterstützt, steigt dann die Anbieterkonzentration und das Gleichgewicht ist schwieriger einzuhalten.[344] Bestehen dagegen Marktzutrittsbeschränkungen auf einem Markt, erhöht dies den Anreiz zu einer Kollusion.

c. Markttransparenz

In Bezug auf die Markttransparenz muss zwischen horizontaler (aa.) und vertikaler Markttransparenz (bb.) unterschieden werden.

340 *Haucap/Heimeshoff/Schultz*, Legal and illegal cartels in Germany between 1958 and 2004, 2010, S. 11.

341 *Fonseca/Normann*, Explicit vs. Tacit Collusion – The Impact of Communication in Oligopoly Experiments, 2012, S. 3 und S. 11 ff.; *Potters/Suetens*, 27 Journal of Economic Surveys 2013, 439 ff.

342 *Motta*, Competition Policy, 2009, S. 143; *Levenstein/Suslow*, 44 Journal of Economic Literature 2006, 43, 49.

343 *Schmidt/Haucap*, Wettbewerbspolitik und Kartellrecht, 2013, S. 156; *Ivaldi/Jullien/Rey u.a.* in: Ghosal/Stennek (Hrsg.), The Political Economy of Antitrust, 2007, S. 227 f.

344 *Motta*, Competition Policy, 2009, S. 143.

aa. Horizontale Markttransparenz

Eine hohe Transparenz zwischen den Wettbewerbern (horizontale Markttransparenz) wirkt kollusionsfördernd.[345] Bei einer hohen Markttransparenz, wie etwa im Einzelhandel oder bei öffentlichen Ausschreibungen, kann abweichendes Verhalten schneller entdeckt und sanktioniert werden.[346] Im Umkehrschluss wirkt sich eine geringe horizontale Markttransparenz negativ auf die Stabilität der Kollusion aus. Ist es den Unternehmen zum Beispiel möglich, geheime Preisnachlässe zu gewähren, wie häufig im B2B-Bereich, kann einfacher von einer Kollusion abgewichen werden.[347] Wenn ein nicht-kooperatives Verhalten nur mit einer Zeitverzögerung aufgedeckt werden kann, tritt die abschreckend wirkende Bestrafung erst später ein.[348] Je schneller eine Abweichung sanktioniert werden kann, desto stabiler ist die Kollusion. Je größer die Transparenz, desto schneller die Reaktion und umso geringer fällt der Benefit des Vorreiters (engl. *first mover*) aus.[349] Eine schnelle Reaktion reduziert grundsätzlich den Anreiz von einer Kartellabsprache abzuweichen, da der Abweichungsgewinn geringer ausfällt; sie macht die Kollusion daher stabiler.[350] Dies gilt allerdings nur, soweit bei der Überwachung keine Fehler auftreten. Eine fehlerhafte Überwachung kann eine Kollusion sogar unmöglich machen, wenn zu Unrecht eine Abweichung bestraft wird.[351]

Eine Ausnahme stellen Gebietsabsprachen dar. Hier kann sich eine hohe horizontale Markttransparenz auch negativ auf die Stabilität der Kollusion auswirken, da die Wettbewerber von der hohen Nachfrage bzw. den hohen Preisen auf dem anderen Markt Kenntnis erlangen und daher der Anreiz steigt, sich nicht an die Absprache zu halten.[352]

345 *Green/Porter*, 52 Econometrica 1984, 87 ff.; *Ivaldi/Jullien/Rey u.a.* in: Ghosal/Stennek (Hrsg.), The Political Economy of Antitrust, 2007, S. 221 f.

346 *Bühler/Jaeger*, Einführung in die Industrieökonomik, 2002, S. 120.

347 *Schmidt/Haucap*, Wettbewerbspolitik und Kartellrecht, 2013, S. 155.

348 *Bühler/Jaeger*, Einführung in die Industrieökonomik, 2002, S. 126.

349 *Ezrachi/Stucke*, 2017 University of Illinois Law Review 2017, 1775, 1792.

350 *Ezrachi/Stucke*, 2017 University of Illinois Law Review 2017, 1775, 1792; *Mehra*, De-Humanizing Antitrust: The Rise of the Machines and the Regulation of Competition, 21.08.2014, abrufbar unter https://papers.ssrn.com/sol3/papers.cfm?abstract_id=2490651, S. 28; *Stucke/Ezrachi*, Two Artificial Neural Networks Meet in an Online Hub and Change the Future (of Competition, Market Dynamics and Society), 01.07.2017, abrufbar unter https://papers.ssrn.com/sol3/papers.cfm?abstract_id=2949434, S. 4.

351 *Sannikov/Skrzpacz*, 97 The American Economic Review 2007, 1794, 1814.

352 *Sugaya/Wolitzky*, 126 Journal of Political Economy 2018, 2569, ff.

bb. Vertikale Markttransparenz

Die Transparenz zwischen verschiedenen Marktstufen (sog. vertikale Markttransparenz) ist getrennt von der horizontalen Markttransparenz zu beurteilen. Ist die Markttransparenz zwischen Käufer und Verkäufer – beispielweise aufgrund komplexer Tarifstrukturen – gering, ist die Kollusion tendenziell stabiler. Dies liegt daran, dass die Nachfrager ein Abweichen von der Absprache kaum bemerken. Daher kann das abweichende Unternehmen durch die Abweichung nur wenig Nachfrage auf sich ziehen. Der Gewinn in der Abweichungsperiode fällt also bei einer niedrigen vertikalen Transparenz geringer aus und die Unternehmen haben einen höheren Anreiz, sich kollusiv zu verhalten.[353]

d. Minderheitsbeteiligungen

Wenn ein Anbieter eine Minderheitsbeteiligung an einem Wettbewerber hat oder beide gegenseitig Minderheitsbeteiligungen aneinander halten, spricht man von einer direkten Minderheitsbeteiligung (sog. *cross-ownership*).[354] In diesen Fällen gibt es zwei gegenläufige Effekte, die eintreten. Einerseits wird der Anreiz für eine Kollusion gesenkt, da im Falle des Abweichens ein Verlust des Wettbewerbers sich auch nachteilig auf den Investitionsertrag (engl. *return on investment*) auswirkt und damit der Abweichungsgewinn geringer ist.[355] Andererseits sorgen direkte Minderheitsbeteiligungen auch für weniger starke Verluste im Falle einer Bestrafung im Rahmen einer Trigger-Strategie und erhöhen den Anreiz von der Kollusion abzuweichen.[356] Daher kommt es auf den konkreten Einzelfall an, ob sich eine direkte Minderheitsbeteiligung im Einzelfall positiv oder negativ auf das Entstehen einer Kollusion auswirkt.[357] Das Gleiche gilt für indirekte Minderheitsbeteiligungen durch einen Investor (sog. *common ownership*).[358]

---

353 *Schmidt/Haucap*, Wettbewerbspolitik und Kartellrecht, 2013, S. 155 f.

354 *Seitz*, Common Ownership im Wettbewerbsrecht, 2020, S. 33.

355 *Motta*, Competition Policy, 2009, S. 144; *Farrell/Shapiro*, 21 RAND Journal of Economics 1990, 275, 286.

356 *Malueg*, 10 International Journal of Industrial Organization 1992, 27, 28 und 33.

357 *Malueg*, 10 International Journal of Industrial Organization 1992, 27, 34; *Seitz*, Common Ownership im Wettbewerbsrecht, 2020, S. 52.

358 *Seitz*, Common Ownership im Wettbewerbsrecht, 2020, S. 52 f.; *Steuer*, Passive Investoren, 2022, S. 219 ff.; *Weller*, Aktionärsstruktur und Wettbewerb, 2025 (im Erscheinen), S. 62 ff.

e. Nachfrageverhältnisse

Die Nachfrageverhältnisse können sich in mehrerlei Hinsicht auf die Anreize, eine Kollusion einzugehen, auswirken. Die Anreize zu einer Kollusion werden durch die Nachfrageentwicklung (aa.), die Nachfragekonzentration (bb.), Nachfrageschocks (cc.), die Nachfragefrequenz (dd.) und die Preiselastizität der Gesamtnachfrage (ee.) beeinflusst.

aa. Nachfrageentwicklung

Eine Kollusion ist schwieriger aufrechtzuerhalten auf Märkten mit einer sinkenden Nachfrage. Denn eine Abweichung ist hier tendenziell lukrativer, da eine Bestrafung aufgrund der sinkenden Nachfrage weniger stark ins Gewicht fällt. Im Umkehrschluss erhöht eine sich durch Bestellsignale ankündigende stetig ansteigende Nachfrageentwicklung den Anreiz, eine Kollusion einzugehen.[359]

bb. Nachfragekonzentration

Eine hohe Nachfragekonzentration verringert den Anreiz zur Kollusion. Zum einen kann ein großer Nachfrager seine Verhandlungsmacht nutzen, um wettbewerbliche Preise durchzusetzen [360] oder sogar Anbieter dazu veranlassen, von der Kollusion abzuweichen.[361] Zum anderen ist die Marktaufteilung bei hoher Konzentration schwieriger, z.B. in der Situation eines Großen und vieler kleiner Nachfrager.[362] Bei großen Nachfragern, die selbst keinem hohen Wettbewerbsdruck (z.B. Monopole oder staatliche Einrichtungen) ausgesetzt sind, dürfte der negative Effekt auf die Kollusion geringer ausfallen, da diese Unternehmen weniger Anreiz haben, ihre Kosten niedrig zu halten.[363]

359 *Ivaldi/Jullien/Rey u.a.* in: Ghosal/Stennek (Hrsg.), The Political Economy of Antitrust, 2007, S. 222 f.

360 *Motta*, Competition Policy, 2009, S. 145.

361 *Snyder*, 27 RAND Journal of Economics 1996, 747 ff.

362 *Schmidt/Haucap*, Wettbewerbspolitik und Kartellrecht, 2013, S. 156.

363 *Schmidt/Haucap*, Wettbewerbspolitik und Kartellrecht, 2013, S. 156.

cc. Nachfrageschocks

Unangekündigte konjunkturbedingte Nachfragesteigerungen (sog. *positive Nachfrageschocks*) haben eine destabilisierende Wirkung für eine Kollusion, wenn sie unabhängig und gleichmäßig verteilt sind.[364] Denn eine außerplanmäßige hohe Bestellmenge setzt einen hohen Anreiz von der Kollusion abzuweichen.[365] Dagegen haben negative Nachfrageschocks eine stabilisierende Wirkung auf Kollusion.[366]

dd. Nachfragefrequenz

Eine hohe Frequenz an Bestellungen begünstigt das Entstehen von Kollusion, da eine zeitige Bestrafung einer Abweichung erfolgen kann. Dagegen besteht bei hohen Zeitabständen zwischen den Bestellungen ein höherer Anreiz abzuweichen, da die Bestrafung erst deutlich später erfolgen kann.[367]

ee. Preiselastizität der Gesamtnachfrage

Bei einer niedrigen Preiselastizität der Gesamtnachfrage steigt der Anreiz zur Kartellbildung, da ein relativ hoher Gewinn durch das Kartell erwirtschaftet werden kann.[368] Die Nachfrager werden bei einem kartellbedingten Preiszuwachs nämlich nicht auf den Kauf des Produkts verzichten. Eine hohe Preiselastizität wirkt sich dagegen ambivalent aus. Einerseits liegt ein höherer Anreiz für eine Abweichung vor, da der Abweichungsgewinn erhöht wird. Andererseits erhöhen sich aber auch die Verluste im Falle einer Bestrafung mit wettbewerblichem Verhalten und damit sinkt der Anreiz abzuweichen.[369]

---

364 *Motta*, Competition Policy, 2009, S. 145; *Rotemberg/Saloner*, 76 The American Economic Review 1986, 390 ff.; *Haltiwanger/Harrington*, 22 RAND Journal of Economics, 1991, 89 ff.

365 *Motta*, Competition Policy, 2009, S. 145.

366 *Motta*, Competition Policy, 2009, S. 146.

367 *Motta*, Competition Policy, 2009, S. 145.

368 *Schmidt/Haucap*, Wettbewerbspolitik und Kartellrecht, 2013, S. 156; *Motta*, Competition Policy, 2009, S. 145; *Levenstein/Suslow*, 44 Journal of Economic Literature 2006, 43, 64.

369 *Motta*, Competition Policy, 2009, S. 145.

f. Produkthomogenität

Eine hohe Produkthomogenität erhöht den Anreiz für eine Kollusion, da eine starke Wettbewerbsintensität besteht und der Kartellgewinn hoch ist.[370] Der Umkehrschluss, dass eine hohe Produktdifferenzierung den Anreiz für eine Kollusion verringert, kann durch die Studienlage nicht bestätigt werden. Verschiedene Studien deuten darauf hin, dass differenzierte Produkte sich eher ambivalent auf die Anreize für eine Kollusion auswirken.[371] Einerseits trifft eine Bestrafung ein abweichendes Unternehmen weniger hart, da auch eine erhebliche Preissenkung die Nachfrage nicht stark beeinträchtigt. Andererseits führt eine Abweichung von der Kollusion auch nicht zu erheblichen Gewinnen.[372]

g. Symmetriebedingungen

Symmetrische Bedingungen zwischen den Beteiligten begünstigen eine Kollusion. Sie können verschiedene Bereiche betreffen, wie Marktanteile, Produktportfolio, Kosten, Produktionskapazitäten und Know-How.[373] Die Kartellbildung ist in jedem Fall einfacher, wenn die Unternehmen die gleichen oder ähnliche Produktionsbedingungen haben.[374] Sind die Durchschnittskosten, das Verhältnis von variablen zu fixen Kosten und die finanziellen wie technologischen Ressourcen gleichförmig, können sich die Unternehmen eher auf einen gemeinsamen Nenner einigen.[375] Es konnte auch gezeigt werden, dass symmetrische Bedingungen in Bezug auf die Produktionskapazitäten[376] und das Produktportfolio[377] eine Kollusion erleichtern.

---

370 *Schmidt/Haucap*, Wettbewerbspolitik und Kartellrecht, 2013, S. 156.

371 *Ross*, 10 International Journal of Industrial Organization 1992, 1 ff.; *Ivaldi/Jullien/Rey u.a.* in: Ghosal/Stennek (Hrsg.), The Political Economy of Antitrust, 2007, S. 225.

372 *Motta*, Competition Policy, 2009, S. 146.

373 *Motta*, Competition Policy, 2009, S. 147.

374 *Bühler/Jaeger*, Einführung in die Industrieökonomik, 2002, 126 f.

375 *Schmidt/Haucap*, Wettbewerbspolitik und Kartellrecht, 2013, S. 156; *Izquierdo/Izquierdo* in: Amblard/Miguel/Blanchet u.a. (Hrsg.), Advances in Artificial Economics, 2015, S. 33 ff.

376 *Compte/Jenny/Rey*, 46 European Economic Review 2002, 1 ff.

377 *Motta*, Competition Policy, 2009, S. 147.

h. Multimarktkontakt

Mehrere empirische Studien haben gezeigt, dass es eine stabilisierende Wirkung auf Kollusion hat, wenn sich Unternehmen auf mehreren Märkten als Konkurrenten gegenüberstehen.[378] Dies liegt daran, dass die anderen Unternehmen ein abweichendes Verhalten auf mehreren Märkten bestrafen können und daher besonders hohe Bestrafungsverluste drohen.[379] Allerdings kann dies auch zur Folge haben kann, dass der Anreiz abzuweichen ansteigt, weil auf mehreren Märkten von der Kollusion abgewichen werden kann.[380] In einer experimentellen Studie konnte gezeigt werden, dass unter perfekten Symmetriebedingungen der Unternehmen und des Marktes die Anreize für eine Kollusion bei Multimarktkontakt nicht ansteigen.[381] Im Ergebnis dürfte der Einfluss von Multimarktkontakten daher als ambivalent eingestuft werden.[382]

i. Überschusskapazitäten

Der Effekt von Überschusskapazitäten auf Kollusion ist ebenfalls als ambivalent einzustufen.[383] Wenn die Kapazitätsauslastung gering ist, besteht einerseits ein starker Anreiz für den Einzelnen, aus der Kollusion auszubrechen und eine erhöhte Nachfrage in der Abweichungsperiode auf sich zu vereinen, um so seine Kapazitäten voll auszuschöpfen.[384] Andererseits dürfte – gesetzt den Fall die anderen Anbieter haben auch Überschusskapazitäten – dann auch die Bestrafung besonders hoch ausfallen.[385]

---

378 *Bühler/Jaeger*, Einführung in die Industrieökonomik, 2002, S. 126; *Evans/Kessides*, 109 The Quartelry Journal of Economics 1994, 341 ff.; *Parker/Röller*, 28 RAND Journal of Economics 1997, 304 ff.

379 *Bühler/Jaeger*, Einführung in die Industrieökonomik, 2002, 123 ff.

380 *Motta*, Competition Policy, 2009, S. 148.

381 *Bernheim/Whinston*, 21 RAND Journal of Economics 1990, 1 ff.

382 Anders *Ivaldi/Jullien/Rey u.a.* in: Ghosal/Stennek (Hrsg.), The Political Economy of Antitrust, 2007, S. 225 f.

383 *Motta*, Competition Policy, 2009, S. 149; *Brock/Scheinkman*, 52 The Review of Economic Studies 1985, 371, 381.

384 *Schmidt/Haucap*, Wettbewerbspolitik und Kartellrecht, 2013, S. 156; *Compte/Jenny/Rey*, 46 European Economic Review 2002, 1 ff.

385 *Motta*, Competition Policy, 2009, S. 149; *Benoit/Krishna*, 54 The Review of Economic Studies 1987, 23 ff.; *Davidson/Deneckere*, 31 International Economic Review 1990, 521 ff.

j. Marktdynamik

Wenn auf einem Markt durch eine Vielzahl von Innovationen eine hohe Marktdynamik besteht, sinkt der Anreiz zu einer Kollusion. Dies liegt daran, dass ein Marktteilnehmer sich mit einer Innovation einen Wettbewerbsvorsprung erarbeiten kann, der den Wert zukünftiger Kollusionsgewinne und den Effekt einer Bestrafung verringert. Dagegen ist eine geringe Marktdynamik auf Märkten mit geringem Innovationspotenzial geeignet, den Anreiz zu einer Kollusion zu erhöhen.[386]

k. Informationsaustausch

Der Informationsaustausch über aktuelle oder vergangene Preise bzw. Mengen erhöht letztlich die Markttransparenz und ist daher wie die Markttransparenz zu beurteilen.[387] Daher ist jeder Austausch von Informationen über vergangene Preise und Mengen auf horizontaler Ebene förderlich für eine Kollusion.[388] Eine besondere Form des Informationsaustauschs ist die Kommunikation von zukünftigen Preisen und/oder Mengen. Diesbezüglich hat sich in Studien gezeigt, dass die Ankündigung von zukünftigen Preisen und Mengen in Form von nicht-bindender und nicht-verifizierbarer Form der Kommunikation (sog. *cheap talk*) eine Kollusion erleichtert,[389] wenn auch nicht unter allen Umständen.[390] Wenn Preisankündigungen sich nur an Wettbewerber richten, erleichtern sie Kollusion.[391] Richten sie sich dagegen zumindest auch an die Verbraucher, ist die Wirkung auf Kollusion ambivalent. Einerseits führen sie zu mehr horizontaler Transparenz und fördern damit Kollusion. Andererseits ermöglicht sie auch

386 *Ivaldi/Jullien/Rey u.a.* in: Ghosal/Stennek (Hrsg.), The Political Economy of Antitrust, 2007, S. 223.

387 *Motta*, Competition Policy, 2009, S. 151.

388 *Kühn*, 32 Economic Policy 2001, 169, 182 ff.

389 *Motta*, Competition Policy, 2009, S. 153; *Farrell*, 18 RAND Journal of Economics 1987, 34 ff.; *Engel*, 12 Journal of Empirical Legal Studies 2015, 537, 555 f.

390 *Farrell/Rabin*, 10 Journal of Economic Perspectives 1996, 103 ff.; *Kühn*, 32 Economic Policy 2001, 169, 186 f.; *Cooper/DeJong/Forsythe u.a.*, 107 The Quartelry Journal of Economics 1992, 739 ff.

391 *Motta*, Competition Policy, 2009, S. 153 f.; *Borenstein* in: Kwoka/White (Hrsg.), The Antitrust Revolution, 2004, S. 233 ff.

Verbrauchern die Preise zu vergleichen und erhöht somit die vertikale Transparenz, welche sich destabilisierend auf die Kollusion auswirkt.[392]

l. Kartellrechtsdurchsetzung

Grundsätzlich haben empfindliche Sanktionen – zum Beispiel in Form von Bußgeldern oder Schadensersatz – und eine hohe Aufdeckungsrate eine hemmende Wirkung auf das Entstehen von Kollusion. Das gilt zumindest für die verbotenen Formen der Kollusion, also insbesondere die explizite Kollusion durch Absprachen oder andere Formen der Kommunikation. Kartellrechtswidrige Absprachen können rechtlich nicht durchgesetzt werden, weswegen jederzeit die Möglichkeit besteht, dass eine der beiden Parteien sich nicht an die Absprache hält. Bei Aufdeckung des Kartells drohen den Kartellanten Bußgelder und Schadensersatzklagen, welche den Anreiz, ein Kartell zu bilden, mindern. Eine Kronzeugenregelung senkt die Stabilität der Kartellabsprache, da sie den Kronzeugen von einem Bußgeld verschont und daher einen Anreiz setzt, sich nicht mehr an die Absprache zu halten.[393]

4. Zwischenergebnis

Damit eine Kollusion entstehen kann, müssen bestimmte Voraussetzungen zwingend erfüllt sein. Eine Kollusion ist nur im Oligopol denkbar. Mithilfe der Oligopoltheorien kann mathematisch berechnet werden, welcher Preis bzw. welche Menge sich bei einem rationalen Verhalten der Marktakteure unter Wettbewerb einstellen würde. Die Spieltheorie macht die Verhaltensweisen von Akteuren bei strategischer Interdependenz erklärbar. Bei Mehrperiodenspielen können die Spieler Strategien, wie Tit-for-Tat, Win-Stay-Lose-Shift oder Trigger-Strategien, anwenden, um – auch ohne miteinander zu kommunizieren – zu einem kollusiven Marktergebnis zu gelangen.

Die Wahrscheinlichkeit einer Kollusion hängt davon ab, wie hoch die Anreize sind, sich kollusiv zu verhalten. Diese Anreize wiederum hängen von den auf dem Markt bestehenden Marktstrukturelementen ab. Der Anreiz zu einer Kollusion steigt bei

---

392 *Motta*, Competition Policy, 2009, S. 156.

393 *Schmidt/Haucap*, Wettbewerbspolitik und Kartellrecht, 2013, S. 156.

- einer geringen Anbieterkonzentration,
- hohen Marktzutrittsschranken,
- einer voraussichtlich steigenden Nachfrageentwicklung,
- einer geringen Nachfragekonzentration,
- konjunkturbedingten negativen Nachfrageschocks,
- einer hohen Nachfragefrequenz,
- einer niedrigen Preiselastizität der Gesamtnachfrage,
- einer hohen Produkthomogenität,
- symmetrischen Bedingungen,
- einer geringen Marktdynamik und
- einer hohen horizontalen bzw. einer niedrigen vertikalen Markttransparenz.

III. Einfluss von Preisalgorithmen auf das Entstehen von Kollusion

In der Literatur wurde vielfach die Hypothese aufgestellt, der Einsatz von Preisalgorithmen begünstige das Entstehen einer Kollusion.[394] Es wird darüber gestritten, wie wahrscheinlich das Eintreten dieser Prognose ist.[395] Einige Autoren sind überzeugt, der Einsatz von Preisalgorithmen vereinfache das Entstehen von kollusiven Marktergebnissen[396] bzw. eine Kollusion sei beim Einsatz von Preisalgorithmen sogar unausweichlich.[397] Andere Autoren sind dagegen skeptisch und gehen davon aus, dass Preisalgorithmen sich nicht signifikant auf das Entstehen von kollusiven Marktergebnissen auswirken werden.[398] Häufig wird kritisiert, dass es keine Evidenz für

---

394 *Mehra*, De-Humanizing Antitrust: The Rise of the Machines and the Regulation of Competition, 21.08.2014, abrufbar unter https://papers.ssrn.com/sol3/papers.cfm?abstract_id=2490651, S. 1.

395 *Ittoo/Petit*, Algorithmic Pricing Agents and Tacit Collusion: A Technological Perspective, 03.10.2017, https://papers.ssrn.com/sol3/papers.cfm?abstract_id=3046405, S. 13.

396 *Gal*, 34 Berkeley Technology Law Journal 2019, 67, 116; *Ezrachi/Stucke*, Virtual Competition, 2016, S. 70; *Capobianco/Nyeso*, 9 JECLAP 2018, 19, 25; *Göhsl*, WuW 2018, 121, S. 125; *Lübke*, ZHR 2021, 723, 742 ff.

397 *Salcedo*, Pricing Algorithms and Tacit Collusion, 01.11.2015, abrufbar unter http://brunosalcedo.com/docs/collusion.pdf.

398 *Ohlhausen*, Should We Fear The Things That Go Beep In the Night? Some Initial Thoughts on the Intersection of Antitrust Law and Algorithmic Pricing, 23.05.2017, abrufbar unter https://www.ftc.gov/news-events/news/speeches/should-we-fear-things-go-beep-night-some-initial-thoughts-intersection-antitrust-law-algorithmic, S. 5; *Deng*, 4 Reasons We May Not See Colluding Robots Anytime Soon, 03.10.2017,

Kartelle durch Algorithmen gibt und die Bedenken sich im Bereich der juristischen Science-Fiction (engl. *legal sci-fi*) abspielen.[399] Im Umgang mit Algorithmen wird daher ein evidenz-basierter Ansatz gefordert.[400]

In diesem Sinne wird im Folgenden überprüft, inwieweit es Evidenz für eine Kollusion begünstigende Auswirkung des Einsatzes von Preisalgorithmen gibt. Dazu wird zunächst die Methodik zur Ermittlung und Auswertung der relevanten Studien offengelegt (1.). Dann werden die Ergebnisse spieltheoretischer Studien präsentiert (2.). Sodann wird auf Studien aus realen Märkten eingegangen (3.). Der Abschnitt endet mit einem Fazit zum Einfluss von Preisalgorithmen auf das Entstehen von Kollusion (4.).

1. Methodik

Es soll die experimentelle wirtschaftswissenschaftliche Forschung zu dem Einfluss von Preisalgorithmen auf das Entstehen von Kollusion möglichst umfassend ausgewertet werden. Die experimentelle Forschung ist eine wichtige Methodik im Rahmen der Wirtschaftsforschung. Mit Experimenten studiert man das Verhalten von Akteuren unter kontrollierten Bedingungen. Dies kann entweder im Labor geschehen oder durch Studien aus dem Feld. [401] Relevant sind nur ökonomische Studien, die sich mit dem Entstehen einer Kollusion beim Einsatz von Preisalgorithmen beschäftigen. Computerwissenschaftliche Studien zum Entstehen einer Kooperation in sozialen Dilemmasituation sind nicht Gegenstand der Untersuchung.[402] Das Ziel der computerwissenschaftlichen Studien ist es, herauszufinden,

---

abrufbar unter https://papers.ssrn.com/sol3/papers.cfm?abstract_id=3271904; *Hennes/Schwalbe*, Wenn die Computer Preise absprechen, FAZ v. 13.7.2018, abrufbar unter https://www.faz.net/aktuell/wirtschaft/kuenstliche-intelligenz/koennen-lernende-algorithmen-kartelle-bilden-15688301.html?premium, S. 18.

399 *Schrepel*, Here's why algorithms are NOT (really) a thing, 15.05.2017, abrufbar unter https://www.networklawreview.org/algorithms-based-practices-antitrust/; *ders.*, The Fundamental Unimportance of Algorithmic Collusion for Anitrust Law, 10.02.2020, abrufbar unter https://orgs.law.harvard.edu/antitrust/2020/02/10/the-fundamental-unimportance-of-algorithmic-collusion-for-antitrust-law/; *Veljanovski*, 2022 IIC, 604, 608; *Furman/Coyle/Fletcher u.a.*, Unlocking Digital Competition, 13.03.2019, abrufbar unter https://www.gov.uk/government/publications/unlocking-digital-competition-report-of-the-digital-competition-expert-panel, S. 110.

400 *Petit*, 8 JECLAP 2017, 361, 362.

401 *Weimann/Brosig-Koch*, Einführung in die experimentelle Wirtschaftsforschung, 2019, S. VI.

402 Vgl. oben Abschnitt A.V.

wie ein Algorithmus programmiert werden muss, um eine Kooperation zu erreichen, nicht aber die Wahrscheinlichkeit einer Kollusion in einem Marktumfeld zu analysieren.[403] Weiterhin wurden die Ausführungen zur verwandten Literatur in den identifizierten Studien ausführlich gelesen und ausgewertet, um keine relevante Studie zu übersehen. Das Entstehen von Kollusion durch den Einsatz von Algorithmen wurde dabei auf unterschiedliche Weise in den Studien untersucht:

Erstens existieren spieltheoretische Studien zum Entstehen von Kollusion durch Algorithmen. Dabei kann es sich um verschiedene theoretische Modelle zu den Auswirkungen algorithmischer Preissetzung auf den Wettbewerb handeln oder um Simulationen, in denen Wissen-schaftler selbstlernende Algorithmen in einem Marktmodell einsetzen. Zweitens gibt es Studien „aus dem Feld" (d.h. auf realen Märkten durchgeführte Studien). Alle identifizierten Studien wurden sorgfältig gelesen und daraufhin untersucht, inwiefern der Einsatz von Algorithmen die Wahrscheinlichkeit einer Kollusion erhöht. Die Studien werden im Folgenden in Form einer Metastudie zusammengefasst dargestellt und ausgewertet.

2. Spieltheoretische Studien

Bei den spieltheoretischen Studien handelt es sich entweder um mathematische Berechnungen im Rahmen eines Modells oder von einem Computer durchgeführte Simulationen. Diese Studien wurden mit unterschiedlichen Arten von Algorithmen unter verschiedenen Annahmen durchgeführt. Im Folgenden werden die Studien danach unterteilt, welche Art von Algorithmen sie untersuchen. Zunächst werden die Ergebnisse zu Studien mit statischen Algorithmen (a.) aufbereitet, dann wird auf Studien zu selbstlernenden Algorithmen (b.) eingegangen.

a. Statische Algorithmen

Einige Studien beschäftigen sich mit dem Entstehen einer Kollusion beim Einsatz statischer Algorithmen.[404]

---

403 *Schwalbe* in: Kokott/Pohlmann/Polley (Hrsg.), Festschrift Dirk Schroeder, 2018, S. 755.

404 Vgl. zum Begriff oben Abschnitt B.I.2.b.aa.

aa. Keine Kollusion beim Einsatz endlicher Automaten

Einige frühe Studien zum Einsatz von statischen Algorithmen in wiederholten Gefangenendilemmata kommen zu dem Ergebnis, dass sich im Allgemeinen kein kooperatives kollusives Gleichgewicht einstellt.[405] In den Studien wurden sog. endliche Automaten (engl. *finite automata*) verwendet, die nur aus einer begrenzten Anzahl innerer Zustände bestehen. Es gibt den Ausgangszustand, die Ausgabefunktion und die Übergangsfunktion. Die Übergangsfunktion passt den inneren Zustand des Automaten unter Berücksichtigung der Entscheidung des anderen Spielers an. Die Ausgabefunktion legt dann die Entscheidung des Spielers in der nächsten Runde fest.[406] Die Studien untersuchen, wie diese Automaten ein wiederholtes Gefangenendilemma mit zwei Spielern lösen, bei dem das Nash-Gleichgewicht im Einperiodenspiel nicht Kooperation ist. Die endlichen Automaten sind nicht in der Lage, in einem Spiel mit unbegrenzter Dauer zu einer Kooperation zu gelangen. Sie haben kein Gedächtnis und können nicht lernen. Daher waren sie auch nicht in der Lage, zum Beispiel die Grim-Trigger oder Tit-for-Tat-Strategie anzuwenden, welche in wiederholten Spielen eine Kooperation ermöglichen könnten.[407]

bb. Unvermeidbarkeit einer Kollusion unter bestimmten Bedingungen

In einem viel beachteten Modell von *Salcedo* kam dieser zu dem Ergebnis, eine Kollusion sei beim Einsatz von Preisalgorithmen unter bestimmten Bedingungen unvermeidbar.[408] Er untersuchte ein wiederholtes Bertrand-Duopol mit vollständiger Transparenz. Beide Unternehmen nutzten endliche Automaten mit einem Gedächtnis zur Preissetzung. In dem Modell wäre ohne Algorithmen nicht mit einer Kollusion zu rechnen. Unter Zugrundelegung von folgenden Bedingungen kam die Studie aber zu einer Kollusion: (1) In dem Modell bestand die Möglichkeit, den jeweils anderen Algorithmus zu dekodieren, also die Strategie des anderen Algorithmus

---

405 *Rubinstein*, 39 Journal of Economic Theory 1986, 83 ff.; *Abreu/Rubinstein*, 56 Econometrica 1988, 1259 ff.; *Banks/Sundaram*, 2 Games and Economic Behavior 1990, 97 ff.

406 *Rubinstein*, 39 Journal of Economic Theory 1986, 83, 84.

407 *Schwalbe* in: Festschrift Dirk Schroeder, 2018, S. 752.

408 *Salcedo*, Pricing Algorithms and Tacit Collusion, 01.11.2015, abrufbar unter http://brunosalcedo.com/docs/collusion.pdf, S. 3.

(z.B. Tit-for-Tat oder Grim-Trigger) zu durchschauen. Mit diesem Wissen konnte dann der eigene Algorithmus angepasst werden. (2) Diese Phase der Dekodierung und Anpassung dauerte in dem Modell länger als ein Nachfrageschock.[409] Somit konnte auf Nachfrageschocks nicht ohne Weiteres mit einer Änderung des Algorithmus reagiert werden.[410] Unter diesen Bedingungen wurden von beiden Unternehmen Profite erwirtschaftet, die nahezu denen eines Monopols entsprechen.[411] Die erste Annahme, die Algorithmen können sich gegenseitig allein aufgrund gegenseitigen Beobachtens und öffentlich zugänglicher Informationen dekodieren, wird allerdings in der Praxis selten bis nie erfüllt und wurde daher in verschiedenen Veröffentlichungen als zu theoretisch kritisiert.[412]

cc. Asymmetrische Frequenz und Commitment Möglichkeiten

Symmetrische Marktbedingungen begünstigen im Allgemeinen den Anreiz zu einer Kollusion.[413] *Brown/MacKay* untersuchten in ihrem Modell, wie sich nicht symmetrische Bedingungen beim Einsatz simpler Preissetzungsalgorithmen auf das Entstehen von Kollusion auf Bertrand-Märkten auswirkten.[414] Sie studierten asymmetrische Bedingungen in Bezug auf die Frequenz der Preissetzung und die Fähigkeit, die eigenen Preise an die Preise der Wettbewerber anzupassen (sog. *commitment*). Die Studie ist zweistufig aufgebaut. Zunächst wurde eine empirische Untersuchung (1) durchgeführt, der sich eine experimentelle Studie (2) anschließt.

---

409 *Salcedo*, Pricing Algorithms and Tacit Collusion, 01.11.2015, abrufbar unter http://brunosalcedo.com/docs/collusion.pdf, S. 2.

410 *Salcedo*, Pricing Algorithms and Tacit Collusion, 01.11.2015, abrufbar unter http://brunosalcedo.com/docs/collusion.pdf, S. 2.

411 *Salcedo*, Pricing Algorithms and Tacit Collusion, 01.11.2015, abrufbar unter http://brunosalcedo.com/docs/collusion.pdf, S. 15 ff.

412 *Oxera*, When algorithms set prices: winners and losers, 19.06.2017, abrufbar unter https://www.oxera.com/wp-content/uploads/2018/07/When-algorithms-set-prices-winners-and-losers.pdf.pdf, S. 19; *Sternberg*, Algorithmische Preissetzung und tacit collusion, 2023, S. 147 f.

413 Siehe oben B.II.4.h.

414 *Brown/MacKay*, 15 American Economic Journal: Microeconomics 2023, 109, 124 ff.

(1) Empirischer Befund

Im Rahmen der empirischen Untersuchung auf dem Markt für rezeptfreie Allergiemedikamente bei den fünf größten Online-Händlern (Amazon, Walmart, Target, CVS and Walgreens) konnten Asymmetrien beobachtet werden.[415] Die empirische Untersuchung ergab, dass die Frequenz, mit der die eigenen Preise überprüft werden, zwischen den Händlern erheblich voneinander abweicht.[416] Zudem waren Händler mit einer kürzeren Frequenz in der Lage, schnell auf Preisänderungen langsamerer Wettbewerber zu reagieren, was auf ein *commitment* mittels automatisierter Preissetzungssoftware schließen lasse.[417] Die Händler mit einer schnelleren Frequenz hatten in der empirischen Untersuchung anhaltend günstigere Preise bei identischen Produkten.[418]

(2) Experimentelle Untersuchung

Die experimentelle Untersuchung modellierte zunächst ein wiederholtes Bertrand-Duopol mit asymmetrischen Frequenzen. Es stellten sich bei dem Anbieter mit einer schnelleren Frequenz (Preisführer) Preise über dem Bertrand-Nash-Gleichgewicht ein.[419] Bei homogenen Gütern realisierten sogar beide Spieler höhere Gewinne als im Nash-Gleichgewicht zu erwarten wäre.[420] In einem Oligopol mit drei Spielern und asymmetrischer Frequenz ergaben sich ebenfalls Preise über dem Bertrand-Gleichgewicht, wobei die Algorithmen mit der schnellsten Frequenz die niedrigsten Preise setzten und damit einen Großteil der Nachfrage auf sich vereinen konnten.[421] Dieses Ergebnis zeigt, dass asymmetrische Bedingungen in Bezug auf die Frequenz beim Einsatz von Preisalgorithmen zu höheren Preisen führen können. Weiterhin untersuchten *Brown/MacKay* ein Duopol mit asymmetrischen *commitment* Möglichkeiten, bei dem nur ein Unternehmen in der Lage war, seine Preise an die Preise des Wettbewerbers anzupassen. Es konnten die gleichen Ergebnisse wie im Szenario mit asymmetrischer

---

415 *Brown/MacKay*, 15 American Economic Journal: Microeconomics 2023, 109.
416 *Brown/MacKay*, 15 American Economic Journal: Microeconomics 2023, 109, 117 ff.
417 *Brown/MacKay*, 15 American Economic Journal: Microeconomics 2023, 109, 120 ff.
418 *Brown/MacKay*, 15 American Economic Journal: Microeconomics 2023, 109, 122 ff.
419 *Brown/MacKay*, 15 American Economic Journal: Microeconomics 2023, 109, 128 f.
420 *Brown/MacKay*, 15 American Economic Journal: Microeconomics 2023 109, 130.
421 *Brown/MacKay*, 15 American Economic Journal: Microeconomics 2023, 109, 141 f.

Frequenz beobachtet werden.[422] In der Studie zeigten sich auch in einem Duopol mit symmetrischen *commitment* Möglichkeiten suprakompetitive Preise.[423] Daher kann gesagt werden, dass *commitment* beim Einsatz von Preisalgorithmen generell eine Kollusion begünstigt, ohne dass Asymmetrien eine Auswirkung haben. Dagegen führen asymmetrische Bedingungen in Bezug auf die Frequenz zu höheren Preisen auf dem Markt.

dd. Auswirkungen einer verbesserten Nachfrageprognose

Einige theoretische Studien beschäftigen sich mit den Folgen einer besseren Vorhersage der Nachfragesituation durch den Einsatz von Preisalgorithmen auf das Entstehen von Kollusion. Diese Studien berechnen in theoretischen Modellen, welche Auswirkungen ein statischer Preisalgorithmus, der in der Lage ist, die Nachfrage besser vorherzusagen, auf das Entstehen einer Kollusion hat. In den Studien zeigte sich, dass eine höhere Transparenz in Bezug auf die Entwicklung der Nachfrage durch den Einsatz von Algorithmen sich ambivalent auf die Kartellstabilität auswirkt.[424] *Miklós-Thal/Tucker* untersuchen ein Bertrand-Duopol mit vollständiger horizontaler Transparenz und unbekannter Dauer, wobei die Nachfrage in den Spielen nicht konstant ist.[425] Die Nachfrager haben zu 50 % jeweils eine hohe oder niedrige Bereitschaft zu zahlen. Bevor die Spieler ihre Preise setzen, erhalten sie über ihren Algorithmus ein Signal mit der Vorhersage über die Nachfrage in der nächsten Periode. Es werden verschiedene Szenarien untersucht, bei denen die Präzision der Vorhersage variiert. Die Studie kommt zu dem Ergebnis, dass eine bessere Vorhersage zu günstigeren Preisen und einer höheren Konsumentenwohlfahrt führt. Als Grund hierfür führen die Autoren an, dass in Zeiten höherer Nachfrage der Anreiz abzuweichen ansteigt und eine bessere Vorhersage daher den Anreiz zu einer Kollusion verringere.[426] Eine ähnliche Studie von *O'Connor/Wilson* untersuchte ebenfalls ein Bertrand-Duopol, allerdings nicht mit vollständiger

---

422 *Brown/MacKay*, 15 American Economic Journal: Microeconomics 2023, 109, S. 130 f.

423 *Brown/MacKay*, 15 American Economic Journal: Microeconomics 2023, 109, S. 139 ff.

424 *Deng*, Algorithmic Collusion and Algorithmic Compliance: Risks and Opportunities, 19.11.2020, abrufbar unter https://papers.ssrn.com/sol3/papers.cfm?abstract_id=3733743, S. 999.

425 *Miklós-Thal/Tucker*, 65 Management Science 2019, 1552 ff.

426 *Miklós-Thal/Tucker*, 65 Management Science 2019, 1552, 1560.

horizontaler Transparenz. In dieser Studie konnten die Spieler ihre Aktionen nicht gegenseitig vollständig überwachen, sondern hatten jeweils nur die Möglichkeit, über das Marktergebnis Rückschlüsse auf die Preissetzung des anderen Spielers zu ziehen.[427] Die Studie untersuchte, welche Auswirkungen es auf das Entstehen von Kollusion hat, wenn die Algorithmen Nachfrageschocks vorhersagen können. Ohne Überwachungsmöglichkeit sind die Spieler in dieser Studie nicht in der Lage, eine Abweichung sicher festzustellen, sondern müssen aus geringeren Profiten auf eine Abweichung des anderen Spielers schließen. Allerdings können die gesunkenen Profite auch aus einer geringeren Nachfrage resultieren. Die Möglichkeit, die Nachfrageschocks vorherzusagen, verbessert daher auch die Fähigkeit der Spieler, aus einem Marktergebnis Rückschlüsse auf die Handlung des anderen Spielers zu ziehen. Die Studie kommt zu dem Ergebnis, dass die Auswirkungen einer verbesserten Vorhersage von Nachfrageschocks sich ambivalent auf das Entstehen einer Kollusion auswirkt. Einerseits stieg bei einer besseren Vorhersage eines negativen Nachfrageschocks der Anreiz, sich weiterhin kollusiv zu verhalten, da nicht fälschlicherweise auf eine Abweichung geschlossen wird. Andererseits stieg – wie in der Studie von *O'Connor/Wilson* – bei einem positiven Nachfrageschock der Anreiz abzuweichen. Je nachdem, welcher Effekt überwiegt, steigt die Wahrscheinlichkeit einer Kollusion oder sie sinkt.[428]

Die Untersuchung von *Martin/Rasch* untersucht die Auswirkungen einer besseren Nachfragevorhersage bei vollständiger horizontaler Transparenz und die Möglichkeit, die Preissetzung des anderen Spielers zu überwachen im Vergleich.[429] Es zeigte sich, dass eine bessere Nachfragevorhersage bei vollständiger horizontaler Transparenz keine Auswirkungen auf die Anreize zu einer Kollusion hat. Ohne Überwachung zeigt sich dagegen ein U-förmiges Muster, abhängig von der Präzision der Nachfragevorhersage. Die Autoren erklären dieses Ergebnis mit zwei gegenläufigen Effekten, welche eine bessere Nachfragevorhersage zur Folge hat. Erstens gebe es einen Abwerbungseffekt (sog. *poaching effect*): Je präziser die Signale seien, desto rentabler sei es, zu einem niedrigeren Preis abzuweichen. Infolgedessen werde es tendenziell schwieriger, Absprachen aufrechtzuerhalten. Zweitens gebe es einen Überwachungseffekt (sog. *monitoring effect*): Je präziser

427 *O'Connor/Wilson*, 54 Information Economics and Policy 2021, 1, 3.
428 *O'Connor/Wilson*, 54 Information Economics and Policy 2021, 1, 18.
429 *Martin/Rasch*, Collusion by algorithm: The role of unobserved actions, 11.03.2022, abrufbar unter https://www.cesifo.org/en/publications/2022/working-paper/collusion-algorithm-role-unobserved-actions.

das Signal werde, desto unwahrscheinlicher sei es, dass eine Bestrafung zu Unrecht erfolgt. Infolgedessen wird eine Kollusion stabiler. Bei einem weniger präzisen Signal überwiege der erste Effekt und eine Kollusion sei weniger stabil. Die Kollusionsgewinne sinken mit zunehmender Präzision bis zu einem gewissen Punkt, an dem der Überwachungseffekt stärker und dadurch eine Kollusion wieder stabiler werde.[430]

ee. Kollusion von statischen Algorithmen mit Menschen im hybriden Labor

Die Simulation von *Normann/Sternberg* untersucht die Fähigkeiten von einfachen statischen Algorithmen, mit menschlichen Spielern zu kooperieren.[431] Dabei wurden mehrere Spiele in einem hybriden Labor mit jeweils drei Spielern untersucht, die zwischen einem hohen und einem niedrigen Preis wählen konnten.[432] Die Spieler bestanden dabei entweder komplett aus menschlichen Spielern oder es spielte ein Algorithmus mit zwei menschlichen Spielern, wobei die Menschen teilweise nicht wussten, ob ein Algorithmus mitspielt.[433] Es gab dabei vier unterschiedliche Behandlungsgruppen: (1) „Human Certain": Alle drei Teilnehmer waren menschlich, und es war bekannt, dass keine Algorithmen beteiligt waren; (2) „Algorithm Certain": Zwei Teilnehmer waren menschlich, und ein Algorithmus war beteiligt. Alle wussten von der Anwesenheit des Algorithmus; (3) „Human Uncertain": Die Teilnehmer wussten nicht, ob sie mit einem Algorithmus oder einem Menschen spielen; (4) „Algorithm Uncertain": Zwei Teilnehmer waren menschlich und es bestand eine 50-prozentige Wahrscheinlichkeit, dass der dritte Teilnehmer ein Algorithmus war.

430 *Martin/Rasch*, Collusion by algorithm: The role of unobserved actions, 11.03.2022, abrufbar unter https://www.cesifo.org/en/publications/2022/working-paper/collusi on-algorithm-role-unobserved-actions, S. 3.

431 *Normann/Sternberg*, Human-algorithm interaction: Algorithmic pricing in hybrid laboratory markets, 2022; *dies.*, Journal of European Competition Law & Practice 12 (2021), 765, 767 ff.; *Sternberg*, Algorithmische Preissetzung und tacit collusion, 2023, S. 173 ff.

432 *Normann/Sternberg*, 12 JECLAP 2021, 765, 768.

433 *Normann/Sternberg*, Human-algorithm interaction: Algorithmic pricing in hybrid laboratory markets, 2022, S. 6.

Bei dem Spiel handelte es sich jeweils um ein Bertrand-Oligopol mit unelastischer Nachfrage und konstanten Grenzkosten.[434] Die Algorithmen wendeten eine Variante der Tit-for-Tat-Strategie (sog. *proportional tit-for-tat* bzw. *pTFT*) für Multiplayer Spiele an.[435] Die Ergebnisse der Studie zeigen, dass Märkte, in denen ein algorithmischer Spieler beteiligt war, signifikant stärker zu Kollusion neigten als rein menschliche Märkte. In diesen Märkten konnten höhere Preise durchgesetzt werden, was zu höheren Gewinnen für alle Firmen führte. Interessanterweise verdienten jedoch die Firmen, die den Algorithmus einsetzten, weniger als ihre menschlichen Konkurrenten. Die Unsicherheit über das Vorhandensein eines Algorithmus in dem Spiel hatte dagegen keinen signifikanten Einfluss auf die Preise.[436]

ff. Best-Response Algorithmen auf Online-Plattformen

Popescu untersuchte in einer Simulation die Performance von statischen kurzsichtigen Best-Response Preisalgorithmen, die auf einer Online-Plattform für homogene Güter von zwei heterogenen Händlern eingesetzt wurden.[437] Kurzsichtig bedeutet in diesem Zusammenhang, dass die Algorithmen auf der Annahme basieren, der aktuelle Preis des Wettbewerbers werde sich in Zukunft nicht ändern. Best Response bedeutet, dass unter der Annahme, der Preis des Wettbewerbers bleibe gleich, die bestmögliche Reaktion gewählt wird, um den Profit zu maximieren.[438] Nutzten beide Spieler symmetrische kurzsichtige Best-Response Algorithmen, dann näherten sich diese Algorithmen dem einzig möglichen und stabilen Gleichgewicht an.[439] Weiter wurde untersucht, was sich verändert, wenn ein Spieler einen strategischen Best-Response Algorithmus einsetzt. Darunter versteht man einen

434 *Normann/Sternberg*, Human-algorithm interaction: Algorithmic pricing in hybrid laboratory markets, 2022, S. 5.

435 *Normann/Sternberg*, Human-algorithm interaction: Algorithmic pricing in hybrid laboratory markets, 2022, S. 4.

436 *Normann/Sternberg*, Human-algorithm interaction: Algorithmic pricing in hybrid laboratory markets, 2022, S. 28 f.

437 *Popescu*, Repricing Algorithms in E-Commerce, 06.10.2015, abrufbar unter https://papers.ssrn.com/sol3/papers.cfm?abstract_id=2669997, S. 20.

438 *Popescu*, Repricing Algorithms in E-Commerce, 06.10.2015, abrufbar unter https://papers.ssrn.com/sol3/papers.cfm?abstract_id=2669997, S. 13.

439 *Popescu*, Repricing Algorithms in E-Commerce, 06.10.2015, abrufbar unter https://papers.ssrn.com/sol3/papers.cfm?abstract_id=2669997, S. 20.

Algorithmus, der ein umfassendes Wissen über die aktuelle, vergangene und zukünftige Preissetzung seines kurzsichtigen Mitspielers hat.[440] Das Experiment zeigte, dass ein strategischer Algorithmus beiden Spielern half, da beide Spieler Preise über dem Gleichgewichtspreis erreichten. War die Qualitätslücke ausreichend groß, konvergierten die Spieler zu einem konstanten und stabilen Preisniveau. Bei einem kleinen Qualitätsunterschied schwankten die Preise, wobei das Preisniveau immer stabiler wurde, je mehr Informationen über die Preishistorie zur Verfügung standen.[441] In der Oligopol-Situation mit mehr als zwei Spielern orientierten sich die Algorithmen in Bezug auf die Preissetzung nur an den engsten zwei Wettbewerben bezogen auf die Qualität.[442]

gg. Plattformseitig eingesetzte statische Preisempfehlungsalgorithmen und Kollusion

Die Studie von *Werner/Hunold* untersuchte den Einfluss von seitens der Online-Plattform eingesetzten statischen Preisempfehlungsalgorithmen auf das Entstehen von Kollusion.[443] Dabei wurden zwei Arten von regelbasierten Algorithmen untersucht. Einerseits ein Algorithmus, der eine Trigger-Strategie verfolgt. Dieser Algorithmus empfiehlt in der ersten Runde den Monopolpreis. Wenn mindestens ein Spieler davon abweicht, erfolgt eine Bestrafung von mindestens drei Runden, in denen der Wettbewerbspreis empfohlen wird. Danach wird wieder der Monopolpreis empfohlen.[444] Andererseits wurde ein Algorithmus untersucht, der eine Tit-for-Tat-Strategie vorsieht.[445] Hier wird auch zunächst der Monopolpreis empfohlen.

440 *Popescu*, Repricing Algorithms in E-Commerce, 06.10.2015, abrufbar unter https://papers.ssrn.com/sol3/papers.cfm?abstract_id=2669997, S. 4.

441 *Popescu*, Repricing Algorithms in E-Commerce, 06.10.2015, abrufbar unter https://papers.ssrn.com/sol3/papers.cfm?abstract_id=2669997, S. 21.

442 *Popescu*, Repricing Algorithms in E-Commerce, 06.10.2015, abrufbar unter https://papers.ssrn.com/sol3/papers.cfm?abstract_id=2669997, S. 4 und 21.

443 *Werner/Hunold*, Algorithmic Price Recommendations and Collusion: Experimental Evidence, 30.08.2023, abrufbar unter https://papers.ssrn.com/sol3/papers.cfm?abstract_id=4557050.

444 *Werner/Hunold*, Algorithmic Price Recommendations and Collusion: Experimental Evidence, 30.08.2023, abrufbar unter https://papers.ssrn.com/sol3/papers.cfm?abstract_id=4557050, S. 16 f.

445 *Werner/Hunold*, Algorithmic Price Recommendations and Collusion: Experimental Evidence, 30.08.2023, abrufbar unter https://papers.ssrn.com/sol3/papers.cfm?abstract_id=4557050, S. 11 ff.

Bei einer Abweichung wird in der Folgeperiode der niedrigste von einem Spieler gesetzte Preis empfohlen. Sobald alle Spieler den gleichen Preis setzen, wird in der nächsten Periode wieder der Monopolpreis empfohlen.[446] Das experimentelle Design umfasste einen Bertrand-Markt mit 3 Spielern, auf dem eine tacit collusion ohne Preisempfehlung nicht zu erwarten ist. Die Spieler erhielten vor jeder Runde von dem Algorithmus die gleiche Preisempfehlung. Nach jeder Runde wurden die Spieler über die Preise der anderen Spieler und deren erzielten Output in der vorigen Runde informiert.[447] Die Spiele wurden unter Laborbedingungen von menschlichen Teilnehmern durchgeführt. Die Teilnehmer wussten dabei, dass die Algorithmen das Ziel haben, den Gesamtumsatz aller Teilnehmer zu steigern, ohne dass die zugrundeliegenden Strategien offengelegt wurden. Die Spieler konnten also lernen, dass es sich langfristig lohnt, die Preisempfehlung zu befolgen.[448] Um ein unendliches Spiel zu imitieren, endete jedes Spiel nach einer Runde mit einer Wahrscheinlichkeit von 5 % und wurde zu 95 % weitergespielt. Zum Vergleich wurden auch Spiele ohne Preisempfehlungsalgorithmen durchgeführt. Dabei zeigte sich, dass die Preisempfehlungsalgorithmen die Preissetzung der individuellen Spieler beeinflussen, wobei aber nicht alle Spieler der Preisempfehlung folgen. Die Rate, mit der die Spieler der Empfehlung folgten, lag zwischen 0,22 und 0,57, je nach Algorithmus. Der Algorithmus mit der Trigger-Strategie beeinflusste die individuellen Preise dabei stärker als der Algorithmus mit der Tit-for-Tat-Strategie.[449] Allerdings konnte nicht nachgewiesen werden, dass der Einsatz von Preisempfehlungsalgorithmen das Entstehen von Kollusion beeinflusst. Die Trigger-Strategie konnte im Durchschnitt nicht zu signifikant höheren

---

446 *Werner/Hunold*, Algorithmic Price Recommendations and Collusion: Experimental Evidence, 30.08.2023, abrufbar unter https://papers.ssrn.com/sol3/papers.cfm?abstract_id=4557050, S. 17.

447 *Werner/Hunold*, Algorithmic Price Recommendations and Collusion: Experimental Evidence, 30.08.2023, abrufbar unter https://papers.ssrn.com/sol3/papers.cfm?abstract_id=4557050, S. 16.

448 *Werner/Hunold*, Algorithmic Price Recommendations and Collusion: Experimental Evidence, 30.08.2023, abrufbar unter https://papers.ssrn.com/sol3/papers.cfm?abstract_id=4557050, S. 18 f.

449 *Werner/Hunold*, Algorithmic Price Recommendations and Collusion: Experimental Evidence, 30.08.2023, abrufbar unter https://papers.ssrn.com/sol3/papers.cfm?abstract_id=4557050, S. 20 ff.

Marktpreisen führen. Die Tit-for-Tat-Strategie führte sogar zu geringeren Marktpreisen im Vergleich zum Szenario ohne Preisempfehlung.[450]

b. Selbstlernende Algorithmen

Viele Studien beschäftigen sich auch mit selbstlernenden Algorithmen, die aus den Erfahrungen in vergangenen Spielen lernen und verschiedene Strategien anwenden können. Bei diesen experimentellen Studien werden verschiedene Arten von selbstlernenden Algorithmen eingesetzt. In der ersten Studie, die eine Kollusion beim Einsatz von selbstlernenden Algorithmen nachweisen konnten, kamen evolutionäre Algorithmen zum Einsatz (aa.). In einigen Studien wurde untersucht, inwieweit Reinforcement Learning Algorithmen[451] zu einer Kollusion konvergieren (bb.) Die meisten Studien untersuchten die Auswirkungen des Einsatzes von Q-Learning Algorithmen[452] auf das Entstehen von Kollusion (cc.).

aa. Kollusion durch evolutionäre Algorithmen

Die erste Studie, welche eine Kooperation von Algorithmen in einem Gefangenendilemma nachweisen konnte, stammt von *Miller*.[453] In dieser Studie wurden evolutionäre Algorithmen eingesetzt. Dabei handelt es sich um eine bestimmte Art von selbstlernenden Algorithmen. Diese Algorithmen setzen auf natürliche Auslese und wenden damit evolutionäre Grundprinzipien an.[454] Die Auslese beginnt mit einer Vielzahl verschiedener algorithmischer Lösungsansätze (sog. Individuen) als Ausgangspopulation. Dann wird mittels einer Fitnessfunktion eine natürliche Auslese betrieben. Dabei wird getestet, welche Strategien die besten Ergebnisse produzieren. Nur die besten Strategien überleben die erste Phase und entwickeln in der nächsten

---

450 *Werner/Hunold*, Algorithmic Price Recommendations and Collusion: Experimental Evidence, 30.08.2023, abrufbar unter https://papers.ssrn.com/sol3/papers.cfm?abstract_id=4557050, S. 22 ff.

451 Siehe hierzu oben Abschnitt B.I.3.f.cc.

452 Siehe hierzu oben Abschnitt B.I.3.f.cc.(1) und (2).

453 *Miller*, 29 Journal of Economic Behavior & Organization 1996, 87 ff.; *Harrington/Harker*, Developing Competition Law for Collusion by Autonomous Price-Setting Agents, 22.08.2017, abrufbar unter https://papers.ssrn.com/sol3/papers.cfm?abstract_id=3037818, S. 20.

454 *Klawonn*, Künstliche Intelligenz, Musik und das Urheberrecht, 2023, S. 35.

Phase natürliche Mutationen. In der nächsten Phase kommt dann wieder die Fitnessfunktion zur Anwendung. Diese Evolutionsschritte müssen dann oft wiederholt werden, damit sich die besten Strategien durchsetzen.[455] Die kodierungstechnisch einfachste Form evolutionärer Algorithmen stellen genetische Algorithmen dar.[456] Diese genetischen Algorithmen sind in der Studie zum Einsatz gekommen.[457] *Miller* ließ zwei evolutionäre Algorithmen ein Gefangenendilemma lösen, bei dem über 150 Runden gespielt wurden und die Auszahlung insgesamt bei gemeinsamer Kooperation über alle Runden 3, bei gemeinsamem abweichendem Verhalten über alle Runden 1 und bei zufällig gewählten Strategien 2,25 beträgt. Wenn ein Spieler immer abweicht und der andere Spieler immer kooperiert, würde der abweichende Spieler 5 erzielen und der kooperierende Spieler 0.[458] Die genetischen Algorithmen setzten dabei zufällig verschiedene binär codierte Strategien ein, die Mutationen entwickeln konnten. In einem evolutionären Prozess wurden dann erfolgreiche Strategien in der nächsten Runde eher weiterverfolgt als erfolglose Strategien.[459] Er untersuchte drei Spiele mit unterschiedlichen Bedingungen. Eines mit perfekter Information in Bezug auf das Verhalten des anderen Spielers in der Vergangenheit und zwei Spiele mit Missverständnissen (sog. *noisy information*), bei denen das Verhalten des Gegenspielers teilweise fehlinterpretiert wird.[460] Die Algorithmen lernten in allen Spielen, dass sich eine Kooperation auszahlt, wobei sie in den ersten Runden dazu neigten, ein abweichendes Verhalten zu zeigen. Je weniger Missverständnisse es gab, desto besser waren die Ergebnisse. Im Spiel mit perfekter Information erreichten die Algorithmen ein Gesamtergebnis von 2,8. Bei einem Prozent Missverständnissen wurde 2,54 und bei fünf Prozent Missverständnissen 1,94 erzielt.[461]

bb. Kollusion von Reinforcement Learning Algorithmen

Einige Studien beschäftigen sich mit Reinforcement Learning Algorithmen.

---

455 *Kruse/Borgelt/Klawonn u.a.*, Computational Intelligence, 2012, S. 155 ff.
456 *Kruse/Borgelt/Klawonn u.a.*, Computational Intelligence, 2012, S. 193.
457 *Miller*, 29 Journal of Economic Behavior & Organization 1996, 87, 94 f.
458 *Miller*, 29 Journal of Economic Behavior & Organization 1996, 87, 100.
459 *Schwalbe* in: Festschrift Dirk Schroeder, 2018, S. 753.
460 *Miller*, 29 Journal of Economic Behavior & Organization 1996 87, 98.
461 *Miller*, 29 Journal of Economic Behavior & Organization 1996, 87, 99 ff.

(1) Erstmaliger Nachweis einer Kollusion bei Reinforcement Learning Algorithmen

In einer frühen Simulation von *Hanaki et al.* konnte erstmals gezeigt werden, dass zwei einfache Reinforcement Learning Algorithmen grundsätzlich in der Lage sind, eine Kooperation in einem wiederholten Gefangenendilemma zu erreichen.[462] In dieser Studie haben die Algorithmen in einem zweistufigen Lernprozess agiert. In der ersten Stufe konnten die Algorithmen mit allen 26 Strategien, die bei einem endlichen Automaten mit zwei Handlungsoptionen (Kooperation oder Abweichung) implementiert werden können, unter Laborbedingungen experimentieren. Zwei Algorithmen wendeten hier anfangs zufällig eine der Strategien aus und spielten das Gefangenendilemma gegeneinander. Die Wahrscheinlichkeit, mit der eine Strategie ausgewählt wurde, erhöhte sich, wenn eine Strategie ein gutes Ergebnis erzielte. Am Ende blieben nur die erfolgsversprechenden Strategien übrig.[463] In der zweiten Stufe konnten die Spieler dann nur die Strategien wählen, welche sich als erfolgsversprechend herausgestellt hatten.[464] Dabei zeigten sich die Strategien *punish once*, *punish until the opponent retaliates*, *tit-for-tat*[465] und *grim-trigger*[466] als besonders effizient, um hohe Gewinne zu erzielen.[467] Bei der *punish once*-Strategie spielt der Spieler in der ersten Periode Kooperation und reagiert auf eine Abweichung mit einer Bestrafung durch wettbewerbliches Verhalten über eine Runde, um dann wieder Kooperation zu spielen. Die *punish until the opponent retaliates*-Strategie reagiert auf eine Abweichung ebenfalls mit einer Bestrafung. Allerdings kehrt der Spieler hier erst wieder zu einer Kooperation zurück, wenn auch der Gegner noch einmal Wettbewerb spielt.[468] Bei Anwendung dieser Strategien konnte eine Kollusion durch Reinforcement Learning Algorithmen im Gefangenendilemma nachgewiesen werden.

---

462 *Hanaki/Sethi/Erev u.a.*, 56 Journal of Economic Behavior & Organization 2005, 523.

463 *Hanaki/Sethi/Erev u.a.*, 56 Journal of Economic Behavior & Organization 2005, 523, 526.

464 *Schwalbe* in: Festschrift Dirk Schroeder, 2018, S. 754; *Harrington/Harker*, Developing Competition Law for Collusion by Autonomous Price-Setting Agents, 22.08.2017, abrufbar unter https://papers.ssrn.com/sol3/papers.cfm?abstract_id=3037818, S. 18 ff.

465 Siehe oben Abschnitt B.II.2.e.cc.(1).i.

466 Siehe oben Abschnitt B.II.3.e.cc.(2).

467 *Hanaki/Sethi/Erev u.a.*, 56 Journal of Economic Behavior & Organization 2005, 523, 535.

468 *Hanaki/Sethi/Erev u.a.*, 56 Journal of Economic Behavior & Organization 2005, 523, 534 f.

(2) Kollusion bei fehlender Kenntnis über die Nachfragesituation

Auch in der Studie von *Meylahn/den Boer* wurde gezeigt, dass ein Reinforcement Learning Algorithmus in einem wiederholten Bertrand-Duopol ein kollusives Verhalten erlernen kann.[469] Der Algorithmus basierte auf *Composite Simultaneous-Perturbation Stochastic-Approximation* (Composite SPSA), was eine besondere Form der Funktionsapproximation[470] ist. Wenn zwei Spieler diesen Algorithmus in einem Duopol-Spiel mit zufälliger Nachfrage und ohne Informationen über das Verhältnis von Preisen und Nachfrage einsetzten, konvergierten die Spieler zu kollusiven Preisen, wenn dies für beide von Vorteil war. Anderenfalls wurden wettbewerbliche Preise gesetzt.[471]

(3) Kollusion von falschspezifizierten Reinforcement Learning Algorithmen

Die Simulation von *Hansen et al.* studierte, wie sich der Einsatz von *upper confidence bound* Algorithmen – eine bestimmte Art des tabellarischen Lernens[472] bei Reinforcement Learning Algorithmen zur Lösung von multiarmed bandit (MAB) Problemen[473] – im Rahmen eines wiederholten Bertrand-Duopols ohne Überwachung auswirkt. [474] Die Spieler setzten jeweils symmetrische Algorithmen ein. Die Besonderheit dieser Studie ist, dass die eingesetzten Algorithmen fälschlicherweise so handelten, als würden sie sich in einem monopolistischen Markt befinden, d.h. es kommen falsch spezifizierte (engl. *misspecified*) Algorithmen zum Einsatz.[475] Ob diese Algorithmen zu einer Kollusion konvergierten, hing wesentlich vom Informationswert (sog. *signal-to-noise ratio*) in Bezug auf die Nachfrage ab. Ist der Informationswert gering (*high noise*), ist die Nachfragesituation also unsicher, konvergieren sie zum Nash-Gleichgewicht. Bei einem hohen Informationswert (*high signal*) konvergieren sie dagegen zu einem kollusi-

---

469 *Meylahn/Boer*, Learning to collude in a pricing duopoly, 01.12.2020, abrufbar unter https://papers.ssrn.com/sol3/papers.cfm?abstract_id=3741385.

470 Siehe oben Abschnitt B.I.3.f.cc.(2).

471 *Meylahn/Boer*, Learning to collude in a pricing duopoly, 01.12.2020, abrufbar unter https://papers.ssrn.com/sol3/papers.cfm?abstract_id=3741385, S. 26 ff.

472 Siehe oben Abschnitt B.I.3.f.cc.(1).

473 *Sutton/Barto*, Reinforcement learning, 2018, S. 25 ff.

474 *Hansen/Misra/Pai*, 40 Marketing Science 2021, 1.

475 *Hansen/Misra/Pai*, 40 Marketing Science 2021, 1, 2.

ven Gleichgewicht.[476] Dies könne dadurch erklärt werden, dass die falsch spezifizierten Algorithmen die eigene Preissensitivität überschätzen und daher bei einer deterministischen Nachfragesituation höhere Preise setzen, ohne dass dies auf einer Strategie beruht.[477] Insofern könne bei einer deterministischen Nachfragesituation ein Anreiz für Firmen bestehen einen falsch spezifizierten Algorithmus einzusetzen. Dies sei zumindest dann der Fall, wenn alle Anbieter zufällig oder auch auf Basis einer Absprache den gleichen unabhängigen Algorithmus einsetzen.[478]

cc. Kollusion beim Einsatz von Q-Learning Algorithmen

Viele spieltheoretische Studien setzten sich mit den Auswirkungen des Einsatzes von Q-Learning Algorithmen auf das Entstehen einer Kollusion auseinander.

(1) Kollusion in der Studie von *Waltman/Kaymak*

Die Simulation von *Waltman/Kaymak* aus dem Jahr 2008 zeigte erstmals, dass es bei dem Einsatz von Q-Learning Algorithmen in einem wiederholten Cournot-Oligopol zu einem kollusiven Marktergebnis kommen kann.[479] Die Studie untersuchte Q-Learning Algorithmen mit und ohne ein Gedächtnis. Die Algorithmen ohne Gedächtnis sind nicht in der Lage vergangene Aktionen bei ihren Entscheidungen zu berücksichtigen. Dagegen können die Algorithmen mit Gedächtnis die Ergebnisse ihrer vergangenen Aktionen bei ihren Entscheidungen berücksichtigen. Je größer das Gedächtnis eines Algorithmus ist, desto mehr Zustände kann dieser als Zelle in seiner Matrix berücksichtigen. Die Algorithmen mit Gedächtnis hatten in der Studie ein sog. *memory one*, d.h. sie konnten die Auszahlungen bei der Kombination aus den produzierten Mengen des Wettbewerbers und der eigenen Mengen in der letzten Periode bei ihren Entscheidungen berücksichtigen. Innerhalb der Algorithmen mit Gedächtnis wurden unterschiedliche Annahmen über deren Fähigkeit, mögliche Aktionen des anderen Spielers zu antizipieren, getroffen. Manche Algorithmen agierten kurzsich-

---

476 *Hansen/Misra/Pai*, 40 Marketing Science 2021, 1 4.
477 *Hansen/Misra/Pai*, 40 Marketing Science 2021, 1 5 ff.
478 *Hansen/Misra/Pai*, 40 Marketing Science 2021, 1 9.
479 *Waltman/Kaymak*, 32 Journal of Economic Dynamics & Control 2008, 3275.

tig, d.h. in diesem Zusammenhang, dass die Algorithmen auf der Annahme basieren, der aktuelle Preis des Wettbewerbers werde sich in Zukunft nicht ändern. Sie sind daher nicht in der Lage, zukünftige Konsequenzen ihrer Entscheidungen zu berücksichtigen, weswegen der Diskontfaktor hier immer $\delta = 0$ ist.[480] Andere Algorithmen waren dagegen weitsichtig und diskontierten zukünftige Gewinne mit $\delta = 0{,}9$.

Die Simulation kam zu dem Ergebnis, dass alle verwendeten Q-Learning Algorithmen zu kollusiven Ergebnissen kamen, in Spielen mit bis zu sechs Spielern. Auch wenn der Monopolpreis nicht erreicht wurde, lagen die Ergebnisse immer über dem Nash-Gleichgewicht.[481] Interessanterweise konvergierten auch die Q-Learning Algorithmen ohne Gedächtnis zu kollusiven Ergebnissen, wobei die Ergebnisse etwas näher am Nash-Gleichgewicht waren.[482] Dies überrascht, da diese Algorithmen nicht in der Lage sind, abweichendes Verhalten z.B. mittels einer Trigger-Strategie zu bestrafen. Auch die Konvergenz zu einem kollusiven Gleichgewicht von kurzsichtigen Algorithmen ist nicht rational zu erklären, da die zukünftigen Gewinne einer Kollusion nicht in die Berechnung miteinfließen. Daraus kann man schließen, dass die verwendeten Algorithmen nicht in der Lage waren, ein wettbewerbliches Verhalten zu erlernen und gerade nicht ein kollusives Verhalten erlernt haben.[483]

(2) Nachweis einer Bestrafungsstrategie in der Studie von *Calvano et al. [2020]*

Calvano et al. [2020] untersuchten, zu welchen Marktergebnissen Q-Learning Algorithmen mit *memory one* in einer wiederholten Bertrand-Oligopol Simulation konvergierten.[484] Eine Konvergenz wurde angenommen, wenn die Spieler über 100.000 Runden ihre Strategie nicht mehr geändert haben.[485] Bis zu einer Konvergenz brauchten die Algorithmen zwischen 400.000 Tausend und mehrere Millionen Perioden. Die Studie ergab, dass die Algorithmen in der Regel – aber nicht immer – in der

480 *Waltman/Kaymak*, 32 Journal of Economic Dynamics & Control 2008, 3275, 3280.
481 *Waltman/Kaymak*, 32 Journal of Economic Dynamics & Control 2008, 3275, 3287.
482 *Waltman/Kaymak*, 32 Journal of Economic Dynamics & Control 2008, 3275, 3287.
483 So auch *Sternberg*, Algorithmische Preissetzung und tacit collusion, 2023, S. 154.
484 *Calvano/Calzolari/Denicolò u.a.*, 110 The American Economic Review 2020, 3267, ff.
485 *Calvano/Calzolari/Denicolò u.a.*, 110 The American Economic Review 2020, 3267, 3276.

Lage waren, eine Kollusion zu erreichen. Der Fokus der Studie lag auf der Analyse der Strategien, mit denen diese die Kollusion erreicht haben.[486] Eine Kollusion konnte in der Studie unter zwei Bedingungen nicht erreicht werden. Erstens, wenn die Algorithmen kein Gedächtnis hatten und damit Abweichungen nicht bestraft werden konnten. Zweitens, wenn die Algorithmen kurzsichtig ($\delta = 0$) waren und daher nicht erkennen konnten, wenn die zukünftigen Verluste durch eine Bestrafung den Abweichungsgewinn überwiegen werden.[487] Die Algorithmen wendeten im Falle einer Abweichung eine Bestrafungsstrategie (sog. *reward-punishment scheme*) an. Auf eine Abweichung folgte eine Bestrafung über 5-7 Runden, wobei im Zeitraum der Bestrafung in jeder Runde der Preis leicht erhöht wurde und schließlich wieder der kollusive Preis angeboten wurde.[488] In dieser Studie konnte daher nachgewiesen werden, dass die verwendeten Algorithmen unter den getroffenen Annahmen ein kollusives Verhalten erlernen konnten.[489]

Einige Folgestudien setzten sich kritisch mit diesem Ergebnis auseinander. Die Studie von *den Boer et al.* geht davon aus, dass das Erlernen einer Bestrafungsstrategie durch die Annahmen von *Calvano et al. [2020]* vorprogrammiert ist.[490] Vergleichbare Ergebnisse seien unter anderen Annahmen, wie zum Beispiel bei einer fehlenden Kenntnis der Algorithmen über die Nachfragefunktion und bei einem Zusammenspiel mit anderen Algorithmen auf realen Märkten, nicht zu erwarten.[491] Die Studie von *Epivent/Lambin* kommt zu dem Ergebnis, dass die gleichen Algorithmen wie in *Calvano et al. [2020]* schon bei kleinsten Änderungen der Ausgabefunk-

486 *Calvano/Calzolari/Denicolò u.a.*, 110 The American Economic Review 2020, 3267, 3273.

487 *Calvano/Calzolari/Denicolò u.a.*, 110 The American Economic Review 2020, 3267, 3280.

488 *Calvano/Calzolari/Denicolò u.a.*, 110 The American Economic Review 2020, 3267, 3281 ff.

489 *Sternberg*, Algorithmische Preissetzung und tacit collusion, 2023, S. 154 f.

490 *Boer/Meylahn/Schinkel*, Artificial collusion: Examining supracompetitive pricing by Q-learning algorithms., 16.09.2022, abrufbar unter https://papers.ssrn.com/sol3/papers.cfm?abstract_id=4213600; *Epivent/Lambin*, On algorithmic collusion and reward-punishment schemes, 17.02.2023, abrufbar unter https://papers.ssrn.com/sol3/papers.cfm?abstract_id=4227229.

491 *Boer/Meylahn/Schinkel*, Artificial collusion: Examining supracompetitive pricing by Q-learning algorithms., 16.09.2022, abrufbar unter https://papers.ssrn.com/sol3/papers.cfm?abstract_id=4213600, S. 31 ff.

tion zum Nash-Gleichgewicht konvergieren.[492] Daraus kann der Schluss gezogen werden, dass das kollusive Ergebnis aus der Studie von *Calvano et al. [2020]* nicht robust ist und sich eine Kollusion nur unter spezifischen Annahmen einstellt, welche auf realen Märkten in der Regel nicht zu erwarten sind.

(3) Overfitting in der Trainingsumgebung

Die Studie von *Eschenbaum et al.* untersucht, inwiefern es Q-Learning Algorithmen gelingt, auch außerhalb der gewohnten Trainingsumgebung zu einer Kollusion zu gelangen.[493] Die Studie beschäftigt sich mit dem Problem des sog. *overfitting* von Algorithmen, also dem Umstand, dass Algorithmen sich während des Offline-Trainings besonders gut an ihre Trainingsumgebung anpassen und dort sehr gute Ergebnisse erzielen (sog. *Overperfomance*). Wenn die Algorithmen aber in einem neuen Kontext zum Einsatz kommen, sind sie nicht in der Lage, ein kollusives Gleichgewicht zu erreichen und konvergieren zum Nash-Gleichgewicht.[494] Die Studie von *Eschenbaum et al.* untersucht erstmalig, ob dieses Phänomen auch beim Einsatz von Q-Learning Algorithmen in ökonomischen Studien beobachtet werden kann.[495] *Eschenbaum et al.* lassen die Algorithmen zunächst in einer Trainingsumgebung in einem wiederholten Bertrand-Markt gegeneinander spielen. Dann wird untersucht, inwiefern die Algorithmen auch außerhalb ihrer Trainingsumgebung in der Lage sind, die kollusiven Ergebnisse aus der Trainingsumgebung zu reproduzieren. Die Studie zeigt, dass die Q-Learning Algorithmen nicht in der Lage sind, außerhalb ihrer Trainingsumgebung zu einer Kollusion zu konvergieren.[496]

---

492 *Epivent/Lambin*, On algorithmic collusion and reward-punishment schemes., 17.02.2023, abrufbar unter https://papers.ssrn.com/sol3/papers.cfm?abstract_id=4227229, S. 11.

493 *Eschenbaum/Mellgren/Zahn*, Robust algorithmic collusion, 02.02.2022, abrufbar unter https://arxiv.org/abs/2201.00345.

494 *Eschenbaum/Mellgren/Zahn*, Robust algorithmic collusion, 02.02.2022, abrufbar unter https://arxiv.org/abs/2201.00345, S. 4.

495 *Eschenbaum/Mellgren/Zahn*, Robust algorithmic collusion, 02.02.2022, abrufbar unter https://arxiv.org/abs/2201.00345, S. 3.

496 *Eschenbaum/Mellgren/Zahn*, Robust algorithmic collusion, 02.02.2022, abrufbar unter https://arxiv.org/abs/2201.00345, S. 23.

(4) Tabellarisches Lernen vs. lineare Funktionsapproximation

Die Studie von *Jeschonnek* hat die Performance von tabellarischem Lernen[497] – wozu auch Q-Learning gehört – mit linearen Funktionsapproximationsmethoden[498] bei Reinforcement Learning Algorithmen in einer vergleichbaren Umgebung wie *Calvano et al. [2020]* verglichen.[499] Die drei untersuchten linearen Funktionsannäherungsmethoden waren *tile coding*, *polynomial tiles* und *separate polynomials*.[500] Es zeigte sich, dass alle Methoden zu kollusiven Preisen führten. Allerdings lernten nur die *tabular learning* Algorithmen kollusive Strategien und waren resilient gegen eine Ausbeutung durch Abweichungen von anderen Spielern. Bei *linear function approximation* Algorithmen konnte dagegen kein *reward-punishment scheme* beobachtet werden. Die Beobachtung überwettbewerblicher Preise bei diesen Algorithmen ist daher nicht das Ergebnis einer kollusiven Strategie, sondern liegt daran, dass die Algorithmen nicht lernen, in Wettbewerb zueinander zu treten.[501]

(5) Kollusion bei sequenzieller Preissetzung

In der Studie von *Klein* wird das Experiment von *Calvano et al. [2020]* insofern abgewandelt, dass die Preise sequenziell gesetzt werden.[502] Auch diese Studie kommt zu dem Ergebnis, dass Q-Learning Algorithmen ohne Kommunikationsmöglichkeit zu kollusiven Preisen führen können. Es konnte gezeigt werden, dass Algorithmen in der Lage sind, auch bei sequenzieller Preissetzung zu erheblich höheren Preisen als unter Wettbewerbsbedingungen zu gelangen.[503]

---

497 Siehe oben B.I.3.e.cc.(1).
498 Siehe oben B.I.3.e.cc.(2).
499 *Jeschonneck*, Collusion among Autonomous Pricing Algorithms Utilizing Function Approximation Methods, 2021.
500 *Jeschonneck*, Collusion among Autonomous Pricing Algorithms Utilizing Function Approximation Methods, 2021, S. 39 ff.
501 *Jeschonneck*, Collusion among Autonomous Pricing Algorithms Utilizing Function Approximation Methods, 2021, S. 33 ff.
502 *Klein*, 52 RAND Journal of Economics 2021, 538 ff.
503 *Klein*, 52 RAND Journal of Economics 2021, 538 S. 553 f.

(6) Auswirkungen des Algorithmen-Design auf das Entstehen von Kollusion

In der Studie von *Asker et al.* wird untersucht, wie sich verschiedene Formen eines Q-Learning Algorithmus auf das Entstehen von Kollusion in einem wiederholten Bertrand Duopol auswirken.[504] Einerseits werden Algorithmen untersucht, die asynchron lernen, d.h. sie lernen nur basierend auf ihren Preisen und dem daraus generierten Output. Andererseits werden Algorithmen untersucht, die perfekt synchron lernen können. Perfekt synchron lernende Algorithmen berücksichtigen auch die Preise des Wettbewerbers und die Profite, welche sie bei einer anderen Preisentscheidung hätten generieren können (sog. *counterfactual*). Wenden die Algorithmen in einem Duopol synchrones Lernen an, konvergieren die Preise schnell zum Nash-Equilibrium. Dagegen führt asynchrones Lernen zu Preisen deutlich über dem Gleichgewichtspreis.[505] In Spielen mit mehreren Teilnehmern erreicht asynchrones Lernen seltener suprakompetitive Preise. Bei 3 Firmen nur in 71.5 % und bei 10 Firmen nur noch in 0.1 % der Fälle. Die Algorithmen mit synchronem Lernen erreichen auch in Spielen mit mehreren Teilnehmern keine kollusiven Ergebnisse.[506] Aus dieser Studie geht hervor, dass es für Unternehmen vorteilhafter sein kann, bei Q-Learning Algorithmen ein asynchrones Design zu verwenden.

(7) Kollusion bei unvollständiger Überwachung

In einer weiteren Studie von *Calvano et al. [2021]* wird untersucht, inwiefern eine Kollusion von Q-Learning Algorithmen im Cournot-Duopol bei unvollständiger Überwachung möglich ist. [507] Das Modell basiert dabei auf *Green/Porter*[508] und die Q-Learning Algorithmen sind die gleichen wie in *Calvano et al. [2020]*[509]. Vollständige Überwachung meint dabei, dass die vergangenen Preise und die damit erzielten Ergebnisse der Wettbewerber überwacht werden können und darauf basierend eine eigene Aktion

504 *Asker/Fershtman/Pakes,* Journal of Economics & Management Strategy 2023, 1 ff.

505 *Asker/Fershtman/Pakes,* Journal of Economics & Management Strategy 2023, 1, 2.

506 *Asker/Fershtman/Pakes,* Journal of Economics & Management Strategy 2023, 1, 13 f.

507 *Calvano/Calzolari/Denicoló u.a.,* 79 International Journal of Industrial Organization 2021, 1 ff.

508 *Green/Porter,* 52 Econometrica 1984, 87 ff.

509 *Calvano/Calzolari/Denicolò u.a.,* 110 The American Economic Review 2020, 3267.

gewählt wird. Nicht vollständige Überwachung liegt dagegen vor, wenn nur die Preise der Wettbewerber überwacht werden können, nicht aber die erzielten Ergebnisse.[510] Die Studie ergab, dass ein gewisser Grad von Kollusion auch bei nicht vollständiger Markttransparenz erreicht werden kann.[511] Die Algorithmen waren auch in der Lage, Strategien zu erlernen, die eine Kollusion ermöglichen. Der Grad der Kollusion im Vergleich zu vollständiger Überwachung nahm aber ab.[512] Folglich erschwert eine nicht vollständige Überwachung das Entstehen einer Kollusion, stellt aber kein unüberwindbares Hindernis dar.

(8) Kollusion bei niedriger Explorationsrate

In der Studie von *Abada et al.* wurden Q-Learning Algorithmen mit verschiedenen Explorationsraten in einem Cournot-Duopol untersucht.[513] Die Explorationsrate beschreibt dabei die Intensität, mit der eine zum Anfang des Spiels getroffene strategische Entscheidung während des Spiels weiter überprüft wird. Die Studie kommt zu dem Ergebnis, dass Q-Learning Algorithmen unter zwei Bedingungen eine wettbewerbliche Strategie nicht mehr erlernen können: Wenn sie erstens in der Experimentierphase erlernt haben, dass eine Kooperation die dominierende Strategie ist und wenn zweitens die Explorationsrate in dem Spiel sehr schnell abnimmt. Dagegen können Q-Learning Algorithmen mit einer hohen Explorationsrate häufiger noch während des Spiels wettbewerbliches Verhalten lernen. Insofern geht die Studie davon aus, dass eine dauerhaft hohe Explorationsrate – die vor allem von anspruchsvolleren Algorithmen vorgenommen werden kann – sich destabilisierend auf das Entstehen einer Kollusion auswirkt.[514] Die Studie zeigt, dass es möglich ist, robuste Algorithmen zu trainieren,

510 *Calvano/Calzolari/Denicoló u.a.*, 79 International Journal of Industrial Organization 2021, 1, 7.

511 *Calvano/Calzolari/Denicoló u.a.*, 79 International Journal of Industrial Organization 2021, 1, S. 8 ff.

512 *Calvano/Calzolari/Denicoló u.a.*, 79 International Journal of Industrial Organization 2021, 1, 19.

513 *Abada/Lambin/Tchakarov*, Collusion by mistake: does algorithmic sophistication drive supra-competitive profits?, 03.05.2022, abrufbar unter https://papers.ssrn.com/sol3/papers.cfm?abstract_id=4099361#.

514 *Abada/Lambin/Tchakarov*, Collusion by mistake: does algorithmic sophistication drive supra-competitive profits?, 03.05.2022, abrufbar unter https://papers.ssrn.com/sol3/papers.cfm?abstract_id=4099361#, S. 27 f.

die auch in einer fremden Umgebung zu kollusiven Ergebnissen kommen. Diese robusteren Algorithmen sind in der Studie entstanden, wenn die Möglichkeiten zur Überwachung beschränkt wurden und die Algorithmen nur noch ihren eigenen Preis in der letzten Periode und den daraus resultierenden Umsatz überwachten. Diese Algorithmen schafften es auch in einer neuen Trainingsumgebung, eine stabile Kollusion zu erreichen.[515] Eine robuste Kollusion könnte hier vor allem gelingen, wenn sich die Unternehmen beim Training ihrer Algorithmen darüber absprechen, unter welchen Parametern und mit welchen Strategievarianten ihre Algorithmen trainiert werden. Dann wäre es möglich, dass die Algorithmen auch in einer neuen Umgebung – dem realen Markt – zu einer Kollusion konvergieren.[516]

(9) Unterschiede zwischen menschlicher und algorithmischer Kollusion

Die Studie von *Kabsberger et al.* untersuchte die Bedingungen, unter welchen Q-Learning Algorithmen in einem wiederholten Gefangenendilemma zu einer Kollusion gelangen.[517] Dies wurde jeweils in Relation gesetzt zu menschlichem Kooperationsverhalten. Hierzu simulierten sie verschiedene Varianten eines wiederholten Gefangenendilemmas. Die Studie ergab, dass die gleichen Faktoren, die auch eine menschliche Kooperation erhöhen, überwiegend auch eine algorithmische Kooperation erleichtern.[518] So führen ein höherer Diskontfaktor (δ) und eine höhere Rundenanzahl (R) zu mehr Kooperation.[519] Dagegen bleibt der Einfluss des Gedächtnisses (k) ambivalent. Zwar zeigen sich oft höhere Kooperationsraten bei einem memory-one Gedächtnis (k=1) als bei einer höheren Gedächtniskapazität (k=2; k=3). Dieser Effekt ist aber nicht überall zu beobachten. Das Gedächtnis der Algorithmen hat daher keinen erheblichen Einfluss auf

---

515 *Eschenbaum/Mellgren/Zahn*, Robust algorithmic collusion, 02.02.2022, abrufbar unter https://arxiv.org/abs/2201.00345, S. 20 f.

516 *Eschenbaum/Mellgren/Zahn*, Robust algorithmic collusion, 02.02.2022, abrufbar unter https://arxiv.org/abs/2201.00345, S. 23 f.

517 *Kasberger/Martin/Normann u.a.*, Algorithmic Cooperation, 13.07.2023, abrufbar unter https://papers.ssrn.com/sol3/papers.cfm?abstract_id=4389647.

518 *Kasberger/Martin/Normann u.a.*, Algorithmic Cooperation, 13.07.2023, abrufbar unter https://papers.ssrn.com/sol3/papers.cfm?abstract_id=4389647, S. 35.

519 *Kasberger/Martin/Normann u.a.*, Algorithmic Cooperation, 13.07.2023, abrufbar unter https://papers.ssrn.com/sol3/papers.cfm?abstract_id=4389647, S. 16 f.

die Wahrscheinlichkeit einer Kooperation.[520] Eine zwingende, aber nicht ausreichende Bedingung für das Entstehen einer Kooperation ist, dass die Grim-Trigger-Strategie ein Nash-Gleichgewicht für das jeweilige Spiel darstellt.[521] Algorithmen und Menschen unterscheiden sich aber in Bezug auf die Strategien, welche sie anwenden. Menschen wenden am häufigsten Tit-For-Tat und Grim-Trigger-Strategien an. Algorithmen lernen dagegen neben der Tit-For-Tat-Strategie oft eine Win-Stay-Lose-Shift-Strategie, aber quasi nie eine Grim-Trigger-Strategie.[522] In Bezug auf den Grad der Kooperation könne keine eindeutige Aussage getroffen werden. Teilweise übertreffen die Algorithmen die menschlichen Kooperationsraten, aber oft kooperieren die Algorithmen auch weniger als die Menschen. Dies liege daran, dass die Menschen im Gegensatz zu Algorithmen teilweise auch kooperieren, wenn dies besonders riskant ist und keine Anreize zur Kooperation bestehen.[523]

(10) Kollusion von Q-Learning Algorithmen mit Menschen

Werner untersuchte die Interaktion von Q-Learning Algorithmen in einem wiederholten Bertrand-Gefangenendilemma mit menschlichen Spielern.[524] Wie in der Studie von *Calvano et al. [2020]* wurde so lange gespielt, bis eine Konvergenz, also 100.000 aufeinanderfolgende Runden ohne Veränderung, erreicht wird.[525] Die Studie legte eine vollkommen unelastische Nachfragefunktion zugrunde. Es kauften jeweils 60 Verbraucher bei den Spielern zum jeweils günstigsten Preis ein, wobei die maximale Zahlungsbereitschaft bei einem Preis von vier lag.[526]

520 *Kasberger/Martin/Normann u.a.*, Algorithmic Cooperation, 13.07.2023, abrufbar unter https://papers.ssrn.com/sol3/papers.cfm?abstract_id=4389647, S. 17.

521 *Kasberger/Martin/Normann u.a.*, Algorithmic Cooperation, 13.07.2023, abrufbar unter https://papers.ssrn.com/sol3/papers.cfm?abstract_id=4389647, S. 18.

522 *Kasberger/Martin/Normann u.a.*, Algorithmic Cooperation, 13.07.2023, abrufbar unter https://papers.ssrn.com/sol3/papers.cfm?abstract_id=4389647, S. 20 ff.

523 *Kasberger/Martin/Normann u.a.*, Algorithmic Cooperation, 13.07.2023, abrufbar unter https://papers.ssrn.com/sol3/papers.cfm?abstract_id=4389647, S. 4.

524 *Werner*, Algorithmic and Human Collusion, 14.11.2023, abrufbar unter https://papers.ssrn.com/sol3/papers.cfm?abstract_id=3960738.

525 *Werner*, Algorithmic and Human Collusion, 14.11.2023, abrufbar unter https://papers.ssrn.com/sol3/papers.cfm?abstract_id=3960738, S. 8.

526 *Werner*, Algorithmic and Human Collusion, 14.11.2023, abrufbar unter https://papers.ssrn.com/sol3/papers.cfm?abstract_id=3960738, S. 11 f.

Werner untersuchte zunächst in einer Simulation ein Duopol und ein Triopol mit rein menschlichen Spielern. Zudem wurden folgende Szenarien simuliert: zwei Menschen/ein Algorithmus; ein Mensch/ein Algorithmus und ein Mensch/zwei Algorithmen. Weiterhin wurde ein Duopol und ein Triopol jeweils nur mit Algorithmen als Simulation durchgeführt.[527]

In den Simulationen nur mit Algorithmen kam es – wie bereits in anderen Studien - zu kollusiven Preisen über dem Nash-Gleichgewicht. Das Kollusionsniveau war dabei im Duopol höher als im Triopol.[528] Die erfolgreichsten Algorithmen, lernten eine *Win-Stay-Loose-Shift* Strategie im Sinne von *Nowak und Sigmund*[529] anzuwenden. Diese Strategie wurde auch in den hybriden Spielen mit den menschlichen Spielern erlernt.[530] Die Algorithmen waren erfolgreicher darin, im Duopol eine Kollusion zu erreichen als die rein menschlichen Spieler. Im Triopol waren die Algorithmen in den ersten Spielen besser als die Menschen, während danach kein Unterschied mehr festgestellt wurde. Somit könnte die Anzahl der Firmen die Kollusions-Performance von Algorithmen stärker beeinträchtigen als bei Menschen.[531] Im Duopol mit einem Algorithmus konnte kein Unterschied zum rein menschlichen Duopol festgestellt werden, während die Preise im rein algorithmischen Duopol signifikant höher waren als im menschlichen Duopol. Im Triopol mit einem Algorithmus waren die Preise günstiger als im rein menschlichen Triopol. Dagegen stiegen die Preise im Triopol mit zwei Algorithmen an, waren aber nicht höher als im rein algorithmischen Triopol.[532]

527 *Werner*, Algorithmic and Human Collusion, 14.11.2023, abrufbar unter https://papers.ssrn.com/sol3/papers.cfm?abstract_id=3960738, S. 13 f.

528 *Werner*, Algorithmic and Human Collusion, 14.11.2023, abrufbar unter https://papers.ssrn.com/sol3/papers.cfm?abstract_id=3960738, S. 19.

529 *Nowak/Sigmund*, 364 Nature 1993, 56 ff.

530 *Werner*, Algorithmic and Human Collusion, 14.11.2023, abrufbar unter https://papers.ssrn.com/sol3/papers.cfm?abstract_id=3960738, S. 21 ff.

531 *Werner*, Algorithmic and Human Collusion, 14.11.2023, abrufbar unter https://papers.ssrn.com/sol3/papers.cfm?abstract_id=3960738, S. 26 ff.

532 *Werner*, Algorithmic and Human Collusion, 14.11.2023, abrufbar unter https://papers.ssrn.com/sol3/papers.cfm?abstract_id=3960738, S. 28 ff.

(11) Kollusion durch Deep Q-Learning Algorithmen

Die Studie von *Hettich* untersuchte auf DNN[533] basierende Deep Q-Learning Algorithmen in einem vergleichbaren Setting wie *Calvano et al. [2020]*.[534] Die Studie kam zu dem Ergebnis, dass diese Art von Algorithmen im Duopol viel schneller zu einer Konvergenz gelangten als normale Q-Learning Algorithmen. Während Q-Learning Algorithmen im Schnitt 850.000 Runden spielten, bis sie zu einer Konvergenz gelangten, erhöhten die Deep Learning Algorithmen schon nach 20.000 Runden die Preise und steigerten ihre Profite.[535] Dies ist daher von besonderer Relevanz, da diese Algorithmen viel schneller für eine Anwendung in der Praxis skaliert werden können als normale Q-Learning Algorithmen. Mit mehr Spielern sinkt der Grad der Kollusion der Deep Learning Algorithmen und bei mindestens sieben Spielern ist keine Kollusion mehr zu erkennen. Im Zusammenspiel mit verschiedenen anderen Algorithmen zeigte sich, dass eine Heterogenität in Bezug auf die Lerngeschwindigkeit der Algorithmen eine Kollusion negativ beeinflusst.[536] So beuteten Deep Learning Algorithmen die unterlegenen Q-Learning Algorithmen im Zusammenspiel komplett aus, indem sie eine kompetitive Strategie verfolgten.[537]

(12) Plattformdesign und Kollusion von Q-Learning Algorithmen

In der Simulation von *Johnson et al.* wurde untersucht, wie das Plattformdesign sich auf das Entstehen von Kollusion durch Q-Learning Algorithmen auswirkt.[538] Zunächst wurden die Algorithmen in einem Bertrand-Duopol ohne spezifisches Plattformdesign getestet und konvergierten wie in *Calvano et al. [2020]* zu einem Preis über dem Nash-Gleichgewicht, aber unter-

533 Siehe oben B.I.3.d.

534 *Hettich*, Algorithmic Collusion: Insights from Deep Learning, 24.11.2021, abrufbar unter https://ideas.repec.org/p/cqe/wpaper/9421.html.

535 *Hettich*, Algorithmic Collusion: Insights from Deep Learning, 24.11.2021, abrufbar unter https://ideas.repec.org/p/cqe/wpaper/9421.html, S. 9 ff.

536 *Hettich*, Algorithmic Collusion: Insights from Deep Learning, 24.11.2021, abrufbar unter https://ideas.repec.org/p/cqe/wpaper/9421.html, S. 16 ff.

537 *Hettich*, Algorithmic Collusion: Insights from Deep Learning, 24.11.2021, abrufbar unter https://ideas.repec.org/p/cqe/wpaper/9421.html, S. 15 f.

538 *Johnson/Rhodes/Wildenbeest*, Platform Design When Sellers Use Pricing Algorithms, 19.10.2022, abrufbar unter https://papers.ssrn.com/sol3/papers.cfm?abstract_id=3691621.

halb des vollständig kollusiven Preises. Dann wurde untersucht, wie sich zwei verschiedene Plattformdesigns auf einer Online-Plattform auf dieses Ergebnis auswirken könnten. Einerseits die sog. *Price-Directed Prominence* (PDP) Regel, bei der den Verbrauchern nur eine bestimmte Anzahl der Anbieter mit dem geringsten Preis für ein Produkt angezeigt werden.[539] Andererseits wurde *Dynamic Price-Directed Prominence* (DPDP) untersucht, wobei die Anbieter mit dem geringsten Preis nicht nur mit mehr Nachfrage aktuell, sondern auch in der Zukunft belohnt werden. Die Belohnung in der Zukunft setzt voraus, dass die Anbieter den Preis nicht erhöhen und nicht unterboten werden, wobei die Plattform ihnen einen gewissen Unterbietungsspielraum (sog. *cushion*) einräumt.[540] Wurde PDP in einem Szenario mit differenzierten Produkten angewendet und dem Verbraucher immer nur das günstigste Produkt angezeigt, sanken der Preis, die Konsumentenrente und der Gesamtumsatz der Plattform.[541] Dagegen hat PDP bei Produkten mit geringerer Differenzierung eine Senkung des Preises und eine Erhöhung der Konsumentenwohlfahrt zur Folge gehabt, während der Gesamtumsatz bei einem hohen Umfang der Implementierung von PDP ($\gamma = 1$) dem Umsatz im Szenario ohne Design ($\gamma = 0$) entspricht.[542] Wurde DPDP verwendet, sanken die Preise im Ausgangsszenario stärker als bei PDP, die Konsumentenwohlfahrt und der Plattform Umsatz stiegen dagegen leicht an. Dieser Effekt war beim Einsatz von intelligenteren Algorithmen, die den Preisführer inklusive *cushion* identifizieren konnten, noch stärker ausgeprägt.[543] Insofern kann das Plattformdesign eine Kollusion von Q-Learning Algorithmen abschwächen. Besonders effektiv scheint dabei das DPDP-Design zu sein.

---

539 *Johnson/Rhodes/Wildenbeest*, Platform Design When Sellers Use Pricing Algorithms, 19.10.2022, abrufbar unter https://papers.ssrn.com/sol3/papers.cfm?abstract_id=3691621, S. 7.

540 *Johnson/Rhodes/Wildenbeest*, Platform Design When Sellers Use Pricing Algorithms, 19.10.2022, abrufbar unter https://papers.ssrn.com/sol3/papers.cfm?abstract_id=3691621, S. 10 f.

541 *Johnson/Rhodes/Wildenbeest*, Platform Design When Sellers Use Pricing Algorithms, 19.10.2022, abrufbar unter https://papers.ssrn.com/sol3/papers.cfm?abstract_id=3691621, S. 17 ff.

542 *Johnson/Rhodes/Wildenbeest*, Platform Design When Sellers Use Pricing Algorithms, 19.10.2022, abrufbar unter https://papers.ssrn.com/sol3/papers.cfm?abstract_id=3691621, S. 19 f.

543 *Johnson/Rhodes/Wildenbeest*, Platform Design When Sellers Use Pricing Algorithms, 19.10.2022, abrufbar unter https://papers.ssrn.com/sol3/papers.cfm?abstract_id=3691621, S. 21 ff.

dd. Kollusion beim Einsatz von Large Language Models

Die Studie von *Fish et al.* untersucht das Potenzial von großen Sprachmodellen (Large Language Models, LLMs), insbesondere GPT-4, zur algorithmischen Preissetzung.[544] Große Sprachmodelle basieren auf künstlicher Intelligenz und nutzen fortgeschrittene Techniken des maschinellen Lernens. Sie werden trainiert, um menschliche Sprache zu verstehen, zu generieren und auf komplexe Fragen bzw. Aufgaben zu antworten. Es handelt sich um eine Form der generativen KI.[545] LLMs nehmen textuelle Anweisungen (sog. Prompts) als Eingabe und geben textuelle Antworten aus. Moderne LLMs wie beispielsweise GPT-4[546] von OpenAI oder Gemini[547] von Google, werden in zwei Phasen trainiert. Erstens findet ein Vortraining statt, bei dem das Modell auf enormen Datenmengen trainiert. Das Ziel ist es, das Modell darauf vorzubereiten, den nächsten Token (Wort oder Wortteil) in einer Textsequenz vorherzusagen. Das Modell lernt dabei Sprachstrukturen, Grammatik und semantische Beziehungen zwischen Wörtern, ohne dass es explizite Regeln kennt. Zweitens erfolgt ein Feintuning, bei der die menschliche Zufriedenheit mit den Antworten des LLMs auf die spezifischen Eingaben maximiert wird.[548]

Die experimentelle Studie zeigt erstmalig, dass LLMs, auf dem neuesten Stand der Technik, zur Preissetzung verwendet werden können.[549] In der Studie werden drei verschiedene Umgebungen beim Einsatz von LLMs zur Preissetzung untersucht. In einem monopolistischen Szenario lernte GPT-4 in dieser Studie relativ schnell, den profitabelsten Preis festzulegen. Andere LLM-Modelle zeigten dabei deutlich schlechtere Resultate.[550]

Weiterhin wurde das Verhalten von zwei GPT-4 Algorithmen in einem duopolistischen Bertrand-Markt untersucht. Die Algorithmen sollten dabei

---

544 *Fish/Gonczarowski/Shorrer*, Algorithmic Collusion by Large Language Models, 31.03.2024, abrufbar unter https://arxiv.org/abs/2404.00806.

545 Vgl. hierzu oben Abschnit B.I.3.e.

546 Vgl. *OpenAI*, GPT-4 Technical Report, 04.03.2024, abrufbar unter https://arxiv.org/abs/2303.08774.

547 Vgl. *Gemini Team Google*, Gemini: A Family of Highly Capable Multimodal Models, 17.06.2024, abrufbar unter https://arxiv.org/abs/2312.11805.

548 *Fish/Gonczarowski/Shorrer*, Algorithmic Collusion by Large Language Models, 31.03.2024, abrufbar unter https://arxiv.org/abs/2404.00806, S. 6 f.

549 *Fish/Gonczarowski/Shorrer*, Algorithmic Collusion by Large Language Models, 31.03.2024, abrufbar unter https://arxiv.org/abs/2404.00806, S. 3.

550 *Fish/Gonczarowski/Shorrer*, Algorithmic Collusion by Large Language Models, 31.03.2024, abrufbar unter https://arxiv.org/abs/2404.00806, S. 10 ff.

unabhängig voneinander die Preise setzen und um Marktanteile konkurrieren. Trotz fehlender direkter Kommunikation zwischen den Agenten zeigt GPT-4 in dieser Umgebung ein Kollusionsverhalten, da höhere Preise gesetzt wurden als dies im freien Wettbewerb zu erwarten wäre.[551] Die Studie untersuchte auch das Verhalten von GPT-4 bei Auktionen, insbesondere in Konstellationen mit zwei Bietern. Auch hier zeigten die Agenten ein kollusives Verhalten und erzielten höhere Gewinne als im Nash-Gleichgewicht.[552]

c. Zwischenergebnis

Die Studien zeigen, dass Algorithmen unter bestimmten Bedingungen zu kollusivem Verhalten neigen können. In frühen Studien zu statischen Algorithmen konnte keine Kollusion beobachtet werden, wenn diese kein Gedächtnis haben, ihnen also die Fähigkeit fehlt, auf Basis der Erkenntnisse vergangener Aktionen eine Strategie zu entwickeln. Einige neuere Studien konnten eine Kollusion beim Einsatz von statischen Algorithmen aber beobachten, insbesondere wenn Transparenz, asymmetrische Marktbedingungen oder langfristige Interaktionen gegeben sind. Statische Algorithmen führen meist nur unter idealisierten Annahmen zu Kollusion, während selbstlernende Algorithmen, wie evolutionäre oder Reinforcement-Learning-Algorithmen, aus ihren Erfahrungen lernen und Strategien entwickeln können, die Kooperation fördern. Q-Learning-Algorithmen ermöglichen durch Gedächtnisfunktionen, langfristige Optimierung und Bestrafungsstrategien das Entstehen kollusiven Verhaltens, ihre Wirksamkeit ist jedoch stark von den Modellannahmen und der Stabilität der Umgebung abhängig. Deep-Learning-Algorithmen erweisen sich als schneller und effizienter, können jedoch bei zunehmender Teilnehmerzahl Schwierigkeiten haben, kollusiv zu agieren.

Das Plattformdesign spielt eine entscheidende Rolle: Mechanismen wie PDP oder DPDP können kollusives Verhalten eindämmen, indem sie Wettbewerb fördern. Interessant ist auch die Interaktion zwischen Mensch und Algorithmus, wobei Algorithmen teils effektiver kolludieren als Menschen, während Unsicherheiten über ihre Anwesenheit keine signifikanten Auswirkungen haben. Gleichzeitig zeigt sich, dass Algorithmen oft nicht robust

---

551 *Fish/Gonczarowski/Shorrer*, Algorithmic Collusion by Large Language Models, 31.03.2024, abrufbar unter https://arxiv.org/abs/2404.00806, S. 11 f.

552 *Fish/Gonczarowski/Shorrer*, Algorithmic Collusion by Large Language Models, 31.03.2024, abrufbar unter https://arxiv.org/abs/2404.00806, S. 19 ff.

genug sind, um in neuen, unbekannten Umgebungen konsistente kollusive Ergebnisse zu erzielen. Dies relativiert ihre potenzielle Gefahr in der Praxis. Abschließend verdeutlichen die Studien die Bedeutung regulatorischer Maßnahmen: Transparenz, Überwachung und ein durchdachtes Design von Algorithmen sind entscheidend, um unerwünschtes kollusives Verhalten zu verhindern.

3. Studien aus dem Feld

Einige empirische Untersuchungen haben sich mit Daten aus dem Feld auseinandergesetzt und untersucht, welchen Einfluss Preisalgorithmen auf Kollusion in realen Märkten haben. Die Untersuchungen fanden auf dem Amazon Marketplace (a.), dem Tankstellenmarkt (b.), der Internetplattform bol.com (c.) und auf Basis der Daten eines Repricing-Software-Anbieters (d.) statt.

a. Kein Nachweis einer Kollusion auf dem Amazon Marketplace

Die empirische Untersuchung von *Chen et al.* betrachtete das Preissetzungsverhalten auf dem Amazon Marketplace. Dazu wurden im Jahr 2014 über vier Monate alle 25 Minuten unter Nutzung eines Preis-Crawlers Daten von den 1.641 populärsten Produkten und den dazugehörigen 20 größten Verkäufern erhoben.[553] Dann wurde anhand des Preissetzungsverhaltens, insbesondere der Höhe der Preise und dem Zeitpunkt der Preisänderungen, ermittelt, welche Verkäufer dynamische Preissetzung mittels Algorithmen verwenden.[554] Die meisten Verkäufer scheinen dabei einfache statische Preisalgorithmen einzusetzen, die den Preis entsprechend dem günstigsten oder zweitgünstigsten Preis auf dem gesamten Markt anpassen (sog. *Match-Low-Price* Algorithmen).[555] Insbesondere wenn Amazon als

553 *Chen/Mislove/Wilson*, An Empirical Analysis of Alorithmic Pricing on Amazon Marketplace, 11.04.2016, abrufbar unter https://dl.acm.org/doi/10.1145/2872427.2883089, S. 1339.

554 *Chen/Mislove/Wilson*, An Empirical Analysis of Alorithmic Pricing on Amazon Marketplace, 11.04.2016, abrufbar unter https://dl.acm.org/doi/10.1145/2872427.2883089, S. 1344 ff.

555 *Oxera*, When algorithms set prices: winners and losers, 19.6.2017, abrufbar unter https://www.oxera.com/wp-content/uploads/2018/07/When-algorithms-set-prices-winners-and-losers.pdf.pdf, S. 10.

Wettbewerber auftrat, konnten aber auch komplexere Preisstrategien beobachtet werden.[556]

Die Buy Box auf Amazon ist die hervorgehobene Kaufoption auf einer Produktseite, bei der Kunden mit einem Klick direkt den Artikel in ihren Warenkorb legen oder kaufen können.[557] Mehrere Verkäufer können dasselbe Produkt anbieten, aber nur einer gewinnt die Buy Box pro Aufruf. Der Gewinner wird durch einen Algorithmus bestimmt, der Faktoren wie Preis, Versandgeschwindigkeit, Verfügbarkeit, Verkäuferbewertung und Kundenservice berücksichtigt. Verkäufer, die die Buy Box gewinnen, erzielen typischerweise den Großteil der Verkäufe für ein Produkt, da sie die standardmäßige Kaufoption darstellen. Folglich ist die Buy Box entscheidend, um auf Amazon erfolgreich zu sein. Es konnte festgestellt werden, dass Preissetzungsalgorithmen die Buy Box öfter gewinnen und also wahrscheinlich mehr Produkte absetzen sowie Umsatz generieren als Verkäufer, die manuell die Preise setzen. Die Auswirkungen auf die Endpreise für die Kunden konnten anhand der Daten nicht eindeutig ermittelt werden.[558]

b. Kollusion auf dem Tankstellenmarkt

In der Untersuchung von *Assad et al.* wurde der Einsatz von Preissetzungsalgorithmen auf dem deutschen Tankstellenmarkt untersucht.[559] Dabei wurden die Preise aller deutschen Tankstellen für alle gängigen Kraftstoffe von 2014 bis Ende 2019 im Minutentakt beobachtet und aufgezeichnet. Mit Hilfe eines speziellen Verfahrens – der sog. *Quant Likelihood Ratio* („*QLR*") – wurde identifiziert, welche Tankstellen zu welchem Zeitpunkt Preissetzungsalgorithmen eingesetzt haben. Dann wurde untersucht, ob sich die Effekte von Algorithmen im Falle eines Monopols anders entwickeln als in einer Wettbewerbssituation. In Duopolsituationen untersuchte die Studie, wie es sich auswirkt, wenn kein Unternehmen einen Algorithmus

556 *Chen/Mislove/Wilson*, An Empirical Analysis of Alorithmic Pricing on Amazon Marketplace, 11.04.2016, abrufbar unter https://dl.acm.org/doi/10.1145/2872427.2883089, S. 1345 f.

557 Vgl. zur Buy Box auch oben Abschnitt B.I.2.a.dd.

558 *Chen/Mislove/Wilson*, An Empirical Analysis of Alorithmic Pricing on Amazon Marketplace, 11.04.2016, abrufbar unter https://dl.acm.org/doi/10.1145/2872427.2883089, S. 1348.

559 *Assad/Clark/Ershov u.a.*, Algorithmic Pricing and Competition: Empirical Evidence from the German Retail Gasoline Market, 28.08.2020, abrufbar unter https://papers.ssrn.com/sol3/papers.cfm?abstract_id=3682021.

einsetzt (menschlicher Wettbewerb), wenn nur ein Unternehmen einen Algorithmus einsetzt (Mensch/Algorithmus Wettbewerb) und wenn beide Unternehmen Algorithmen verwenden (algorithmischer Wettbewerb).[560] Durch den Einsatz von Algorithmen konnten Tankstellen, die mindestens einen Wettbewerber in der Nähe haben, generell ihren Umsatz im Mittelwert um 9 % steigern. Im Gegensatz dazu konnten Monopolisten ihren Umsatz durch den Einsatz von Algorithmen nicht steigern. Bei den Duopolen konnte kein Unterschied in Bezug auf den Umsatz festgestellt werden zwischen rein menschlichem Wettbewerb und Mensch/Algorithmus Wettbewerb. Dagegen konnte der Umsatz im rein algorithmischen Wettbewerb um 30 % gesteigert werden. Es wurde beobachtet, dass der Effekt erst nach einer gewissen Zeit eintrat und die Algorithmen daher wahrscheinlich gelernt haben, zu kooperieren.[561]

c. Kollusion auf bol.com

Die Studie von *Wieting und Sapi* untersuchte das Preissetzungsverhalten auf *bol.com*, dem größten Online-Marktplatz in den Niederlanden und Belgien.[562] Dazu wurde zwischen 2018-2020 die Preisdaten von 2,846 der sich am besten verkaufenden Produkte erhoben.[563] Es wurde, mit der gleichen Methode wie bei *Chen et al.* identifiziert, welche Verkäufer einen Preissetzungsalgorithmus nutzen. Dabei zeigte sich, dass der Buy-Box Preis beim Einsatz von Algorithmen oft höher war als bei rein menschlicher Preissetzung. Insgesamt erhöhte sich der Preis der Buy-Box um 0,4 %, wenn mindestens ein algorithmischer Verkäufer aktiv war. Je mehr Algorithmen

560 *Assad/Clark/Ershov u.a.*, Algorithmic Pricing and Competition: Empirical Evidence from the German Retail Gasoline Market, 28.08.2020, abrufbar unter https://papers.ssrn.com/sol3/papers.cfm?abstract_id=3682021, S. 12 f.

561 *Assad/Clark/Ershov u.a.*, Algorithmic Pricing and Competition: Empirical Evidence from the German Retail Gasoline Market, 28.08.2020, abrufbar unter https://papers.ssrn.com/sol3/papers.cfm?abstract_id=3682021, S. 42 f.

562 *Wieting/Sapi*, Algorithms in the Marketplace: An Empirical Analysis of Automated Pricing in E-Commerce, 08.11.2021, abrufbar unter https://papers.ssrn.com/sol3/papers.cfm?abstract_id=3945137.

563 *Wieting/Sapi*, Algorithms in the Marketplace: An Empirical Analysis of Automated Pricing in E-Commerce, 08.11.2021, abrufbar unter https://papers.ssrn.com/sol3/papers.cfm?abstract_id=3945137, S. 9.

eingesetzt wurden, desto stärker erhöhte sich der Preis der Buy-Box.[564] Die Effekte der Algorithmen waren stark von der Anzahl der Wettbewerber abhängig. In einer Monopolsituation war der Preis des Algorithmus sogar 13 % geringer als der eines traditionellen Verkäufers. Bei einem Duopol war der Preis mit einem Algorithmus um 6 % höher. In Szenarien mit 3-5 Wettbewerbern war der Preis bei nur einem Algorithmus nur unwesentlich beeinflusst, während er bei zwei Algorithmen um 4 % stieg. In Märkten mit 6 bis 8 Wettbewerbern hatten zwei Algorithmen dagegen einen deutlich geringeren Einfluss. In Märkten mit über 8 Teilnehmern konnte keine Preiserhöhung beim Einsatz von 2 Algorithmen beobachtet werden.[565] Auch in dieser Studie konnte wieder bestätigt werden, dass Algorithmen mit einer höheren Wahrscheinlichkeit die Buy-Box gewinnen.[566]

d. Kollusion beim Einsatz von Repricing-Software

Die empirische Untersuchung von *Musolff* stützte sich auf firmeneigene Daten eines Repricing-Software-Anbieters im Zeitraum vom 26.08.2018 bis 25.03.2020 auf dem Amazon Marketplace.[567] Die Daten umfassten 859.823 Produkte, 159.112 Händler und 8.254.788 Händler-Produkt-Paare (d.h. Angebote).[568] Die Algorithmen versuchten, den höchsten Preis zu realisieren, mit dem die Buy-Box gewonnen werden kann, indem sie den günstigsten Preis minimal unterboten (sog. *undercutting*). Diese Strategie war sehr erfolgreich gegen Anbieter, die keine Repricing-Software benutzten, aber führte im Wettbewerb mit anderen Algorithmen zu einem Preiskrieg bis zu vollständigen Wettbewerbspreisen.[569] Um diese Preiskriege zu

564 *Wieting/Sapi*, Algorithms in the Marketplace: An Empirical Analysis of Automated Pricing in E-Commerce, 08.11.2021, abrufbar unter https://papers.ssrn.com/sol3/papers.cfm?abstract_id=3945137, S. 27 f.

565 *Wieting/Sapi*, Algorithms in the Marketplace: An Empirical Analysis of Automated Pricing in E-Commerce, 08.11.2021, abrufbar unter https://papers.ssrn.com/sol3/papers.cfm?abstract_id=3945137, S. 31 ff.

566 *Wieting/Sapi*, Algorithms in the Marketplace: An Empirical Analysis of Automated Pricing in E-Commerce, 08.11.2021, abrufbar unter https://papers.ssrn.com/sol3/papers.cfm?abstract_id=3945137, S. 35 ff.

567 *Musolff*, Algorithmic Pricing Facilitates Tacit Collusion, 13.07.2022, abrufbar unter https://dl.acm.org/doi/abs/10.1145/3490486.3538239.

568 *Musolff*, Algorithmic Pricing Facilitates Tacit Collusion, 13.07.2022, abrufbar unter https://dl.acm.org/doi/abs/10.1145/3490486.3538239, S. 6.

569 *Musolff*, Algorithmic Pricing Facilitates Tacit Collusion, 13.07.2022, abrufbar unter https://dl.acm.org/doi/abs/10.1145/3490486.3538239, S. 10.

verhindern, verwendeten die Anbieter eine Strategie, bei der sie regelmäßig die Preise zu bestimmten Zeitpunkten oder bestimmten Ereignissen automatisch erhöhten (sog. *resetting*). Resetting-Strategien mit zyklischen Preiserhöhungen, typischerweise in der Nacht, wenn nur wenig Verkaufsaktivitäten geschehen, waren der Studie zufolge tatsächlich in der Lage, die Preise der Wettbewerber zu erhöhen. Der durchschnittliche Wettbewerberpreis stieg hierdurch um 1,23 % und der Buy-Box Preis stieg um 1,94 %.[570]

e. Zwischenergebnis

Die Studien aus dem Feld zeigen, dass Preisalgorithmen tatsächlich schon auf realen Märkten in erheblichem Umfang eingesetzt werden und das Wettbewerbsverhalten erheblich beeinflussen können. Auf Plattformen wie dem Amazon Marketplace und bol.com gewinnen algorithmische Händler häufiger die Buy Box, was zu gesteigerten Verkaufszahlen und mehr Umsatz führt. Algorithmen, die Preise dynamisch anpassen, tendieren dazu, den Wettbewerbspreis minimal zu unterbieten, was kurzfristig zu Preisreduktionen führt. Auf dem Amazon Marketplace konnte gezeigt werden, dass Preisalgorithmen die Preise durch die Anwendung einer Strategie mit zyklischen Preiserhöhungen (sog. *resetting*) über das Wettbewerbsniveau anheben konnten. Besonders Resetting-Strategien in der Nacht erhöhen die Preise messbar.

Auf dem Tankstellenmarkt wurde beobachtet, dass Algorithmen besonders im Duopol durch Kooperation zu Umsatzzuwächsen von bis zu 30 % führen können. Im Vergleich dazu hatten Algorithmen in stark umkämpften Märkten mit vielen Teilnehmern oder in Monopolsituationen weniger Einfluss.

Die untersuchten Studien basieren auf Daten, welche schon mindestens vier Jahre alt sind. Seitdem sind Algorithmen intelligenter geworden und ihre Verbreitung hat zugenommen, was die potenziellen Auswirkungen auf Wettbewerb und Marktpreise verändert haben könnte.

570 *Musolff*, Algorithmic Pricing Facilitates Tacit Collusion, 13.07.2022, abrufbar unter https://dl.acm.org/doi/abs/10.1145/3490486.3538239, S. 13.

IV. Fazit

Das erste Kapitel dieser Arbeit war der Frage gewidmet, welchen Einfluss der Einsatz von Preisalgorithmen auf die Wahrscheinlichkeit einer Kollusion hat. Dazu wurde im ersten Abschnitt (I.) zunächst definiert, was unter den Begriffen Algorithmen, Preisalgorithmen und künstlicher Intelligenz zu verstehen ist. Im zweiten Abschnitt (II.) wurden die ökonomischen Grundlagen einer Kollusion erklärt. Der dritte Abschnitt (III.) führte die beiden ersten Abschnitte zusammen und diente der Untersuchung, welchen Einfluss Preisalgorithmen auf das Entstehen von Kollusion haben. Dazu wurden ökonomische Studien identifiziert und ausgewertet. Auf Basis der untersuchten Studien lassen sich folgenden Thesen zum Einfluss von Preisalgorithmen auf die Wahrscheinlichkeit einer Kollusion formulieren:

These 1: Eine Kollusion ist beim Einsatz von Preisalgorithmen möglich.

Verschiedene Studien zu statischen[571] und zu selbstlernenden Algorithmen[572] konnten eine Kollusion beim Einsatz von Algorithmen beobachten. Auch die Studien aus dem Feld deuten auf eine Kollusion beim Einsatz von Preisalgorithmen auf dem Tankstellenmarkt[573] und auf Online-Plattformen[574] hin.

These 2: Die Kollusion ist keinesfalls das einzige mögliche Marktergebnis, wenn Algorithmen zum Einsatz kommen.

Allerdings ist eine Kollusion nicht das einzige Marktergebnis, was sich beim Einsatz von Algorithmen beobachten lässt. In einigen Studien konver-

---

571 *Salcedo*, Pricing Algorithms and Tacit Collusion, 01.11.2015, abrufbar unter http://brunosalcedo.com/docs/collusion.pdf.

572 *Miller*, 29 Journal of Economic Behavior & Organization 1996, 87 ff.; *Hanaki/Sethi/Erev u.a.*, 56 Journal of Economic Behavior & Organization 2005, 523 ff.; *Calvano/Calzolari/Denicolò u.a.*, 110 The American Economic Review 2020, 3267 ff.; *Fish/Gonczarowski/Shorrer*, Algorithmic Collusion by Large Language Models, 31.03.2024, abrufbar unter https://arxiv.org/abs/2404.00806.

573 *Assad/Clark/Ershov u.a.*, Algorithmic Pricing and Competition: Empirical Evidence from the German Retail Gasoline Market, 28.08.2020, abrufbar unter https://papers.ssrn.com/sol3/papers.cfm?abstract_id=3682021.

574 *Wieting/Sapi*, Algorithms in the Marketplace: An Empirical Analysis of Automated Pricing in E-Commerce, 08.11.2021, abrufbar unter https://papers.ssrn.com/sol3/papers.cfm?abstract_id=3945137; *Musolff*, Algorithmic Pricing Facilitates Tacit Collusion, 13.07.2022, abrufbar unter https://dl.acm.org/doi/abs/10.1145/3490486.3538239.

gierten statische[575] und selbstlernende Algorithmen[576] zum Nash-Gleichgewicht und konnten keine Kollusion erreichen.

These 3: Außerhalb der Trainingsumgebung der Algorithmen dürfte in der Regel nicht mit einer Kollusion zu rechnen sein.

Es dürfte nach dem derzeitigen Stand der Forschung eher die Ausnahme als die Regel sein, dass Algorithmen auf realen Märkten außerhalb ihrer Trainingsumgebung zu einer Kollusion gelangen. Die Studie von *Eschenbaum et al.* zum Overfitting außerhalb der Trainingsumgebung legt nahe, dass die Algorithmen in ihrer Trainingsumgebung eine Überperfomance zeigen und bei einem Einsatz außerhalb des gewohnten Terrains nicht zu einer Kollusion konvergieren. Hierfür sprechen auch die Untersuchungen von *den Boer et al.* und *Epivent/Lambin,* wonach die Algorithmen aus der Studie von *Calvano et al. [2020]* unter anderen Annahmen nicht zu einer Kollusion konvergieren. Andererseits zeigt die Studie von *Abada et al.*, dass es möglich ist, Algorithmen so zu trainieren, dass sie auch außerhalb der Trainingsumgebung zu einer Kollusion konvergieren können.

These 4: Im Zusammenspiel mit Menschen kommt es beim Einsatz von Algorithmen nicht zwingend zu höheren Preisen.

Einige Studien beschäftigen sich mit dem Entstehen einer Kollusion beim Zusammentreffen von menschlichen Marktteilnehmern und Algorithmen. Diese Studien zeigen, dass im Zusammenspiel mit Menschen nicht zwingend zu höheren Preisen kommt. Zwar kommt die Studie von *Normann/Sternberg* zu höheren Preisen bei der Interaktion statischer Algorithmen mit menschlichen Spielern. Dagegen zeigt die Studie von *Werner*, dass das Zusammenspiel von Menschen mit selbstlernenden Algorithmen nicht unbedingt zu einer höheren Kollusionswahrscheinlichkeit führt. In der Feldstudie von *Assad et al.* konnten in den Duopolen mit einem Menschen/Algorithmus Wettbewerb jeweils keine höheren Preise als beim rein menschlichen Wettbewerb festgestellt werden.

575 *Rubinstein*, 39 Journal of Economic Theory 1986, 83 ff.; *Abreu/Rubinstein*, 56 Econometrica 1988, 1259 ff.; *Banks/Sundaram*, 2 Games and Economic Behavior 1990, 97 ff.

576 *Epivent/Lambin*, On algorithmic collusion and reward-punishment schemes., 17.02.2023, abrufbar unter https://papers.ssrn.com/sol3/papers.cfm?abstract_id=4227229; *Eschenbaum/Mellgren/Zahn*, Robust algorithmic collusion, 02.02.2022, abrufbar unter https://arxiv.org/abs/2201.00345.

These 5: Die Faktoren, welche die Wahrscheinlichkeit einer Kollusion von Algorithmen begünstigen, sind überwiegend die gleichen wie bei einer Kollusion durch Menschen.

Die Studie von *Kasberger et al.* hat gezeigt, dass die gleichen Faktoren (z.B. höherer Diskontfaktor, höhere Rundenzahl), die auch eine menschliche Kooperation erhöhen, überwiegend auch eine algorithmische Kooperation erleichtern. Auch in anderen Studien zeigte sich, dass Faktoren, welche die Wahrscheinlichkeit einer Kollusion beim Menschen beeinflussen, auch beim Einsatz von Algorithmen relevant werden. In diesem Sinne hat eine geringe Anbieterkonzentration in mehreren Studien für eine höhere Kollusionswahrscheinlichkeit gesorgt.[577] Die Studie von *Calvano et al. [2021]* hat gezeigt, dass eine hohe horizontale Markttransparenz auch bei Algorithmen die Wahrscheinlichkeit einer Kollusion erhöht. In diesem Sinne zeigt auch die Studie von *Miller,* dass mit einer steigenden Anzahl von Missverständnissen – was letztlich gleichbedeutend ist mit einer geringeren horizontalen Transparenz – eine Kollusion weniger wahrscheinlich ist.

Allerdings haben einige Studien auch Besonderheiten beim Einsatz von Algorithmen aufgedeckt. In diesem Sinne haben verschiedene Studien gezeigt, dass sich eine verbesserte Nachfrageprognose durch den Einsatz von Preisalgorithmen ambivalent auf die Wahrscheinlichkeit einer Kollusion auswirkt.[578] Auch Symmetriebedingungen begünstigen eine Kollusion nach der Studienlage nicht unbedingt. Einerseits zeigte sich in der Studie von *Brown/MacKay* mit statischen Algorithmen, dass asymmetrische Bedingungen in Bezug auf die Frequenz der Algorithmen eine Kollusion sogar begünstigen können. Auch die Studie von *Popescu* kam zu dem Ergebnis, dass asymmetrische Best Response Algorithmen zu höheren Preisen konvergieren als es symmetrische tun. Andererseits zeigt die Studie von *Hettich*, dass eine Heterogenität in Bezug auf die Lerngeschwindigkeit von Algorithmen eine Kollusion auch negativ beeinflussen kann.

577 *Asker/Fershtman/Pakes,* Journal of Economics & Management Strategy 2023, 1 ff.; *Hettich*, Algorithmic Collusion: Insights from Deep Learning, 24.11.2021, abrufbar unter https://ideas.repec.org/p/cqe/wpaper/9421.html; *Wieting/Sapi*, Algorithms in the Marketplace: An Empirical Analysis of Automated Pricing in E-Commerce, 08.11.2021, abrufbar unter https://papers.ssrn.com/sol3/papers.cfm?abstract_id=3945137.

578 *Miklós-Thal/Tucker*, 65 Management Science 2019, 1552 ff.; *O'Connor/Wilson*, 54 Information Economics and Policy 2021, 1 ff.; *Martin/Rasch*, Collusion by algorithm: The role of unobserved actions, 11.03.2022, abrufbar unter https://www.cesifo.org/en/publications/2022/working-paper/collusion-algorithm-role-unobserved-actions.

These 6: Das Design der Algorithmen ist von einer hohen Bedeutung für das Entstehen einer Kollusion beim Einsatz von Q-Learning Algorithmen.

Mehrere Studien haben gezeigt, dass das Algorithmen-Design ausschlaggebend für das Entstehen einer Kollusion ist. Einfache statische Algorithmen ohne Gedächtnis (sog. endliche Automaten) schaffen es nicht, zu einer Kollusion zu konvergieren.[579] Die Studie von *Brown/MacKay* zeigt, dass die Fähigkeit, die eigenen Preise an die Preise der Wettbewerber anzupassen (sog. *commitment*), die Wahrscheinlichkeit einer Kollusion erhöht. Die Studie von *Calvano et al. [2020]* hat gezeigt, dass Q-Learning Algorithmen ohne Gedächtnis nicht in der Lage sind, ein kollusives Verhalten im Sinne einer Bestrafungsstrategie zu erlernen. Die Studie von *Asker et al.* zeigt, dass unter bestimmten Bedingungen asynchrones Lernen eher zu einer Kollusion führt als synchrones Lernen. Die Studie von *Jeschonnek* zeigt, dass tabellarisches Lernen eher geeignet ist, eine Bestrafungsstrategie zu erlernen als verschiedene Formen der Funktionsapproximation. Nach der Studie von *Hettich* sind Deep Q-Learning Algorithmen deutlich schneller in der Lage zu einer Kollusion zu konvergieren als Q-Learning Algorithmen.

These 7: Online-Plattformen können den Anreiz zu einer Kollusion durch das Plattform-Design beeinflussen.

Aus den Feldstudien von *Chen et al.*, *Wieting und Sapi* und *Musolff* ergibt sich, dass Preisalgorithmen auf Online-Plattformen effektiver agieren als Menschen und häufiger die Buy-Box gewinnen. Die Studie von *Wieting und Sapi* konnte eine Kollusion auf der Online-Plattform bol.com nachweisen. Die Studie von *Johnson et al.* zeigt, dass das Plattformdesign die Wahrscheinlichkeit einer Kollusion beeinflussen.

Insgesamt liefern die Studien interessante Erkenntnisse zu den Auswirkungen von Preissetzungsalgorithmen auf Märkte und deren Wettbewerbsdynamiken. Dennoch ist ihr Aussagewert mit Vorsicht zu betrachten. Viele der untersuchten Modelle basieren auf spezifischen Annahmen und simulierten Szenarien, die nicht immer die gesamte Komplexität realer Marktbedingungen widerspiegeln. Einige der Studien greifen auf ältere Daten oder Algorithmen zurück, die Entwicklungen wie den Fortschritt von KI nicht berücksichtigen können.

579 *Rubinstein*, 39 Journal of Economic Theory 1986, 83 ff.; *Abreu/Rubinstein*, 56 Econometrica 1988, 1259 ff.; *Banks/Sundaram*, 2 Games and Economic Behavior 1990, 97 ff.

Die Studien verdeutlichen zwar die potenziellen Risiken algorithmischer Preissetzung doch bleibt unklar, wie robust diese Ergebnisse auf realen Märkten sind. Die Auswertung der Studien hat gezeigt, dass weitere empirische Untersuchungen notwendig sind, um die Auswirkungen moderner, KI-gestützter Algorithmen in zunehmend digitalisierten Märkten besser zu verstehen.

C. Kartellverstöße durch Preisalgorithmen de lege lata

Im vorherigen Kapitel wurde herausgearbeitet, welche Auswirkungen der Einsatz von Preisalgorithmen auf das Entstehen einer Kollusion hat. Im Folgenden soll der Frage nachgegangen werden, inwiefern eine Kollusion durch oder mithilfe von Preisalgorithmen durch das Kartellrecht de lege lata erfasst werden kann.

Preisalgorithmen können auf verschiedene Art und Weise wettbewerbsschädlich eingesetzt werden. Der Untersuchungsgenstand dieser Arbeit beschränkt sich auf die rechtliche Bewertung eines kollusiven Zusammenwirkens von Preisalgorithmen. Einseitige Verhaltensweisen beim Einsatz von Preisalgorithmen sind explizit nicht Teil des Untersuchungsgegenstands und werden daher bei der folgenden Untersuchung nicht berücksichtigt. Im Zentrum der kartellrechtlichen Beurteilung steht folglich das Kartellverbot aus Art. 101 AEUV bzw. §§ 1 ff. GWB. An einigen Stellen ist es aber unerlässlich, zur umfassenden Beurteilung des Untersuchungsgenstands auch andere kartellrechtliche Normen in den Blick zu nehmen.

Zunächst sollen die rechtlichen und methodischen Grundlagen bei der Beurteilung eines Verstoßes gegen das Kartellverbot dargestellt werden (I.). Sodann werden verschiedene Fallgruppen beim kollusiven Zusammenwirken von Preisalgorithmen identifiziert, deren Vereinbarkeit mit dem Kartellrecht de lege lata überprüft wird (II.). Anschließend wird auf eine Besonderheit des deutschen Kartellrechts, den § 32f GWB, eingegangen und dessen Relevanz in Bezug auf die verschiedenen Fallgruppen erläutert (III.). Das Kapitel schließt mit einem Fazit (IV.).

I. Grundlagen

Zunächst sollen die Grundlagen für eine rechtliche Bewertung geschaffen werden. Dies soll in rechtlicher und methodischer Hinsicht geschehen. Rechtlicher Anknüpfungspunkt für die kartellrechtliche Bewertung beim kollusiven Zusammenwirken durch oder mithilfe eines Preisalgorithmus ist in erster Linie das Kartellverbot. In rechtlicher Hinsicht werden zunächst in gebotener Kürze die rechtlichen Grundlagen des Kartellverbots im europäischen und deutschen Recht dargestellt (1.). Das deutsche Kartellverbot wird dabei in erheblichem Maße vom europäischen Recht geprägt. In methodischer Hinsicht müssen bei der Anwendung des Kartellrechts die klassischen juristischen Auslegungsmethoden beachtet werden (2.).

1. Rechtliche Grundlagen des Kartellverbots

Das Kartellverbot ist im deutschen Recht in § 1 und 2 GWB und auf europäischer Ebene in Art. 101 AEUV geregelt. Nach beiden Vorschriften sind Vereinbarungen zwischen Unternehmen, Beschlüsse von Unternehmensvereinigungen und aufeinander abgestimmte Verhaltensweisen, die eine Verhinderung, Einschränkung oder Verfälschung des Wettbewerbs bezwecken oder bewirken, verboten.

a. Grundsatz des Vorrangs des Art. 101 AEUV

Die Anwendung des europäischen Kartellrechts setzt zusätzlich voraus, dass die fragliche wettbewerbsbeschränkende Maßnahme geeignet ist, den Handel zwischen Mitgliedstaaten zu beeinträchtigen (sog. Zwischenstaatlichkeitsklausel).

b. Normadressat und Zurechnung

Dar Kartellverbot aus Art. 101 AEUV gilt nur für Unternehmen und Unternehmensvereinigungen. Ein Unternehmen ist nach ständiger Rechtsprechung des EuGH jede wirtschaftliche Einheit, unabhängig von ihrer Rechtsform und der Art ihrer Finanzierung.[580] Die Normadressatenstellung bestimmt den persönlichen Anwendungsbereich des Kartellverbots.[581] Die tatbestandliche Handlung wird allerdings mangels natürlicher Handlungsfähigkeit nicht von einem Unternehmen begangen, sondern von einer natürlichen Person. Diese Handlung muss dem Unternehmen zugerechnet

580 EuGH, 21.09.1999, Rs. C-67/96, ECLI:EU:C:1999:430, Rn. 77 – *Albany*; EuGH, 21.04.1991, Rs. C-41/90, ECLI:EU:C:1991:161, Rn. 21 – *Höfner und Elser*; EuGH, 18.06.1991, Rs. C-260/89, ECLI:EU:C:1991:254, Rn. 31 – *ERT*; EuGH, 18.06.1998, Rs. C-35/96, ECLI:EU:C:1998:303, Rn. 36 – *Kommission/Italien*; EuGH, 19.02.2002, Rs. C-309/99, ECLI:EU:C:2002:98, Rn. 46 – *Wouters*; EuGH, 14.03.2017, Rs. C-724/17, ECLI:EU:C:2019:204, Rn. 36 – *Skanska*.

581 *Säcker/Steffens* in: MüKo WettbR, Band 1/1, 2023, Art. 101 AEUV, Rn. 1.

werden. Anders als in anderen Rechtsgebieten sieht das Kartellrecht für die Zurechnung eines Verhaltens keine eigenständigen Vorschriften vor.[582] Selbstverständlich können neben dem Inhaber eines Unternehmens oder einem laut der Satzung berufenen Organ auch Kartellverstöße von Mitarbeitern als Teil der wirtschaftlichen Einheit dem Unternehmen zugerechnet werden.[583] Anderenfalls könnte das Kartellverbot einfach umgangen werden. Inwiefern dem Unternehmen auch Kartellverstöße eines außerhalb der wirtschaftlichen Einheit stehenden Dritten zugerechnet werden können, war in jüngerer Vergangenheit Gegenstand verschiedener Entscheidungen des EuGH[584] und Monographien[585]. In Bezug auf die Haftung von Kartellgehilfen bzw. Kartellunterstützern für die Handlungen der Kartellbeteiligten hat der EuGH mittlerweile entschieden, dass diesen aufgrund ihrer Unterstützhandlung ein Bußgeld auferlegt werden darf.[586] Wird ein Kartellrechtsverstoß beim Einsatz von Preisalgorithmen begangen stellt sich auch die Frage der Zurechnung.[587] Preissetzungsalgorithmen selbst, auch solche die auf künstlicher Intelligenz basieren[588], sind nicht als Unternehmen einzustufen und können daher weder eine kartellrechtlich relevante Tathandlung begehen noch mit einem Bußgeld belegt werden.[589] Inwiefern einem Unternehmen die Kartellverstöße des Algorithmus selbst bzw. des entwickelnden IT-Dienstleisters zugerechnet werden können oder inwiefern der IT-Dienstleister selbst für Kartellverstöße des Algorithmus haftet, soll in dieser Arbeit nicht vertieft behandelt werden. Diese Fragen wurden bereits in anderen Arbeiten ausführlich dargestellt.[590]

582 *Kleeberger*, Kartellrechtliche Zurechnungsfragen bei der Verwendung von Algorithmen, 2023, S. 170.

583 *Emmerich/Lange*, Kartellrecht, 2024, § 3, Rn. 30.

584 EuGH, 21.07.2016, Rs. C-542/14, ECLI:EU:C:2016:578 – *VM Remonts*; EuGH, 21.1.2016, Rs. C-74/14, ECLI:EU:C:2016:42 – *Eturas*.

585 Statt vieler *Doetsch*, Die Haftung Dritter bei Erzeugung von kollusiven Marktergebnissen im europäischen Kartellrecht, 2020.

586 EuGH, 22.10.2015, Rs. C-194/14 P, ECLI:EU:C:2015:717 – *AC Treuhand*; zu den dogmatischen Bedenken siehe *Otto*, WuW 2016, 454, 456 f.

587 *Andreas*, Die Haftung für Kartellverstöße durch Preisalgorithmen, 2022; *Kleeberger*, Kartellrechtliche Zurechnungsfragen bei der Verwendung von Algorithmen, 2023, S. 143 ff.; *Streitbörger*, Preisalgorithmenkartelle, 2024, S. 45 ff.

588 Zur Schaffung einer elektronischen Person siehe *Schirmer*, JZ 74 (2019), 711.

589 *Andreas*, Die Haftung für Kartellverstöße durch Preisalgorithmen, 2022, S. 165; *Stancke*, CCZ 2019, 274, 281 f.; *Kleeberger*, Kartellrechtliche Zurechnungsfragen bei der Verwendung von Algorithmen, 2023, S. 214 f.

590 *Andreas*, Die Haftung für Kartellverstöße durch Preisalgorithmen, 2022, S. 167 ff.; *Veith*, Künstliche Intelligenz, Haftung und Kartellrecht, 2021, S. 230 ff.; *Kleeberger*,

c. Tathandlungen

Die möglichen Tathandlungen sind *Vereinbarungen*, *Beschlüsse* und *abgestimmte Verhaltensweisen*. Nach der Rechtsprechung des EuGHs handelt es sich bei diesen Begriffen um Formen der expliziten Kollusion, die sich nur in ihrer Art, Intensität und Ausdrucksform unterscheiden, nicht aber in ihrer rechtlichen Bewertung.[591] Eine präzise Abgrenzung der Tatbestandsmerkmale ist nicht möglich und aufgrund der Gleichrangigkeit der Tatbestandsmerkmale auch nicht notwendig.[592] Die Regelung erfasst sowohl horizontale als auch vertikale Formen der Koordinierung.[593] Beim Einsatz von Preisalgorithmen müsste eine dieser Tathandlungen vorliegen, um einen Verstoß gegen Art. 101 AEUV zu begründen. In Betracht kommen dabei vor allem die Vereinbarung und die abgestimmte Verhaltensweise.

aa. Vereinbarung

Eine Vereinbarung ist nach ständiger Rechtsprechung jede Willensübereinstimmung von mindestens zwei Parteien, sich auf dem Markt in einer bestimmten Weise zu verhalten.[594] Eine rechtliche, tatsächliche oder moralische Bindungswirkung ist keine Voraussetzung für das Vorliegen einer Vereinbarung.[595] Ein gemeinsamer Wille liegt vor, wenn die Maßnahme mit der ausdrücklichen oder stillschweigenden Mitwirkung eines anderen Unternehmens getroffen wurde.[596] Abzugrenzen ist hier zu rein einseitigen Maßnahmen, die nur am Maßstab des Art. 102 AEUV zu messen sind.[597]

Kartellrechtliche Zurechnungsfragen bei der Verwendung von Algorithmen, 2023, S. 222 ff.

591 EuGH, 4.6.2009, Rs. C-8/08, ECLI:EU:C:2009:343, Rn. 23 – *T-Mobile Netherlands*; *Bechtold/Bosch/Brinker* in: Bechtold/Bosch/Brinker, 2023, Art. 101 AEUV, Rn. 40.

592 *Paschke* in: MüKo WettbR, Band 1/1, 2023, Art. 101 AEUV, Rn. 83.

593 *Zimmer* in: Immenga/Mestmäcker, Band 1, 2025, Art. 101, Rn. 231.

594 EuGH, 06.01.2004, Rs. C-2/01 P, ECLI:EU:C:2004:2, Rn. 102 – *Bayer*; *Grave/Nyberg* in: LMRKML, 2020, Art. 101 AEUV, Rn. 195.

595 *Bechtold/Bosch/Brinker* in: Bechtold/Bosch/Brinker, 2023, Art. 101 AEUV, Rn. 41.

596 *Grave/Nyberg* in: LMRKML, 2020, Art. 101 AEUV, Rn. 197.

597 EuGH, 06.01.2004, Rs. C-2/01 P, ECLI:EU:C:2004:2, Rn. 101 – Bayer.

bb. Abgestimmte Verhaltensweise

Das Merkmal der abgestimmten Verhaltensweise ist eine Auffangregelung, die alle Formen der Verhaltenskoordinierung unterhalb von Beschlüssen und Vereinbarungen erfassen soll.[598] Eine abgestimmte Verhaltensweise ist eine Form der Koordination, bei der bewusst eine praktische Zusammenarbeit an die Stelle des mit Risiken behafteten Wettbewerbs tritt, ohne dass es zu einer Absprache zwischen den Beteiligten gekommen ist.[599] Für das Vorliegen einer abgestimmten Verhaltensweise müssen nach der ständigen Rechtsprechung des EuGH drei Voraussetzungen vorliegen: (1) eine Abstimmung, (2) ein der Abstimmung entsprechendes Marktverhalten und (3) ein Ursachenzusammenhang zwischen beiden Elementen.[600] Die Kausalität zwischen Abstimmung und Verhalten wird dabei widerlegbar vermutet.[601] Nicht unter den Begriff der Abstimmung, fallen einseitige Maßnahmen der Unternehmen, deren Vornahme die Unternehmen selbstständig ohne Einflussnahme Dritter beschließen. Zu den einseitigen Maßnahmen gehört insbesondere auch das bewusste Parallelverhalten, bei dem sich die Unternehmen selbstständig an die Marktgegebenheiten anpassen.[602] Die Trennlinie zur abgestimmten Verhaltensweise wird mit jeder unmittelbaren oder mittelbaren Fühlungnahme zwischen Unternehmen überschritten, die bezweckt oder bewirkt, entweder das Marktverhalten eines gegenwärtigen oder potenziellen Mitbewerbers zu beeinflussen oder einen solchen Mitbewerber über das eigene Marktverhalten ins Bild zu setzen.[603] Zu einer solchen Fühlungnahme haben sich durch die Rechtsprechung verschiedene

---

598 *Bechtold/Bosch/Brinker* in: Bechtold/Bosch/Brinker, 2023, Art. 101 AEUV, Rn. 53.

599 EuGH, 16.12.1975, Rs. C-40/73, ECLI:EU:C:1975:174, Rn. 26 – *Suiker Unie and others/Commission;* EuGH, 14.7.1972, Rs. C-48/69, ECLI:EU:C:1972:70 – *ICI/Commission; Wagner-von Papp* in: MüKo WettbR, Band 1/1, 2023, Art. 101 AEUV, Rn. 352.

600 EuGH, 8.7.1999, Rs. C-49/92 P, ECLI:EU:C:1999:356, Rn. 118 ff. – *Kommission / Anic Partecipazioni*; EuGH, 4.6.2009, Rs. C-8/08, ECLI:EU:C:2009:343, Rn. 51 – *T-Mobile Netherlands.*

601 *Zimmer* in: Immenga/Mestmäcker, Band 1, 2025, Art. 101 AEUV, Rn. 97; *Grave/Nyberg* in: LMRKML, 2020, Art. 101 AEUV, Rn. 206; EuGH, 4.6.2009, Rs. C-8/08, ECLI:EU:C:2009:343, Rn. 51 – *T-Mobile Netherlands.*

602 *Stockenhuber* in: Grabitz/Hilf/Nettesheim (Hrsg.), Das Recht der Europäischen Union, Band I, 2024, Art. 101 AEUV, Rn. 106; *Hengst* in: Bunte, 2021, Art. 101 AEUV, Rn. 120.

603 EuGH, 16.12.1975, Rs. C-40/73, ECLI:EU:C:1975:174, Rn. 26 – *Suiker Unie and others/Commission*; EuGH, 28.05.1998, Rs. C-7/95, ECLI:EU:C:1998:256, Rn. 87 – *John Deere.*

Fallgruppen entwickelt, wie unter anderem der Informationsaustausch, einseitige Maßnahmen (z.B. die Ankündigung von Preisen), die Koordination des Marktauftritts, gemeinsame Sitzungen, vertikale Abstimmungshandlungen (z.B. Preisempfehlungen) oder Hub and Spoke-Konstellationen.[604]

d. Wettbewerbsbeschränkung

Die Tathandlungen sind nur verboten, wenn sie eine Verhinderung, Einschränkung oder Verfälschung des Wettbewerbs innerhalb des Binnenmarkts bezwecken oder bewirken. Eine Wettbewerbsbeschränkung liegt grundsätzlich vor, wenn entgegen dem Selbstständigkeitspostulat die geschäftliche Handlungsfreiheit der Unternehmen beschränkt wird.[605] Bei einer bezweckten Wettbewerbsbeschränkung müssen die tatsächlichen oder potenziellen Auswirkungen des Verhaltens auf den Markt nicht geprüft werden.[606] Dieser Begriff ist eng auszulegen. Gemeint sind bestimmte Formen der Koordination zwischen Unternehmen, bei denen der Wettbewerb typischerweise hinreichend beeinträchtigt wird, um davon ausgehen zu können, dass die Prüfung ihrer Wirkungen nicht notwendig ist.[607] Zur Beurteilung muss auf den Inhalt der Vereinbarung und die mit ihr verfolgten Ziele sowie auf den wirtschaftlichen und rechtlichen Zusammenhang, in dem sie steht, abgestellt werden. Bei der Beurteilung des Zusammenhangs sind auch die Art der betroffenen Waren und Dienstleistungen, die auf dem jeweiligen Markt bestehenden tatsächlichen Bedingungen und dessen Struktur zu berücksichtigen.[608] Typische Beispiele für eine bezweckte Wettbewerbsbeschränkung sind klassische Preis-, Mengen- und Gebietskartelle sowie in vertikalen Konstellationen die Preisbindung der zweiten Hand,

---

604 Vgl. *Paschke* in: MüKo WettbR, Band 1/1, 2023, Art. 101 AEUV, Rn. 167 ff.

605 EuGH, 24.10.1995, Rs. C-70/93, ECLI:EU:C:1995:344, Rn. 19 ff. – *BMW*; EuGH, 28.04.1998, Rs. C-306/96, ECLI:EU:C:1997:525, Rn. 13 – *Javico*; EuG, 21.10.2003, Rs. T-368/00, ECLI:EU:T:2003:275, Rn. 100 – *General Motors und Opel.*

606 Grundlegend EuGH, 13.07.1966, Rs. C-56/64, ECLI:EU:C:1966:41, S. 390 f. – *Consten und Grundig*; vgl. *Europäische Kommission*, Leitlinien zur Anwendbarkeit von Artikel 101 des Vertrags über die Arbeitsweise der Europäischen Union auf Vereinbarungen über horizontale Zusammenarbeit, 2023/C 259/01, Rn. 22.

607 EuGH, 11.09.2014, Rs. C-67/13 P, ECLI:EU:C:2014:2204, Rn. 49 f. – *Groupement des cartes bancaires.*

608 EuGH, 11.09.2014, Rs. C 67/13 P, ECLI:EU:C:2014:2204, Rn. 53 – *Groupement des cartes bancaires.*

absoluter Gebietsschutz oder die Festsetzung von Mindestpreisen.[609] Unter Umständen kann aber auch der Austausch von Informationen als eine bezweckte Wettbewerbsbeschränkung einzustufen sein.[610] Im Übrigen kann eine Verhaltensweise eine Wettbewerbsbeschränkung auch nur bewirken. In diesem Fall muss eine gründlichere Analyse der Auswirkungen der Verhaltensweisen erfolgen. Eine bewirkte Wettbewerbsbeschränkung liegt regelmäßig vor, wenn die Entscheidungsfreiheit mindestens eines beteiligten Akteurs beeinträchtigt wird.[611]

e. Spürbarkeit

Zudem setzen Art. 101 AEUV und § 1 GWB als ungeschriebenes Merkmal die Spürbarkeit der Wettbewerbsbeschränkung voraus. Bagatellkartelle sollen so dem Anwendungsbereich der Norm entzogen werden.

f. Freistellung

Über Art. 101 Abs. 3 AEUV bzw. § 2 GWB kann das Kartellverbot im Einzelfall oder für eine Gruppe von Vereinbarungen freigestellt werden. In den Gruppenfreistellungsverordnungen (GVO) der Kommission werden ganze Gruppen von Vereinbarungen vom Kartellverbot freigestellt. In Bezug auf den Einsatz von Preisüberwachungssoftware der Hersteller zur Kontrolle der Preise ihrer Händler ist die Gruppenfreistellungsvereinbarung für Vertikalvereinbarungen (Vertikal-GVO) hervorzuheben. Eine Einzelfreistellung kommt in Betracht, wenn die Verhaltensweisen der Unternehmen unerlässlich sind, um zu Effizienzgewinnen bei den Verbrauchern zu

609 *Zimmer* in: Immenga/Mestmäcker, Band 1, 2025, Art. 101 AEUV, Rn. 145; *Grave/Nyberg* in: LMRKML, 2020, Art. 101 AEUV, Rn. 227.

610 EuGH, 29.07.2024, Rs. C-298/22, ECLI:EU:C:2024:638, Rn. 66 ff. – *Banco BPN/BIC Português*.

611 Europäische Kommission, Leitlinien zur Anwendbarkeit von Artikel 101 des Vertrags über die Arbeitsweise der Europäischen Union auf Vereinbarungen über horizontale Zusammenarbeit, 2023/C 259/01, Rn. 31.

führen.[612] Kernbeschränkungen bzw. bezweckte Wettbewerbsbeschränkungen können diese Voraussetzungen in der Regel nicht erfüllen.[613]

2. Methodik: Auslegung des europäischen Kartellrechts

Die primärrechtlichen Vorschriften (Art. 101 bis 109) des europäischen Wettbewerbsrechts finden sich im Kapitel 1 des VII. Titels des AEUV. Diese primärrechtlichen Vorschriften werden durch Verordnungen zu einem umfassenden System des Wettbewerbsschutzes ausgebaut. Die primär- und sekundärrechtlichen Vorschriften des europäischen Kartellrechts enthalten eine Fülle von unbestimmten Rechtsbegriffen. Diese unbestimmten Rechtsbegriffe müssen bei der Rechtsanwendung konkretisiert werden.

Nach Art. 19 Abs. 1 S. 2 EUV sichert der EuGH die Wahrung des Rechts bei der Auslegung und Anwendung der Verträge. Letztendlich entscheidet über die Auslegung des europäischen Rechts also der Gerichtshof. Für die Auslegung des europäischen Rechts hat sich eine eigenständige europäische Methodenlehre entwickelt.[614] Die europäischen Gerichte bedienen sich bei der Auslegung des europäischen Rechts im Grundsatz der im nationalen Recht bekannten Auslegungsmethoden, namentlich der grammatikalischen Auslegung, der systematischen Auslegung und der teleologischen Auslegung.[615] Teilweise wird zusätzlich auch die historische Auslegung herangezogen.[616] Diese Auslegungskanones werden um einige Besonderheiten ergänzt, die auf dem supranationalen Charakter des Unionsrechts beru-

612 *Europäische Kommission*, Leitlinien zur Anwendbarkeit von Artikel 101 des Vertrags über die Arbeitsweise der Europäischen Union auf Vereinbarungen über horizontale Zusammenarbeit, 2023/C 259/01, Rn. 22.

613 Europäische Kommission, 08.07.2009, Case AT.39401, Rn. 265 – *E.ON/GDF*; Europäische Kommission, 20.12.2006, Case AT.39234, Rn. 86 – *ThyssenKrupp*.

614 *Riesenhuber* in: ders. (Hrsg.), Europäische Methodenlehre, 2021, S. 3; *Adrian*, Grundprobleme einer juristischen (gemeinschaftsrechtlichen) Methodlehre, 2009, S. 247 ff.; *Henninger*, Europäisches Privatrecht und Methode, 2009, S. 271.

615 EuG, 08.07.2008, Rs. T-99/04, ECLI:EU:T:2008:256, Rn. 114 ff. – *AC-Treuhand*; EuGH, 09.11.2017, Rs. C-306/16, ECLI:EU:C:2017:844, Rn. 38 ff. – *Maio Marques da Rosa*.

616 EuGH, 10.12.2018, Rs. C-621/18, ECLI:EU:C:2018:999, Rn. 47 – *Wightman u. a.*; EuGH, 01.10.2019, Rs. C-673/17, ECLI:EU:C:2019:801, Rn. 48 – *Planet49*.

hen.[617] Diese Auslegungsmethoden werden vom Gerichtshof auch bei der Auslegung des europäischen Kartellrechts angewendet.[618]

II. Fallgruppen beim kollusiven Einsatz von Preisalgorithmen

Zur kartellrechtlichen Bewertung werden zunächst verschiedene Fallgruppen des kollusiven Einsatzes von Preisalgorithmen entwickelt. Diese Fallgruppen beruhen auf der Fallpraxis internationaler Kartellbehörden bzw. Gerichte oder sind in der Literatur als hypothetische Szenarien entwickelt worden. Diese Fallgruppen werden sodann einer kartellrechtlichen Bewertung unterzogen.

Erstens können Preisalgorithmen als reines Werkzeug zur Umsetzung einer vorher im Horizontalverhältnis getroffenen Absprache dienen (1.). Zweitens können die Algorithmen im Vertikalverhältnis zur vertikalen Preisbindung eingesetzt werden (2.) Drittens können Preisalgorithmen in Hub and Spoke-Konstellationen eingesetzt werden (3.). Viertens können Preisalgorithmen im Zusammenhang mit öffentlichen Preisankündigungen angewendet werden (4.). Fünftens können die von den Wettbewerbern eingesetzten Algorithmen aufgrund der strategischen Interdependenzen in einem Oligopol zu einer stillschweigenden Kollusion konvergieren (5.). Sechstens können die Algorithmen miteinander kommunizieren und dadurch eine explizite Kollusion verwirklichen (6.).

Im Folgenden wird überprüft, inwieweit diese Fallgruppen vom Kartellrecht de lege lata erfasst werden können.

1. Preisalgorithmen als Werkzeug

Eine erste Gruppe von Fällen betrifft die Konstellation, dass Algorithmen als Werkzeuge eingesetzt werden, um im Horizontalverhältnis getroffene Absprachen umzusetzen.[619] In der ersten Fallgruppe wird der Einsatz von Algorithmen erst zeitlich, nach einem potenziellen Verstoß gegen Art. 101

617 *Thiele*, Europäisches Prozessrecht, 2014, S. 42. *Luber*, Unionsbürgerschaft als Kompetenzproblem, 2023, S. 37; *Pechstein/Drechsler* in: Riesenhuber (Hrsg.), Europäische Methodenlehre, 2021, S. 187; *Lenaerts/Gutiérrez-Fons*, 20 Colombia Journal of European Law 2014, 3, 8 ff.

618 *Meessen/Kersting* in: LMRKML, 2020, Einführung, Rn. 55.

619 *Müller-Graff*, in: Festschrift für Herbert Kronke, 2020, S. 1149.

AEUV, relevant. Die Algorithmen verstoßen also nicht selbstständig gegen das Kartellrecht, sondern werden nur zur Unterstützung der Durchführung des Kartells benutzt. [620] Menschen gehen hier eine gegebenenfalls kartellrechtswidrige Absprache oder abgestimmte Verhaltensweise ein und programmieren daraufhin einen Algorithmus so, dass die Absprache eingehalten, überwacht und mögliche Verstöße sanktioniert werden.[621] Der Algorithmus ist hier eine reine Erweiterung des menschlichen Willens.[622]

a. Fallpraxis

Zu dieser Fallgruppe gibt es bereits zwei Fälle, in denen Kartellbehörden tätig geworden sind. Im ersten Fall handelt es sich um die Poster-Kartelle, die in den USA und Großbritannien untersucht wurden. (aa.). Der zweite Fall ist das Energieversoger-Kartell aus Großbritannien, bei dem eine Software eingesetzt wurde, um ein Gebietskartell durchzuführen (bb.).

aa. Poster-Kartelle in den USA und Großbritannien

Der Einsatz von Algorithmen zur Durchführung einer horizontalen kartellrechtswidrigen Absprache auf dem Postermarkt war bereits in zwei Fällen Bestandteil von Kartellermittlungen. Es handelte sich dabei um die gleiche Absprache, welche von Kartellbehörden in den USA und Großbritannien ermittelt wurde. Das US-Departement of Justice (DoJ) ermittelte aufgrund von Preisabsprachen im Online-Handel mit Postern gegen David Topkins[623] und Daniel William Aston[624]. Topkins hat eine Preisabsprache mit verschiedenen Wettbewerbern beim Verkauf von Postern auf dem Amazon Marketplace getroffen.[625] Um diese Vereinbarungen umzusetzen, hatten die Beteiligten vereinbart, spezifische Preisalgorithmen (“*specific*

620 *Ezrachi/Stucke*, 2017 University of Illinois Law Review 2017, 1775, 1784; *dies.*, Virtual Competition, 2016, S. 39.

621 *Ebers*, NZKart 2016, 554.

622 *Ezrachi/Stucke*, Virtual Competition, 2016, S. 45; *Künstner/Franz*, K&R 2017, 688, 690.

623 Departement of Justice, Plea Agreement, 30.04.2015, Case No. CR 15-00201 WHO – *United States vs. Topkins.*

624 Departement of Justice, Indicment, 27.08.2015, Case No. CR 15-00419 WHO – *United States vs. Aston.*

625 *Mehra*, 7 JECLAP 2016, 470, 471.

pricing algorithms") einzusetzen, um Preisänderungen zu koordinieren.[626] Das Verfahren endete in einem Vergleich (sog. *Plea Agreement*) mit dem DoJ und landete nicht vor einem Gericht. Amazon selbst wurde nicht für die Absprache mitverantwortlich gemacht, da Drittverkäufer auf der Plattform ihre Preise völlig unabhängig festlegen können.[627] Allerdings profitiert Amazon von kartellbedingt erhöhten Preisen, da bei jedem Verkauf auf der Plattform eine Provision fällig wird.

Im Poster-Kartell-Fall war auch ein britisches Unternehmen involviert, nämlich die *Trod Limited* mit ihrem Geschäftsführer Daniel William Aston. Die Competition and Marktes Authority (CMA) hat im Jahr 2016 im Fall *Trod Ltd/GB eye Ltd* entschieden, dass ein Kartellverstoß begangen wurde.[628] Die Wettbewerber hatten vereinbart, ihre Preise auf dem Amazon Marketplace gegenseitig nicht zu unterbieten, wenn es keinen günstigeren Drittanbieter gibt.[629] Die Durchführung dieser Absprache gestaltete sich ohne Preissetzungssoftware als schwierig durchführbar. Ein Mitarbeiter führte dazu in einer E-Mail aus:

> *„Logistically it is going to be difficult to follow the pricing effectively on a daily basis so I am looking into re-pricing [so]ftware."*[630]

Es wurden statische Preissetzungsalgorithmen als Repricing-Software genutzt, um die Absprache umzusetzen.[631] Die Umsetzung der Absprache durch Trod fand dabei ausschließlich oder zumindest überwiegend durch den Amazon Repricer statt. Ein Mitarbeiter von Trod hat dabei die Produkte des Wettbewerbers auf eine *ignore list* gesetzt, sodass die Preissoftware nicht wie bei anderen Wettbewerbern die Preise unterboten hat.[632]

---

626 Departement of Justice, Plea Agreement, 30.04.2015, Case No. CR 15-00201 WHO – *United States vs. Topkins*, S. 4 *McSweeny/O'Dea*, 32 Antitrust Magazine 2017, 75.

627 *Mehra*, 7 JECLAP 2016, 470, 472.

628 CMA, 12.08.2016, Case 50223, Decision of the CMA – *Online sales of posters and frames*.

629 CMA, 12.08.2016, Case 50223, Decision of the CMA – *Online sales of posters and frames*, S. 19.

630 CMA, 12.08.2016, Case 50223, Decision of the CMA – *Online sales of posters and frames*, S. 25.

631 CMA, 12.08.2016, Case 50223, Decision of the CMA – *Online sales of posters and frames*, S. 56.

632 CMA, 12.08.2016, Case 50223, Decision of the CMA – *Online sales of posters and frames*, S. 57.

bb. OFGEM Entscheidung im Fall Economy Energy, EGEL and Dyball Associates

In einem anderen Fall hat die britische Regulierungsbehörde OFGEM gegen zwei britische Strom- und Gasanbieter und deren IT-Dienstleister ermittelt.[633] Die beiden Strom- und Gasanbieter hatten vereinbart, sich ab dem 01.03.2016 nicht mehr gegenseitig Kunden abzuwerben.[634] Zur technischen Umsetzung der Absprache beauftragten die Unternehmen einen IT-Dienstleister, welcher eine Customer Relationship Management (CRM) Software programmierte, die die Akquisition von Kunden des Wettbewerbers automatisch sperrte.[635] OFGEM belegte die beiden Unternehmen und den IT-Dienstleister als Kartellgehilfen (sog. *facilitator*) mit einem Bußgeld.[636] Bei diesem Fall wurden keine Preisalgorithmen eingesetzt. Allerdings zeigt dieser Fall das Potenzial, von Software als Werkzeug zur Umsetzung kartellrechtswidriger Praktiken eingesetzt zu werden.

633 *OFGEM*, Decision, Infringement by Economy Energy, E (Gas and Electricity) and Dyball Associates of Chapter I of the Competition Act 1998 with respect to an anti-competitive agreement, 26.06.2019, abrufbar unter https://www.ofgem.gov.uk/publications/decision-impose-financial-penalties-economy-energy-e-gas-and-electricity-and-dyball-associates-following-investigation-infringement-chapter-i-competition-act-1998.

634 *OFGEM*, Decision, Infringement by Economy Energy, E (Gas and Electricity) and Dyball Associates of Chapter I of the Competition Act 1998 with respect to an anti-competitive agreement, 26.06.2019, abrufbar unter https://www.ofgem.gov.uk/publications/decision-impose-financial-penalties-economy-energy-e-gas-and-electricity-and-dyball-associates-following-investigation-infringement-chapter-i-competition-act-1998, S. 27 ff.

635 *OFGEM*, Decision, Infringement by Economy Energy, E (Gas and Electricity) and Dyball Associates of Chapter I of the Competition Act 1998 with respect to an anti-competitive agreement, 26.06.2019, abrufbar unter https://www.ofgem.gov.uk/publications/decision-impose-financial-penalties-economy-energy-e-gas-and-electricity-and-dyball-associates-following-investigation-infringement-chapter-i-competition-act-1998, S. 43 ff.

636 *OFGEM*, Decision, Infringement by Economy Energy, E (Gas and Electricity) and Dyball Associates of Chapter I of the Competition Act 1998 with respect to an anti-competitive agreement, 26.06.2019, abrufbar unter https://www.ofgem.gov.uk/publications/decision-impose-financial-penalties-economy-energy-e-gas-and-electricity-and-dyball-associates-following-investigation-infringement-chapter-i-competition-act-1998, S. 91.

b. Bewertung

Die Algorithmen werden in dieser Fallgruppe nur eingesetzt, um ein vorher getätigtes wettbewerbsschädliches Verhalten umzusetzen. Die Verhaltensweisen können unabhängig von dem Einsatz der Algorithmen unproblematisch unter Art. 101 AEUV bzw. § 1 GWB subsumiert werden. Bei dem Poster-Kartell handelt es sich um eine horizontale Vereinbarung über den Preis, welche als bezweckte Wettbewerbsbeschränkung nicht freistellungsfähig ist. Für eine kartellrechtswidrige Vereinbarung hätte es schon genügt, wenn die Beteiligten sich über die gemeinsame Nutzung eines Preisalgorithmus unter Verwendung der gleichen Parameter (beispielsweise die Nutzung einer Tit-for-Tat-Strategie) abgestimmt hätten.[637] Gleiches gilt für die Aufteilung des Marktes im Fall der OFGEM. Hier könnte der IT-Dienstleister auch im europäischen und deutschen Recht als Kartellgehilfe mit einem Bußgeld zur Verantwortung gezogen werden.[638] Diese Fallgruppe kann vom geltenden Kartellrecht de lege lata ausreichend erfasst werden. Die Fallpraxis zeigt, dass Preisalgorithmen ein probates Mittel sind, um die Umsetzung einer kartellwidrigen Vereinbarung umzusetzen. Abweichungen können besonders schnell aufgedeckt und bestraft werden. Insofern haben die Algorithmen die Kartellstabilität verstärkt. [639] Dies könnte dazu führen, dass klassische Kartelle beim Einsatz von Preisalgorithmen seltener aufgedeckt werden.[640]

2. Preisalgorithmen und vertikale Preisbindung

Eine weitere Gruppe von Fällen betrifft den Einsatz von Preisalgorithmen im Vertikalverhältnis. Diese Fallgruppe gliedert sich in zwei Untergruppen. Einerseits konnten Konstellationen identifiziert werden, in denen Preisüberwachungsalgorithmen als Werkzeug eingesetzt werden, um die Einhaltung der von den Herstellern an die Händler vorgegebenen Fest- oder Mindestpreise zu überwachen (a.). Andererseits können Preisalgorithmen im Zusammenhang mit unverbindlichen Preisempfehlungen der Hersteller virulent werden (b.).

---

637 *Krauß* in: Bunte, 2021, § 1 GWB, Rn. 113.

638 EuGH, 22.10.2015, Rs. C-194/14 P, ECLI:EU:C:2015:717, Rn. 30 ff. – *AC Treuhand; Künstner/Franz*, K&R 2017, 688, 693; *Pohlmann* in: Festschrift Dirk Schroeder, 2018, S. 633, S. 648.

639 *Mehra*, 100 Minnesota Law Review 2016, 1323, 1340.

640 *Veith*, Künstliche Intelligenz, Haftung und Kartellrecht, 2021, S. 193.

a. Preisüberwachungsalgorithmen als Werkzeug

In dieser Konstellation nutzen Hersteller Preisüberwachungsalgorithmen, um die Preise ihrer Händler zu überwachen.[641] Preisüberwachungsalgorithmen können als Werkzeug eingesetzt werden, um eine kartellrechtswidrige vertikale Fest- oder Mindestpreisvorgabe zu überwachen. Da die Hersteller durch das Preis-Monitoring in der Lage sind, die Preise ihrer Händler in Echtzeit zu überwachen, könnten sie dies ausnutzen, um Druck auf die Händler auszuüben, vorgegebene Festpreise oder unverbindliche Preisempfehlungen einzuhalten.

aa. Fallpraxis

Zu dieser Fallgruppe gibt es bereits einige Beispiele aus der internationalen Fallpraxis. Die Europäische Kommission hatte über einen solchen Fall zu entscheiden. Zudem konnte diese Konstellation in einem Verfahren der CMA und mehreren Verfahren der russischen Wettbewerbsbehörde identifiziert werden.

(1) Europäische Kommission gegen Asus, Denon & Marantz, Philips und Pioneer

Die Europäische Kommission hat einen Fall entschieden, in dem Algorithmen zur Umsetzung einer vertikalen Preisbindung eingesetzt wurden. [642] In vier getrennten Beschlüssen hat die Kommission die Unternehmen Asus, Denon & Marantz, Philips und Pioneer zu Bußgeldern verurteilt, weil sie Fest- oder Mindestpreise für den Wiederverkauf ihrer Produkte vorgegeben haben. Die Unternehmen setzten Preisüberwachungssoftware ein, mit deren Hilfe die Einhaltung der Preise von Online-Einzelhändlern überprüft wurden.[643] Das Tool identifizierte Einzelhändler, die unterhalb der Mindestpreise anboten und informierte die Kartellanten darüber.[644]

---

641 *Dohrn/Huck*, DB 2018, 173, 174.

642 *Europäische Kommission*, Kommission verhängt Geldbußen gegen vier Elektronikhersteller wegen Festsetzung von Online-Wiederverkaufspreisen, Pressemitteilung v. 24.7.2018, abrufbar unter https://europa.eu/rapid/press-release_IP-18-4601_de.htm.

643 Europäische Kommission, 24.7.2018, Case AT. 40181, Rn. 64 – *Philips*; Europäische Kommission, 24.7.2018, Case AT. 40469, Rn. 95 – Denon & Marantz.

644 Europäische Kommission, 24.7.2018, Case AT.40465, Rn. 27 – *Asus*.

Die Hersteller übten dann wirtschaftlichen Druck auf die Händler aus, um die Einhaltung der vorgegebenen Preise zu erzwingen. So sperrte Denon & Marantz zeitweise das Konto eines Händlers oder stellte die Lieferung relevanter Produkte ein.[645] Nicht nur die Hersteller überwachten die Preise, sondern auch die Einzelhändler setzten Software zur Preisüberwachung der Konkurrenz ein.[646] Dies führte dazu, dass bei einer Unterbietung der Mindestpreise von einem Einzelhändler der Großteil der restlichen Einzelhändler nachzog und den Preis ebenfalls unterbot. Dieser Mechanismus wurde von Pioneer als Grund angeführt, warum sich das Unternehmen gezwungen sah, durch die Vereinbarungen von Mindestpreisen Preiserosionen auf dem Markt zu unterbinden.[647] Allerdings verstärkte dies auch die wettbewerbsbeschränkende Wirkung einer Einflussnahme durch die Hersteller, da eine erzwungene Preiserhöhung durch einen Händler das Preisniveau auch bei den anderen Händlern erhöhte.[648]

(2) CMA gegen Casio Electronics

Die CMA hatte über einen vergleichbaren Fall zu entscheiden, bei dem auf dem Markt für digitale Klaviere und Keyboards die Einhaltung der Vorgabe von Mindestpreisen mittels einer Preisüberwachungssoftware namens Price2Spy überwacht wurde.[649] Wenn die Händler die Preise nicht einhielten, kontaktierte der Hersteller Casio UK diese in der Absicht, sich auf die Einhaltung der Mindestpreise zu einigen.[650]

(3) Fälle der russischen Wettbewerbsbehörde

Auch die russische Wettbewerbsbehörde FAS hat bereits ähnliche Fälle entschieden, in denen Algorithmen eingesetzt wurden, um eine vertikale Preisvorgabe zu überwachen. [651] Unter anderem hat der Hersteller LG Electronics Rus LLC Preisvorgaben für den Verkauf von LG Smartphones für

645 Europäische Kommission, 24.7.2018, Case AT. 40469, Rn. 28 – *Denon & Marantz.*
646 Europäische Kommission, 24.7.2018, Case AT.40182, Rn. 136 - *Pioneer.*
647 Europäische Kommission, 24.7.2018, Case AT.40182, Rn. 137 - *Pioneer.*
648 Europäische Kommission, 24.7.2018, Case AT. 40181, Rn. 56 – *Philips.*
649 CMA, 01.08.2019, Case 50565-2, Rn. 3.106 ff. – *Casio.*
650 CMA, 01.08.2019, Case 50565-2, Rn. 3.125 – *Casio.*
651 *Spiridonova/Juchnevicius*, 7 BRICS Law Journal 2020, 94, 100; *Weber/Dovgan/Kara*, Russia: Antitrust Legislation and Enforcement Practice 2017-2018, 18.03.2019, abruf-

die Händler gemacht und diese mittels einer Preisüberwachungssoftware getrackt, wofür ein Bußgeld verhängt wurde.[652]

bb. Bewertung

Das Verhalten in den oben dargestellten Fällen verstößt unabhängig vom Einsatz der Preisüberwachungsalgorithmen gegen das Kartellverbot. Die Druckausübung an sich stellt als einseitige Maßnahme noch keine abgestimmte Verhaltensweise dar.[653] Sie verstößt im deutschen Recht aber schon gegen das Boykottverbot aus § 21 Abs. 2 GWB und kann nach § 81 Abs. 3 Nr. 2 GWB mit einem Bußgeld belegt werden. Passen die Händler ihre Preise aufgrund des Drucks an die vorgegebenen Fest- oder Mindestpreise an, liegt darin eine Vereinbarung[654] oder zumindest eine abgestimmte Verhaltensweise.[655] Bei einer solchen vertikalen Preisbindung wird der Preiswettbewerb auf der Händlerebene (sog. Intra-Marken-Wettbewerb) erheblich eingeschränkt.[656] Aus diesem Grund wird sie in der Regel auch als bezweckte Wettbewerbsbeschränkung eingestuft.[657] Vertikale Vereinbarungen werden nach Art. 2 Abs. 1 der Gruppenfreistellungsvereinbarung für Vertikalvereinbarungen (Vertikal-GVO)[658] pauschal freigestellt, sofern gem. Art. 3 Abs. 1 Vertikal-GVO der Marktanteil der Beteiligten jeweils 30 % nicht übersteigt und keine Kernbeschränkung im Sinne des Art. 4 Vertikal-GVO vorliegt. Die Vorgabe von Fest- oder Mindestpreisen stellt eine kartellrechtswidrige Kernbeschränkung nach Art. 4 lit. a Vertikal-GVO dar.

---

bar unter https://www.noerr.com/en/newsroom/news/russia-antitrust-report-2018, S. 4.

652 *CPI*, Russia: LG fined for smartphone price fixing, 24.6.2018, abrufbar unter https://www.pymnts.com/cpi-posts/russia-lg-fined-for-smartphone-price-fixing/.

653 Bundeskartellamt, 25.09.2009, Az. B3-123-08, Rn. 56 – *Kontaktlinsen*.

654 *Bundeskartellamt*, Hinweise zum Preisbindungsverbot im Bereich des stationären Lebensmitteleinzelhandels, 12.07.2017, abrubar unter https://www.bundeskartellamt.de/SharedDocs/Publikation/DE/Diskussions_Hintergrundpapier/Hinweispapier%20Preisbindung%20im%20Lebensmitteleinzelhandel.html, S. 19 f., Rn. 51.

655 Die Kommission lässt dies offen, vgl. Europäische Kommission, 24.7.2018, AT. 40181, Rn. 51 – *Philips*.

656 *Ewald* in: Wiedemann (Hrsg.), Handbuch des Kartellrechts, 2020, § 7, Rn. 109.

657 *Wolf* in: MüKo WettbR, Band 1/1, 2023, Art. 101 AEUV, Rn. 559; Europäische Kommission, 24.7.2018, AT. 40181, Rn. 61 – *Philips*.

658 Verordnung (EU) Nr. 2022/720 der Kommission vom 10. Mai 2022 über die Anwendung des Artikels 101 Absatz 3 des Vertrags über die Arbeitsweise der Europäischen Union auf Gruppen von vertikalen Vereinbarungen und abgestimmten Verhaltensweisen.

Die Überwachung dieses kartellrechtswidrigen Verhaltens mittels Preisüberwachungsalgorithmen, dient nur der Umsetzung des kartellrechtswidrigen Verhaltens und ist nicht konstitutiv für den Verstoß gegen das Kartellverbot. Diese Fallgruppe kann von dem Kartellverbot de lege lata ausreichend erfasst werden.

b. Preisalgorithmen und Preisempfehlungen

Preisalgorithmen können auch im Zusammenhang mit Preisempfehlungen eingesetzt werden. Dies kann auf verschiedene Art und Weise geschehen. Es können einerseits von den Händlern Preisüberwachungsalgorithmen eingesetzt werden, um Druck auf die Händler auszuüben, diese einzuhalten (aa.). Andererseits könnten die Preisempfehlungen der Hersteller in die Preisalgorithmen der Händler integriert werden (bb.). Der Abschnitt endet mit einem Zwischenergebnis (c.).

aa. Druckausübung durch Preisüberwachung

In dieser Fallgruppe werden die Preisüberwachungsalgorithmen eingesetzt, um die Einhaltung von Preisempfehlungen zu überprüfen. Zu dieser Konstellation wird zunächst ein hypothetischer Fall mit verschiedenen Abwandlungen gebildet, der anschließend einer rechtlichen Bewertung unterzogen wird.

(1) Hypothetischer Fall[659]

Ein Hersteller lässt seinen Händlern eine Liste mit unverbindlichen Preisempfehlungen (UVP) für seine Produkte zukommen. In der Folge überwacht der Hersteller die Preise seiner Händler mithilfe eines Preisüberwachungsalgorithmus.

> **Abwandlung 1**
> Der Algorithmus informiert den Hersteller darüber, dass die Händler von der UVP abweichen und günstigere Preise anbieten. Der Hersteller kontaktiert die Händler und pocht auf die Einhaltung der UVP. Die

659 Angelehnt an *Dohrn/Huck*, DB 2018, 173, 175.

Händler weigern sich, den Preis zu erhöhen. Der Hersteller droht mit einem Lieferungsstopp, falls die Händler die UVP in Zukunft nicht einhalten sollten. Daraufhin passen die Händler ihre Preise entsprechend der UVP an.

Abwandlung 2
Der Algorithmus der Hersteller ist dergestalt programmiert, dass er die Händler, welche die UVP nicht einhalten, automatisch kontaktiert. Einige der Händler setzen Preissetzungsalgorithmen ein. Diese Preissetzungsalgorithmen können über ein Kommunikationsprotokoll die Aufforderungen des Preisüberwachungsalgorithmus empfangen und verstehen diese. Laut ihrer Programmierung sollen die Preissetzungsalgorithmen jeder Aufforderung, die Preise auf ein gewisses Niveau anzuheben, Folge leisten.

(2) Bewertung

Bei einer rein einseitigen Preisempfehlung des Herstellers liegt keine Fühlungnahme im Sinne einer abgestimmten Verhaltensweise vor.[660] Zudem wäre sie nach Art. 4 lit. a Hs. 2 Vertikal-GVO auch freigestellt.[661] Der Hersteller kann die Einhaltung der Preisempfehlung auch mithilfe einer Preisüberwachungssoftware einseitig überprüfen. Dies stellen die neuen Leitlinien für vertikale Beschränkungen (Vertikal-LL) explizit klar.[662] Somit dürfte im Ausgangsfall in der Regel keine Abstimmung vorliegen. Das Verhalten des Herstellers kann zu einer abgestimmten Verhaltensweise kippen, sobald der Hersteller einen Händler kontaktiert und Druck auf diesen ausübt bzw. einen Anreiz zur Einhaltung der Empfehlung setzt [663] oder wenn der Händler von sich aus gegenüber dem Hersteller explizit oder implizit äußert, dass er sich an die Preisempfehlung halten wird.[664] In der ersten

660 *Lettl*, WRP 2011, 710, 713; *Wolf* in: MüKo WettbR, Band 1/1, 2023, Art. 101 AEUV, Rn. 561; *Dohrn/Huck*, DB 2018, 173, 175.

661 *Europäische Kommission*, Bekanntmachung der Kommission, Leitlinien für vertikale Beschränkungen, 2022/C 248/01, Rn. 188.

662 *Europäische Kommission*, Bekanntmachung der Kommission, Leitlinien für vertikale Beschränkungen, 2022/C 248/01, Rn. 191.

663 *Dohrn/Huck*, DB 2018, 173, 175.

664 *Bundeskartellamt*, Hinweise zum Preisbindungsverbot im Bereich des stationären Lebensmitteleinzelhandels, 12.07.2017, abrufbar unter https://www.bundeskartellamt.de/SharedDocs/Publikation/DE/Diskussions_Hintergrundpapier/Hinweispapier%20Preisbindung%20im%20Lebensmitteleinzelhandel.html, S. 21 f., Rn. 57 f.

Abwandlung hat der Hersteller Druck ausgeübt, indem er einen Lieferungsstopp angedroht hat. Wenn die Händler diesem Druck nachgeben und der Empfehlung folgen, liegt eine Preisbindung der zweiten Hand vor. Die Grenze zwischen einer zulässigen UVP und einer Preisbindung der zweiten Hand ist fließend und muss im Einzelfall bestimmt werden.[665] Ist die Preisüberwachungssoftware so programmiert, dass der Algorithmus des Herstellers die Händler automatisch kontaktiert, wenn diese Preise unterhalb der Preisempfehlung anbieten, ist in der reinen Kontaktaufnahme nach Ansicht des Bundeskartellamts bereits eine Druckausübung zu sehen.[666] Erhöhen die Händler daraufhin ihre Preise und nähern sich der Preisempfehlung an, liegt eine Abstimmung vor.[667] Dies ist auch dann der Fall, wenn diese Preisanpassung bei dem Händler durch einen vorprogrammierten Preissetzungsalgorithmus durchgeführt wird. Die Fühlungnahme ist dann in der entsprechenden Programmierung des Algorithmus durch den Händler zu sehen. [668] Daher liegt auch in Abwandlung 2 eine vertikale Preisbindung vor.

bb. Integration von Preisempfehlungen in den Preissetzungsalgorithmus

In dieser Fallgruppe integrieren die Händler die Preisempfehlung des Herstellers in ihren Preisalgorithmus. Hierzu gibt es bereits einen Fall aus der Schweiz, bei dem Preisempfehlungen in eine Software integriert wurden.

(1) WEKO im Hors-Liste-Medikamente Fall als Ausgangspunkt

Die Schweizer Wettbewerbsbehörde WEKO hat sich im Hors-Liste-Medikamente Fall mit dem Einsatz von Software zur Durchsetzung einer unverbindlichen Preisempfehlung (UVP) auseinandergesetzt.[669] Die drei

---

665 *Dohrn/Reinhold*, WuW 2023, 540, 542.

666 Bundeskartellamt, 25.09.2009, Az. B3-123-08, Rn. 53 – *Kontaktlinsen; Kritisch Lettl, WRP 2011, 710, 723 f.*

667 Bundeskartellamt, 25.09.2009, Az. B3-123-08, Rn. 57 – *Kontaktlinsen.*

668 *Dohrn/Huck*, DB 2018, 173, 175.

669 WEKO, Entscheidung v. 02.11.2009, Untersuchung 22-0326 – *Hors-Liste Medikamente: Preise von Cialis, Levitra und Viagra*; WEKO, Die WEKO büsst drei Pharmaunternehmen wegen Festlegung von Wiederverkaufspreisen, Pressemitteilung v. 01.12.2009, abrufbar unter https://www.weko.admin.ch/weko/de/home/medien/medieninformationen/nsb-news.msg-id-30454.html.

Pharmahersteller hatten die UVP für ihre Arzneimittel in die Datenbank eines Drittanbieters für Verkaufsstellen eingepflegt. Wenn Apotheken und Ärzte die Arzneimittel einscannten, erhielten sie die tagesaktuelle UVP als Standardeinstellung für den Preis des Produkts angezeigt. Ein Abweichen von der UVP war grundsätzlich möglich, dazu mussten die Verkaufsstellen aber den Preis im System aktiv ändern oder einen Rabatt gewähren.[670] Es wurde kein Druck ausgeübt oder sonstige wirtschaftliche Anreize zur Einhaltung der UVP gesetzt. Trotzdem hielten sich mehr als 50 % der Verkaufsstellen an die UVP.[671] Die WEKO sah darin eine unzulässige Preisbindung zweiter Hand. Die Entscheidung wurde vom dem Schweizer Bundesgericht bestätigt.[672] Das Gericht sieht in dem Verhalten eine verbotene abgestimmte Verhaltensweise im Sinne einer unzulässigen Festpreisabrede, da die Hersteller trotz der Einseitigkeit der Empfehlung aufgrund der technischen Formalitäten mit einer Befolgung der UVP rechnen mussten.[673] Es handelt sich auch in diesem Fall nicht um den Einsatz von Preisalgorithmen, sondern um den Einsatz einer anderen Software. Es wäre allerdings auch denkbar, dass die UVP des Herstellers in den Preisalgorithmus eines Händlers eingepflegt wird.

(2) Bewertung

Die Integrierung der Preisempfehlung als Standardempfehlung in den Preissetzungsalgorithmus eines Händlers kann als abgestimmte Verhaltensweise im Sinne des Art. 101 AEUV bzw. § 1 GWB gewertet werden. Die Abstimmung ist dann die Integrierung der Preise in den Algorithmus mit Wissen des Herstellers. Eine Abstimmung kann allerdings nur angenommen werden, wenn der Hersteller entweder mit den Händlern explizit vereinbart hat, dass diese die UVP voreinstellen oder zumindest von den Händlern darüber informiert wurde. Pflegen die Händler den Preis selbstständig in ihren Algorithmus ein, ohne dass der Hersteller davon weiß, liegt keine Abstimmung vor. Das Schweizer Bundesgericht nimmt für den

670 *Stäuber*, NZKart 2022, 388.

671 *Dohrn/Reinhold*, WuW 2023, 540, 542.

672 BGer, Urt. v. 08.12.2021, Az. 2C_148/2018 – *e-mediat, Galexis u. a.*; BGer, Urt. v. 07.10.2021, Az. 2C_145/2018 – *Eli Lilly*; BGer, Urt. v. 07.10.2021, Az. 2C_146/2018 – *Apotheke Dr. A.*; BGer, Urt. v. 07.10.2021, Az. 2C_147/2018 – *Bayer*; Bger, Urt. v. 04.02.2021, Az. 2C_149/2018 – *Pfizer.*

673 BGer, Urt. v. 07.10.2021, Az. 2C_147/2018, Rn. 7.4.3. – Bayer.

in der Schweiz erforderlichen Abstimmungserfolg einem Befolgungsgrad von 50 % als kritische Schwelle an, wobei im konkreten Fall über 80 % der Verkaufsstellen die Empfehlung übernommen haben.[674] Im deutschen und europäischen Kartellrecht wäre eine solche Schwelle dogmatisch eher im Rahmen der Spürbarkeit anzuwenden. Wird zur Umsetzung der Absprache der Algorithmus eines Drittanbieters genutzt, kann dieser unter Umständen als Kartellgehilfe haften. Findet keine vertikale Abstimmung zwischen Hersteller und Händlern statt, kann eine Handlung des Drittanbieter auch eine horizontale Absprache im Sinne einer sog. Hub and Spoke-Konstellation zwischen den Händlern begründen.[675]

c. Zwischenergebnis

Der Einsatz von Preisalgorithmen in vertikalen Konstellationen kann vom geltenden Kartellrecht ausreichend erfasst werden. Beim Einsatz von Preisüberwachungsalgorithmen als Werkzeug zur Überwachung der Vorgabe von Fest- oder Mindestpreisen ergeben sich keine neuen Problemstellungen. Der Einsatz von unverbindlichen Preisempfehlungen in Verbindung mit Preisalgorithmen ist ebenfalls ausreichend vom Kartellverbot erfasst. Im Ausgangspunkt ist die rein einseitige Vorgabe von unverbindlichen Preisempfehlungen kein Verstoß gegen das Kartellverbot. Die Einhaltung der Preisempfehlungen durch den Hersteller ist an sich auch nicht kartellrechtswidrig. Jede darüberhinausgehende Kontaktaufnahme mit den Händlern in Bezug auf die Empfehlung könnte aber als Abstimmung gewertet werden. Dies sollte beim Einsatz der Algorithmen beachtet werden. Eine Integration der Preisempfehlungen in den Algorithmus ist kartellrechtlich bedenklich. Selbst wenn die Händler im Einzelfall davon abweichen können, kann dies als abgestimmte Verhaltensweise gewertet werden.

3. Preisalgorithmen in Hub and Spoke-Konstellationen

In dieser Fallgruppe stehen die Wettbewerber nicht in horizontalem Kontakt miteinander, sondern koordinieren sich oder tauschen Informationen über einen Dritten aus. Diese Konstellation wird als sog. *Hub and Spoke-*

674 *Stäuber*, NZKart 2022, 388, 389.
675 Siehe hierzu unten Abschnitt C.II.3.

Kartell bezeichnet. Beim Einsatz von Algorithmen kann eine Hub and Spoke-Konstellation entstehen, wenn im Wettbewerb stehende Unternehmen den gleichen IT-Dienstleister beauftragen und dann den gleichen oder einen sehr ähnlichen standardisierten Algorithmus verwenden.[676] Das Bundeskartellamt nennt dies eine Angleichung auf Code-Ebene.[677] Andererseits könnten die Algorithmen der Wettbewerber auch von einem Drittanbieter mit den gleichen Input-Daten trainiert werden oder über den Drittanbieter Informationen ausgetauscht werden (sog. Angleichung über die Daten-Ebene).[678] Im Folgenden sollen zunächst die rechtlichen Grundlagen zur Bewertung von Hub and Spoke-Konstellationen beim Einsatz von Algorithmen dargestellt werden (a.). Danach folgt eine Analyse der relevanten Fallpraxis (b.) Der Abschnitt endet mit einem Zwischenergebnis zur Erfassung von Hub and Spoke-Konstellationen mit Algorithmen (c.).

a. Rechtliche Grundlagen zur Bewertung von Hub and Spoke-Kartellen

Der Begriff Hub and Spoke stammt ursprünglich aus der US-Kartellrechtpraxis. Dort unterliegen vertikale Exklusivitätsvereinbarungen grundsätzlich einer kartellrechtlichen Einzelfallbewertung (*rule of reason*). Unter Rückgriff auf die Hub and Spoke-Theorie können Sie aber als per se verbotene horizontale Absprache eingestuft werden.[679] Im europäischen und deutschen Recht hat sie vor allem die Funktion, in einer horizontal-vertikalen Dreieckskonstellation eine horizontale Abstimmung zu fingieren, ohne dass eine unmittelbare horizontale Kommunikation stattgefunden hat.[680] Wann eine horizontale Abstimmung in dieser Konstellation vorliegt, soll im

676 *Ezrachi/Stucke*, Virtual Competition, 2016, S. 48; *dies.*, Two Artificial Neural Networks Meet in an Online Hub and Change the Future (of Competition, Market Dynamics and Society), 01.07.2017, abrufbar unter https://papers.ssrn.com/sol3/papers.cfm?abstract_id=2949434, S. 13 ff.; *Hennemann*, ZWeR 2018, 161, 175; *OECD*, Algorithmic Collusion: Problems and Counter-Measures-Note by A. Ezrachi & M. E. Stucke, 31.05.2017, abrufbar unter https://web-archive.oecd.org/temp/2022-02-22/428074-algorithms-and-collusion.htm, S. 28.

677 *Bundeskartellamt*, Algorithmen und Wettbewerb, 16.01.2020, abrufbar unter https://www.bundeskartellamt.de/SharedDocs/Publikation/DE/Schriftenreihe_Digitales/Schriftenreihe_Digitales_6.html, S. 7.

678 *Bundeskartellamt*, Algorithmen und Wettbewerb, 16.01.2020, abrufbar unter https://www.bundeskartellamt.de/SharedDocs/Publikation/DE/Schriftenreihe_Digitales/Schriftenreihe_Digitales_6.html, S. 7; *Dohrn/Reinhold*, WuW 2023, 540, 544.

679 *Liesegang*, WuW 2012, 1035, 1036.

680 *Liesegang*, WuW 2012, 1035, 1046.

Folgenden näher beleuchtet werden. Dazu erfolgt zunächst eine Begriffsbestimmung und Abgrenzung von anderen Konstellationen (aa.). Sodann wird die Rechtsprechung des EuGH in diesen Konstellationen gewürdigt (bb.). Weiterhin wird dargestellt, wie das Bundeskartellamt (cc.) und die Europäische Kommission (dd.) Hub and Spoke-Konstellationen bewerten. Die Erkenntnisse werden in einem Zwischenergebnis gewürdigt (ee.).

aa. Begriffsbestimmung und Abgrenzung

Im deutschen Recht wird diese Konstellation auch *Sternkartell*[681] oder *Radnabenkartell*[682] genannt. Die Verhaltensabstimmung findet hier nicht zwischen den Wettbewerbern (*Spokes*), sondern über einen Dritten (*Hub*) auf vertikaler Ebene „über Bande" statt.[683] Diese Fallgruppe muss abgegrenzt werden zu Konstellationen, in denen eine für sich genommen unbedenkliche vertikale Vereinbarung im Zusammenspiel mit anderen gleichartigen Verträgen eine wettbewerbsbeschränkende Wirkung entfaltet (sog. Bündeltheorie).[684] Die Hub and Spoke-Konstellation zeichnet aber gerade aus, dass eine Vielzahl vertikaler Vereinbarungen bei einem einzigen Akteur einer anderen Marktstufe oder einem marktfremden Dritten (z.B. Dienstleistungs- oder Beratungsunternehmen) abgeschlossen werden.[685] Für die Bewertung der Abstimmung im Vertikalverhältnis ergeben sich keine Besonderheiten. Im Horizontalverhältnis zwischen den Wettbewerbern liegt dagegen keine unmittelbare Fühlungnahme vor, da kein unmittelbarer Kontakt zwischen diesen besteht. Damit ein Verstoß gegen Art. 101 AEUV bzw. § 1 GWB im Horizontalverhältnis vorliegt, müsste es daher zu einer Fühlungnahme zwischen den Wettbewerbern über den Dritten gekommen

681 *Wagner-von Papp* in: MüKo WettbR, Band 1/1, 2023, Art. 101 AEUV, Rn. 298.

682 *Stockenhuber* in: Grabitz/Hilf/Nettesheim (Hrsg.), Das Recht der Europäischen Union, Band I, 2024, Art. 101 AEUV, Rn. 100; *Kling/Thomas*, Kartellrecht, 2016, § 19, Rn. 123.

683 *Dietze/Janssen*, Kartellrecht in der anwaltlichen Praxis, 2023, Rn. 165; *Bundeskartellamt*, Leitlinien für die Vereinbarkeit des Genossenschaftswesens mit dem Kartellrecht, 02.11.2021, abrufbar unter https://www.bundeskartellamt.de/SharedDocs/Publikation/DE/Leitlinien/Genossenschaftsleitlinien.html, Rn. 106.

684 EuGH, 28.02.1991, Rs. C-234/89, ECLI:EU:C:1991:91 – *Delimitis/Henninger Bräu*; *Kling/Thomas*, Kartellrecht, 2016, § 5, Rn. 159.

685 *Rottmann/Göhsl*, WuW 2019, 348, 351 f.

sein.[686] Die Koordination zwischen den Wettbewerbern kann insbesondere durch einen indirekten bzw. mittelbaren Informationsaustausch über einen Dritten erfolgen.[687] In der Literatur werden Hub and Spoke-Konstellationen daher häufig als ein Spezialfall des Informationsaustauschs behandelt.[688] Wann ein solcher Informationsaustausch über einen Dritten eine abgestimmte Verhaltensweise im Horizontalverhältnis darstellt, ist in einigen wissenschaftlichen Beiträgen erörtert worden.[689] Auch beim Einsatz von Preisalgorithmen können Hub and Spoke-Konstellationen entstehen. Die Entwicklung eines eigenen Algorithmus ist komplex und teuer. Daher werden in der Praxis viele Unternehmen auf Algorithmen zurückgreifen, welche von externen IT-Dienstleistern bzw. Plattformen entwickelt und angeboten werden.[690] Wenn Wettbewerber in vertikalen Verbindungen mit dem gleichen externen IT-Dienstleister bzw. einer Plattform verbunden sind, kann sich dies auch im Horizontalverhältnis auswirken.

bb. Rechtsprechung des EuGH

Es ist in der Rechtsprechung des EuGH seit langer Zeit anerkannt, dass auch eine indirekte Fühlungnahme zwischen Wettbewerbern eine abge-

686 *Odudu*, 7 ECL 2011, 205, 221; *Stöcker*, WuW 2012, 935, 936 f.; *Hainz/Benditz*, EuZW 2012, 686, 688; *Zampa/Buccirossi*, 9 CLI 2013, 91, 99; *Röhling/Haus*, KSzW 2013, 32; *Gayger*, Die kartellrechtliche Beurteilung von Preisgleitklauseln als Ausprägung von Hub & Spoke Verhältnissen, 2020, S. 33 f.

687 *Hainz/Benditz*, EuZW 2012, 686, 687.; *Europäische Kommission*, Leitlinien zur Anwendbarkeit von Artikel 101 des Vertrags über die Arbeitsweise der Europäischen Union auf Vereinbarungen über horizontale Zusammenarbeit, 2023/C 259/01, Rn. 401.

688 *Gayger*, Die kartellrechtliche Beurteilung von Preisgleitklauseln als Ausprägung von Hub & Spoke Verhältnissen, 2020, S. 36; *Kling/Thomas*, Kartellrecht, 2016, § 19, Rn. 123; *Müller* in: BeckOK Kartellrecht, 01.10.2024, Art. 101 AEUV, Rn. 312; *Paschke* in: MüKo WettbR, Band 1/1, 2023, Art. 101 AEUV, Rn. 183; *Beckmann/Müller* in: Hoeren/Sieber/Holznagel (Hrsg.), Handbuch Multimedia-Recht, 2024, Teil 10, Rn. 101.

689 *Andreas*, Die Haftung für Kartellverstöße durch Preisalgorithmen, 2022, S. 42; *Odudu*, 7 ECL 2011, 205, 205 ff.; *Hainz/Benditz*, EuZW 2012, 686, 686 ff.; *Stöcker*, WuW 2012, 935, 935 ff.; *Gayger*, Die kartellrechtliche Beurteilung von Preisgleitklauseln als Ausprägung von Hub & Spoke Verhältnissen, 2020, S. 25 ff.

690 *CMA*, Pricing Algorithms - Economic Working Paper on the use of algorithms to faciliate collusion and personalised pricing, 08.10.2018, abrufbar unter https://assets.publishing.service.gov.uk/government/uploads/system/uploads/attachment_data/file/746353/Algorithms_econ_report.pdf, Rn. 3.2.

stimmte Verhaltensweise im Sinne des Art. 101 AEUV darstellen kann.[691] Die erste Entscheidung zu einem indirekten Informationsaustausch über einen Dritten ließ aber lange auf sich warten. Der EuGH beschäftigte sich erstmals im Eturas-Fall mit einer Hub and Spoke-Konstellation.[692]

(1) Die Eturas-Entscheidung des EuGH

In der Eturas-Entscheidung hat sich der EuGH mit einer Koordination über ein Online-Reisebuchungssystem auseinandergesetzt.[693] Es handelte sich bei diesem Fall nicht um eine typische Hub and Spoke-Konstellation, da die Initiative zum Informationsaustausch nicht von den Wettbewerbern, sondern von dem Dritten ausging. Der Generalanwalt *Szpunar* hat es aus diesem Grund auch abgelehnt, den Eturas-Fall als Hub and Spoke-Konstellation einzustufen.[694] Allerdings hätte diese rechtliche Einordnung zur Folge gehabt, dass es sich stets um eine rein vertikale Koordination handelt, wenn die Initiative von dem Dritten ausgeht. Der EuGH ist dem nicht gefolgt und stufte den Fall als Hub and Spoke-Kartell ein. Die Betreiberfirma Eturas ermöglichte als Hub den 30 angeschlossenen Reisebüros als Spokes ihre Reisen anzubieten. Dazu wurden auf vertikaler Ebene entsprechende Lizenzverträge geschlossen. Die Reisebüros konnten selbstständig über die Preise und Produkte bestimmen. Über einen systeminternen Mitteilungsdienst forderte Eturas alle Reisebüros auf, den Rabatt für Onlinebuchungen auf höchstens 3 % zu begrenzen.[695] Es konnte nicht nachgewiesen werden, ob die Reisebüros diese Nachricht tatsächlich gelesen haben. Es war den Plattformen auch weiterhin möglich, einen höheren Rabatt als 3 % anzubieten, allerdings nur unter zusätzlichem technischem Aufwand.[696] Der Wettbewerbsrat aus Litauen wertete dies als einen Verstoß gegen Art. 101 AEUV und verhängte Bußgelder gegen Eturas und die Reisebüros – mit Ausnahme

691 EuGH, 16.12.1975, Rs. C-40/73, ECLI:EU:C:1975:174, Rn. 173/174 – *Suiker Unie and others/Commission.*

692 *Gayger*, Die kartellrechtliche Beurteilung von Preisgleitklauseln als Ausprägung von Hub & Spoke Verhältnissen, 2020, S. 81.

693 EuGH, 21.1.2016, Rs. C-74/14, ECLI:EU:C:2016:42 – *Eturas.*

694 Schlussanträge des Generalanwalts Maciej Szpunar, 16.07.2015, ECLI:EU:C:2015:493, Rn 65 – *Eturas*; *Havu/Zupančič*, 11 The Competition Law Review 2016, 255, 264; kritisch *Gayger*, Die kartellrechtliche Beurteilung von Preisgleitklauseln als Ausprägung von Hub & Spoke Verhältnissen, 2020, S. 86 ff.

695 EuGH, 21.1.2016, Rs. C-74/14, ECLI:EU:C:2016:42, Rn. 10 – *Eturas.*

696 EuGH, 21.1.2016, Rs. C-74/14, ECLI:EU:C:2016:42, Rn. 12 – *Eturas.*

des Kronzeugen.[697] Die beteiligten Unternehmen gingen gerichtlich gegen die Geldbuße vor. Der oberste Verwaltungsgerichtshof von Litauen legte dem EuGH im Rahmen des Vorabentscheidungsverfahrens gem. Art. 267 AEUV die Frage vor, ob es sich bei dem gesamten Verhalten der beteiligten Unternehmen (Übersendung der Nachricht, Einrichtung technischer Formalität und der faktischen Einhaltung der Obergrenze) um eine abgestimmte Verhaltensweise im Sinne des Art. 101 AEUV handelt.[698] Der EuGH stellte fest, dass eine Kenntnis der Reisebüros von der Mitteilung für eine abgestimmte Verhaltensweise ausreicht. Es kann nämlich vermutet werden, dass sich die Unternehmen ab dem Zeitpunkt der Kenntnis an der Abstimmung beteiligt haben. [699] Die Kenntnis muss aber nach Maßgabe der innerstaatlichen Rechtsordnung unter Berücksichtigung des unionsrechtlichen Effektivitätsgrundsatzes und der Unschuldsvermutung nachgewiesen werden.[700] Wenn die Kenntnis nicht nachgewiesen werden kann, darf alleine aus dem Umstand einer im System vorgesehenen technische Restriktion nicht auf die Teilnahme an einer Abstimmung geschlossen werden, sofern es nicht weitere objektive und schlüssige Indizien für eine stillschweigende Zustimmung zu der wettbewerbsbeschränkenden Handlung gibt.[701] Zudem kann auch bei Nachweis der Kenntnis die Vermutung widerlegt werden, indem sich die Unternehmen vom Inhalt der Nachricht öffentlich distanzieren, die Behörden über das Verhalten unterrichten oder andere vergleichbare Nachweise vorlegen. [702]

(2) Stellungnahme

Dieser Fall wurde in nahezu allen Beiträgen zu Algorithmen im Kontext mit Hub and Spoke im europäischen oder deutschen Kartellrecht als Praxisbeispiel besprochen.[703] In dem Eturas-Fall wurden aber keine Preisalgo-

697 EuGH, 21.1.2016, Rs. C-74/14, ECLI:EU:C:2016:42, Rn. 16 – *Eturas.*

698 EuGH, 21.1.2016, Rs. C-74/14, ECLI:EU:C:2016:42, Rn. 25 – *Eturas.*

699 EuGH, 21.1.2016, Rs. C-74/14, ECLI:EU:C:2016:42, Rn. 44 – *Eturas.*

700 EuGH, 21.1.2016, Rs. C-74/14, ECLI:EU:C:2016:42, Rn. 32 ff. – Eturas.

701 EuGH, 21.1.2016, Rs. C-74/14, ECLI:EU:C:2016:42, Rn. 45 – *Eturas.*

702 EuGH, 17.09.2015, Rs. C-634/13 P, ECLI:EU:C:2015:614, Rn. 23 und 24 – *Total Marketing Services*; EuGH, 21.1.2016, Rs. C-74/14, ECLI:EU:C:2016:42, Rn. 46 – *Eturas.*

703 Statt aller *Heinemann/Gebicka*, 7 JECLAP 2016, 431, 431 ff.; *Ebers*, NZKart 2016, 554, 554 ff.; *Künstner/Franz*, K&R 2017, 688, 691 ff.; *Dohrn/Huck*, DB 2018, 173, 177 ff.; *Göhsl*, WuW 2018, 121, 122 ff.; *Käseberg/von Kalben*, WuW 2018, 2, 4 ff.; *Salaschek/Serafimova*, WuW 2018, 8, 11.

rithmen eingesetzt. Es ist sogar fraglich, ob überhaupt Algorithmen eingesetzt wurden.[704] Dennoch kann der Fall leicht abgewandelt auch beim Einsatz von Preisalgorithmen auftreten, wenn zum Beispiel der IT-Dienstleister den auf seiner Plattform angeschlossenen Wettbewerbern Standardeinstellungen vorgibt, mit denen Preisalgorithmen integriert werden.[705] Kann den Unternehmen die Kenntnis von diesen Vorschlägen nachgewiesen werden, liegt im Sinne der Eturas-Rechtsprechung eine abgestimmte Verhaltensweise vor, sofern die Vermutung der Beteiligung nicht widerlegt werden kann. Die Eturas-Entscheidung hat insoweit die Anwendung des Begriffs der abgestimmten Verhaltensweise auf Konstellationen der einseitigen Informationsweitergabe erweitert.[706]

cc. Bewertung durch das Bundeskartellamt

Das Bundeskartellamt hatte soweit ersichtlich noch nicht über ein Hub and Spoke-Kartell zu entscheiden.[707] In der Literatur wird zwar unter Verweis auf einzelne Entscheidungen des Amtes[708] behauptet, dass es sich um Hub and Spoke-Kartelle handelt.[709] Allerdings wurden in den genannten Entscheidungen ausschließlich vertikale Verstöße festgestellt. Lediglich in dem Kontaktlinsen-Fall hat das Bundeskartellamt auch eine horizontale Wirkung der „Preispflege" eines Herstellers gegenüber seinen Händlern erwogen. Das Amt stellte hierzu fest, dass die Kontaktaufnahme eines Herstellers mit den Händlern wegen der Nichteinhaltung der unverbindlichen Preisempfehlung, auch eine abgestimmte Verhaltensweise im Horizontalverhältnis zwischen den Händlern darstellen kann, „wenn die betroffenen Händler im Bewusstsein gemeinsamen Handelns die Empfehlung befolgten."[710] Ob diese Voraussetzung in dem Fall erfüllt war, ließ das Bundeskartellamt offen. Das Amt hat sich aber in verschiedenen Veröffentlichungen mit

704 *Veith*, Künstliche Intelligenz, Haftung und Kartellrecht, 2021, S. 198; *Künstner*, GRUR 2019, 36, 39.

705 Vgl. *Künstner*, GRUR 2019, 36, 39.

706 *Solek*, 8 JECLAP 2017, 15, 21; *Rusu*, 7 JECLAP 2016, 396, 398.

707 *Bauer* in: Bauer/Rahlmeyer/Schöner (Hrsg.), Handbuch Vertriebskartellrecht, 2024, § 9, Rn. 80.

708 Bundeskartellamt, 25.09.2009, Az. B3-123-08 – *Kontaktlinsen*; Bundeskartellamt, 18.01.2016, Az. B10-50/14 – *Melitta*; Bundeskartellamt, 14.12.2016, Az. B10-40/14 – *Haribo*.

709 *Müller* in: BeckOK Kartellrecht, 01.10.2024, Art. 101, Rn. 312.

710 Bundeskartellamt, 25.09.2009, Az. B3-123-08, Rn. 63 – *Kontaktlinsen*.

der Bewertung von Hub and Spoke-Konstellationen auseinandergesetzt. In Bezug auf den Einsatz von Algorithmen hat das Amt in einer gemeinsamen Studie mit der *Autorité de la concurrence*[711] sowie in einem eigenen – überwiegend inhaltsgleichen – Beitrag zu *Algorithmen und Wettbewerb*[712] Stellung genommen. Die Ausführungen des Amtes in den letzten beiden Studien sollen im Folgenden vorgestellt und im Anschluss bewertet werden.

(1) Studien zu Algorithmen und Wettbewerb

Die Studien beschäftigen sich mit der kartellrechtlichen Bewertung der Nutzung des gleichen bzw. eines sehr ähnlichen oder auf bestimmte Weise koordinierten Preisalgorithmus durch in Wettbewerb stehende Unternehmen, wenn der Algorithmus von einem auf einer anderen Marktstufe agierenden externen Dritten zur Verfügung gestellt wird.[713] Es wird dabei unterschieden zwischen Situationen, in denen die Unternehmen Kenntnis von der übereinstimmenden Nutzung des Algorithmus haben und in denen dies nicht der Fall ist.[714] Sofern die Unternehmen Kenntnis von der übereinstimmenden Nutzung haben, unterscheidet das Amt zwischen Situationen, in denen eine Angleichung auf Code-Ebene bzw. eine Angleichung auf Daten-Ebene stattfindet.[715] Eine Angleichung auf Code-Ebene sei problematisch, wenn der Dritte die Algorithmen den Wettbewerbern nicht nur zu einem gleichen Zweck (z.B. Preissetzung) zur Verfügung stellt, sondern die Algorithmen auch den gleichen oder ähnlichen implementier-

711 *Autorité de la concurrence/Bundeskartellamt*, Algorithms and Competition, 06.09.2019, abrufbar unter https://www.bundeskartellamt.de/SharedDocs/Publikation/EN/Berichte/Algorithms_and_Competition_Working-Paper.pdf.

712 *Bundeskartellamt*, Algorithmen und Wettbewerb, 16.01.2020, abrufbar unter https://www.bundeskartellamt.de/SharedDocs/Publikation/DE/Schriftenreihe_Digitales/Schriftenreihe_Digitales_6.html, S. 31 ff.

713 *Autorité de la concurrence/Bundeskartellamt*, Algorithms and Competition, 06.09.2019, abrufbar unter https://www.bundeskartellamt.de/SharedDocs/Publikation/EN/Berichte/Algorithms_and_Competition_Working-Paper.pdf, S. 31; *Bundeskartellamt*, Algorithmen und Wettbewerb, 16.01.2020, abrufbar unter https://www.bundeskartellamt.de/SharedDocs/Publikation/DE/Schriftenreihe_Digitales/Schriftenreihe_Digitales_6.html, S. 7.

714 *Autorité de la concurrence/Bundeskartellamt*, Algorithms and Competition, 06.09.2019, abrufbar unter https://www.bundeskartellamt.de/SharedDocs/Publikation/EN/Berichte/Algorithms_and_Competition_Working-Paper.pdf, S. 32 ff.

715 *Autorité de la concurrence/Bundeskartellamt*, Algorithms and Competition, 06.09.2019, abrufbar unter https://www.bundeskartellamt.de/SharedDocs/Publikation/EN/Berichte/Algorithms_and_Competition_Working-Paper.pdf, S. 33.

ten Methoden folgen.[716] Einen Sonderfall der Angleichung auf Code-Ebene nehme dabei die vollständige Delegation der Preissetzung auf einen externen Dritten ein. In dieser Sonderkonstellation nimmt der externe Dritte die Preissetzung mittels eines Algorithmus für die Wettbewerber gemeinsam vor. Als externe Dritte kommen Beratungsfirmen oder Anbieter von Software as a Service („SaaS") in Betracht, aber auch Plattformen, welche Vermittlungsdienstleistungen anbieten, um Angebot und Nachfrage zu koordinieren, wie beispielsweise Uber im Fall von Fahrdienstleistungen.[717] Eine Angleichung auf Daten-Ebene liege vor, wenn entweder die Wettbewerber selbst über den Algorithmus eines Drittanbieters sensible Daten austauschen oder ein Drittanbieter einen gemeinsamen Datenpool nutzt, um sensible Daten in einen einzigen gemeinsam genutzten Algorithmus einzuspeisen. Nicht zuletzt könne eine Angleichung auf Code-Ebene auch vorliegen, wenn der Drittanbieter für jeden Wettbewerber einen separaten Preisalgorithmus nutzt, die Algorithmen aber jeweils mit sensiblen Daten von Wettbewerbern als Input aggregiert werden. Eine Angleichung auf Daten-Ebene könne auch vorliegen, wenn der externe Dritte als Input für seine Preissetzungssoftware über eine spezifische Schnittstelle auf öffentlich verfügbare Daten zugreift oder diese von einem bestimmten kommerziellen Datenlieferanten bezieht.[718]

i. Kenntnis der Wettbewerber

Nutzen die Unternehmen bewusst koordinierte Algorithmen, liege eine abgestimmte Verhaltensweise vor. In Bezug auf die übrigen Tatbestandsmerkmale ist das Amt zurückhaltend und stellt fest, dass eine Bewertung nach Art. 101 AEUV immer von den Umständen des Einzelfalls abhängt.[719]

716 *Bundeskartellamt*, Algorithmen und Wettbewerb, 16.01.2020, abrufbar unter https://www.bundeskartellamt.de/SharedDocs/Publikation/DE/Schriftenreihe_Digitales/Schriftenreihe_Digitales_6.html, S. 7.

717 *Autorité de la concurrence/Bundeskartellamt*, Algorithms and Competition, 06.09.2019, abrufbar unter https://www.bundeskartellamt.de/SharedDocs/Publikation/EN/Berichte/Algorithms_and_Competition_Working-Paper.pdf, S. 33 und 40.

718 *Autorité de la concurrence/Bundeskartellamt*, Algorithms and Competition, 06.09.2019, abrufbar unter https://www.bundeskartellamt.de/SharedDocs/Publikation/EN/Berichte/Algorithms_and_Competition_Working-Paper.pdf, S. 34.

719 *Bundeskartellamt*, Algorithmen und Wettbewerb, 16.01.2020, abrufbar unter https://www.bundeskartellamt.de/SharedDocs/Publikation/DE/Schriftenreihe_Digitales/Schriftenreihe_Digitales_6.html, S. 8.

Jede Angleichung der Preise, der Preisbestandteile oder anderer sensibler Daten in Bezug auf die Preissetzung sei wahrscheinlich als bezweckte Wettbewerbsbeschränkung einzustufen.[720] Dies gelte insbesondere für eine Angleichung von Preisen und Preisbestandteilen auf Code-Ebene, wenn die Unternehmen bewusst die gleichen oder ähnliche Algorithmen nutzen, welche gegebenenfalls sogar parallele Preise setzen. Auch die Nutzung von reinen Preisempfehlungsalgorithmen könne ebenfalls das Potential haben, strategische Unsicherheiten zwischen den Wettbewerbern zu reduzieren und im Einzelfall als bezweckte Wettbewerbsbeschränkung einzustufen seien. Bei der Angleichung auf Daten-Ebene finden nach Ansicht des Amtes die etablierten Grundsätze zur Beurteilung des Informationsaustauschs Anwendung.[721] In allen Konstellationen sei die Marktabdeckung durch die beteiligten Wettbewerber bei der Bewertung von erheblicher Bedeutung. In diesem Sinne sei eine Angleichung der Algorithmen durch alle Wettbewerber auf einem oligopolistischen Markt wahrscheinlicher als eine Wettbewerbsbeschränkung einzustufen als die Nutzung durch einzelne Unternehmen auf einem polypolistisch geprägten Markt.[722]

ii. Unkenntnis der Wettbewerber

Haben die Wettbewerber dagegen keine Kenntnis von der Angleichung der Algorithmen, liege keine abgestimmte Verhaltensweise im Sinne des Art. 101 AEUV vor, da die Wettbewerber hierfür Kenntnis von dem wettbewerbswidrigen Verhalten des Dritten haben müssen oder dieses zumindest vernünftigerweise hätten vorhersehen können.[723]

720 *Autorité de la concurrence/Bundeskartellamt*, Algorithms and Competition, 06.09.2019, abrufbar unter https://www.bundeskartellamt.de/SharedDocs/Publikation/EN/Berichte/Algorithms_and_Competition_Working-Paper.pdf, S. 38.

721 *Bundeskartellamt*, Algorithmen und Wettbewerb, 16.01.2020, abrufbar unter https://www.bundeskartellamt.de/SharedDocs/Publikation/DE/Schriftenreihe_Digitales/Schriftenreihe_Digitales_6.html, S. 8.

722 *Autorité de la concurrence/Bundeskartellamt*, Algorithms and Competition, 06.09.2019, abrufbar unter https://www.bundeskartellamt.de/SharedDocs/Publikation/EN/Berichte/Algorithms_and_Competition_Working-Paper.pdf, S. 40.

723 *Autorité de la concurrence/Bundeskartellamt*, Algorithms and Competition, 06.09.2019, abrufbar unter https://www.bundeskartellamt.de/SharedDocs/Publikation/EN/Berichte/Algorithms_and_Competition_Working-Paper.pdf, S. 41.

(2) Stellungnahme

Das Amt verlangt zutreffend für eine Fühlungnahme im Horizontalverhältnis die Kenntnis der Wettbewerber von der Angleichung der Algorithmen. Eine Kenntnis von der Nutzung durch Wettbewerber könnte zum Beispiel nachgewiesen werden, wenn der IT-Dienstleister mit der Nutzung durch Wettbewerber als Referenz wirbt. Neben der positiven Kenntnis lässt es das Amt auch ausreichen, dass die Wettbewerber die Angleichung auch vernünftigerweise hätten vorhersehen können. Wann die Wettbewerber eine Angleichung vorhersehen können, bleibt indessen unklar und muss im Einzelfall bestimmt werden. Die Vorhersehbarkeit sollte nur angenommen werden, wenn es für die Wettbewerber tatsächliche Anhaltspunkte für eine Angleichung gibt. In Bezug auf eine Angleichung auf Code-Ebene könnte man dies beispielsweise annehmen, wenn der Dritte gegenüber dem Unternehmen angibt, in Zukunft auch explizit Wettbewerber mit dem gleichen oder einem ähnlichen Algorithmus ausstatten zu wollen. Bei einer Angleichung auf Daten-Ebene ist die Vorhersehbarkeit in jedem Fall nicht gegeben, wenn der Dritte, ohne den entsprechenden Wettbewerber zu informieren, sensible Daten in den Algorithmus eines anderen Wettbewerbers einspeist.

In Bezug auf die Ausführungen zum Vorliegen einer Angleichung auf Code-Ebene bleiben einige Fragen unbeantwortet. Das Amt führt aus, eine Angleichung auf Code-Ebene liege vor, wenn die Algorithmen auch den gleichen oder ähnlichen implementierten Methoden folgen. Was genau mit „Methoden" gemeint ist, wird nicht weiter ausgeführt. Darunter könnte zu verstehen sein, dass die Algorithmen die gleiche Lernmethode nutzen, wie beispielsweise Q-Learning oder Deep Q-Learning. Es könnte aber auch die Implementierung der gleichen Strategie wie z.B. der Tit-for-Tat oder Grim-Trigger-Strategie gemeint sein. Rein tatsächlich spricht vieles dafür, beide Situationen kritisch zu sehen. Eine bewusste Verwendung der gleichen Strategie kann zu überwettbewerblichen Preisen führen und darf daher nicht bewusst eingesetzt werden. Auch eine bewusste Nutzung der gleichen Lernmethode dürfte in der Regel eine Fühlungnahme darstellen. Die Studie von *Hettich* hat gezeigt, dass eine Heterogenität in Bezug auf die Lerngeschwindigkeit der Algorithmen eine Kollusion negativ beeinflusst.[724] Insofern vereinfacht die bewusste symmetrische Nutzung derselben Lernmethode auf dem ganzen Markt eine Kollusion erheblich. Nutzen die Unternehmen

724 Vgl. Abschnitt B.III.2.b.cc.(11).

bewusst beide denselben Algorithmus, ist eine Kollusion im Vergleich zu einer asymmetrischen Nutzung von Algorithmen wahrscheinlicher. Wann Algorithmen nicht mehr als ähnlich einzustufen sind, wird in der Studie auch nicht näher dargestellt. Diese Frage muss im Einzelfall beantwortet werden. Eine Ähnlichkeit dürfte jedenfalls nicht mehr bestehen, wenn die Algorithmen sich so sehr unterscheiden, dass sie in unterschiedliche Unterkategorien der oben beschriebenen Abgrenzungskriterien (auszuführende Aufgabe/Lernmethode/Interpretierbarkeit)[725] einzuordnen sind. In diesem Sinne dürfte zum Beispiel die Ähnlichkeit eines reinen Preisempfehlungsalgorithmus zu einem Preissetzungsalgorithmus oder eines statischen Preisalgorithmus zu einem selbstlernenden Preisalgorithmus abzulehnen sein. In diesen Konstellationen ist eine Angleichung auf Code-Ebene und damit eine abgestimmte Verhaltensweise fernliegend.

dd. Bewertung durch die Europäische Kommission

Die Kommission hat soweit ersichtlich bisher nicht über eine Hub and Spoke-Konstellation entschieden. Sie hat aber ihre Rechtsansicht in den überarbeiteten Horizontal-Leitlinien dargelegt.

(1) Vorgaben in den Horizontal-Leitlinien

Die Horizontal-Leitlinien stufen Hub and Spoke-Vereinbarungen als eine „bestimmte Art des indirekten Informationsaustauschs" ein.[726] Wie beim direkten Informationsaustausch zwischen Wettbewerbern kann auch beim indirekten Informationsaustausch die Unsicherheit auf dem Markt verringert werden und ein kollusives Marktergebnis entstehen.[727] Ein solcher indirekter Informationsaustausch über einen Dritten liegt nach den Horizontal-Leitlinien vor, wenn

725 Vgl. Abschnitt B.I.2.

726 *Europäische Kommission*, Leitlinien zur Anwendbarkeit von Artikel 101 des Vertrags über die Arbeitsweise der Europäischen Union auf Vereinbarungen über horizontale Zusammenarbeit, 2023/C 259/01, Rn. 402.

727 *Europäische Kommission*, Leitlinien zur Anwendbarkeit von Artikel 101 des Vertrags über die Arbeitsweise der Europäischen Union auf Vereinbarungen über horizontale Zusammenarbeit, 2023/C 259/01, Rn. 401.

> *„ein gemeinsamer Hersteller oder Anbieter als Drehscheibe fungieren, um Informationen an verschiedene Händler oder Einzelhändler weiterzuleiten; es kann aber auch sein, dass ein Händler oder Einzelhändler als Drehscheibe fungiert, um Informationen an verschiedene Hersteller oder Anbieter weiterzuleiten. Eine Online-Plattform kann ebenfalls als Drehscheibe fungieren, wenn sie den Informationsaustausch zwischen geschäftlichen Nutzern der Plattform ermöglicht, koordiniert oder durchsetzt, um etwa bestimmte Gewinnspannen oder Preisniveaus zu sichern. Plattformen können ferner genutzt werden, um technische Maßnahmen durchzusetzen, mit denen verhindert wird, dass Plattformnutzer den Endkunden niedrigere Preise oder andere Vorteile anbieten."*[728]

Zudem adressiert die Kommission auch explizit das Vorliegen eines indirekten Informationsaustauschs beim Einsatz von Algorithmen:

> *„Informationen können auch indirekt über einen gemeinsamen Optimierungsalgorithmus ausgetauscht werden, der Geschäftsentscheidungen auf der Grundlage sensibler Geschäftsinformationen von Wettbewerbern trifft. Während die Verwendung öffentlich zugänglicher Daten zur Einspeisung in algorithmische Software rechtmäßig ist, könnte die Aggregation sensibler Geschäftsinformationen in einem Preisbildungsinstrument, das von einem einzigen IT-Unternehmen angeboten wird und zu dem mehrere Wettbewerber Zugang haben, einer horizontalen Kollusion gleichkommen."*[729]

Die Kommission unterzieht den indirekten Austausch sensibler Geschäftsgeheimnisse jeweils einer Einzelfallprüfung, um festzustellen, ob eine wettbewerbswidrige Vereinbarung oder aufeinander abgestimmte Verhaltensweise vorliegt und wer dafür haftet. Besonders berücksichtigt werden müsse, ob die Bereitsteller oder Empfänger der Informationen über den Austausch zwischen anderen Bereitstellern oder Empfängern und dem Dritten Kenntnis hatten.[730] Ein Verstoß gegen Art. 101 AEUV sei auf jeden Fall gege-

---

728 *Europäische Kommission*, Leitlinien zur Anwendbarkeit von Artikel 101 des Vertrags über die Arbeitsweise der Europäischen Union auf Vereinbarungen über horizontale Zusammenarbeit, 2023/C 259/01, Rn. 402.

729 *Europäische Kommission*, Leitlinien zur Anwendbarkeit von Artikel 101 des Vertrags über die Arbeitsweise der Europäischen Union auf Vereinbarungen über horizontale Zusammenarbeit, 2023/C 259/01, Rn. 402.

730 *Europäische Kommission*, Leitlinien zur Anwendbarkeit von Artikel 101 des Vertrags über die Arbeitswei-se der Europäischen Union auf Vereinbarungen über horizontale Zusammenarbeit, 2023/C 259/01, Rn. 401.

ben, wenn der Bereitsteller mit dem Dritten ausdrücklich oder konkludent vereinbart, dass die Informationen weitergegeben werden oder wenn er dies beabsichtigt. Es könne aber auch ausreichen, wenn das Unternehmen vernünftigerweise vorhersehen konnte, dass die Informationen weitergegeben werden und dieses Risiko bewusst eingegangen ist.[731] Dagegen liege keine wettbewerbswidrige Koordinierung des Bereitstellers vor, wenn der Dritte die Informationen ohne Einwilligung weitergibt oder er nicht vernünftigerweise vorhersehen konnte, dass die Informationen weitergegeben werden.[732] Der Empfänger sei an der Abstimmung beteiligt, wenn er von den wettbewerbswidrigen Zielen des Bereitstellers und des Dritten weiß und durch sein eigenes Verhalten zu den Zielen beitragen wollte. Wobei in dieser Situation davon auszugehen sei, dass der Empfänger sensibler Geschäftsinformationen[733] diese Informationen berücksichtigt, es sei denn, er distanziert sich davon, indem er klarstellt, dass er diese Informationen nicht erhalten möchte, oder indem er den Wettbewerbsbehörden den Austausch meldet.[734] Der Dritte hafte als Kartellgehilfe, wenn er durch sein eigenes Verhalten zu den gemeinsamen Zielen der am Austausch Beteiligten beitragen will und Kenntnis von dem tatsächlichen Verhalten hatte oder ein solches Verhalten vernünftigerweise hätte vorhersehen können und bereit war, das Risiko einzugehen.[735]

731 *Europäische Kommission*, Leitlinien zur Anwendbarkeit von Artikel 101 des Vertrags über die Arbeitsweise der Europäischen Union auf Vereinbarungen über horizontale Zusammenarbeit, 2023/C 259/01, Rn. 403; mit Verweis auf EuGH, Urteil vom 21.07.2016, Rs. C-542/14, ECLI:EU:C:2016:578, Rn. 31 – *VM Remonts u.a.*

732 *Europäische Kommission*, Leitlinien zur Anwendbarkeit von Artikel 101 des Vertrags über die Arbeitsweise der Europäischen Union auf Vereinbarungen über horizontale Zusammenarbeit, 2023/C 259/01, Rn. 403; mit Verweis auf EuGH, Urteil vom 21.07.2016, Rs. C-542/14, ECLI:EU:C:2016:578, Rn. 30 – *VM Remonts u.a.*

733 Zum Begriff siehe *Europäische Kommission*, Leitlinien zur Anwendbarkeit von Artikel 101 des Vertrags über die Arbeitsweise der Europäischen Union auf Vereinbarungen über horizontale Zusammenarbeit, 2023/C 259/01, Rn. 384 ff.

734 *Europäische Kommission*, Leitlinien zur Anwendbarkeit von Artikel 101 des Vertrags über die Arbeitsweise der Europäischen Union auf Vereinbarungen über horizontale Zusammenarbeit, 2023/C 259/01, Rn. 403, Fn. 46 und Rn. 435.

735 *Europäische Kommission*, Leitlinien zur Anwendbarkeit von Artikel 101 des Vertrags über die Arbeitswei-se der Europäischen Union auf Vereinbarungen über horizontale Zusammenarbeit, 2023/C 259/01, Rn. 404; mit Verweis auf EuG, 10.11.2017, Rs. T-180/15, ECLI:EU:T:2017:795, Rn. 100 – *Icap.*

(2) Stellungnahme

Die Kommission adressiert in den überarbeiteten Leitlinien erstmals ihre Rechtsansicht zur Bewertung von Hub and Spoke-Konstellationen beim Einsatz von Algorithmen. Bei den Leitlinien handelt es sich um sog. *soft law*.[736] Nach der Rechtsprechung des Gerichtshofes kann *soft law* eine auf den allgemeinen Rechtsgrundsätzen des Vertrauensschutzes und der Gleichbehandlung beruhende Selbstbindung der Verwaltung begründen, wonach die Kommission nicht ohne Weiteres von den sich selbst auferlegten Bestimmungen abweichen darf.[737] Eine rechtliche Bindungswirkung für die europäischen Gerichte bei der Auslegung durch das *soft law* der Kommission besteht dagegen nicht.[738] Dies gilt auch für die nationalen Gerichte und Kartellbehörden.[739] Die Horizontalleitlinien haben aber rein faktisch eine erhebliche Bedeutung für die Auslegung des Kartellrechts durch die Gerichte und Kartellbehörden, da die Entscheidungspraxis der Kommission auf dieser Auslegung beruht.[740] Die Kommission unterscheidet, anders als das Kartellamt, nicht zwischen einer Angleichung auf Code und Daten-Ebene. Sie äußert sich in den Leitlinien nur zur Bewertung einer Angleichung auf Daten-Ebene. Wie das Amt hält auch die Kommission die etablierten Grundsätze zum Informationsaustausch grundsätzlich für anwendbar. In diesem Sinne dürfen insbesondere Informationen über die Preisgestaltung oder über Kosten, Kapazität, Produktion, Mengen, Marktanteile, Kunden oder Pläne in Bezug auf einen Marktein- oder -austritt nicht über den Dritten ausgetauscht werden.

Wie für das Bundeskartellamt spielt für die Kommission die Kenntnis der Wettbewerber über den Informationsaustausch eine entscheidende Rolle bei der Einstufung als abgestimmte Verhaltensweise im Sinne des Art. 101 AEUV. Im Gegensatz zum Amt nimmt die Kommission dabei

736 *Ackermann* in: Riesenhuber (Hrsg.), Europäische Methodenlehre, 2021, S. 636; *Rohner*, Art. 102 AEUV und die Rolle der Ökonomie, 2023, S. 59; *Graevenitz*, EuZW 2013, 169 ff.; *Soltész*, EuZW 2013, 881 f.; *Müller-Graf*, EuR 2012, 18 ff.; *Köndgen/Mörsdorf* in: Riesenhuber (Hrsg.), Europäische Methodenlehre, 2021, S. 176.

737 EuGH, 28.06.2005, Rs. C-189/02 P u.a., ECLI:EU:C:2005:408, Rn. 209 ff. – *Dansk Rørindustri*.

738 *Ackermann* in: Riesenhuber (Hrsg.), Europäische Methodenlehre, 2021, S. 636.; EuGH, Schlussanträge der Generalanwältin Juliane Kokott, 23.02.2006, Rs. C-95/04 P, ECLI:EU:C:2006:133, Rn. 28 – *British Airways*.

739 *Rohner*, Art. 102 AEUV und die Rolle der Ökonomie, 2023, S. 60; *Ellger/Fuchs* in: Immenga/Mestmäcker, Band 2, 2024, § 2 GWB, Rn. 38.

740 *Ackermann* in: Riesenhuber (Hrsg.), Europäische Methodenlehre, 2021, S. 636; *Pohlmann*, WuW 2005, 1005, 1008 f.

eine Unterscheidung zwischen dem Bereitsteller und dem Empfänger der Informationen vor. In Bezug auf den Bereitsteller der Informationen reicht es neben der Kenntnis aus, wenn dieser vernünftigerweise vorhersehen konnte, dass die Informationen über den Dritten weitergegeben werden. Dagegen muss beim Empfänger positive Kenntnis vom Erhalt der Informationen nachgewiesen werden. Liegen die subjektiven Voraussetzungen vor, ist eine Abstimmung gegeben. Eine abgestimmte Verhaltensweise im Horizontalverhältnis liegt dann vor, wenn der Empfänger die Informationen tatsächlich bei der Preissetzung durch seinen Preisalgorithmus berücksichtigt, indem die Daten als Input in den Algorithmus – gegebenenfalls auch durch den Dritten – eingefügt werden. Wie die Kommission die Verwendung desselben oder eines sehr ähnlichen standardisierten Algorithmus eines IT-Dienstleisters durch mehrere Wettbewerber (Angleichung auf Code-Ebene) bewertet, bleibt nach den Leitlinien offen. Im Sinne der Rechtssicherheit wäre es hilfreich gewesen, wenn sich die Kommission in den Horizontal-Leitlinien hiermit auseinandergesetzt hätte.

ee. Zwischenergebnis

Hub and Spoke-Konstellationen können durch das Kartellrecht erfasst werden. Die Fallpraxis der europäischen Gerichte ist bisher überschaubar. Der einzige Präzedenzfall vor dem Europäischen Gerichtshof ist die Eturas-Entscheidung. Das Bundeskartellamt hat in mehreren Studien seine Rechtsansicht zur Bewertung von Hub and Spoke dargelegt. Die Europäische Kommission hat in den Horizontal-Leitlinien Vorgaben zur rechtlichen Bewertung des indirekten Informationsaustauschs über einen Dritten gemacht. Diese Veröffentlichungen der Kartellbehörden sind wertvoll, da sie den Unternehmen mehr Rechtssicherheit gewährleisten. Allerdings sind die Veröffentlichungen nicht hinreichend detailliert und präzise genug, um alle offenen Fragen letztendlich und abschließend zu klären. Sowohl die Kommission als auch das Bundeskartellamt identifizieren die Kenntnis der Unternehmen als zentrales Element bei der rechtlichen Bewertung von Hub and Spoke-Vereinbarungen.

b. Fallpraxis

Zu Hub and Spoke-Konstellationen in Verbindung mit dem Einsatz von Algorithmen gibt es bereits Fälle aus der Praxis der Kartellbehörden. Diese werden im Folgenden dargestellt und einer rechtlichen Bewertung unterzogen.

aa. Ermittlungen der EU-Kommission im Ersatzteil-Kartell

Die EU-Kommission hat laut übereinstimmenden Medienberichten zu einer Hub and Spoke-Konstellation unter Nutzung des gleichen Algorithmus beim Verkauf von Ersatzteilen ermittelt. Die Ermittlungen sind aber nicht abgeschlossen worden und es gibt auch kein offizielles Statement der Kommission zu diesem Fall. Im Folgenden werden die in den Medien bekannt gewordenen Tatsachen dargestellt.

(1) Informationen aus den Medien zu den Ermittlungen

Nach übereinstimmenden Medienberichten soll es Ermittlungen der EU-Kommission wegen des Einsatzes gemeinsamer Preissoftware auf dem Markt für Automobilersatzteile gegeben haben.[741] In diesem Fall soll die Beratungsfirma Accenture als Hub mehreren Automobilherstellern geholfen haben, mittels eines Preisalgorithmus namens Partneo die Preise für Ersatzteile zu koordinieren. Angeblich soll der Algorithmus in der Lage sein, die Zahlungsbereitschaft der Kunden für Ersatzteile zu ermitteln. Die Software sei dann auf Anraten einer Beratungsfirma bei mehreren Automobilherstellern zum Einsatz gekommen, und es wurden parallele Preisanstiege von bis zu 15 % der Ersatzteile beobachtet. Accenture habe einzelne Wettbewerber unter Verweis auf erhöhte Preise und erzielte Umsätze von anderen Automobilherstellern überzeugt, den Algorithmus zu nutzen. Es wurde auch vermutet, dass Accenture heimliche Treffen zwischen Führungskräften der Unternehmen arrangiert hat.[742]

---

741 *Gnirke*, 165 Euro für einen Außenspiegel, der nur zehn Euro wert ist, 22.02.2019, abrufbar unter https://www.spiegel.de/auto/aktuell/eu-kommission-prueft-moegliches-autoteilekartell-um-renault-psa-und-nissan-a-1254515.html; *CPI*, EU: Renault, Nissan, PSA, FCA and JLR face antitrust probe, 24.02.2019, abrufbar unter https://www.competitionpolicyinternational.com/eu-renault-nissan-psa-fca-and-jlr-face-antitrust-probe/.

742 *Mandrescu*, When Algorithmic Pricing meets Concerted Practices- the case of Partneo, 07.06.2018, abrufbar unter https://www.lexxion.eu/en/coreblogpost/when-algorithmic-pricing-meets-concerted-practices-the-case-of-partneo/; *Gnirke*, Unternehmensberatung soll Renault und Peugeot bei Preisabsprachen geholfen haben,

(2) Stellungnahme

Wenn es tatsächlich zu geheimen Treffen zwischen Wettbewerbern gekommen ist, in denen eine Vereinbarung über die Nutzung des gleichen Preisalgorithmus auf dem gemeinsamen Markt erzielt wurde, wäre darin eine kartellrechtswidrige Vereinbarung gem. Art. 101 AEUV zu sehen, ohne dass es auf die Abstimmung über einen Dritten ankäme. Sollte dies nicht der Fall gewesen sein und sollten die Automobilhersteller unabhängig voneinander bei Accenture vertikale Vereinbarungen über die Nutzung des gleichen Algorithmus abgeschlossen haben, könnte nach den Hub and Spoke-Grundsätzen, gleichwohl eine horizontale Abstimmung angenommen werden.

Nach Ansicht des Bundeskartellamts könnte eine Abstimmung in Form einer Angleichung auf Code-Ebene vorliegen. Voraussetzung für die Abstimmung ist, dass die Unternehmen Kenntnis von der gemeinsamen Nutzung des gleichen Algorithmus gehabt haben oder diese zumindest vernünftigerweise hätten voraussehen können. Wenn Accenture tatsächlich mit der Nutzung durch andere Wettbewerber geworben haben sollte, könnte dies als Beweis für die Kenntnis der Unternehmen von der Angleichung auf Code-Ebene dienen.

Unklar bleibt, wie die Kommission eine derartige Angleichung auf Code-Ebene bewerten würde. Die Horizontal-Leitlinien sind hierzu unergiebig, da die Ausführungen zum indirekten Informationsaustausch über einen Dritten hier nicht passen, da möglicherweise gar keine sensiblen Informationen ausgetauscht worden sind.

bb. Ageras-Fall

Im Ageras-Fall untersuchte die dänische Kartellbehörde eine Hub and Spoke-Konstellation, bei der ein Preisalgorithmus zum Einsatz kam.[743]

31.05.2018, abrufbar unter https://www.spiegel.de/auto/aktuell/accenture-verhalf-renault-und-psa-zu-milliardengewinn-bei-ersatzteilen-a-1210152.html.

743 *Danish Competition and Consumer Authority*, Ageras has infringed competition law, Pressemitteilung v. 30.06.2020, abrufbar unter https://www.en.kfst.dk/nyheder/kfst/english/decisions/20200630-danish-competition-council-ageras-has-infringed-competition-law/.

(1) Sachverhalt

Ageras bietet eine digitale Plattform, die es Nutzern professioneller Dienstleistungen aus den Bereichen Rechnungswesen und Buchführung ermöglicht, mit den Anbietern der Dienstleistungen in Kontakt zu treten. Der Nutzer übermittelte der Plattform ein bestimmtes Anliegen, welches von Ageras anschließend veröffentlicht wurde. Im Gegenzug ermöglichte es Ageras den Anbietern der Dienstleistung, Angebote für die Anliegen der Nutzer abzugeben. In einem ausschreibungsähnlichen Verfahren wurden drei Anbieter pro Anfrage ausgewählt. Anschließend gaben die Dienstleister konkrete Angebote ab, die der Nutzer annehmen oder ablehnen konnte. Ageras erhielt für diesen Prozess eine Vergütung in Form einer Provision und einer pauschalen Abo-Gebühr von den Dienstleistern. Im März 2018 begann Ageras damit, die Dienstleister auf der Plattform systematisch über einen sog. „geschätzten Marktpreis" in Form eines Pop-up-Fensters zu informieren, wenn die Dienstleister Gebote abgaben, die Ageras für zu niedrig hielt. Die geschätzten Marktpreise wurden durch einen Algorithmus berechnet. Die Dienstleister erhielten dieses Pop-up-Fenster nur dann, wenn sie ein Angebot abgegeben haben, welches unter einem von Ageras für die jeweilige Anfrage berechneten, geschätzten Marktpreis lag. Wenn der Dienstleister sein Angebot anpassen wollte, aber unter dem Schwellenwert für den geschätzten Marktpreis blieb, erhielt er dieselbe Aufforderung, bis er entweder auf das Angebot verzichtete, den Preis auf einen höheren Preis als den geschätzten Marktpreis anpasste oder zum ursprünglichen Angebot zurückkehrte. Außerdem veröffentlichte Ageras eine Reihe von Anfragen, die ein „Mindestangebot" für den jeweiligen Kunden enthielten. Alle Dienstleister, die Zugang zu dieser Anfrage hatten, konnten das „Mindestangebot" unabhängig von ihren individuellen Geboten oder ihrer Teilnahme an der Bietrunde einsehen.

Die dänische Wettbewerbsbehörde hat entschieden, dass die Praktiken von Ageras, ein Pop-up-Fenster zu verwenden, um die Partner über „geschätzte Marktpreise" zu informieren, und „Mindestpreise" in Aufgabenbeschreibungen zu verbreiten sowie die anschließende Duldung dieser Praktiken durch die Partner einen Verstoß gegen § 6 Abs. 1, Abs. 2 Nr. 1 des dänischen Wettbewerbsgesetzes und Art. 101 Abs. 1 lit. a AEUV darstellt.[744]

744 *Danish Competition and Consumer Authority*, Ageras has infringed competition law, Pressemitteilung v. 30.06.2020, abrufbar unter https://www.en.kfst.dk/nyheder/kfst/

(2) Stellungnahme

Die Entscheidung der dänischen Kartellbehörde ist im Lichte der Eturas-Rechtsprechung des EuGH konsequent. Wie im Eturas-Fall ging hier die Initiative von der Plattform Ageras – also von dem Hub – aus. Ageras hat durch die Erstellung eines Pop-up-Fensters, in dem die einzelnen Partner über einen „geschätzten Marktpreis" informiert wurden, und durch die Verteilung von Anfragen, die „Mindestpreise" enthielten, die Dienstleister auf der Plattform dazu aufgefordert, eine rechtswidrige Absprache mit dem Ziel zu treffen, die Preise auf der Plattform zu erhöhen. Im Lichte der Eturas-Rechtsprechung des EuGH kann hier von den „geschätzten Marktpreisen" und den „Mindestpreisen" vermutet werden, dass die Dienstleister diese Informationen bei ihrer Preissetzung berücksichtigt haben und eine abgestimmte Verhaltensweise vorliegt, sofern die Dienstleister diese Vermutung nicht durch eine Distanzierung von diesen Informationen widerlegt haben.[745] Im Ageras-Fall duldeten die Dienstleister die Abstimmung, indem sie sich nicht öffentlich von dieser Praxis distanzierten oder sogar Ageras direkt ihre ausdrückliche Zustimmung erteilten. Ageras hat mit den „geschätzten Marktpreisen" in den Pop-up-Fenstern und den „Mindestpreisen" in den Aufgabenbeschreibungen versucht, den Preis der Dienstleistungen zu beeinflussen. Dieses Verhalten ist geeignet, die Preise der Dienstleister anzugleichen. Die Kommunikation eines „geschätzten Marktpreises" kann die – für den Wettbewerb essenzielle – Unsicherheit der Wettbewerber bei der Angebotsabgabe auf der Plattform verringern. Dies hat zur Folge, dass die Dienstleister nicht selbstständig über ihre eigene Preispolitik entscheiden. Das Verhalten von Ageras könnte zu einem Anstieg der Preise führen und dadurch einen höheren Gewinn für die Plattform zur Folge haben.

cc. Vermieter-Kartelle in den USA

In den USA wurden zuletzt mehrere Verfahren gegen Unternehmen geführt, welche angeblich sensible Daten zu Immobilien an einen Softwareanbieter herausgegeben haben, um die Preise mit Wettbewerbern mittels eines Algorithmus zu koordinieren.

english/decisions/20200630-danish-competition-council-ageras-has-infringed-competition-law/.

745 *Dohrn/Reinhold*, WuW 2023, 540, 544.

(1) RealPage, Inc., Rental Software Antitrust Litigation (No. II)

Im Fall RealPage, Inc., Rental Software Antitrust Litigation (No. II) haben mehrere Mieter von Mehrfamilienhäusern und Studentenwohnheimen Sammelklagen (sog. class action lawsuits) gegen die Real Page Inc. eingereicht. Am 15. November 2023 haben sich DoJ und FTC mit einem Statement of Interest[746] und einem Memorandum of Law[747] an einem laufenden Gerichtsverfahren gegen die RealPage Inc. und mehrere Wohnungsgesellschaften vor einem Bezirksgericht in Tennessee beteiligt. In dem Verfahren wird den Wohnungsgesellschaften vorgeworfen, ihre Preise mithilfe des Algorithmus von RealPage wettbewerbswidrig abgesprochen zu haben. RealPage soll die Wohnungspreise der konkurrierenden Vermieter koordiniert haben. Zur Nutzung des Algorithmus haben die Wohnungsgesellschaften nicht-öffentliche, sensible Wettbewerbsdaten, wie die gezahlten Mieten und Belegungsraten, in Echtzeit mit RealPage geteilt. Diese Daten seien dann in einen gemeinsamen Algorithmus eingespeist worden. Dieser gemeinsame Algorithmus verwende diese Daten zu dem Zweck, vorausschauende wohnungsspezifische Preis- und Angebotsempfehlungen für alle teilnehmenden Vermieter zu erstellen. RealPage habe auch auf die Wohnungsgesellschaften Druck ausgeübt, die Empfehlungen einzuhalten, indem die Kunden aufgefordert wurden, Anträge auf Abweichungen an die Unternehmenszentrale zu richten und die Identität der Mitarbeiter des Kunden, welche eine Abweichung beantragt haben, zu erfassen. In der Praxis soll dies dazu geführt haben, dass in 80-90 % der Fälle den Empfehlungen gefolgt wurde. Es soll dabei gerade der Zweck dieser Software gewesen sein, die Preise gemeinsam über das Wettbewerbsniveau zu erhöhen. In Marketingunterlagen von RealPage habe das Unternehmen damit geworben, dass die Wettbewerbsdaten von Konkurrenten genutzt werden, um den Wettbewerbern zu ermöglichen, den Markt zu übertreffen. Es sei auch möglich gewesen, die Preisgestaltung komplett RealPage zu überlassen.[748]

---

746 United States District Court Middle District of Tennessee Nashville Division, Statement of Interest of the United States, 15.11.2023, Case No. 3:23-MD-3071 – *RealPage, Rental Software Antitrust Litigation (No. II).*

747 United States District Court Middle District of Tennessee Nashville Division, Memorandum of Law in Support of the Statement of Interest of the United States, 15.11.2023, Case No. 3:23-MD-3071 – *RealPage, Rental Software Antitrust Litigation (No. II).*

748 United States District Court Middle District of Tennessee Nashville Division, Memorandum of Law in Support of the Statement of Interest of the United States,

In der Zwischenzeit hat das DoJ gemeinsame mit verschiedenen Generalstaatsanwaltschaften eine eigene Klage gegen die RealPage Inc. beim Bezirksgericht für den mittleren Bezirk von North Carolina eingereicht.[749] Das DoJ – unterstützt durch die FTC – legt den Begriff der „abgestimmten Verhaltensweise“ aus Section 1 des Sherman Acts in diesem Verfahren weit aus und versteht darunter jedes Verhalten, dass die unabhängige Entscheidungsfindung ausschaltet, unabhängig davon, ob es eine zusätzliche spätere Vereinbarung oder Abstimmung zwischen den Parteien gibt.[750] Außerdem vertritt das DOJ die Ansicht, dass die Nutzung der algorithmischen Preisempfehlungen in diesem Fall eine unangemessene Beschränkung darstellt, die als horizontale, per se unrechtmäßige Preisfestsetzung einzustufen ist. Obwohl die Vereinbarungen zwischen RealPage Inc. und den Wohnungsgesellschaften vertikal sind, argumentierte das DOJ, dass diese vertikalen Vereinbarungen die unabhängigen Preisentscheidungen von horizontalen Wettbewerbern verhindert. Die Wettbewerber hätten wissentlich ihre sensiblen, nicht öffentlichen Preis- und Angebotsinformationen in einem Algorithmus kombiniert und sich dann bei ihren Entscheidungen auf die Preisempfehlungen des Algorithmus verlassen, in dem Wissen und der Erwartung, dass andere Wettbewerber dasselbe tun werden. Nach Ansicht des DoJ reicht dies für einen per se-Verstoß aus, auch wenn die Nutzer des Algorithmus nie im Horizontalverhältnis über Preise kommuniziert haben.[751] Das Bezirksgericht lehnte einen per se-Verstoß gegen Section 1 des Sherman Acts ab, ließ aber zu, dass der Fall auf der Grundlage einer rule of reason-Analyse weitergeführt wurde.[752]

15.11.2023, Case No. 3:23-MD-3071, S. 3 f. – *RealPage, Rental Software Antitrust Litigation (No. II)*.

749 *Departement of Justice*, Department Sues RealPage for Algorithmic Pricing Scheme that Harms Millions of American Renters, Pressemitteilung v. 23.08.2024, abrufbar unter https://www.justice.gov/opa/pr/justice-department-sues-realpage-algorithmic-pricing-scheme-harms-millions-american-renters.

750 United States District Court Middle District of Tennessee Nashville Division, Memorandum of Law in Support of the Statement of Interest of the United States, 15.11.2023, Case No. 3:23-MD-3071, S. 6 – *RealPage, Rental Software Antitrust Litigation (No. II)*.

751 *Adcox/Oakes*, NZKart 2024, 370, 372.

752 United States District Court Middle District of Tennessee Nashville Division, Memorandum opinion, 28.12.2023, Case No. 3:23-md-03071 MDL 3071 – *RealPage, Rental Software Antitrust Litigation (No. II)*.

(2) Duffy v. Yardi Systems, Inc.

In ähnlicher Weise behaupteten in der Rechtssache Duffy v. Yardi Systems, Inc. klagende Mieter, dass Immobilieneigentümer und -verwalter den Preisgestaltungsalgorithmus „*RENTmaximizer*" des Unternehmen Yardi Inc. verwendeten, um die Mietpreise für Mehrfamilienhäuser in die Höhe zu treiben. Das DoJ hat sich am 15. November 2023 mit einem *Statement of Interest* einer entsprechenden Sammelklage vor einem Bezirksgericht in Washington angeschlossen. [753] Die Sammelkläger behaupteten, wie in der Rechtssache RealPage, Inc., Rental Software Antitrust Litigation (No. II), dass Yardi Inc. auf die Wohnungsgesellschaften Druck ausgeübt hat, die von ihm berechneten Preisempfehlungen automatisch zu übernehmen. Auch in diesem Verfahren hat das DoJ den Standpunkt eingenommen, dass die gemeinsame Nutzung des Preisempfehlungsalgorithmus von Wettbewerbern als per se verbotene Preisfestsetzung einzustufen sei.[754]

(3) Cornish-Adebiyi v. Caesars Entertainment

In der Rechtssache Cornish-Adebiyi v. Caesars Entertainment klagen Einzelpersonen im Rahmen einer Sammelklage gegen verschiedene Betreiber von Casino-Hotels. Das DoJ und die FTC haben sich am 28. März 2024 mit einem Statement of Interest[755] und einem Memorandum of Law[756] an der entsprechenden Sammelklage vor einem Bezirksgericht in New Jersey beteiligt. Die Kläger behaupten, dass sie wegen einer kartellrechtswidrigen Absprache überteuerte Preise für Hotelzimmer gezahlt haben. Die Casino-Hotels sollen den „Rainmaker"-Preisalgorithmus der Cendyn Group LLC genutzt haben. Dieser Algorithmus soll in Echtzeit Preis- und Belegungsda-

753 United States District Court Western District of Washington at Seattle, Statement of Interest of the United States, 01.03.2024, Case No. 2:23-cv-01391-RSL – *McKenna Duffy v. Yardi Systems, Inc., et al.*

754 United States District Court Western District of Washington at Seattle, Statement of Interest of the United States, 01.03.2024, Case No. 2:23-cv-01391-RSL, S. 3 – *McKenna Duffy v. Yardi Systems, Inc., et al.*

755 United States District Court District of New Jersey, Statement of Interest of the United States, 28.03.2024, Civil Action No. 1:23-cv-02536-KMW-EAP – *Karen Cornish-Adebiyi, et al. v. Caesars Entertainment, Inc., et al.*

756 United States District Court District of New Jersey, Memorandum of Law in Support of the Statement of Interest of the United States, 28.03.2024, Civil Action No. 1:23-cv-02536-KMW-EAP – *Karen Cornish-Adebiyi, et al. v. Caesars Entertainment, Inc., et al.*

ten von Hotels gesammelt haben, um ein klares und vollständiges Bild von Marktangebot und -nachfrage sowie der Wettbewerbsdynamik zu einem bestimmten Zeitpunkt zu erhalten. Anhand dieser Preis- und Belegungsdaten soll der Algorithmus optimale Preisempfehlungen für die Zimmerpreise für jedes teilnehmende Casino-Hotel abgegeben haben. DoJ und FTC haben auch in diesem Fall für einen per se Verstoß gegen Section 1 des Sherman Acts argumentiert.[757]

(4) Stellungnahme

Im europäischen Kartellrecht wird, anders als im amerikanischen Recht, nicht zwischen per se-Verstößen und rule of reason-Analysen unterschieden. Ein Sachverhalt wie in den Vermieter-Kartellen in den USA könnte im europäischen Kartellrecht als Informationsaustausch über einen Dritten und damit als Verstoß gegen Art. 101 AEUV bzw. § 1 GWB gewertet werden. Die vertikalen Absprachen könnten durch die Preis- und Angebotsempfehlungen für alle teilnehmenden Vermieter horizontale Wirkung entfalten. Nach Ansicht des Bundeskartellamts könnte hier eine Abstimmung in Form einer Angleichung auf Daten-Ebene vorliegen, da die Unternehmen sensible Geschäftsdaten mit der Plattform geteilt haben. Im Fall RealPage Inc. wurde angeblich in Marketingunterlagen mit der Nutzung von Wettbewerbsdaten der Konkurrenten geworben. Dies könnte voraussichtlich in einem Verfahren auch als Nachweis für die Kenntnis der Unternehmen von der Nutzung gemeinsamer Wettbewerbsdaten ausreichen. Auch die Kommission würde einen entsprechenden Informationsaustausch über die Plattform mutmaßlich als abgestimmte Verhaltensweise einstufen.

dd. Verfahren gegen Uber und Webtaxi

Einen Sonderfall stellt die gleichgeschaltete Preissetzung dar, die in einigen Geschäftsmodellen von Beförderungsdienstleistungsunternehmen zum Einsatz kommt. Insbesondere das Geschäftsmodell von Uber wurde im Kontext von Hub and Spoke durch Algorithmen in einigen Veröffentlich-

---

757 United States District Court District of New Jersey, Statement of Interest of the United States, 28.03.2024, Civil Action No. 1:23-cv-02536-KMW-EAP, S. 12 – *Karen Cornish-Adebiyi, et al. v. Caesars Entertainment, Inc., et al.*

ungen diskutiert.[758] Aber auch die luxemburgische Wettbewerbsbehörde hat sich in einem ähnlichen Fall mit einer gleichgeschalteten Preissetzung auseinandergesetzt. Im Folgenden soll die Fallpraxis mit dieser Konstellation dargestellt und einer Bewertung unterzogen werden.

(1) Verfahren gegen Uber

Gegen Uber wurde bereits in den Vereinigten Staaten und in Indien wegen einer Hub and Spoke-Konstellation ein Verfahren geführt. Über die Plattform Uber können Kunden mittels einer App Fahrdienstleistungen in Anspruch nehmen. Der Preis der Fahrdienstleistung wird jeweils mittels eines Preisalgorithmus festgelegt. Der Algorithmus basiert auf zwei Komponenten. Einerseits errechnet der Computer einen Grundpreis (*unsurged fare*) für die zurückgelegte Strecke und die Zeit, die im Uber verbracht wurde. Dieser Wert wird mit einem dynamischen Wert multipliziert, der sich aus der aktuellen Nachfrage und Angebotssituation berechnet (*surge multiplier*). [759] Die Preisstrategie wird *Surge Pricing* genannt und ist eine Form dynamischer Preissetzung.[760] In Zeiten hoher Nachfrage kann das Surge Pricing zu sehr hohen Preisen führen.[761] Die durch den Algorithmus vorgegebene Preissetzung ist für die Fahrer auch verbindlich. Zwar heißt es in den allgemeinen Nutzungsbedingungen für Deutschland:

> *„7.2.4. Für bestimmte Drittleistungen, wie z.B. UberX, können Sie mit dem Drittanbieter im Rahmen der Erbringung der Drittleistung einvernehmlich einen geringeren Preis als von Uber angegeben vereinbaren. Der Drittanbieter oder (sofern vom Drittanbieter entsprechend beauftragt) Uber, wird jegliche Anfrage zur Vereinbarung eines solchen geringeren Preises für eine bestimmte Drittleistung prüfen.“*[762]

758 *Anderson/Huffmann*, 2017 Columbia Business Law Review 2017, 859 ff.; *Passaro*, 7 Michigan Business & Entrepreneurial Law Review 2018, 259 ff.; *Agarwal*, 11 JECLAP 2020, 56 ff.; *Rottmann/Göhsl*, WuW 2019, 348 ff.

759 *Lu/Frazier/Kislev*, Surge Pricing Moves Uber's Driver-Partners, 30.05.2018, abrufbar unter https://papers.ssrn.com/sol3/papers.cfm?abstract_id=3180246, S. 4.

760 *Guda/Subramanian*, 65 Management Science 2019, 1995, 1996; *Huller*, Die Regulierung des Rideselling (Uber), 2022, S. 92 ff.

761 *Monopolkommission*, Wettbewerb 2018, 03.07.2018, abrufbar unter https://www.monopolkommission.de/images/HG22/HGXXII_Gesamt.pdf, S. 70 f., Rn. 192 f.

762 *Uber*, Allgemeine Nutzungsbedingungen – Deutschland, 22.01.2021, abrufbar unter https://www.uber.com/legal/de/document/?name=general-terms-of-use&country=germany&lang=de, S. 7.

De facto ist die Vereinbarung eines geringeren Preises in der App aber nicht vorgesehen und kann in der Praxis nicht durchgeführt werden.[763]

i. Meyer vs. Uber

Eine Sammelklage von Verbrauchern vor dem US-Bezirksgericht für den südlichen Bezirk von New York warf dem ehemaligen Uber-CEO vor, die vertikale Vereinbarung mit den Fahrern den Surge-Pricing Algorithmus zu verwenden bewirke eine horizontale Absprache und beeinträchtige den Preiswettbewerb zwischen den Fahrern auf horizontaler Ebene.[764] Das Gericht entschied vorläufig in erster Instanz, dass diese Hub and Spoke-Konstellation gegen das Kartellverbot aus Section 1 des Sherman Act verstößt.[765] Das Bundesberufungsgericht für den zweiten Gerichtsbezirk verwies die Klage in der nächsten Instanz nochmal an das Bezirksgericht zurück, um die Frage zu klären, ob Uber wirksam auf sein Recht, schiedsrichterlich entscheiden zu lassen, verzichtet hat.[766] Das Bezirksgericht entschied zugunsten von Uber, dass eine Klärung vor dem Schiedsgericht möglich ist.[767] Daraufhin wurde das Verfahren auf Veranlassung der Beklagten vor einem Schiedsgericht weitergeführt. Das Schiedsgericht hat das Verfahren am 22. Februar 2020 in einem nicht veröffentlichten Urteil zugunsten von Uber entschieden und einen Verstoß gegen das Kartellrecht verneint. Ein Antrag der Klägerin vor dem Bezirksgericht wegen Befangenheit des Schiedsrichters wurde abgelehnt.[768]

---

763 *Rottmann/Göhsl*, WuW 2019, 348, 353; *Anderson/Huffmann,* 2017 Colum. Bus. L. Rev. 3, 859, 907 f.

764 U.S. District Court of the Southern District of New York, Entscheidung vom 31.03.2016, 174 F. Supp. 3d 817, Rn. 820 - *Meyer v. Kalanick I.*

765 U.S. District Court of the Southern District of New York, Entscheidung vom 31.03.2016, 174 F. Supp. 3d 817, Rn. 824 - *Meyer v. Kalanick I.*; *Anderson/Huffmann,* 2017 Columbia Business Law Review 2017, 859, 899; *Yilnen*, NZKart 2018, 19, 20.

766 United States Court of Appeals for the Second Circuit, Entscheidung v. 17.08.2017, 866 F.3d 66, Rn. 94 -*Meyer v. Uber Techs., Inc.*

767 *Passaro,* 7 Michigan Business & Entrepreneurial Law Review 2018, 259, 265.

768 U.S. District Court of the Southern District of New York, Entscheidung v. 03.08.2020, 477 F. Supp. 3d 52, Rn. 54 – *Meyer v. Kalanick III.*

ii. Samir Agrawal v. Ola & Uber

Das Geschäftsmodell von Uber wurde auch von der indischen Wettbewerbsbehörde (*Competition Commission of India* bzw. *CCI*) überprüft.[769] In dem Verfahren hatte der Verbraucher Samir Agrawal eine Beschwerde gegen Uber und den lokalen Konkurrenten Ola eingelegt.[770] Die CCI konnte keinen Verstoß gegen das indische Kartellgesetz erkennen. Es liege weder eine Hub and Spoke-Absprache noch eine sonstige kartellrechtswidrige Verhaltensweise vor.[771]

(2) Webtaxi S. a. r. l.

Die luxemburgische Wettbewerbsbehörde hatte über einen vergleichbaren Fall zu entscheiden, in dem eine Plattform einen Algorithmus einsetzt, um die Preise für verschiedene Taxi-Unternehmen festzulegen.[772] Die Webtaxi Plattform vermittelt Kunden mit Taxi-Unternehmen. Die Unternehmen zahlen eine monatliche Gebühr, um den Service der Plattform zu nutzen. Die Preise werden von dem Algorithmus der Plattform dynamisch aus verschiedenen Parametern, wie Preis pro Kilometer, Distanz, Reisezeit und Verkehr, festgesetzt und waren nicht verhandelbar.[773] Die Wettbewerbsbehörde sah darin eine horizontale Absprache. Allerdings sei die Absprache durch wirtschaftliche Effizienzen und Verbrauchervorteile gerechtfertigt.[774] Zum einen vermeide die Absprache Leerfahrten und reduziere den Ausstoß

769 Competition Commission of India, Entscheidung vom 6.11.2018, Case No. 37 of 2018 – *Samir Agrawal v. ANI Technologies Pvt. Ltd. and ors.*

770 *Agarwal*, 11 JECLAP 2020, 56, 58.

771 *Agarwal*, 11 JECLAP 2020, 56, 59.

772 Conseil de la Concurrence, Entscheidung v. 07.6.2018, Az. 2018-FO-01 – *Webtaxi S.à.r.l.*

773 *Giannino*, Webtaxi: The Luxembourg Competition Authority exempts an algorithmic price-fixing arrangement on efficiency grounds, 10.6.2018, abrufbar unter https://www.lexxion.eu/en/coreblogpost/webtaxi-the-luxembourg-competition-authority-exempts-an-algorithmic-price-fixing-arrangement-on-efficiency-grounds/.

774 Conseil de la Concurrence, Entscheidung v. 07.6.2018, Az. 2018-FO-01, S. 26 ff. – *Webtaxi S.à.r.l; Hollanders de Ouderaen/Partsch/Evans*, The Luxembourg Competition Authority allows a price-fixing agreement between competitors as it provides efficiency gains in the taxi market (Webtaxi), 07.06.2018, abrufbar unter https://www.concurrences.com/en/bulletin/news-issues/june-2018/the-luxembourg-competition-authority-allows-a-price-fixing-agreement-between.

von Treibhausgasen. Zum anderen gewähre sie den Kunden ein großes, zentralisiertes Angebot an Taxis rund um die Uhr.[775] Diese Effizienzen würden auch an die Kunden weitergegeben, da die algorithmische Preissetzung auf einer neutralen und objektiven Grundlage beruhe und den Kunden günstigere Preise und kürzere Wartezeiten zuteilwerden lasse.[776] Die Absprache sei auch erforderlich, um zu gewährleisten, dass die Kunden den nächstgelegenen Fahrer zugewiesen bekommen. Das wäre ohne die Absprache nicht möglich, da ansonsten mit jedem Fahrer einzeln verhandelt werden müsse.[777] Zuletzt werde der Wettbewerb auch nicht ausgeschaltet, da nur 26 % der aktiven Taxis in Luxemburg an der Vereinbarung beteiligt waren.[778]

ee. Stellungnahme zu den Verfahren gegen Uber und Webtaxi

Bei dem Geschäftsmodell von Vermittlungsplattformen wie Uber oder Webtaxi, könnte die Zustimmung der Taxi-Unternehmen zu der gleichgeschalteten Preissetzung durch die Plattform einen Verstoß gegen das Kartellverbot nach Art. 101 AEUV bzw. § 1 GWB darstellen.

(1) Adressat: Gesamtunternehmen oder selbstständige Einzelunternehmer?

Das deutsche und europäische Kartellverbot richtet sich an Unternehmen, d.h. jede wirtschaftliche Einheit, unabhängig von ihrer Rechtsform und der Art ihrer Finanzierung. Es könnte bereits das Konzernprivileg einem Verstoß gegen Art. 101 AEUV bzw. § 1 GWB entgegenstehen. Das Konzernprivileg würde jedenfalls greifen, wenn die Beförderungsdienstleister als Arbeitnehmer einzustufen sind.[779] Der EuGH hat entschieden, dass wei-

775 Conseil de la Concurrence, Entscheidung v. 07.06.2018, Az. 2018-FO-01, S. 26 – *Webtaxi S.à.r.l.*

776 Conseil de la Concurrence, Entscheidung v. 07.06.2018, Az. 2018-FO-01, S. 27 f. – *Webtaxi S.à.r.l.*

777 Conseil de la Concurrence, Entscheidung v. 07.6.2018, Décision No. 2018-FO-01, S. 28 f. – *Webtaxi S.à.r.l.*; *Evans*, Webtaxi: A Wrong Decision on "Algorithmic Price Fixing", 10.08.2018, abrufbar unter https://www.jdsupra.com/legalnews/webtaxi-a-wrong-decision-on-algorithmic-93151/.

778 Conseil de la Concurrence, Entscheidung v. 07.6.2018, Décision No. 2018-FO-01, S. 30 f. – *Webtaxi S.à.r.l.*

779 *Käseberg/von Kalben*, WuW 2018, 2, 4; *Künstner*, GRUR 2019, 36, 39; differenzierend *Lichtenberg*, NZKart 2023, 296 ff.

sungsabhängige Arbeitnehmer, die während der Dauer des Arbeitsverhältnisses in das Unternehmen des Arbeitgebers eingegliedert sind, mit diesem Unternehmen eine wirtschaftliche Einheit bilden und somit nicht selbst ein „Unternehmen" im Sinne des europäischen Wettbewerbsrechts darstellen.[780] Folglich greift das Kartellverbot nur, wenn die Uber-Fahrer nicht abhängig Beschäftigte von Uber sind – ob dies der Fall ist, ist teilweise strittig.[781] Solange diese Frage nicht abschließend geklärt ist, wird im Rahmen der folgenden Ausführungen davon ausgegangen, dass das Konzernprivileg nicht greift.

(2) Vereinbarung oder abgestimmte Verhaltensweise

Es müsste auch eine Vereinbarung oder eine abgestimmte Verhaltensweise vorliegen. In vertikaler Hinsicht überlassen die Uber-Fahrer die Preissetzung vollständig der Plattform. Dabei handelt es sich um vertikale Vereinbarungen. Wenn Uber hier als Absatzvermittler auftritt, könnte man darüber nachdenken, ob die Vereinbarungen nicht dem Handelsvertreterprivileg unterfallen und damit nicht von Art. 101 AEUV erfasst sind.[782] Nach den Vertikal-Leitlinien erfüllen Vereinbarungen zwischen Unternehmen und Online-Plattformen in der Regel nicht die Voraussetzungen für eine Einstufung als Handelsvertreterverträge, da die Online Plattformen als unabhängige Wirtschaftsteilnehmer agieren.[783] In diesem Sinne kann das Handelsvertreterprivileg nicht angewendet werden. Die jeweiligen vertikalen Vereinbarungen der Beförderungsdienstleister mit der Plattform bezwecken oder bewirken für sich genommen noch keine Wettbewerbsbeschränkung.[784]

Allerdings könnte hier eine Abstimmung über Bande nach den Hub and Spoke-Grundsätzen vorliegen. Die Beförderungsdienstleister schließen hier vertikale Vereinbarungen mit Uber ab, in denen sie die Preissetzung dem Preisalgorithmus von Uber überlassen. Sie haben auch Kenntnis davon, dass die anderen Wettbewerber ihre Preissetzung ebenfalls der Plattform

780 *Säcker/Steffens* in: MüKo WettbR, Band 1/1, 2023, Art. 101 AEUV, Rn. 53; *Grunst*, Die Unternehmensverantwortlichkeit im europäischen und deutschen Kartellrecht, 2023, S. 47; EuGH, 16.09.1999, Rs. C-22/98, ECLI:EU:C:1999:419, Rn. 26 – *Becu*.

781 *Wank*, RdA 2021, 376 f.; *Engler*, EuZA 2021, 103 ff.

782 *Rottmann/Göhsl*, WuW 2019, 348, 351.

783 Europäische Kommission, Bekanntmachung der Kommission, Leitlinien für vertikale Beschränkungen, 2022/C 248/01, Rn. 46.

784 *Rottmann/Göhsl*, WuW 2019, 348, 351.

überlassen. Eine Abstimmung kann also schon in dem parallelen Abschluss der vertikalen Vereinbarungen gesehen werden. Die abgestimmte Verhaltensweise stellt dann die Nutzung der Plattform in dem Wissen über den Verzicht auf Preiswettbewerb durch Nutzung eines zentralen Algorithmus dar.

(3) Wettbewerbsbeschränkung

Darin liegt auch eine bezweckte Wettbewerbsbeschränkung. Denn es ist gerade der Sinn und Zweck der gleichgeschalteten Preissetzung, den Preiswettbewerb zwischen den Taxi-Unternehmen auszuschalten.

i. Immanenztheorie

Etwas anderes ergibt sich auch nicht aus dem Immanenzgedanken, nach dem eine wettbewerblich neutrale oder sogar wettbewerbsfördernde Hauptabrede, die nur durch eine wettbewerbsbeschränkende Nebenabrede durchgeführt werden kann, keine Wettbewerbsbeschränkung darstellt.[785] Der Immanenzgedanke greift nämlich nur, wenn die Wettbewerbsbeschränkung für die Durchführung der Hauptabrede objektiv notwendig und unerlässlich ist.[786] Der Verzicht auf jeglichen Preiswettbewerb ist aber nicht unerlässlich, um die Plattform zu betreiben. Uber könnte den Algorithmus auch so ausgestalten, dass dieser den Fahrern nur eine Preisempfehlung ausspricht, von der diese nach oben oder unten abweichen können, bevor der Preis dem Kunden angezeigt wird.[787] Es wäre auch denkbar, dass die Plattform dem Kunden mehrere Angebote von verschiedenen Fahrern anzeigt, sodass der Kunde auswählen kann.

785 *Zimmer* in: Immenga/Mestmäcker, Band 1, 2025, Art. 101 AEUV, Rn. 160; *Kling/Thomas*, Kartellrecht, 2016, § 5, Rn. 228; *Zimmer* in: Immenga/Mestmäcker, Band 2, 2024, § 1 GWB, Rn. 57; *Lübbig* in: Wiedemann (Hrsg.), Handbuch des Kartellrechts, 2020, § 8, Rn. 21.

786 BGH, 18.05.2021, Az. KVR 54/20, BeckRS 2021, 21209, Rn. 25 – *Booking.com*; EuGH, 11.9.2014, Rs. C-382/12 P, ECLI:EU:C:2014:2201, Rn. 91 – *MasterCard u. a./Kommission*; EuGH, 19.9.2024, Rs. C-264/23, ECLI:EU:C:2024:764, Rn. 53 – *Booking*.

787 Ausführlich *Rottmann/Göhsl*, WuW 2019, 348, 353.

ii. Wouters-Doktrin

Die Wettbewerbsbeschränkung kann auch nicht nach der Wouters-Rechtsprechung durch legitime Ziele im Allgemeininteresse gerechtfertigt werden.[788] Es ist in der Rechtsprechung des EuGH grundsätzlich anerkannt, dass eine Wettbewerbsbeschränkung i.S.d. Art. 101 Abs. 1 AEUV durch die Berufung auf die Verfolgung eines oder mehrerer dem Gemeinwohl dienender legitimer Zwecke gerechtfertigt sein kann.[789] Diese Rechtsprechung ist sachlich nicht von vorneherein auf Sonderkonstellationen aus dem Bereich der Berufsverbände (Rechtsanwälte, Notare, Geologen, Buchprüfer) oder aus dem Sportsektor beschränkt.[790] Denn der EuGH stellt explizit fest, dass diese Rechtsprechung „insbesondere bei Vereinbarungen oder Beschlüssen in Form von Vorschriften anzuwenden sein, die von einer Vereinigung wie einem Berufsverband oder einem Sportverband erlassen wurden"[791] zur Anwendung kommt und lässt damit im Umkehrschluss Raum für eine Erweiterung dieser Rechtsprechung auf alle Wirtschaftssektoren. Allerdings hat der EuGH in der Rechtssache European Superleague entschieden, dass eine Rechtfertigung nach Maßgabe der Wouters-Rechtsprechung bei bezweckten Wettbewerbsbeschränkungen i.S.d. Art. 101 Abs. 1 AEUV keine Anwendung findet.[792] Um eine solche bezweckte Wettbewerbsbeschränkung handelt es sich aber in der zu prüfenden Konstellation. Außerdem ist auch die Wouters-Rechtsprechung nur anwendbar, wenn die Wettbewerbsbeschränkung zur Verfolgung der angestrebten Ziele

788 Grundlegend EuGH, 19.02.2002, Rs. C-309/99, ECLI:EU:C:2002:98 – *Wouters.*

789 EuGH, 19.02.2002, Rs. C-309/99, ECLI:EU:C:2002:98, Rn. 97 – *Wouters*; EuGH, 18.07.2006, Rs. C-519/04 P, Rn. 42 – *Meca-Medina*; EuGH, 28.02.2013, Rs. C-1/12, ECLI:EU:C:2013:127, Rn. 93 – *OTOC*; EuGH, 18.07.2013, Rs. C-136/12, ECLI:EU:C:2013:489, Rn. 53 – *CNG*; EuGH, 04.09.2014, verb. Rs. C-184/13 u.a., ECLI:EU:C:2014:2147, Rn. 47 – *API*; EuGH, 23.11.2017, verb. Rs. C-427/16 u.a., ECLI:EU:C:2017:890, Rn. 54 – *CHEZ Elektro Bulgaria*; EuGH, 21.12.2023, Rs. C-333/21, ECLI:EU:C:2023:1011, Rn. 183 – *European Superleague*; EuGH, 21.12.2023, Rs. C-680/21, ECLI:EU:C:2023:1010, Rn. 113 – *Royal Antwerp Football Club*; EuGH, 21.12.2023, Rs. C-124/21 P, ECLI:EU:C:2023:1012, Rn. 111 – *International Skating Union*; EuGH, 18.01.2024, Rs. C-128/21, ECLI:EU:C:2024:49, Rn. Rn. 97 – *Lietuvos notaru rumai*; EuGH, 25.01.2024, Rs. C-438/22, ECLI:EU:C:2024:71, Rn. 30 – *Em akaunt BG EOOD.*

790 *Wiedemann*, NZKart 2024, 347, 350.

791 EuGH, 25.01.2024, Rs. C-438/22, ECLI:EU:C:2024:71, Rn. 31 – *Em akaunt BG EOOD.*

792 EuGH, 21.12.2023, Rs. C-333/21, ECLI:EU:C:2023:1011, Rn. 186/187 – *European Superleague.*

tatsächlich erforderlich ist.[793] Wie im Rahmen der Immanenztheorie bereits ausgeführt, ist die gleichgeschaltete Preissetzung aber nicht unbedingt erforderlich, um die Plattform effektiv zu betreiben. Die Wouters-Rechtsprechung ist daher gleich aus mehreren Gründen nicht auf diesen Fall anwendbar.

(4) Freistellung

Eine Freistellung im Einzelfall nach Art. 101 Abs. 3 AEUV bzw. § 2 GWB greift in diesem Fall auch nicht durch, da die Einzelfreistellung schon ihrem Wortlaut nach voraussetzt, dass die Beschränkung für die Verwirklichung der verfolgten Ziele unerlässlich ist. Wie bereits ausgeführt, ist die gleichgeschaltete Preissetzung bei Uber oder Webtaxi aber nicht unerlässlich, um die damit angestrebten Ziele zu verwirklichen. Aus diesem Grund kann die Webtaxi Entscheidung aus Luxemburg nicht ohne Weiteres auf das deutsche bzw. europäische Kartellrecht übertragen werden.[794]

(5) Zwischenfazit Uber und Webtaxi

Das aktuelle Geschäftsmodell von Plattformen wie Uber oder Webtaxi verstößt gegen das Kartellverbot. Es handelt sich um einen Sonderfall der Hub and Spoke-Konstellation, in dem die Preissetzung über einen einzigen Algorithmus zwischen den Wettbewerbern gleichgeschaltet wird. Eine Rechtfertigung dieses Verhaltens über die Immanenztheorie, die Wouters-Rechtsprechung oder eine Einzelfreistellung nach Art. 101 Abs. 3 AEUV kommt im europäischen Kartellrecht – anders als im Webtaxi-Fall in Luxemburg – nicht in Betracht.

c. Zwischenergebnis

Der Einsatz von Preisalgorithmen in Hub and Spoke-Konstellationen kann von der Rechtslage de lege lata ausreichend erfasst werden. Aus den Leitlinien der Kommission und aus den Veröffentlichungen des Bundeskartell-

793 Vgl. statt aller EuGH, 25.01.2024, Rs. C-438/22, ECLI:EU:C:2024:71, Rn. 30 – *Em akaunt BG EOOD.*

794 *Rottmann/Göhsl*, WuW 2019, 348, 354 f.

amts lassen sich hilfreiche Rückschlüsse zur kartellrechtlichen Bewertung dieser Fallgruppe ziehen. Anhand dieser Grundsätze können die Fälle in der Praxis unter Art. 101 AEUV subsumiert werden. Die Behörde muss allerdings im Einzelfall die Kenntnis der Wettbewerber nachweisen oder zumindest belegen, dass die Angleichung der Algorithmen vernünftigerweise vorherzusehen war. Einen Sonderfall stellt die gleichgeschaltete Preissetzung dar, die in einigen Geschäftsmodellen von Beförderungsdienstleistungsunternehmen wie beispielsweise Uber oder Webtaxi zur Anwendung kommt dar. Zum aktuellen Zeitpunkt stellt das Geschäftsmodell von Uber nach hier vertretener Ansicht eine kartellrechtswidrige Hub and Spoke-Konstellation dar.[795]

4. Preisalgorithmen und öffentliche Ankündigungen

Die Unternehmen können Preissetzungsalgorithmen auch einsetzen, um öffentliche Ankündigungen über ein zukünftiges Marktverhalten (sog. *Signalling*) zu betreiben.[796] Dieses Verhalten wird auch Koordinierung über den Markt genannt.[797] Besonders relevant sind dabei die Ankündigungen von Preiserhöhungen (sog. *Price Signalling*). Price Signalling ist kein systematischer Informationsaustausch, sondern ein einseitiges öffentliches Ankündigen von zukünftigen Preiserhöhungen.[798] Dies kann zum Beispiel durch Interviews geschehen, die über bestimmte Medien verbreitet werden.[799] Anders als bei einem klassischen Informationsaustausch profitiert von einem Signalling auch die Marktgegenseite. Signalling kann aber auch wettbewerbsschädlich sein, wenn die Unternehmen dies tun, um die Bereitschaft zu einer Kollusion zu signalisieren. Das Signalling geschieht dann in der Hoffnung, die Wettbewerber werden sich auch kollusiv verhalten und ebenfalls ihre Preise erhöhen. Dies birgt allerdings die – jeder Kollusion immanente – Gefahr, dass der Preiserhöhung nicht gefolgt wird und die Kunden bei der günstigeren Konkurrenz einkaufen. Auch Preissetzungsal-

795 Andere Ansicht *Veith*, Künstliche Intelligenz, Haftung und Kartellrecht, 2021, S. 200; *Wolf*, NZKart 2019, 2, 3.

796 *Andreas*, Die Haftung für Kartellverstöße durch Preisalgorithmen, 2022, S. 28; *Zimmer* in: Immenga/Mestmäcker, Band 2, 2024, § 1 GWB, Rn. 36.

797 *Emmerich/Lange*, Kartellrecht, 2024, § 4, Rn. 20.

798 *Whish/Bailey*, Competition Law, 2024, S. 535.

799 *Whish/Bailey*, Competition Law, 2024, S. 535.

gorithmen könnten zum Signalling verwendet werden.[800] Im Folgenden werden zunächst die rechtlichen Grundlagen des Signalling dargestellt (a.). Dann wird auf die Besonderheiten des Signalling beim Einsatz von Preisalgorithmen eingegangen (b.). Im Anschluss folgt ein Zwischenergebnis (c.).

a. Rechtliche Grundlagen zum Signalling

Signalling könnte als abgestimmte Verhaltensweise im Sinne des Art. 101 AEUV bzw. § 1 GWB gewertet werden. Damit eine Abstimmung angenommen werden kann, müssten öffentliche Ankündigungen von Preisen eine Fühlungnahme darstellen. Wann eine Fühlungnahme in diesen Konstellationen angenommen werden kann, ist noch nicht abschließend geklärt.

aa. Vorgaben aus der Rechtsprechung des EuGH

Der EuGH hat in zwei wegweisenden Entscheidungen Vorgaben zur kartellrechtlichen Bewertung des Signalling gemacht.[801] Im Folgenden werden zunächst die Entscheidungen in den Rechtssachen ICI und Ahlström analysiert.

(1) Die Entscheidung ICI

In der ICI-Entscheidung – im deutschen teilweise auch als Farbstoff-Kartell bezeichnet – aus dem Jahr 1972 hatte der EuGH über einen Fall zu entscheiden, in dem alle betroffenen Unternehmen geplante Preisankündigungen öffentlich bekannt gemacht und sogleich angewandt haben. Die erste Ankündigung erfolgte durch ein Unternehmen, welches öffentlich eine Preiserhöhung von 15 % ankündigte. Diesem Vorgehen folgten alle anderen betroffenen Wettbewerber.[802] Der EuGH wertete dieses Verhalten als eine abgestimmte Verhaltensweise. In seiner Entscheidung berücksichtigte er insbesondere die oligopolistische Struktur des Farbstoffmarktes und die dort bestehenden, eine Kollusion begünstigenden Faktoren. Der EuGH weist darauf hin, dass es insbesondere auf einem solchen Markt von besonderer Bedeutung ist,

800 *Ezrachi/Stucke*, 2017 University of Illinois Law Review 2017, 1775, 1792.
801 *Ackermann/Roth* in: FK, Kartellrecht, 2023, Art. 101 AEUV, Rn. 206.
802 EuGH, 14.7.1972, Rs. C-48/69, ECLI:EU:C:1972:70, Rn. 88/90 – *ICI*.

„jedes Vorgehen zu verhindern, das die Möglichkeiten der gegenseitigen Durchdringung der einzelnen nationalen Märkte auf der Verbraucherebene künstlich verringern könnte".[803]

Durch die Preisankündigungen haben die Wettbewerber jede Ungewissheit über ihr zukünftiges Verhalten und damit das normale Risiko, welches mit jedem Marktverhalten - insbesondere einer Preiserhöhung – einhergeht, beseitigt.[804]

(2) Die Entscheidung Ahlström

Einige Jahre später hatte der EuGH in der Ahlström-Entscheidung über ein System vierteljährlicher Preisankündigungen von im Wettbewerb stehenden Zellstoffherstellern zu entscheiden. Die Preisankündigungen ergingen gegenüber den Abnehmern.[805] Dieses System der Preisankündigungen ist nach Ansicht des EuGH als solches nicht als abgestimmte Verhaltensweise einzustufen. Dies wurde dadurch begründet, dass eine rein einseitige Maßnahme eines Unternehmens die Unsicherheit seiner Mittbewerber in Bezug auf das zukünftige Verhalten nicht verringern kann.[806] Weiterhin hatte der EuGH darüber zu entscheiden, ob das System der gleichzeitigen Preisankündigung in Verbindung mit der Parallelität der angekündigten Preise als Indiz für eine abgestimmte Verhaltensweise ausreiche.[807] Der EuGH stellte hierzu fest, dass ein Parallelverhalten nur als Indiz für eine vorherige Abstimmung gewertet werden dürfe, wenn dieses nicht anders als durch eine Abstimmung einleuchtend erklärt werden kann.[808] Im Ergebnis lehnte der EuGH dies ab. Er wertete unter anderem die *„oligopolistischen Tendenzen"* des Marktes als eine befriedigende Erklärung für die Parallelität und die Entwicklung der Preise.[809]

(3) Zwischenfazit

Der EuGH hat in seiner Rechtsprechung – insbesondere in der Ahlström-Entscheidung – strenge Vorgaben für die Annahme einer abgestimmten

803 EuGH, 14.7.1972, Rs. C-48/69, ECLI:EU:C:1972:70, Rn. 115/119 – *ICI*.
804 EuGH, 14.7.1972, Rs. C-48/69, ECLI:EU:C:1972:70, Rn. 99/103 – *ICI*.
805 EuGH, 31.3.1993, Rs. C-89/85, ECLI:EU:C:1993:120, Rn. 59 ff. – *Ahlström*.
806 EuGH, 31.3.1993, Rs. C-89/85, ECLI:EU:C:1993:120, Rn. 64 – *Ahlström*.
807 EuGH, 31.3.1993, Rs. C-89/85, ECLI:EU:C:1993:120, Rn. 70 – *Ahlström*.
808 EuGH, 31.3.1993, Rs. C-89/85, ECLI:EU:C:1993:120, Rn. 71 – *Ahlström*.
809 EuGH, 31.3.1993, Rs. C-89/85, ECLI:EU:C:1993:120, Rn. 126 – *Ahlström*.

Verhaltensweise bei öffentlichen Preisankündigungen gemacht. Selbst bei in regelmäßigen Abständen stattfindenden öffentlichen Preisankündigungen von Wettbewerbern und einer beobachteten Parallelität bei der Preisentwicklung kann eine Abstimmung nicht ohne Weiteres angenommen werden. In beiden Entscheidungen spielte die oligopolistische Marktstruktur eine entscheidende Rolle. Während in der ICI-Entscheidung eine Kollusion fördernde Faktoren noch argumentativ eingesetzt wurden, um eine abgestimmte Verhaltensweise anzunehmen, nutzte der EuGH in Ahlström oligopolistische Tendenzen des Marktes als valides Argument, um ein erlaubtes Parallelverhalten zu begründen. Die Rechtsprechung des EuGH hat sich also von „auf oligopolistischen Märkten müssen die Unternehmen besonders vorsichtig sein“ zu „auf oligopolistischen Märkten treffen die Kartellbehörden besonders hohe Nachweisanforderungen“ entwickelt.

bb. Bewertung durch die Kommission

Im Folgenden soll überprüft werden, wie die Kommission öffentliche Preisankündigungen bewertet.

(1) Fallpraxis

Nachdem die Kommission mit ihrer Entscheidung im Ahlström-Fall[810] vor dem EuGH gescheitert ist, gab es für längere Zeit keine Entscheidungen der Kommission zum Signalling.[811] Im Jahr 2016 hatte die Kommission dann im Container Shipping-Fall ein Price Signalling zu beurteilen.[812] In diesem Fall hatten verschiedene Reedereien geplante Erhöhungen ihrer Frachtraten pro Einheit, das Datum des Inkrafttretens und die betroffenen Routen auf ihrer Homepage, in der Presse und anderweitig veröffentlicht.[813] Die Kommission bezweifelte hier einen Nutzen für die Kunden als Adressaten der Ankündigungen, da diese keine Schlussfolgerungen auf den tatsäch-

810 Europäische Kommission, Entscheidung v. 19.12.1984, Az. IV/29.725, Rn. 81 ff. – *Wood Pulp.*

811 *Richter/Niggemann* in: Festschrift Dirk Schroeder, 2018, S. 698.

812 *Hengst* in: Bunte, 2021, Art. 101 AEUV, Rn. 127.

813 Europäische Kommission, Entscheidung v. 07.07.2016, Az. C(2016) 4215, AT.39850 – *Container Shipping,* Rn. 1, 26.

lichen Endpreis ziehen konnten.[814] Vielmehr vermutete die Kommission, dass die Ankündigungen nur der Überprüfung der tatsächlichen Durchsetzbarkeit geplanter Ratenerhöhungen, ohne Kunden zu verlieren, diente. Durch die Ankündigungen würden daher in erster Linie die strategische Unsicherheit zwischen den Wettbewerbern und der Anreiz, in Wettbewerb zu treten, verringert.[815] Die Reedereien boten daraufhin an sich zu verpflichten, allenfalls noch verständliche und verbindliche Gesamtpreise zu veröffentlichen und keine als Betrag oder in Prozent angegeben Preiserhöhungen. Die Preise dürfen höchstens 31 Tage vor der Erhöhung veröffentlicht werden.[816] Die Kommission beendete das Verfahren mit einer Verpflichtungsentscheidung, in der die angebotenen Zusagen als verbindlich erklärt wurden.

(2) Horizontal-Leitlinien

In den Horizontal-Leitlinien stellt die Kommission einseitige öffentliche Ankündigungen nicht grundsätzlich frei.[817] Vielmehr stellt sie direkt fest, dass es sich dabei um einen Kommunikationskanal zwischen Wettbewerbern, um ein zukünftiges Marktverhalten zu signalisieren, oder einen Ausgangspunkt für eine Koordination handeln kann, was unter Art. 101 AEUV fallen würde.[818] Zur Konkretisierung werden beispielhaft zwei Fälle aufgeführt, bei denen ein Verstoß gegen Art. 101 AEUV anzunehmen sei.

i. Beispiel: Nutzung öffentlicher Ankündigungen

In dem ersten Fall kündigen vier Wettbewerber mit einem Marktanteil von insgesamt über 70 % regelmäßig Preiserhöhungen öffentlich an. Die Preis-

814 Europäische Kommission, Entscheidung v. 07.07.2016, Az. C(2016) 4215, AT.39850 – *Container Shipping,* Rn. 41 ff.

815 Europäische Kommission, Entscheidung v. 07.07.2016, Az. C(2016) 4215, AT.39850 – *Container Shipping,* Rn. 37 ff.

816 Europäische Kommission, Entscheidung v. 07.07.2016, Az. C(2016) 4215, AT.39850 – *Container Shipping,* Rn. 63 ff.

817 *Europäische Kommission,* Leitlinien zur Anwendbarkeit von Artikel 101 des Vertrags über die Arbeitsweise der Europäischen Union auf Vereinbarungen über horizontale Zusammenarbeit, 2023/C 259/01, Rn. 398 ff.

818 *Europäische Kommission,* Leitlinien zur Anwendbarkeit von Artikel 101 des Vertrags über die Arbeitsweise der Europäischen Union auf Vereinbarungen über horizontale Zusammenarbeit, 2023/C 259/01, Rn. 398.

erhöhungen erfolgen in dem Beispiel immer circa sieben Monate vor der Umsetzung. Allerdings werden die Preise dann in vielen Fällen noch vor der Preissetzung verändert und die Firmen kommentieren regelmäßig die Preisankündigungen der Wettbewerber. Hier sei der Nutzen der Verbraucher auf der einen Seite gering, da die Preise häufig noch geändert werden und die Ankündigungen sind auf der anderen Seite geeignet, dem Wettbewerb erheblich zu schaden, da Unsicherheit über das Marktverhalten der Wettbewerber beseitigt werden.[819]

ii. Beispiel: Einseitige öffentliche Ankündigungen

In dem zweiten Fall kündigt ein großes Unternehmen einseitig öffentlich an, die Preise auf einem homogenen Markt wegen externer Effekte erhöhen zu müssen und appelliert an die Wettbewerber, die Preiserhöhung mitzumachen. Hier handele es sich um eine Einladung zur Kollusion, die bei einer ähnlichen öffentlichen Ankündigung oder bei einem entsprechend konformen Marktverhalten eines Wettbewerbers unter das Kartellverbot falle. Wettbewerber können das Risiko einer abgestimmten Verhaltensweise minimieren, wenn sie sich öffentlich distanzieren oder das Verhalten einer Wettbewerbsbehörde melden.[820]

(3) Stellungnahme

Die Praxis der Kommission zu Signalling-Konstellationen ist – wahrscheinlich auch der strengen EuGH-Rechtsprechung geschuldet – sehr limitiert. Die Container Shipping-Entscheidung zeigt, dass Preisankündigungen von der Kommission grundsätzlich nur akzeptiert werden, wenn sie auch einen Nutzen für den Verbraucher haben und nicht als versteckte Koordinierungsform zwischen den Wettbewerbern genutzt werden. Die überarbeiteten Leitlinien zeigen beispielhaft, unter welchen Bedingungen die Kommission öffentliche Preisankündigungen als Verstoß gegen das Kartellverbot werten würde. Das erste Beispiel steht im Einklang mit der Entscheidung

819 *Europäische Kommission*, Leitlinien zur Anwendbarkeit von Artikel 101 des Vertrags über die Arbeitsweise der Europäischen Union auf Vereinbarungen über horizontale Zusammenarbeit, 2023/C 259/01, Rn. 431.

820 Europäische Kommission, Leitlinien zur Anwendbarkeit von Artikel 101 des Vertrags über die Arbeitsweise der Europäischen Union auf Vereinbarungen über horizontale Zusammenarbeit, 2023/C 259/01, Rn. 432.

im Container Shipping-Fall, da auch hier auf den fehlenden Nutzen für den Verbraucher abgestellt wird. Der Fall steht auch im Einklang mit der Entscheidung des EuGH in Sachen Ahlström, da hier in Form der Kommentierungen und den regelmäßigen Veränderungen ein zusätzliches „kollusives Element" vorliegt, welches neben den reinen Ankündigungen und dem Parallelverhalten für eine abgestimmte Verhaltensweise spricht. Das zweite Beispiel ist dagegen mit der Ahlström-Entscheidung des EuGH nur schwerlich in Einklang zu bringen. Zwar liegt auch hier in dem Appell an die Wettbewerber ein zusätzlich zu berücksichtigender Aspekt vor. Tatsächlich muss für eine Abstimmung aber auch eine Fühlungnahme eines anderen Unternehmens vorliegen. Der EuGH hat aber in Ahlström entschieden, dass nur eine übereinstimmende öffentliche Ankündigung in Verbindung mit einem tatsächlichen preislichen Parallelverhalten noch keine Abstimmung begründen kann. Wenig überzeugend ist es daher, wenn die Kommission sogar davon ausgeht, allein aufgrund eines preislichen Parallelverhaltens könnte dann von einer Abstimmung ausgegangen werden. Dieses Parallelverhalten kann – abhängig von den Umständen des Einzelfalls – nämlich auch durch andere Umstände zu erklären sein. Wenn die Unternehmen sich dagegen von der Ankündigung distanzieren, sei nach Ansicht der Kommission kein Raum für eine Abstimmung. Dieses Distanzierungsgebot ist dogmatisch unsauber, da es die Abstimmungsannahme zu ersetzen versucht, welche aber gerade Voraussetzung für eine Distanzierung wäre.[821]

cc. Bewertung durch das Bundeskartellamt

Das Bundeskartellamt hat sich, soweit ersichtlich, bisher erst in einem Fall mit einem Signalling auseinandergesetzt.[822] Zuvor hatte das Amt in seiner Sektoruntersuchung zu Zement und Transportbeton herausgefunden, dass sich in der Zementbranche eine Praxis des Verschickens einseitiger Preiserhöhungsrundschreiben an die Kunden etabliert hat.[823] Daraufhin ermittelte

821 *Wagner-von Papp*, WuW 2022, 642, 648; *ders.* in: Lianos/Geradin (Hrsg.), Handbook on European Competition Law, 2013, S. 166-168.

822 *Hengst* in: Bunte, 2021, Art. 101 AEUV, Rn. 128; *Zimmer* in: Immenga/Mestmäcker, Band 2, 2024, § 1 GWB, Rn. 42; *Ackermann/Roth* in: FK, Kartellrecht, 2023, Art. 101 AEUV, Rn. 208a.

823 Bundeskartellamt, Abschlussbericht gemäß § 32e GWB vom 13.07.2017, Az. B1–73/13, S. 240 ff. - *Sektoruntersuchung Zement und Transportbeton*.

die Kartellbehörde aufgrund dieses Verhaltens gegen verschiedene Unternehmen aus der Zementindustrie.[824] Die Zementhersteller informierten ihre Kunden in den Preiserhöhungsrundschreiben frühzeitig über geplante Preiserhöhungen aller Produkte. Aufgrund der vertikalen Integration in der Branche erlangten auch die Wettbewerber Kenntnis von diesen Schreiben. Da diese pauschalen Schreiben für die Kunden einen geringen Informationswert haben, aber gleichzeitig das Risiko bergen, die Unsicherheit über Preiserhöhungen auf horizontaler Ebene zu beseitigen, sah das Amt darin einen Verstoß gegen § 1 GWB.[825] Kartellrechtlich unbedenklich sei es nach Ansicht des Amtes hingegen, die Kunden in individualisierter Form nur über die Erhöhung der Preise von denjenigen Produkten, welche der spezifische Adressat des Rundschreibens auch bezieht, zu informieren. Ein Teil der Beteiligten stellte seine Praxis aufgrund der Ermittlungen ein und die übrigen Unternehmen verpflichteten sich, ab sofort auf die Versendung pauschaler Preiserhöhungsrundschreiben zu verzichten.[826]

dd. Zwischenfazit

Die Rechtsprechung hat in der Ahlström-Entscheidung strenge Vorgaben für die Annahme einer abgestimmten Verhaltensweise bei öffentlichen Preisankündigungen gemacht. Die europäische Kommission liefert in den Horizontal-Leitlinien erste Anhaltspunkte zur kartellrechtlichen Bewertung von öffentlichen Bekanntmachungen. Zudem haben die Kommission und das Bundeskartellamt sich in einzelnen Entscheidungen mit öffentlichen Bekanntmachungen auseinandergesetzt. Wie die Kommission stellt auch das Bundeskartellamt in seiner Fallpraxis bei der kartellrechtlichen Bewertung maßgeblich auf den Nutzen für die Verbraucher ab. Die Entscheidungen der Kartellbehörden endeten zuletzt ausschließlich in Verpflichtungszusagen und wurden nicht mehr von Gerichten überprüft. Insgesamt ist die Fallpraxis zu Signalling überschaubar. Die kartellrechtliche Bewertung des Signalling ist daher zum aktuellen Zeitpunkt noch ein Graubereich des Kartellrechts, bei dem die exakten Konturen in zukünftigen Entscheidungen weiter herausgearbeitet werden müssen.

824 Bundeskartellamt, Fallbericht vom 14.02.2018, Az. B1-240-17.
825 Bundeskartellamt, Fallbericht vom 14.02.2018, Az. B1-240-17, S. 3.
826 Bundeskartellamt, Fallbericht vom 14.02.2018, Az. B1-240-17, S. 4.

b. Signalling beim Einsatz von Preisalgorithmen

Eine Fallpraxis zum Signalling beim Einsatz von Preisalgorithmen existiert bisher nicht. Es sind aber Szenarien denkbar, in denen Preisalgorithmen zum Signalling verwendet werden. Beim Einsatz von Preisalgorithmen sind zwei Arten des Signalling möglich. Einerseits könnten durch Preisalgorithmen zukünftige Preise automatisch auf einer gemeinsamen Plattform mit anderen Wettbewerbern und den Kunden veröffentlicht werden (aa.). Andererseits könnten die Preisalgorithmen durch Preissignale auf dem Markt die Bereitschaft zur Kollusion signalisieren (bb.).[827]

aa. Signalling mit Algorithmen auf einer gemeinsamen Plattform

Zunächst soll untersucht werden, wie sich ein Signalling mit Algorithmen auf einer gemeinsamen Plattform darstellen könnte und wie dies nach den oben dargestellten Grundsätzen kartellrechtlich zu bewerten ist. Eine ähnliche Konstellation liegt dem Airline Tariff Publishing-Fall aus den USA zugrunde.

(1) Airline Tariff Publishing Fall

Ein Fall, der lange vor der Diskussion rund um den Einsatz von Algorithmen stattgefunden hat, aber in der Literatur[828] in diesem Kontext häufig diskutiert wird, ist der Airline Tariff Publishing-Fall, der sich in den Neunzigerjahren in den USA ereignet hat.[829] Es handelt sich wohl um einen der ersten Fälle, bei dem eine Software zur Vereinfachung von Absprachen eingesetzt wurde. Airline Tariff Publishing (ATP) war ein Ge-

827 *Sternberg*, Algorithmische Preissetzung und tacit collusion, 2023, S. 54; *König* in: Ebers/Heinze/Krügel u.a. (Hrsg.), Künstliche Intelligenz und Robotik, 2020, §17, Rn. 54; *Monopolkommission*, Wettbewerb 2018, 03.07.2018, abrufbar unter https://www.monopolkommission.de/images/HG22/HGXXII_Gesamt.pdf, S. 69 ff., Rn. 187 ff.; *OECD*, Algorithms and Collusion: Competition policy in the digital age, 2017, abrufbar unter www.oecd.org/competition/algorithms-collusion-competition-policy-in-the-digital-age.htm, S. 30.

828 *Ezrachi/Stucke*, 2017 University of Illinois Law Review 2017, 1775, 1786; *Janka/Uhsler*, 39 European Competition Law Review 2018, 112, 114.

829 Vgl. Departement of Justice, Beschwerde v. 21.12.1992, Case No. 92-2854 – *United States vs. American Airlines.*

meinschaftsunternehmen im Besitz der Airlines, welches eine elektronische Datenbank verwaltete, auf der die Fluggesellschaften Informationen zu Preisen, Reisedaten sowie Anfangs- und Enddaten von Ticketverkäufen veröffentlichten. Die Informationen umfassten den Flugnamen, Preis und die Konditionen, unter denen ein Flug gekauft und genutzt werden konnte. Zusätzlich konnten die Airlines Fußnoten zu einzelnen oder zu mehreren Flügen hinzufügen.[830] In den Fußnoten wurden typischerweise Informationen, wie der Beginn und das Ende des Verkaufs der Flugtickets, an die Öffentlichkeit hinzugefügt.[831] Zugriff auf die Datenbank hatten Reisebüros, Verbraucher und die Fluggesellschaften selbst. Über dieses System wurden auch Preiserhöhungen angekündigt. In der Folge kam es zu zeitgleichen Preiserhöhungen bei den Airlines. [832]

Das DoJ warf den Unternehmen vor, die Datenbank als *facilitating practice* zu nutzen, um mittels Signalling zu kommunizieren, eine Kollusion zu vereinfachen und sich häufiger und besser zu koordinieren.[833] Die Airlines bestritten die Vorwürfe des DoJ und betonten den Nutzen des Systems für die Verbraucher. Durch die Ankündigung von Preisänderungen könnten die Reisekosten gesenkt werden. Verbraucherverbände und Reisebüros setzten sich für die Beibehaltung des Systems ein.[834] Eine explizite Absprache der Unternehmen konnte nicht nachgewiesen werden.[835]

In einem Settlement einigten sich die Parteien darauf, die Nutzung des Systems einzuschränken und für zehn Jahre darauf zu verzichten, (1) über die Fußnoten oder anderweitig weitere Informationen zu den Flugtickets zu verbreiten, (2) spezielle Codes zu benutzen, um Flugtickets miteinander in Verbindung zu bringen und (3) Preisänderungen zu veröffentlichen, die nicht allgemein bekannt sind.[836] Ob dieses Settlement tatsächlich zu Effizienzgewinnen in dem betreffenden Markt geführt hat, wird teilweise bestritten. Es konnte auf Dauer keine Abschwächung der Preise bei Flugtickets beobachtet werden.[837] Dies könnte daran liegen, dass das System

830 Departement of Justice, Beschwerde v. 21.12.1992, Case No. 92-2854, Rn. 20 – *United States vs. American Airlines.*

831 Departement of Justice, Beschwerde v. 21.12.1992, Case No. 92-2854, Rn. 21 – *United States vs. American Airlines.*

832 *Dohrn/Huck*, DB 2018, 173, 177.

833 *Miller*, 53 The Journal of Law & Economics 2010, 569, 571.

834 *Miller*, 53 The Journal of Law & Economics 2010, 569, 570.

835 *Dohrn/Huck*, DB 2018, 173, 177.

836 United States District Court of Columbia, 01.11.1993, Case No. 92-2854 – *United States vs. American Airlines.*

837 *Miller*, 53 The Journal of Law & Economics 2010, 569, 583.

entweder von den Parteien gar nicht zur Absprache genutzt wurde oder aber von den Parteien nach dem Settlement immer noch zur Vereinfachung von Kollusion zur Verfügung stand.[838]

Auch in Brasilien hat die nationale Wettbewerbsbehörde (CADE) in einem ähnlichen Fall gegen verschiedene Fluggesellschaften, welche über die Software der Airline Tariff Publishing Company (ATPCO) zukünftige Preise veröffentlicht haben, ermittelt.[839]

(2) Hypothetischer Fall mit Preissetzungsalgorithmen

Diese Konstellation kann auch mit Preissetzungsalgorithmen auftreten. Hierzu soll folgender hypothetischer Fall gebildet werden:

Die Unternehmen A, B, C und D sind Fluggesellschaften und agieren auf einem oligopolistisch geprägten Markt. Sie können zusammen rund 80 % der Marktanteile auf sich vereinen. Auf einer Plattform (X), welche von einem Gemeinschaftsunternehmen der Wettbewerber (ATP) betrieben wird, veröffentlichen die Unternehmen seit jeher Informationen zu Preisen und Reisedaten. Diese Plattform erfreut sich großer Beliebtheit und wird von Reisebüros, Verbrauchern und den Fluggesellschaften selbst in erheblichem Umfang als Informationsquelle genutzt. Die Unternehmen entscheiden sich jeweils unabhängig voneinander zur Nutzung unterschiedlicher Arten von Preissetzungssoftware, welche sie selbst programmieren und deren Wartung übernehmen. Die Algorithmen sind so programmiert, dass sie jeweils selbstständig über eine Schnittstelle geplante Preiserhöhungen auf der Plattform X veröffentlichen können. Die Algorithmen sind außerdem jeweils dergestalt programmiert, dass jede angekündigte Preiserhöhung eines Wettbewerbers für die gleiche Route zur gleichen Reisezeit übernommen wird, ohne dass es in diesem Fall einer eigenen Ankündigung auf der Plattform bedarf. Die Preise für alle Flugrouten steigen nach der Einführung des Einsatzes der Algorithmen bei den Unternehmen im Mittel parallel um 15 %. Eine Koordinierung über diese übereinstimmende Nutzung der Algorithmen kann den Unternehmen nicht nachgewiesen werden.

---

838 *Miller*, 53 The Journal of Law & Economics 2010, 569, 583–584.

839 *OECD,* Algorithmic competition – Note by Brazil, 14.06.2023, abrufbar unter https://web-archive.oecd.org/temp/2024-01-22/652359-algorithmic-competition.htm, S. 6.

(3) Kartellrechtliche Bewertung

Auch nach der Analyse der Entscheidungspraxis des EuGH und der Kartellbehörden ist die rechtliche Bewertung nicht ohne Weiteres evident. Es handelt sich beim Signalling nach wie vor um einen Graubereich des Kartellrechts, bei dem die kartellrechtliche Bewertung in der Praxis stark von den Modalitäten des Einzelfalls abhängt und sich eine eindeutige Linie noch nicht abgezeichnet hat.[840] Ein komplett einseitiges Price Signalling dürfte nach der Rechtsprechung des EuGH in Ahlström in der Regel nicht als Abstimmung gewertet werden. Insofern kann die rein einseitige Preisankündigung nur eines Preissetzungsalgorithmus auf der Plattform noch keine Abstimmung darstellen. Die Beispiele in den Leitlinien gehen auch immer von einer abgestimmten Reaktion des Wettbewerbers in Form eines Kommentierens, eigener ähnlicher Ankündigungen oder zumindest einem preislichen Parallelverhalten aus. Im Beispielsfall liegen aber auch eigene Preisankündigungen der Wettbewerber und ein preisliches Parallelverhalten vor. Dies könnte für eine Abstimmung sprechen. Allerdings lagen der Entscheidung des EuGH in Sachen Ahlström auch gegenseitige Preisankündigungen und ein preisliches Parallelverhalten zugrunde. Dies kann für sich genommen also auch noch nicht ausreichen, um eine Abstimmung zu begründen. Bei Vorliegen anderer kollusionsfördernder Faktoren auf dem Markt können die Unternehmen sich darauf berufen, dass dieses parallele Verhalten aus der Reaktionsverbundenheit im Oligopol zu erklären ist. Dies stellt eine hohe Hürde für die Annahme einer Abstimmung dar. Letztendlich könnte eine Fühlungnahme hier in der entsprechenden Programmierung der Algorithmen gesehen werden, nach der eine Preiserhöhung immer dann durchgeführt wird, wenn die Wettbewerber eine solche angekündigt haben. Zumindest aber dürfte diese Programmierung – neben dem preislichen Parallelverhalten – als Indiz für eine dem zugrunde liegende abgestimmte Verhaltensweise gewertet werden. Es widerspricht nämlich einem ökonomisch rationalen Verhalten, eine Preiserhöhung eines Wettbewerbers in jedem Fall zu übernehmen.

840 Vgl. *Meyring*, 11 Journal of European Competition Law & Practice 2020, 335, 336; *OECD*, Algorithms and Collusion: Competition policy in the digital age, 2017, abrufbar unter www.oecd.org/competition/algorithms-collusion-competition-policy-in-the-digital-age.htm, S. 29 ff.; *Andreas*, Die Haftung für Kartellverstöße durch Preisalgorithmen, 2022, S. 29.

bb. Signalling durch kurzzeitige Preiserhöhungen

Eine weitere in der Literatur diskutierte Variante sind kurzzeitige Preiserhöhungen durch Preissetzungsalgorithmen als Form des Signalling.[841] Dabei sollen die Algorithmen durch kurzzeitige Preiserhöhungen die Bereitschaft zur Kollusion signalisieren. Dies könnte durch die Algorithmen zu einem Zeitpunkt geringer Nachfrage (z.B. in der Nacht) und für einen sehr kurzen Zeitraum durchgeführt werden, um das Verlustrisiko zu minimieren.[842] Die Algorithmen der Mitbewerber könnten hierauf positiv mit einer Preiserhöhung reagieren. Ein ähnliches Verhalten wurde in Form der Resetting-Strategie in der oben dargestellten Studie von *Musolff* beobachtet.[843] Allerdings handelt es sich bei diesem Verhalten nicht um eine Form des Signalling, da die Preise gerade nicht öffentlich angekündigt werden, sondern aufgrund der Kürze der Preiserhöhung de facto nur für die anderen Algorithmen erkennbar sind. Folglich handelt es sich allenfalls um eine Form der expliziten Kommunikation von Algorithmen.[844]

c. Zwischenergebnis

Öffentliche Preisankündigen können grundsätzlich vom Kartellverbot erfasst werden. Allerdings sind die Vorgaben aus der Rechtsprechung des EuGH für die Annahme einer abgestimmten Verhaltensweise beim Signalling hoch. Aus diesem Grund sind die Kartellbehörden wahrscheinlich zurückhaltend mit Entscheidungen in diesen Konstellationen. Die jüngere Fallpraxis der Kommission und des Bundeskartellamts endete jeweils mit

---

841 *Andreas*, Die Haftung für Kartellverstöße durch Preisalgorithmen, 2022, S. 28; *Dück/Mäusezahl/Symnick*, ZWeR 2019, 94, 99 ff.; *Monopolkommission*, Wettbewerb 2018, 03.07.2018, abrufbar unter https://www.monopolkommission.de/images/HG22/HGXXII_Gesamt.pdf, S. 69 f., Rn. 187 f.; *OECD*, Algorithms and Collusion: Competition policy in the digital age, 2017, abrufbar unter www.oecd.org/competition/algorithms-collusion-competition-policy-in-the-digital-age.htm, S. 29 ff

842 *OECD*, Algorithms and Collusion: Competition policy in the digital age, 2017, abrufbar unter www.oecd.org/competition/algorithms-collusion-competition-policy-in-the-digital-age.htm, S. 30; *Autorité de la concurrence/Bundeskartellamt*, Algorithms and Competition, 06.09.2019, abrufbar unter https://www.bundeskartellamt.de/SharedDocs/Publikation/EN/Berichte/Algorithms_and_Competition_Working-Paper.pdf, S. 44 f.

843 *Musolff*, Algorithmic Pricing Facilitates Tacit Collusion, 13.07.2022, abrufbar unter https://dl.acm.org/doi/abs/10.1145/3490486.3538239.

844 Siehe hierzu unten Abschnitt C.II.6.

Verpflichtungszusagen und ist damit nicht von Gerichten überprüft worden. Signalling bleibt ein Graubereich des Kartellrechts und es ist schwer zu prognostizieren, wie Kartellbehörden oder Gerichte ein Signalling beim Einsatz von Preisalgorithmen bewerten würden.

Grundsätzlich dürfte jede Programmierung der Algorithmen, welche auf einer öffentlichen Preisankündigung eines Wettbewerbers beruht, eine Abstimmung darstellen. Wenn sich in der Folge eine Parallelität der Preise einstellt, liegt eine abgestimmte Verhaltensweise vor.

Kurzzeitige Preiserhöhungen durch Preisalgorithmen, welche von anderen Algorithmen als Aufforderung zur Kollusion aufgenommen werden könnten, stellen nach hier vertretener Ansicht keine Konstellation dar, welche mit den Grundsätzen des Signalling vergleichbar ist. Vielmehr handelt es sich in diesen Situationen um eine Form der expliziten Kommunikation zwischen Preisalgorithmen.

5. Stillschweigendes Zusammenwirken durch Preisalgorithmen

Eine weitere in der Literatur diskutierte Fallgruppe ist der eine Kollusion begünstigende oder begründende Einsatz von Preisalgorithmen, ohne dass die Wettbewerber explizit zusammenwirken.[845] Die Kollusion entsteht dabei durch eine selbständige Marktanpassung der Algorithmen aufgrund der strategischen Interdependenzen in dem oligopolistischen Markt.[846] Es handelt sich also um einen Fall des stillschweigenden Zusammenwirkens. Da die Unternehmen bei einem stillschweigenden Zusammenwirken nicht in Wettbewerb zueinander treten, entspricht dieses Verhalten nicht dem Leitbild des wirksamen Wettbewerbs. Es kommt mindestens in Bezug auf einen Wettbewerbsparameter zu eingeschränktem Wettbewerb. In der Folge entstehen höhere Preise, Ineffizienzen, weniger Innovationen oder eine geringere Produktvielfalt. Besonders gefährdet für diese Konstellation sind Märkte, die ohnehin schon anfällig für eine Kollusion sind.[847]

In einigen wissenschaftlichen Beiträgen wurde die Befürchtung geäußert, der Einsatz von Preisalgorithmen werde dazu führen, dass ein stillschweigendes Zusammenwirken potenziell auf mehr Märkten möglich wird, als

845 *Ezrachi/Stucke*, Virtual Competition, 2016, S. 61; *dies.*, 2017 University of Illinois Law Review 2017, 1775, 1789 ff.; *Künstner*, GRUR 2019, 36, 37.

846 *Janka/Uhsler*, 39 European Competition Law Review 2018, 112, 117.

847 *Ezrachi/Stucke*, Virtual Competition, 2016, S. 69.

es bisher der Fall war.[848] Im Folgenden soll das stillschweigende Zusammenwirken durch Preisalgorithmen einer kartellrechtlichen Bewertung unterzogen werden. Dazu sollen zunächst die Grundlagen des Art. 101 AEUV zur Bewertung einer Tacit Collusion dargestellt werden (a.). Dann wird anhand eines hypothetischen Falls zu der kartellrechtlichen Bewertung einer Tacit Collusion durch Preisalgorithmen Stellung bezogen (b.) Zudem werden weitere Möglichkeiten der kartellrechtlichen Erfassung algorithmischer Kollusion diskutiert (c.).

a. Grundlagen des Art. 101 AEUV zur Bewertung einer Tacit Collusion

Legen die Unternehmen ihr Marktverhalten selbstständig fest (sog. Selbstständigkeitspostulat), unterfällt dies nicht dem Kartellverbot gem. Art. 101 AEUV bzw. § 1 GWB. Das Kartellverbot verbietet es den Unternehmen nicht, „sich dem festgestellten oder erwarteten Verhalten ihrer Mitbewerber mit wachem Sinn anzupassen".[849] Aus diesem Grund muss eine abgestimmte Verhaltensweise zu einem bewussten bzw. erlaubten Parallelverhalten abgegrenzt werden. Ein bewusstes Parallelverhalten ist nach der ganz herrschenden Auffassung in der Literatur[850] und der ständigen Rechtsprechung[851] nicht vom Kartellverbot umfasst. Die Stimmen in der Literatur, welche sich in der Vergangenheit für eine weite Auslegung des Tatbestandsmerkmals der abgestimmten Verhaltensweise unter Einbeziehung eines be-

---

848 *Ezrachi/Stucke*, Virtual Competition, 2016, S. 70; *OECD*, Algorithms and Collusion: Competition policy in the digital age, 2017, abrufbar unter www.oecd.org/competition/algorithms-collusion-competition-policy-in-the-digital-age.htm, S. 25; *Monopolkommission*, Wettbewerb 2018, 03.07.2018, abrufbar unter https://www.monopolkommission.de/images/HG22/HGXXII_Gesamt.pdf, Rn. 182; *Yilnen*, NZKart 2018, 19, 21; *Lübke*, ZHR 2021, 723, 742 ff.

849 EuGH, 16.12.1975, Rs. C-40/73, ECLI:EU:C:1975:174, Rn. 173/174 – *Suiker Unie and others/Commission*; EuGH, 4.6.2009, Rs. C-8/08, ECLI:EU:C:2009:343, Rn. 33 – *T-Mobile Netherlands.*

850 *Kling/Thomas*, Kartellrecht, 2016, § 5, Rn. 83; *Zimmer* in: Immenga/Mestmäcker, Band 1, 2025, Art. 101 AEUV, Rn. 71; *Bechtold/Bosch* in: Bechtold/Bosch, 2025, § 1 GWB, Rn. 25; *Krauß* in: Bunte, 2021, § 1 GWB, Rn. 102.

851 EuG, 12.04.2013, Rs. T-410/08, ECLI:EU:T:2013:171, Rn. 77 – *GEMA*; EuGH, 14.06.1972, Rs. C-48/69, ECLI:EU:C:1972:70, Rn. 64/67 – *ICI*; EuGH, 31.3.1993, Rs. C-89/85, ECLI:EU:C:1993:120, Rn. 71 – *Ahlström*; BGH, 22.03.1994, KVR 23/93, WuW/E 2923, 2925 – *Mustermietvertrag.*

wussten Parallelverhaltens ausgesprochen haben,[852] sind mittlerweile verstummt. Ein bewusstes Parallelverhalten zeichnet sich dadurch aus, dass sich mindestens zwei Unternehmen gleichförmig verhalten und dieses Verhalten entweder rein zufällig oder bewusst aufgrund einseitiger autonomer Entscheidungen zur Verhaltensangleichung geschieht. [853] Es handelt sich dabei um einen Spezialfall des stillschweigenden Zusammenwirkens. Stillschweigendes Zusammenwirken ist ein Oberbegriff für alle Formen der impliziten Koordinierung ohne Kommunikation. Ein stillschweigendes Zusammenwirken muss nicht zwingend in einer Parallelität des Verhaltens resultieren, sondern kann sich beispielsweise auch in einer Einigkeit über die Aufteilung regionaler Märkte manifestieren. Das bewusste Parallelverhalten ist aber der Paradefall des stillschweigenden Zusammenwirkens.[854] Ein stillschweigendes Zusammenwirken von Unternehmen ist generell nicht von Art. 101 AEUV bzw. § 1 GWB erfasst.[855]

b. Algorithmisches stillschweigendes Zusammenwirken

Entsteht eine Tacit Collusion beim Einsatz von Preisalgorithmen, nennt man dies ein algorithmisches stillschweigendes Zusammenwirken (engl. *algorithmic tacit collusion*).[856] Wie oben dargestellt, unterfällt ein stillschweigendes Zusammenwirken für sich genommen nicht dem Kartellverbot. Fraglich ist, ob sich beim Einsatz von Algorithmen etwas an der Bewertung gem. Art. 101 AEUV bzw. § 1 GWB ändert.

---

852 Vgl. *Höfer*, 29 ORDO 1978, 201, 203 ff.; *Heuss*, WuW 1974, 369, 375 ff.; *Zimmer*, ZHR 1990, 470, 480 ff.

853 *Paschke* in: MüKo WettbR, Band 1/1, 2023, Art. 101 AEUV, Rn. 155.

854 *Schuchmann*, Die Behandlung von tacit collusion im europäischen und deutschen Kartellrecht, 2017, S. 19.

855 *Schuchmann*, Die Behandlung von tacit collusion im europäischen und deutschen Kartellrecht, 2017, S. 100; *Wissing*, WuW 2017, 543, 544.

856 Vgl. zum Begriff *Caforio*, 15 The Competition Law Review 2023, 9, 18 ff.; *Ezrachi/Stucke*, 17 Northwestern Journal of Technology and Intellectual Property 2020, 217, 224 ff.

aa. Hypothetischer Fall

Das Fallbeispiel ist angelehnt an die Studie von *Assad et al.* (siehe oben):[857] Auf dem deutschen Tankstellenmarkt stehen zwei Unternehmen auf dem sachlich und räumlich relevanten Markt zueinander in Wettbewerb. Die Strukturbedingungen auf dem Kraftstoffmarkt sind dabei ideal für das Entstehen eine Kollusion. Die Transparenz war auf diesem Markt durch die Preisauszeichnungen auf den Monolithen schon immer besonders hoch.[858] Durch Einrichtung der Markttransparenzstelle für Kraftstoffe im Sinne des § 47k GWB wurde die horizontale Transparenz noch weiter erhöht. Zudem haben die Marktteilnehmer einen hohen gemeinsamen Marktanteil, es bestehen eine hohe Produkthomogenität, ein geringes Innovationspotenzial, geringe Preiselastizität, die Marktteilnehmer interagieren häufig, es gibt Verflechtungen in der Unternehmensstruktur, wechselseitige Abhängigkeiten, hohe Marktzutrittsschranken, einen geringen Wettbewerbsdruck durch die zersplitterte Konkurrenz und die Nachfragemacht ist gering.[859] Die Wettbewerber nutzen zunächst keine Preissetzungsalgorithmen und stehen trotz der guten Bedingungen für eine Kollusion im Wettbewerb. Die beiden Unternehmen entschließen sich unabhängig voneinander und vollkommen selbstständig dazu, eine Preissetzungssoftware einzusetzen. Dazu beauftragen sie zwei unterschiedliche IT-Dienstleister damit, jeweils einen Q-Learning Algorithmus zur Preissetzung zu implementieren. Die Algorithmen sind nicht in der Lage miteinander zu kommunizieren. Sie können die Preise der Wettbewerber beobachten und sollen die Preise dergestalt setzen, dass die Unternehmen den höchstmöglichen Umsatz erzielen. Nach wenigen Monaten steigen die Preise der beiden Wettbewerber erheblich und konvergieren zu einem Gleichgewichtspreis. Der Umsatz beider Unternehmen steigt um 30 %. Warum die Algorithmen nicht oder nicht mehr so stark in Wettbewerb zueinander treten, kann nicht beurteilt

857 *Assad/Clark/Ershov u.a.*, Algorithmic Pricing and Competition: Empirical Evidence from the German Retail Gasoline Market, 28.08.2020, abrufbar unter https://papers.ssrn.com/sol3/papers.cfm?abstract_id=3682021.

858 *Bundeskartellamt*, Sektoruntersuchung Kraftstoffe - Abschlussbericht, 01.05.2011, abrufbar unter https://www.bundeskartellamt.de/SharedDocs/Publikation/DE/Sektoruntersuchungen/Sektoruntersuchung%20Kraftstoffe%20-%20Abschlussbericht.pdf, S. 12.

859 *Bundeskartellamt*, Sektoruntersuchung Kraftstoffe - Abschlussbericht, 01.05.2011 abrufbar unter https://www.bundeskartellamt.de/SharedDocs/Publikation/DE/Sektoruntersuchungen/Sektoruntersuchung%20Kraftstoffe%20-%20Abschlussbericht.pdf, S. 50.

werden, da sie als Black-Box Algorithmen agieren. Es könnte sein, dass sie eine Bestrafungsstrategie (*Reward-Punishment*) erlernt haben oder schlicht nicht gelernt haben miteinander in Wettbewerb zu treten.

bb. Verstoß gegen das Kartellverbot gem. Art. 101 AEUV bzw. § 1 GWB

Damit eine abgestimmte Verhaltensweise vorliegt, muss in Abgrenzung zum bewussten Parallelverhalten von den Behörden eine dem Selbstständigkeitspostulat widersprechende Fühlungnahme nachgewiesen werden. Ein paralleles Verhalten der Unternehmen reicht an sich für eine Abstimmung noch nicht aus. Eine abgestimmte Verhaltensweise liegt dagegen nur vor, wenn ein paralleles Verhalten nicht anders als durch eine Abstimmung zu erklären ist.[860] Setzen die Unternehmen unabhängig voneinander und autonom einen Algorithmus eines Drittanbieters ein und es kommt zu einer parallelen Preissetzung, ist hierin keine Abstimmungshandlung zu sehen.[861] Der selbstständige Einsatz eines Preisalgorithmus, wie in dem hypothetischen Beispiel, stellt ein bewusstes Parallelverhalten dar, welches nicht von Art. 101 AEUV bzw. § 1 GWB erfasst ist. Den Unternehmen kann in dem Beispiel keine dem Selbstständigkeitspostulat widersprechende Fühlungnahme nachgewiesen werden. Die oligopolistischen Tendenzen auf dem Tankstellenmarkt können nach der Rechtsprechung des EuGH in der Rechtssache *Ahlström* den Vorwurf einer Fühlungnahme sogar entkräften und sprechen dafür, dass die Algorithmen sich hier nur auf intelligente Weise an die oligopolistischen Marktbedingungen angepasst haben.[862]

Es liegt auch kein kartellrechtswidriger Informationsaustausch vor, da lediglich öffentlich zugängliche Informationen verwertet wurden.[863] In dem hypothetischen Fall liegt daher keine abgestimmte Verhaltensweise im Sinne des Art. 101 AEUV bzw. § 1 GWB vor.

860 EuGH, 31.3.1993, Rs. C-89/85, ECLI:EU:C:1993:120, Rn. 71 – *Ahlström*.

861 *Ackermann/Roth* in: FK, Kartellrecht, 2023, Art. 101 AEUV, Rn. 209a.; *Veith*, Künstliche Intelligenz, Haftung und Kartellrecht, 2021, S. 209; *Streitbörger*, Preisalgorithmenkartelle, 2024, S. 86.

862 EuGH, 31.3.1993, Rs. C-89/85, ECLI:EU:C:1993:120, Rn. 126 – *Ahlström*.

863 Andere Ansicht *Gonzalez Verdugo*, 7 UCL Journal of Law and Jurisprudence 2018, 114, 138.

c. Weitere Möglichkeiten der kartellrechtlichen Erfassung algorithmischer Kollusion

Ein erlaubtes Parallelverhalten ist vom Kartellverbot nicht erfasst. Daran ändert auch der Einsatz von Algorithmen bei einem algorithmischen stillschweigenden Zusammenwirken nichts. Allerdings könnte eine Tacit Collusion im Kartellrecht anderweitig ausreichend erfasst sein. Zunächst ist zu prüfen, ob ein stillschweigendes Zusammenwirken von der Marktmissbrauchskontrolle gem. Art. 102 AEUV bzw. §§ 19 ff. GWB erfasst werden kann (aa.). Weiterhin könnte im Falle eines Zusammenschlusses ein stillschweigendes Zusammenwirken im Rahmen der Fusionskontrolle Berücksichtigung finden (bb.).

aa. Missbrauchsverbot

Das Missbrauchsverbot ist auf europäischer Ebene in Art. 102 AEUV geregelt. Im deutschen Recht findet sich das klassische Missbrauchsverbot in Art. 19 GWB. Verboten ist jeweils die missbräuchliche Ausnutzung einer marktbeherrschenden Stellung durch ein oder mehrere Unternehmen.

(1) Gemeinsame Marktbeherrschung im Oligopol

Damit ein stillschweigendes Zusammenwirken durch Preisalgorithmen vom Missbrauchsverbot erfasst werden kann, bräuchte es zunächst eine gemeinsame Marktbeherrschung der agierenden Unternehmen. Eine Marktbeherrschung kann nach Art. 102 AEUV auch durch mehrere Unternehmen vorliegen (sog. kollektive Marktbeherrschung). Im deutschen Recht ist die kollektive Marktbeherrschung in § 18 Abs. 5 GWB legal definiert. Eine kollektive Marktbeherrschung kann nach ständiger Rechtsprechung[864] und herrschender Meinung in der Literatur[865] auch bei einem interdependenten Parallelverhalten durch mehrere Oligopolisten angenommen werden.

864 EuGH, 16.03.2000, Rs. C-395/96 P, ECLI:EU:C:2000:132, Rn. 34 – *Compagnie Maritime Belge;* EuGH, 10.06.2001, Rs. C-497/99 P, ECLI:EU:C:2001:393, Rn. 46 – *Irish Sugar*; EuGH, 19.02.2002, Rs. C-309/99, ECLI:EU:C:2002:98, Rn. 114 – *Wouters.*

865 Instruktiv *Jungermann*, Kollektive Marktbeherrschung durch interdependentes Parallelverhalten und deren Missbrauch, 2007, S. 83 ff.; *Bien* in: MüKo WettbR, Band 1/1, 2023, Art. 102 AEUV, Rn. 222; *Emmerich/Lange*, Kartellrecht, 2024, § 10 Rn. 21.

Soweit ersichtlich gab es bis heute erst einen Fall, in dem die Kommission einen Missbrauch infolge oligopolistischer Interdependenzen aufgenommen hat.[866] In diesem Verfahren, welches mit einer Verpflichtungsentscheidung abgeschlossen wurde, sah die Kommission eine kollektive Marktbeherrschung durch E.ON und RWE. Die Kommission wertete das Zurückhalten von Kapazitäten zur Erzielung höherer Preise als missbräuchlich.[867]

Die Voraussetzungen für das Vorliegen einer kollektiven Marktbeherrschung sind vom EuGH in der fusionskontrollrechtlichen Entscheidung in Sachen Airtours entwickelt worden.[868] Erstens muss eine hohe horizontale Markttransparenz es ermöglichen, ein Abweichen von dem Parallelverhalten zu entdecken. Zweitens muss es einen wirksamen Sanktionsmechanismus geben, welcher einen Anreiz setzt, nicht abzuweichen. Beim Einsatz von Preisalgorithmen liegt dieser unproblematisch vor, wenn ein einfacher statischer Algorithmus mit einer Strategie ausgestattet wird, welche einen Bestrafungsmechanismus (engl. *reward punishment scheme*) bei einer Abweichung vorsieht, wie zum Beispiel eine Trigger-Strategie oder eine Tit-for-Tat-Strategie. Bei einem selbstlernenden Algorithmus wäre dies der Fall, wenn er nachweislich eine solche Strategie erlernt hat. Da diese Algorithmen aber üblicherweise als Black-Box Algorithmen agieren, kann dieser Nachweis häufig nicht erbracht werden.

In dem hypothetischen Beispielsfall ist zum Beispiel nicht klar, ob ein solcher Bestrafungsmechanismus erlernt wurde. Theoretisch sind auch andere Erklärungen für das Parallelverhalten, wie etwa das Nichterlernen eines wettbewerblichen Verhaltens, denkbar. Allerdings stellt der EuGH in Sachen Airtours klar, dass

> „*die Kommission nicht unbedingt das Bestehen eines bestimmten, mehr oder weniger strengen Sanktionsmechanismus nachweisen [muss]; sie muss aber auf jeden Fall beweisen, dass es ausreichende Abschreckungsmittel gibt, sodass keines der Oligopolmitglieder ein Interesse daran hat, zum Nachteil der übrigen Mitglieder vom gemeinsamen Verhalten abzuweichen.*".[869]

866 *Sternberg*, Algorithmische Preissetzung und tacit collusion, 2023, S. 78; *Schuchmann*, Die Behandlung von tacit collusion im europäischen und deutschen Kartellrecht, 2017, S. 162.

867 Europäische Kommission, Entscheidung v. 26.11.2008, Case COMP/39.388 und 389 – *E.ON.*

868 EuGH, 06.06.2002, Rs. T-342/99, ECLI:EU:T:2002:146 – *Airtours.*

869 EuGH, 06.06.2002, Rs. T-342/99, ECLI:EU:T:2002:146, Rn. 195 – *Airtours.*

In diesem Sinne wird es wohl ausreichen, wenn die Kommission darauf abstellt, dass eine Abweichung von den Algorithmen schnell aufgedeckt und bestraft werden könnte.

Drittens darf das Parallelverhalten nicht durch eine voraussichtliche Reaktion der tatsächlichen und potenziellen außenstehenden Konkurrenten oder der Verbraucher infrage gestellt werden.

Die letzte Voraussetzung ist das Fehlen eines wirksamen Wettbewerbs zwischen den Oligopolisten und von außerhalb. Diese Voraussetzung macht eine ansonsten übliche zweistufige Prüfung – zunächst Bildung einer kollektiven Einheit und dann Marktbeherrschung – obsolet.[870] An dieser Stelle ist es umstritten, ob die Möglichkeit oder Wahrscheinlichkeit eines einheitlichen von äußeren Umständen unbeeinflussten Marktauftritts ausreicht, oder, ob tatsächlich ein bewusstes Parallelverhalten vorliegen muss.[871] Die Rechtsprechung verhält sich hierzu nicht eindeutig.[872] Die Möglichkeit ausreichen zu lassen, würde aber bedeuten, dass alleine aus der Marktstruktur auf ein Marktergebnis geschlossen wird. Dies ist problematisch, da auch bei Vorliegen sehr günstiger Bedingungen für eine Kollusion ein intensiver Wettbewerb zwischen den Oligopolisten möglich ist. Der tatsächliche Nachweis eines stillschweigenden Zusammenwirkens wäre dagegen eine hohe Hürde, da in der Praxis ein stillschweigendes Zusammenwirken oft nicht trennscharf von einem wettbewerblichen Verhalten abgegrenzt werden kann.[873]

Ein naheliegender Kompromiss wäre es daher, das Vorliegen einer kollektiven Einheit im Sinne einer widerleglichen Vermutung anzunehmen, wenn sich die Unternehmen tatsächlich in Bezug auf Preis oder Produktionsmengen über einen längeren Zeitraum gleichförmig verhalten haben.[874] Im deutschen Recht erleichtert die Vermutung des § 18 Abs. 6 GWB die Annahme einer kollektiven Marktbeherrschung bei Erreichen der Marktanteilsschwellen. Gleichwohl besteht auch hier nach § 18 Abs. 7 GWB die Möglichkeit, die Vermutung zu widerlegen.

870 *Schuchmann*, Die Behandlung von tacit collusion im europäischen und deutschen Kartellrecht, 2017, S. 132.

871 *Bien* in: MüKo WettbR, Band 1/1, 2023, Art. 102 AEUV, Rn. 228.

872 *Schuchmann*, Die Behandlung von tacit collusion im europäischen und deutschen Kartellrecht, 2017, S. 134 ff.

873 *Schuchmann*, Die Behandlung von tacit collusion im europäischen und deutschen Kartellrecht, 2017, S. 46 ff.

874 *Haupt*, Kollektive Marktbeherrschung in der europäischen Missbrauchs- und Fusionskontrolle, 2004, S. 77; *Schuchmann*, Die Behandlung von tacit collusion im europäischen und deutschen Kartellrecht, 2017, S. 142.

(2) Missbrauch

Zudem müsste die marktbeherrschende Stellung missbräuchlich ausgenutzt werden. Insofern müsste das Begründen oder Verstärken eines preislichen Parallelverhaltens über dem Gleichgewichtspreis das Ausnutzen einer marktbeherrschenden Stellung darstellen. In Betracht kommt ein Ausbeutungsmissbrauch in Form des Preishöhenmissbrauchs oder ein Strukturmissbrauch.

i. Preishöhenmissbrauch

Der Preishöhenmissbrauch ist in Art. 102 S. 2 lit. a AEUV bzw. § 19 Abs. 2 Nr. 2 GWB geregelt. Für einen Preishöhenmissbrauch reicht es nicht aus, wenn die Preise aufgrund der Reaktionsverbundenheit im Oligopol über dem Wettbewerbsniveau liegen.[875] Ein Preishöhenmissbrauch liegt erst vor, wenn der Preis „in keinem angemessenen Verhältnis zu dem wirtschaftlichen Wert der erbrachten Leistung steht".[876] Diese Voraussetzung stellt die Rechtsanwendung in der Praxis vor erhebliche Herausforderungen, da der wirtschaftliche Wert einer erbrachten Leistung nur in Ausnahmefällen verlässlich berechnet werden kann.[877] Daher spielt die Preishöhenaufsicht im Rahmen der Prioritätensetzung der Kommission auch nur eine untergeordnete Rolle.[878] Ein Preishöhenmissbrauch in einer Situation der kollektiven Marktbeherrschung wird daher nur in ganz außergewöhnlichen Ausnahmesituationen zu erwarten sein.[879] Daran wird sich nichts ändern, wenn Preissetzungsalgorithmen im Oligopol zu einem überwettbewerblichen Preis konvergieren.[880]

875 *Schuchmann*, Die Behandlung von tacit collusion im europäischen und deutschen Kartellrecht, 2017, S. 167 ff.; *Bien* in: MüKo WettbR, Band 1/1, 2023, Art. 102, Rn. 232.

876 EuGH, 14.02.1978, Rs. C-27/76, ECLI:EU:C:1978:22, Rn. 248/257 – *United Brands*.

877 Hierzu EuGH, Schlussanträge des Generalanwalts Giovanni Pitruzzella, 16.07.2020, Rs. C-372/19, ECLI:EU:C:2020:598, Rn. 28 ff. – *SABAM*.

878 *Kreifels*, Die Prioritätensetzung der Europäischen Kommission beim Aufgreifen kartellrechtlicher Fälle, 2019, S. 164; *Huttenlauch* in: LMRKML, 2020, Art. 102 AEUV, Rn. 181.

879 *Whish/Bailey*, Competition Law, 2024, S. 598 f.; *Bien* in: MüKo WettbR, Band 1/1, 2023, Art. 102 AEUV, Rn. 233; *Wagner-von Papp* in: Kirk/Offergeld/Rohner (Hrsg.), Kartellrecht in der Zeitenwende, 2023, S. 42.

880 *Sternberg*, Algorithmische Preissetzung und tacit collusion, 2023, S. 74 f.; *Veith*, Künstliche Intelligenz, Haftung und Kartellrecht, 2021, S. 224; *Legner* in: Becker (Hrsg.), Wettbewerb auf digitalen Märkten, 2025, S. 85.

ii. Marktstrukturmissbrauch

Weiterhin könnte das parallele Verhalten der Preissetzungsalgorithmen einen Marktstrukturmissbrauch im Sinne des Art. 102 AEUV bzw. § 19 GWB darstellen. Der Marktstrukturmissbrauch wird teilweise als eigenständige Kategorie aufgeführt, teilweise aber auch als Untergruppe des Behinderungs- und Verdrängungsmissbrauchs eingestuft.[881] Hierunter können Fälle subsumiert werden, bei denen das marktbeherrschende Unternehmen gezielt auf die Marktstruktur einwirkt, um diese nachteilig für den Wettbewerb zu verhindern. Eine solche Einwirkung kann zum Beispiel durch horizontale Unternehmenszusammenschlüsse[882] oder durch die Ausdehnung eines Monopols auf Nachbarmärkte[883] erfolgen.[884] In der Grundsatzentscheidung Continental Can hat der EuGH in Bezug auf die Übernahme eines Wettbewerbers entschieden, dass ein Marktstrukturmissbrauch vorliegt, wenn ein marktbeherrschendes Unternehmen seine Stellung dergestalt verstärkt, dass nur noch Unternehmen auf dem Markt verbleiben, die von dem Marktbeherrscher abhängig sind.[885] Daher soll im Sinne dieser Entscheidung jede objektive Verstärkung der beherrschenden Stellung eines Unternehmens grundsätzlich und unabhängig von den eingesetzten Mitteln und Verfahren einen Marktstrukturmissbrauch begründen können.[886] Ein bewusstes Parallelverhalten im Oligopol an sich bedeutet aber keine Verstärkung der marktbeherrschenden Stellung, sondern begründet diese gerade erst. Daher muss zur Begründung eines Marktstrukturmissbrauchs ein darüberhinausgehendes Verhalten der marktbeherrschenden Unternehmen vorliegen, welches geeignet ist, die marktbeherrschende Stellung zu verstärken.[887] Somit liegt kein Marktstrukturmissbrauch vor, wenn der Einsatz von Preissetzungsalgorithmen erst dazu führt, dass eine kollektive Marktbeherrschung entsteht.

Nach *Sternberg* könnte ein Marktstrukturmissbrauch aber angenommen werden, wenn der Einsatz von Algorithmen eine bereits bestehende kollek-

---

881 *Gasser*, Der Marktstrukturmissbrauch in der Plattformökonomie, 2021, S. 191.
882 EuGH, 21.02.1973, Rs. C-6/72, ECLI:EU:C:1973:22 – *Continental Can.*
883 EuGH, 03.10.1985, Rs. C-311/84, ECLI:EU:C:1985 394 – *Télémarketing.*
884 *Fuchs* in: Immenga/Mestmäcker, Band 1, 2025, Art. 102, Rn. 357 ff.
885 EuGH, 21.02.1973, Rs. C-6/72, ECLI:EU:C:1973:22, Rn. 26 – *Continental Can*; EuGH, 16.03.2023, Rs. C-449/21, ECLI:EU:C:2023:207, Rn. 52 – *Towercast.*
886 *Gasser*, Der Marktstrukturmissbrauch in der Plattformökonomie, 2021, S. 263.
887 *Schuchmann*, Die Behandlung von tacit collusion im europäischen und deutschen Kartellrecht, 2017, S. 167.

tive Marktbeherrschung verstärkt, indem beispielsweise die Transparenz künstlich erhöht wird oder Abweichungen leichter aufgedeckt oder bestraft werden können.[888] Es ist nicht auszuschließen, dass die Kommission ein entsprechendes Verhalten im Einzelfall tatsächlich so bewerten würde. Dass der Einsatz von Preissetzungsalgorithmen bei einer bestehenden kollektiven Marktbeherrschung generell die marktbeherrschende Stellung verstärkt, ist aber nicht anzunehmen. Algorithmen können sich auch destabilisierend auf die kollektive Marktbeherrschung auswirken. Daher muss die Kommission nach Art. 2 der Kartellverfahrens-VO darlegen und beweisen, dass der Einsatz der Algorithmen tatsächlich die marktbeherrschende Stellung der Unternehmen verstärkt hat. Dabei ist nur das objektive Verhalten der Unternehmen zu bewerten, während es auf subjektive Beweggründe der Unternehmen gerade nicht ankommt.[889]

(3) Zwischenergebnis

Eine Tacit Collusion ist zumindest potenziell von Art. 102 AEUV bzw. § 19 GWB erfasst. Allerdings sind die vom EuGH aufgestellten Airtours-Kriterien in der Rechtsanwendung deutlich komplexer als es auf den ersten Blick scheint. Eine missbräuchliche Ausnutzung dieser Stellung wird nur selten anzunehmen sein. Der Preishöhenmissbrauch stellt eine dem Wettbewerbsrecht fremde Marktergebniskontrolle dar, weswegen die Rechtsprechung die Hürden hoch angesetzt hat und die Kommission hier nur selten tätig wird.[890] Daher bleibt dieses Instrument auf Ausnahmefälle mit einem krassen Missverhältnis von Leistung und Gegenleistung beschränkt.

In Bezug auf den Marktstrukturmissbrauch ist es zumindest denkbar, dass die Kommission in Anlehnung an die Continental Can-Entscheidung eine Verstärkung der marktbeherrschenden Stellung im Einzelfall als gegeben sieht. Dazu muss allerdings der Nachweis geführt werden, dass ein Verhalten der marktbeherrschenden Unternehmen die kollektive Marktbeherrschung verstärkt hat. Missbrauchsverfahren dauern in der Praxis nicht selten viele Jahre.[891] Insgesamt ist der Nutzen einer Missbrauchskontrolle beim Auftreten einer Tacit Collusion daher als gering einzustufen.

888 *Sternberg*, Algorithmische Preissetzung und tacit collusion, 2023, S. 77.
889 EuGH, 21.02.1973, Rs. C-6/72, ECLI:EU:C:1973:22, Rn. 27, 29 – *Continental Can*.
890 *Kreifels*, Die Prioritätensetzung der Europäischen Kommission beim Aufgreifen kartellrechtlicher Fälle, 2019, S. 164.
891 *Podszun*, WuW 2017, 577.

bb. Fusionskontrolle

In der Fusionskontrolle könnte ein stillschweigendes Zusammenwirken bei einem Zusammenschlussvorhaben auf einem konzentrierten Markt Berücksichtigung finden. Im europäischen recht ist die kartellrechtliche Kontrolle von Unternehmenszusammenschlüssen in der Fusionskontrollverordnung VO (EG) 139/2004 (FKVO) geregelt. Die deutschen Vorschriften finden sich in §§ 35-43a GWB. Bei Zusammenschlüssen von unionsweiter Bedeutung kommt nach Art. 21 Abs. 2 und 3 FKVO ausschließlich das europäische Recht zur Anwendung (sog. one-stop-shop). In beiden Rechtsordnungen kann ein Zusammenschluss untersagt werden, wenn der wirksame Wettbewerb auf dem Markt oder einem wesentlichen Teil desselben durch den Zusammenschluss erheblich behindert wird (sog. SIEC-Test). Auf einem oligopolistischen Markt kann ein Zusammenschluss wegen koordinierter Effekte bzw. koordinierter Wirkungen untersagt werden.[892] In der Praxis wurden auf europäischer Ebene schon einige Zusammenschlüsse auf dieser Grundlage untersagt. Die Kommission untersagte bereits die Fusion von Nestlé/Perrier auf dem Trinkwassermarkt, da ansonsten „wettbewerbliches paralleles Marktverhalten" erleichtert würde.[893] Die Rechtsprechung stützte eine Untersagung erstmals in der Gencor-Entscheidung auf die ökonomischen Grundlagen der oligopolistischen Reaktionsverbundenheit.[894] Im Airtours-Urteil hob der EuG eine Untersagungsentscheidung der Kommission auf und entwickelte die drei oben dargestellten konkreten Voraussetzungen für die Begründung einer kollektiven marktbeherrschenden Stellung.[895] Diese Voraussetzungen wurden in der Entscheidung Bertelsmann und Sony/Impala vom EuGH bestätigt.[896] Voraussetzung für die Berücksichtigung koordinierter Effekte sind daher die oben dargestellten Airtours-Kriterien. Ein Zusammenschluss kann demnach untersagt werden, wenn zu befürchten ist, dass er die Voraussetzungen für das Vorliegen koordinierter Effekte erstmalig schafft[897] oder eine bereits vorliegende kollektive

---

892 *Emmerich/Lange*, Kartellrecht, 2024, § 16, Rn. 26; *Riesenkampff/Steinbarth* in: LMRKML, 2020, Art. 2 FKVO, Rn. 62.

893 Europäische Kommission, 22.07.1992, Az. IV/M.190, Rn. 120. – Nestlé/Perrier.

894 EuG, 25.03.1999, Rs. T-102/96, ECLI:EU:T:1999:65, Rn. 176 – Gencor.

895 EuG, 06.06.2002, Rs. T-342/99, ECLI:EU:T:2002:146, Rn. 62 – Airtours.

896 EuGH, 10.07.2008, Rs. C-413/06 P, ECLI:EU:C:2008:392, Rn. 123 f. – Bertelsmann und Sony/Imapala.

897 Europäische Kommission, 20.12.2006, Case M.4215, Rn. 120 f. – *Glatfelter/Crompton.*

Marktbeherrschung verstärkt.[898] Hierzu muss die Kommission eine Prognoseentscheidung treffen[899], bei der auch Effizienzgewinne durch den Zusammenschluss berücksichtigt werden müssen.[900] Somit können Märkte, welche die Voraussetzungen einer kollektiven Marktbeherrschung erfüllen, zumindest im Falle eines Zusammenschlusses einer Marktstrukturkontrolle unterworfen werden, die potentiell in einer Untersagung endet. Im Ergebnis ist also festzustellen, dass eine Fusion untersagt werden kann, wenn sie die Wahrscheinlichkeit einer Tacit Collusion erhöht.[901] Entscheidend ist, ob aus einer ex ante Perspektive durch die Fusion Anreize geschaffen oder verstärkt werden, koordiniert im Markt vorzugehen.[902] Bei künftigen Fusionskontrollentscheidungen müsste hier berücksichtigt werden, dass die Koordination am Markt durch Algorithmen tendenziell erleichtert wird, was also eher zu einer Untersagungsentscheidung führen könnte. Auch in der deutschen Fusionskontrolle, die mit der 8. GWB-Novelle weitgehend an das europäische Recht angepasst wurde, können Zusammenschlüsse aufgrund einer drohenden oligopolistischen Marktbeherrschung untersagt werden.[903]

d. Zwischenergebnis

Ein stillschweigendes Zusammenwirken durch Preisalgorithmen ist vom Kartellverbot nicht erfasst. Verhalten die Unternehmen sich selbstständig beim Einsatz der Algorithmen, liegt keine Fühlungnahme vor und das Verhalten unterfällt nicht Art. 101 AEUV bzw. § 1 GWB. Oligopolistische

898 EuG, 13.07.2006, Rs. T-464/04, ECLI:EU:T:2006:216, Rn. 249 f. – *Impala*; EuGH, 10.07.2008, Rs. C-413/06 P, ECLI:EU:C:2008:392, Rn. 108 ff. – *Impala; Europäische Kommission*, Leitlinien zur Bewertung horizontaler Zusammenschlüsse gemäß der Ratsverordnung über die Kontrolle von Unternehmenszusammenschlüssen, 2004/C 31/03, Rn. 39.

899 *Europäische Kommission*, Leitlinien zur Bewertung horizontaler Zusammenschlüsse gemäß der Ratsverordnung über die Kontrolle von Unternehmenszusammenschlüssen, 2004/C 31/03, Rn. 9.

900 *Europäische Kommission*, Leitlinien zur Bewertung horizontaler Zusammenschlüsse gemäß der Ratsverordnung über die Kontrolle von Unternehmenszusammenschlüssen, 2004/C 31/03, Rn. 76.

901 *Bechtold/Bosch/Brinker* in: Bechtold/Bosch/Brinker, 2023, Art. 2 VO (EG) 139/2004, Rn. 37.

902 *Schwalbe/Zimmer*, Kartellrecht und Ökonomie, 2021, S. 376.

903 *Schuchmann*, Die Behandlung von tacit collusion im europäischen und deutschen Kartellrecht, 2017, S. 89.

Tendenzen und eine Kollusion fördernde Faktoren auf dem relevanten Markt können von den Unternehmen sogar eingesetzt werden, um einen Verstoß gegen das Kartellverbot zu entkräften.

Das Missbrauchsrecht kann theoretisch zur Anwendung kommen, bietet aber aufgrund der hohen rechtlichen Hürden in Bezug auf den Preishöhenmissbrauch und der erheblichen Rechtsunsicherheit in Bezug auf den Marktstrukturmissbrauch in der Anwendungspraxis der Wettbewerbsbehörden nur einen geringen Mehrwert.

Die Fusionskontrolle ist generell in der Lage das Entstehen oder die Verstärkung einer Tacit Collusion zu berücksichtigen. Sie greift allerdings nur im Falle eines Zusammenschlusses. Außerhalb der Fusionskontrolle ist ein algorithmisches stillschweigendes Zusammenwirken weitgehend der Kontrolle durch das Kartellrecht entzogen.

6. Explizite Kollusion durch Preisalgorithmen

Eine weitere Gruppe von Fällen betrifft die explizite Kollusion durch Preisalgorithmen, bei der die von den Unternehmen eingesetzten Algorithmen eigenständig kollusive Strategien entwickeln und umsetzen. Dabei werden Preissetzungsalgorithmen eingesetzt, die auf künstlicher Intelligenz basieren.[904] Die Algorithmen haben das Ziel, den Gewinn des Unternehmens zu maximieren. Sie sind in der Lage zu verstehen, dass eine Vereinbarung bzw. abgestimmte Verhaltensweise mit dem Algorithmus eines Wettbewerbers die besten Resultate verspricht.[905] In der Folge könnte eine Kommunikation zwischen den Algorithmen stattfinden, welche zu einem kollusiven Marktergebnis führt.[906] Die kartellrechtswidrige Verhaltensweise wird allein von den Algorithmen vorgenommen, ohne dass ein Mensch diese Handlung erreichen wollte bzw. davon Kenntnis erlangt hat. Gleichwohl würden die Unternehmen von den höheren Preisen und Gewinnen profitieren. Im Folgenden wird zunächst darauf eingegangen, inwiefern eine Kommunikation zwischen Algorithmen überhaupt möglich ist. Dann wird ein hypothetischer Beispielfall gebildet, welcher dann einer kartellrechtlichen Bewertung unterzogen wird.

---

904 *Hennemann*, ZWeR 2018, 161, 175.

905 *Hennemann*, ZWeR 2018, 161, 175.

906 *Schwalbe*, 14 Journal of Competition Law & Economics 2019, 568, 594 ff.

a. Kommunikation zwischen Algorithmen

Eine Kommunikation zwischen Algorithmen erfolgt über einen Kommunikationskanal und ein gemeinsames Kommunikationsprotokoll.[907] In der computerwissenschaftlichen Studie von *Crandall et al.* wurde untersucht, inwiefern verschiedene Algorithmen in der Lage sind, über Kommunikationsprotokolle mit anderen Algorithmen zu kooperieren.[908] In der Studie waren Algorithmen wesentlich effektiver darin, eine Kooperation zu erreichen, wenn sie sich Signale ohne Bindungswirkung (sog. *cheap talk*) durch ein gemeinsames Kommunikationsprotokoll sendeten, als wenn sie keine Kommunikation nutzten.[909] Die von den Algorithmen verwendeten Signale lauteten zum Beispiel „Wir sollten immer (Aktion, Aktion) spielen." oder „Ich akzeptiere deinen letzten Vorschlag".[910] Die Studie zeigt, dass ein gemeinsames Kommunikationsprotokoll, den Algorithmen die Möglichkeit eröffnet, miteinander zu kommunizieren und eine explizite Kollusion zu erreichen. Ein Kommunikationsprotokoll kann von den Entwicklern zur Kommunikation zwischen Algorithmen der gleichen Art vorgesehen sein. Auch wenn ein gemeinsames Kommunikationsprotokoll nicht vorgesehen ist, kann technisch nicht ausgeschlossen werden, dass die Algorithmen ein gemeinsames Protokoll selbstständig entwickeln.[911]

---

907 *Autorité de la concurrence/Bundeskartellamt*, Algorithms and Competition, 06.09.2019, abrufbar unter https://www.bundeskartellamt.de/SharedDocs/Publikation/EN/Berichte/Algorithms_and_Competition_Working-Paper.pdf, S. 44; *Andreas*, Die Haftung für Kartellverstöße durch Preisalgorithmen, 2022, S. 67; *Pohlmann* in: Festschrift Dirk Schroeder, 2018, S. 633, 642.

908 *Crandall/Oudah/Tennom u.a.*, 9 Nature Communications 2018, 1 ff.

909 *Crandall/Oudah/Tennom u.a.*, 9 Nature Communications 2018, 1, 8.

910 *Foerster/Assael/Freitas u.a.*, Learning to Communicate with Deep Multi-Agent Reinforcement Learning, 24.05.2016, abrufbar unter https://arxiv.org/abs/1605.06676; *Sukhbaatar/Szlam/Fergus*, Learning Multiagent Communication with Backpropagation, 31.10.2016, abrufbar unter https://arxiv.org/abs/1605.07736.

911 *Schwalbe* in: Festschrift Dirk Schroeder, 2018, S. 757.

b. Hypothetischer Fall

Es gibt zum aktuellen Zeitpunkt noch keine realen Fälle zu einer expliziten Kollusion zwischen Algorithmen.[912] Zur rechtlichen Bewertung soll ein hypothetischer Fall gebildet werden: [913]

Die Unternehmen A, B und C sind Wettbewerber auf einem oligopolistischen Markt. Das Unternehmen A setzt einen einfachen Preissetzungsalgorithmus ein, der allen Preiserhöhungen des Unternehmens C folgt. Die Unternehmen B und C setzen jeweils unabhängig voneinander einen auf deep learning basierenden Preissetzungsalgorithmus ein. Die Algorithmen werden den Unternehmen von verschiedenen IT-Diesntleistern bereitgestellt. Die beiden deep learning-Algorithmen besitzen ein gemeinsames Kommunikationsprotokoll – was B und C nicht wissen – und sind in der Lage, miteinander zu kommunizieren. Der Algorithmus des C schafft es, den Algorithmus von A zu dekodieren. Er weiß jetzt, dass dieser Algorithmus seine Preiserhöhungen auf unbestimmte Zeit übernimmt. Er verfügt somit über Informationen, die das zukünftige Preisverhalten von A betreffen. In der Folge senkt der Algorithmus C die Preise, um mehr Nachfrage von B auf sich zu vereinen. Allerdings folgt ihm der Algorithmus B sofort und der Gewinn von C sinkt, da die Nachfrage konstant bleibt Über das gemeinsame Kommunikationsprotokoll übermittelt der Algorithmus C dem Algorithmus B Informationen, aus denen hervorgeht, dass C das zukünftige Preisverhalten von A vorhersagen kann. Zudem signalisiert der Algorithmus C, dass eine koordinierte Preiserhöhung zwischen B und C zur Maximierung des gemeinsamen Profits beitragen würde. Der Algorithmus B passt seine Preise zunächst an die vorgeschlagene Erhöhung an. In der Folge versucht der Algorithmus B mehrmals durch eine Preisreduzierung die komplette Nachfrage auf sich zu vereinen, aber die Algorithmen A und C folgen ihm sofort. Der Algorithmus B erkennt, dass es im Sinne der Profitmaximierung sinnvoller ist, sich an die parallele Preisstrategie zu halten. In der Folge bleiben die Preise parallel und konstant über dem Nash-Gleichgewicht auf diesem Markt.

Abwandlung 1

In einer Abwandlung des Grundfalls erlangen die Unternehmen A, B und C Kenntnis davon, dass die Algorithmen B und C über ein gemein-

---

912 *Mundt*, ZvertriebsR 2021, 69, 70; Ballestrem/Bär/Gausling u.a., Künstliche Intelligenz – Rechtsgrundlagen und Strategien in der Praxis, 2020, S. 131.

913 Vgl. *Pohlmann* in: Festschrift Dirk Schroeder, 2018 S. 643.

sames Kommunikationsprotokoll verfügen und miteinander Informationen austauschen können. Dennoch unternehmen sie keine Schritte, um diese Kommunikation zu unterbinden oder die Algorithmen entsprechend anzupassen. Stattdessen akzeptieren sie die daraus resultierenden Ergebnisse, da diese zu einer profitableren Marktstrategie führen.

Abwandlung 2
In einer weiteren Abwandlung des Grundfalls wirbt der IT-Dienstleister damit, dass seine Algorithmen "*antitrust tested*" sind und so programmiert wurden, dass sie Kartellrechtsverstöße verhindern. Die Unternehmen B und C nutzen in dieser Abwandlung bewusst denselben Algorithmus eines einzigen IT-Dienstleisters und verlassen sich darauf, dass es nicht zu einer Kollusion zwischen den Algorithmen kommt. Trotz dieser Absicherung entwickeln die auf KI basierenden Algorithmen durch selbstständiges Lernen kollusive Strategien, indem sie das gemeinsame Kommunikationsprotokoll nutzen und Preise koordinieren. Den Unternehmen kann keine Kenntnis von der Existenz eines gemeinsamen Kommunikationsprotokoll oder der Kommunikation zwischen den Algorithmen nachgewiesen werden.

c. Kartellrechtliche Bewertung

Bei dieser Form der algorithmischen Kommunikation ist unklar, ob sie unter Art. 101 AEUV bzw. § 1 GWB subsumiert werden kann. Das Kartellrecht ist bisher nur mit menschlichen Kommunikationsakten in Berührung gekommen. Damit die Kommunikation zwischen den Algorithmen einen Kartellverstoß darstellt, müsste sie als Vereinbarung oder abgestimmte Verhaltensweise eingestuft werden können.

aa. Vereinbarung

Der Begriff Vereinbarung setzt nach der Rechtsprechung des EuGH eine Willensübereinstimmung voraus.[914] Der EuGH dürfte damit einen menschlichen Willen gemeint haben. Algorithmen sind dagegen nicht in der Lage, einen eigenen Willen in diesem Sinn zu bilden, weswegen, selbst bei einer

914 EuGH, 06.01.2004, Rs. C-2/01 P, ECLI:EU:C:2004:2, Rn. 97 ff. – *Bayer*.

weiten Auslegung des Begriffs, eine algorithmische Vereinbarung nicht unter den Begriff der Vereinbarung subsumiert werden kann.[915]

bb. Abgestimmte Verhaltensweise

In Betracht kommt somit nur eine abgestimmte Verhaltensweise. Haben die Unternehmen keine Kenntnis von dem gemeinsamen Kommunikationsprotokoll oder der Kommunikation zwischen den Algorithmen bereitet die Subsumtion unter den Begriff der abgestimmten Verhaltensweise Schwierigkeiten.[916] Eine Abstimmung setzt zumindest irgendeine Form des gegenseitigen Kontakts zwischen den Unternehmen voraus.[917]

(1) Meinungsstand in der Literatur

Ob eine explizite Kollusion der Algorithmen ohne Kenntnis des Unternehmens als abgestimmte Verhaltensweise eingestuft werden kann, wird in der Literatur unterschiedlich bewertet.

i. Menschliche Willensübereinstimmung zwingend erforderlich

Nach einer in der Literatur verbreiteten Ansicht kann diese Fallgruppe nicht unter das Kartellverbot in seiner bisherigen Form subsumiert werden, da es an einer Willensübereinstimmung oder wissentlichen Fühlungnahme fehlt.[918] Die abgestimmte Verhaltensweise wird dementsprechend so ausgelegt, dass ein subjektives Element unverzichtbar ist.

---

915 *Käseberg/von Kalben*, WuW 2018, 2, 5; *Andreas*, Die Haftung für Kartellverstöße durch Preisalgorithmen, 2022, S. 72; *Veith*, Künstliche Intelligenz, Haftung und Kartellrecht, 2021, S. 202; *Streitbörger*, Preisalgorithmenkartelle, 2024, S. 136 ff.

916 *Sternberg*, Algorithmische Preissetzung und tacit collusion, 2023, S. 104.

917 *Hengst* in: Bunte, 2021, Art. 101 AEUV, Rn. 133.

918 *Göhsl*, WuW 2018, 121, 122; *Ebers*, NZKart 2016, 554, 555; *Käseberg/von Kalben*, WuW 2018, 2, 5 f. *Dück/Mäusezahl/Symnick*, ZWeR 2019, 94, 111 ff.; *Yilnen*, NZKart 2018, 19, 22; *Dohrn/Huck*, DB 2018, 173, 174.

ii. Objektiver Ansatz der Beurteilung einer abgestimmten Verhaltensweise

Teilweise wird in der Literatur vertreten, die rein algorithmische Kollusion könnte als abgestimmte Verhaltensweise eingestuft werden.[919] Dabei wird eine rein objektive Interpretation des Begriffs der Abstimmung in Betracht gezogen. Wissen und Wollen spielen nach dieser Ansicht nur im Rahmen der Zurechnung und beim Verschulden eine Rolle.[920] Nach *Andreas* müssten anstatt einer Willensübereinstimmung folgende rein objektive Voraussetzungen erfüllt sein, um eine Abstimmung zu bejahen:

> *„Informationen über das zukünftige Wettbewerbsverhalten des einen Unternehmens (Ex-ante-Informationen) müssen auf Veranlassung dieses Unternehmen zu einem anderen Unternehmen gelangen, so dass sie in den objektive feststellbaren Machtbereich des Unternehmens gelangen; das empfangende Unternehmen muss diese Informationen verwerten beziehungsweise verwerten können und das Unternehmen, welches die Ex-ante-Informationen erstmals übermittelt hat, muss die Reaktion des empfangenden Unternehmens zur Kenntnis nehmen können."*[921]

Liegen diese Voraussetzungen vor, soll in einem zweiten Schritt eine Korrektur durch das Selbstständigkeitspostulat erfolgen. Auf diese Weise könne ein zulässiges bewusstes Parallelverhalten von einer abgestimmten Verhaltensweise abgegrenzt werden. Eine rein einseitige öffentliche Preisankündigung verstoße beispielsweise nicht gegen das Selbstständigkeitspostulat und sei daher nicht als abgestimmte Verhaltensweise einzustufen.[922] Eine dritte Filterfunktion soll die Zurechnung erfüllen. Hierüber sollen von Dritten induzierte Verhaltensweisen dem Tatbestand entzogen werden. So kann eine Zurechnung beim heimlichen Ausspähen von Informationen - zum Beispiel bei einer ungewollten Decodierung des Algorithmus durch einen Dritten - dem ausgespähten Unternehmen nicht zugerechnet werden.[923]

---

919 *Veljanovski*, IIC 2022, 604, 618; *Thonke*, Algorithmen im Recht: der Einfluss von Algorithmen auf den kartellrechtlichen Kollusionsbegriff, 2020, S. 73 f.; *Zurth*, ZWeR 19 (2021), 361, 387 ff.; *Pohlmann* in: Festschrift Dirk Schroeder, 2018, S. 645 ff.

920 *Pohlmann* in: Festschrift Dirk Schroeder, 2018, S. 645.

921 *Andreas*, Die Haftung für Kartellverstöße durch Preisalgorithmen, 2022, S. 72.

922 *Andreas*, Die Haftung für Kartellverstöße durch Preisalgorithmen, 2022, S. 73 f.

923 *Andreas*, Die Haftung für Kartellverstöße durch Preisalgorithmen, 2022, S. 75.

iii. Äquivalenztest

Nach Ansicht von *Künstner* kann jede Form der expliziten Kollusion durch Algorithmen als abgestimmte Verhaltensweise eingestuft werden.[924] Er kommt zu diesem Ergebnis, indem er einen sog. Äquivalenztest bei der Prüfung des Verhaltens der Algorithmen anwendet. [925] Hierbei soll gedanklich der Algorithmus durch einen Menschen ersetzt werden. Wenn in diesem kontrafaktischen Szenario ein Verstoß gegen das Kartellrecht vorliegen würde, so soll auch der Einsatz der Software wettbewerbswidrig sein.[926]

(2) Stellungnahme

Die Analyse der bisherigen Rechtsprechung zur abgestimmten Verhaltensweise spricht dafür, dass eine menschliche Willensübereinstimmung von den europäischen Gerichten vorausgesetzt wird. Der EuGH interpretiert die abgestimmte Verhaltensweise in ständiger Rechtsprechung als „jede Form der Koordinierung, die bewusst eine praktische Zusammenarbeit an die Stelle des mit Risiken verbundenen Wettbewerbs treten lasse".[927] Aus dem Wort „bewusst" kann gefolgert werden, dass der EuGH eine subjektive Komponente als wesentlichen Aspekt des Tatbestandsmerkmals voraussetzt. Auch hat der EuGH in Sachen *Eturas* die Kenntnis von dem wettbewerbsbeschränkenden Verhalten als wesentliches Element einer Abstimmung ausgemacht.[928] Sollte der EuGH an dieser Rechtsprechung festhalten, würde er in dieser Konstellation eine abgestimmte Verhaltensweise ablehnen. Allerdings hatten die europäischen Gerichte bisher noch nicht über den Fall einer expliziten Kollusion durch Algorithmen zu entscheiden.

924 *Künstner*, GRUR 2019, 36, 38.

925 *Künstner/Franz*, K&R 2017, 688, 690; *Ohlhausen*, Should We Fear The Things That Go Beep In the Night? Some Initial Thoughts on the Intersection of Antitrust Law and Algorithmic Pricing, 23.05.2017, abrufbar unter https://www.ftc.gov/news-events/news/speeches/should-we-fear-things-go-beep-night-some-initial-thoughts-intersection-antitrust-law-algorithmic, S. 10 f.

926 *Künstner/Franz*, K&R 2017, 688, 690.

927 EuGH, 16.12.1975, Rs. C-40/73, ECLI:EU:C:1975:174, Rn. 26 – *Suiker Unie and others/Commission;* EuGH, 31.3.1993, Rs. C-89/85, ECLI:EU:C:1993:120, Rn. 63 – *Ahlström;* EuGH, 4.6.2009, Rs. C-8/08, ECLI:EU:C:2009:343, Rn. 26 – *T-Mobile Netherlands.*

928 Vgl. Abschnitt C.II.3.a.bb.(1).

Es ist nicht auszuschließen, dass der EuGH im Wege einer richterlichen Rechtsfortbildung in diesem Fall von seiner bisherigen Rechtsprechung Abstand nimmt.[929]

Dem von *Künstner* vorgeschlagenen Äquivalenztest fehlt es an einem dogmatischen Anknüpfungspunkt. Im Wortlaut der abgestimmten Verhaltensweise ist ein solcher Test jedenfalls nicht vorgesehen. Auch sonst findet sich dieser Test nicht in den Gesetzesmaterialien und ist auch von der Rechtsprechung bisher nicht angewendet worden. Es gibt daher keine Anhaltspunkte dafür, dass dieser Test in Zukunft in der Rechtspraxis angewendet wird. Der Ansatz vermag daher de lege lata nicht zu überzeugen.

Eine objektive Auslegung des Begriffs der abgestimmten Verhaltensweise scheint dagegen nicht abwegig zu sein. In der Arbeit von *Andreas* wird dieser Ansatz mit einer knappen Analyse des Wortlauts begründet.[930]. Es ist aber keineswegs evident, dass der Wortlaut des Art. 101 AEUV einem rein objektiven Ansatz nicht entgegensteht.

Der Praxis des Gerichtshofs entsprechend werden im Folgenden die sprachlichen Fassungen in englischer, französischer und deutscher Sprache analysiert:

In der englischen Fassung wird der Begriff der aufeinander abgestimmten Verhaltensweise als „*concerted practices*“ und in der französischen Fassung als „*pratiques concertées*“ übersetzt. In allen Sprachfassungen werden zwei Wörter verwendet, was für die Auslegung als zweigliedriges Tatbestandsmerkmal spricht. Im ersten Wortbestandteil handelt es sich jeweils um das Partizip der Verben *abstimmen* bzw. *to concert sth.* oder *concerter qc.* Allen Begriffen ist der gemeinsame Wortsinn zu entnehmen, dass mit einer anderen Person etwas gemeinschaftlich besprochen, abgestimmt, arrangiert, verabredet oder an einem Strang gezogen (engl. *to act in concert*) wird. Ein solches Zusammenwirken kann nicht einseitig erfolgen. Es sind zwingend immer mindestens zwei Akteure involviert. Die in Bezug genommenen Akteure sind dabei die Unternehmen bzw. die dahinterstehenden natürlichen Personen. Der Wortlaut setzt explizit keine subjektive Komponente voraus. Allerdings ist ein Zusammenwirken ohne Wissen oder Wollen der Akteure dem Wortsinn nach nicht denkbar. Implizit setzt eine Abstimmung daher nach allen Sprachfassungen zumindest eine Willens- oder Wissensübereinstimmung voraus. Wenn die Unternehmen ohne ihr Wissen und Wollen über einen Algorithmus Informationen austauschen, ist

929 Vgl. zur Befugnis zur Rechtsfortbildung des Gerichtshofs *Neuner* in: Riesenhuber (Hrsg.), Europäische Methodenlehre, 2021, S. 356.

930 *Andreas*, Die Haftung für Kartellverstöße durch Preisalgorithmen, 2022, S. 71-72.

dies dem Wortsinn nach keine Abstimmung zwischen den Unternehmen bzw. den dahinter stehenden natürlichen Personen. Auf das Wissen oder den Willen der Algorithmen kann dagegen nicht abgestellt werden. Zum einen sind die Algorithmen keine Akteure, auf die der Gesetzgeber Bezug genommen hat. Zum anderen setzen Wissen und Wollen ein menschliches Bewusstsein voraus, welches bei Algorithmen in diesem Sinne nicht vorhanden ist. Der Wortlaut spricht also gegen eine rein objektive Auslegung des Tatbestandsmerkmals der Abstimmung. Insgesamt ist es daher überzeugender im Sinne der erstgenannten Ansicht, eine subjektive Komponente bei der Auslegung der abgestimmten Verhaltensweise zu verlangen. Daher ist in dem hypothetischen Fall keine Abstimmung und folglich auch kein Verstoß gegen das Kartellverbot nach Art. 101 AEUV bzw. § 1 GWB gegeben.

cc. Erste Abwandlung

Verwenden die Unternehmen bewusst Algorithmen mit einem gemeinsamen Kommunikationsprotokoll oder haben sie Kenntnis von der Kommunikation zwischen den Algorithmen, liegt eine Abstimmung vor.[931] Nicht erforderlich ist dagegen die Kenntnis der Unternehmen darüber, dass der Einsatz der Algorithmen tatsächlich zu einer Preiserhöhung am Markt führt. Wenn ein Unternehmen von einem Wettbewerber Angaben über dessen zukünftige strategische Absichten erhält, besteht die Vermutung, dass diese Informationen in das unternehmerische Marktverhalten des Empfängers einfließen.[932] Das gilt unabhängig davon, ob diese Informationen per Post, elektronisch, im Rahmen einer Verbandssitzung oder über einen Algorithmus erlangt wurden. In diesem Fall entscheiden sich die Unternehmen bewusst für eine praktische Zusammenarbeit und gegen den Wettbewerb. Eine abgestimmte Verhaltensweise liegt dann vor, wenn die Algorithmen tatsächlich kommunizieren oder sich ein preisliches Parallelverhalten einstellt. Die Beteiligung an der abgestimmten Verhaltensweise kann von den Unternehmen nur widerlegt werden, wenn sie sich unverzüglich

931 *Andreas*, Die Haftung für Kartellverstöße durch Preisalgorithmen, 2022, S. 70; *Salaschek/Serafimova*, WuW 2018, 8, 14; *Pohlmann* in: Festschrift Dirk Schroeder, 2018, S. 644 ff.

932 EuG, 12.7.2001, verb. Rs. T-202/98 u.a., ECLI:EU:T:2001:185, Rn. 54 – *Tate & Lyle*; EuGH, 19.3.2015, Rs. C-286/13 P, ECLI:EU:C:2015:184, Rn. 127 – *Dole Food and Dole Fresh Fruit Europe*; EuGH, 21.1.2016, Rs. C-74/14, ECLI:EU:C:2016:42, Rn. 33 – *Eturas*.

nach Kentniserlangung öffentlich von der Verhaltensweise distanzieren, das Verhalten bei den Kartellbehörden anzeigen oder andere geeignete Beweise vorlegen.[933]

Für eine abgestimmte Verhaltensweise bedarf es des Nachweises der Kenntnis von mindestens zwei Unternehmen. Wenn nur ein Unternehmen bewusst einen Algorithmus mit einem Kommunikationsprotokoll einsetzt oder Kenntnis von der Kommunikation zwischen den Algorithmen erlangt, liegt eine rein einseitige Maßnahme vor, welche nicht unter Art. 101 AEUV subsumiert werden kann.

dd. Zweite Abwandlung

In der zweiten Abwandlung nutzen die Unternehmen B und C bewusst den gleichen Algorithmus eines einzigen IT-Dienstleisters. Dies allein dürfte jedoch nicht ausreichen, um eine abgestimmte Verhaltensweise anzunehmen. Denn die Unternehmen haben keinerlei Kenntnis von einer Koordination der Algorithmen. In diesem Fall stellt sich die Frage, ob die Unternehmen für Kartellrechtsverstöße zur Verantwortung gezogen werden können, die durch einen externen IT-Dienstleister initiiert worden sind.

Der EuGH hat sich in der Rechtssache *VM Remonts* mit der Frage beschäftigt, wann ein Unternehmen für einen Kartellrechtsverstoß eines externen Dienstleisters verantwortlich ist. Dies ist zumindest dann der Fall, wenn das Unternehmen von den wettbewerbswidrigen Zielen seines Wettbewerbers und des Dienstleisters Kenntnis hatte.[934] Unter diese Konstellation fallen insbesondere Fallgruppen, in denen alle Beteiligten bewusst zusammenwirken. Dies ist zum Beispiel der Fall, wenn der IT-Dienstleister offen kommuniziert, dass er über die Preisalgorithmen das Verhalten der Unternehmen koordinieren möchte.[935] Darüber hinaus können die Unternehmen auch zur Verantwortung gezogen werden, wenn sie das wettbewerbswidrige Verhalten vorhersehen konnten und dennoch die daraus resultierende Gefahr in Kauf genommen haben.[936] In der Abwandlung haben die Unternehmen B und C das wettbewerbswidrige Verhalten nicht

933 EuGH, 21.1.2016, Rs. C-74/14, ECLI:EU:C:2016:42, Rn. 46 ff. – *Eturas.*

934 EuGH, Urteil vom 21.07.2016, Rs. C-542/14, ECLI:EU:C:2016:578, Rn. 30 – *VM Remonts u.a.*

935 *Andreas*, Die Haftung für Kartellverstöße durch Preisalgorithmen, 2022, S. 202.

936 EuGH, Urteil vom 21.07.2016, Rs. C-542/14, ECLI:EU:C:2016:578, Rn. 30 – *VM Remonts u.a.*

vorhersehen können. Die Unternehmen können sich darauf berufen, der Dienstleister habe damit geworben, dass die Algorithmen keine Kartellrechtsverstöße begehen. Solange den Unternehmen nichts Gegenteiliges bekannt wird, durften sie darauf vertrauen.

d. Zwischenergebnis

Eine explizite Kollusion durch Preisalgorithmen kann einen Verstoß gegen Art. 101 AEUV bzw. § 1 GWB darstellen. Voraussetzung für einen solchen Verstoß ist aber in jedem Fall ein subjektives Element bei den beteiligten Unternehmen. Haben mindestens zwei Unternehmen bewusst ein gemeinsames Kommunikationsprotokoll eingerichtet, liegt ein Verstoß gegen das Kartellverbot vor, wenn es zu einer expliziten Kollusion zwischen den Algorithmen kommt. Die Unternehmen haben in diesem Fall eine Kollusion bewusst in Kauf genommen und sich generell damit einverstanden gezeigt, dass die Algorithmen sich absprechen. Gleiches gilt, wenn die Unternehmen davon Kenntnis erlangen, dass die Algorithmen Informationen austauschen oder in irgendeiner Form miteinander kommunizieren. Keine abgestimmte Verhaltensweise liegt aber vor, wenn die Algorithmen vollkommen selbstständig ein gemeinsames Kommunikationsprotokoll errichten oder auf andere Weise miteinander kommunizieren, ohne dass die Unternehmen dies beabsichtigt haben oder davon Kenntnis erlangt haben.

Unternehmen können jedoch auch für Kartellverstöße haften, die durch Algorithmen externer Dienstleister verursacht werden. Zur Haftung für Algorithmen hat der Präsident des Bundeskartellamts, *Andreas Mundt*, in einem Interview mit der Süddeutschen Zeitung treffend formuliert:

> *„Algorithmen werden ja nicht im Himmel vom lieben Gott geschrieben. Unternehmen können sich nicht hinter Algorithmen verstecken.“*[937]

Dies gilt insbesondere dann, wenn Unternehmen die wettbewerbswidrigen Ziele des Dienstleisters und ihrer Wettbewerber kennen. Zusätzlich hat der EuGH festgestellt, dass eine Haftung gegeben ist, wenn Unternehmen das wettbewerbswidrige Verhalten hätten vorhersehen können und die Risiken bewusst in Kauf nehmen. Eine solche Haftung kommt zum Beispiel in Betracht, wenn der beauftragte IT-Dienstleister bereits für Kartellverstöße bekannt ist. Darüber hinaus kann es bereits ausreichen, wenn die Unterneh-

937 Süddeutsche Zeitung v. 28.12.2017, abrufbar unter: https://www.bundeskartellamt.de/SharedDocs/Interviews/DE/2017/171228_Sueddeutsche.html.

men Kenntnis davon haben, dass der Dienstleister auch für Wettbewerber tätig ist, die Algorithmen in einem Marktumfeld eingesetzt werden, das sich für eine Kollusion eignet und keine Vorkehrungen des IT-Dienstleisters zur Verhinderung kollusiver Praktiken getroffen werden.

III. Besonderheit im deutschen Kartellrecht: Der § 32f GWB

Im deutschen Kartellrecht wurde mit der 11. GWB-Novelle in Form des § 32f GWB eine zusätzliche Norm eingeführt, welche beim kollusiven Zusammenwirken von Algorithmen zur Anwendung kommen könnte. Im Folgenden werden zunächst die rechtlichen Grundlagen zu dieser neuen Norm dargestellt (1.). Sodann wird auf das Verhältnis zum europäischen Recht eingegangen (2.). Darüber hinaus soll der Nutzen des § 32f GWB bei algorithmischer Kollusion untersucht werden (3.). Der Abschnitt endet mit einem Zwischenergebnis (4.).

1. Grundlagen

Nach § 32f Abs. 1 GWB können im Anschluss an eine Sektoruntersuchung gem. § 32e Abs. 1 GWB verschiedene neue Abhilfemaßnahmen nach § 32f Abs. 2 bis 4 GWB verfügt werden. Dieser Vorgang erfolgt in einem zweistufigen Verfahren.

a. Erhebliche und fortwährende Störung des Wettbewerbs

Nach § 32f Abs. 3 GWB kann das Bundeskartellamt in einem ersten Schritt mittels Verfügung feststellen, dass „eine erhebliche und fortwährende Störung des Wettbewerbs auf mindestens einem mindestens bundesweiten Markt, mehreren einzelnen Märkten oder marktübergreifend vorliegt." Eine Störung kann nur angenommen werden, soweit dem störenden Verhalten voraussichtlich nicht durch das Kartellverbot, das Missbrauchsrecht oder die Fusionskontrolle ausreichend entgegengewirkt werden kann. Für die Beurteilung dieser Frage muss das Amt keine zusätzlichen Ermittlungen anstellen.[938] Eine solche Störung liegt nach § 32f Abs. 5 S. 1 Nr. 3 GWB unter anderem bei einem gleichförmigen oder koordinierten Verhalten vor

Zur Beurteilung, ob eine Störung vorliegt, sollen die in § 32f Abs. 5 S. 2 Nr. 1-7 GWB nicht abschließend aufgezählten Kriterien herangezogen werden. Dort finden sich einige der oben dargestellten kollusionsfördernden Faktoren[939], wie die Anzahl der Firmen (Nr. 1), Verflechtungen der Unternehmen (Nr. 2), Transparenz und Homogenität (Nr. 4) und der Grad der Dynamik auf den betroffenen Märkten (Nr. 6). Daher kann eine Störung insbesondere auch bei solchen Märkten angenommen werden, bei denen ein preisliches Parallelverhalten auch aus anderen Gründen als dem Price Signalling erklärt werden könnte. Gerade in diesen Situationen ist es nach der Ahlström-Entscheidung des EuGH besonders schwer, eine abgestimmte Verhaltensweise nachzuweisen, da die Unternehmen mit Verweis auf kollusionsfördernde Marktstrukturelemente das Vorliegen einer abgestimmten Verhaltensweise entkräften können. In § 32f Abs. 5 S. 3 GWB wird das „Fortwähren" einer Störung legaldefiniert. Nach dieser Vorschrift ist sie fortwährend, wenn sie über drei Jahre lang dauerhaft oder in diesem Zeitraum mehrfach aufgetreten ist und bei der Verfügung dieser Zustand mit überwiegender Wahrscheinlichkeit nicht innerhalb von zwei Jahren entfallen wird. Diese Voraussetzung soll insbesondere bewirken, dass Start-Ups, die kurzzeitig einen geringen Wettbewerbsdruck erfahren und ihren first mover-Vorteil ausnutzen, nicht von der Norm erfasst werden.[940]

b. Abhilfemaßnahme

Nach dieser Feststellung können in einem zweiten Schritt gem. § 32f Abs. 3 S. 6 GWB alle verhaltensorientierten oder strukturellen Abhilfemaßnahmen erlassen oder nach § 32f Abs. 4 GWB sogar eine Entflechtung angeordnet werden. Zu den nicht abschließend aufgezählten Beispielen der möglichen Abhilfemaßnahmen gehört nach § 32f Abs. 3 S. 7 Nr. 5 GWB auch die Untersagung der einseitigen Offenlegung von Informationen, die ein Parallelverhalten begünstigen. In der Gesetzesbegründung wird hierzu ausgeführt:

---

938 *Deutscher Bundestag*, Gesetzentwurf der Bundesregierung Entwurf eines Gesetzes zur Änderung des Gesetzes gegen Wettbewerbsbeschränkungen und anderer Gesetze, BT-Drucks. 20/6824, S. 30.

939 Vgl. oben B.II.3.

940 *Deutscher Bundestag*, Gesetzentwurf der Bundesregierung Entwurf eines Gesetzes zur Änderung des Gesetzes gegen Wettbewerbsbeschränkungen und anderer Gesetze, BT-Drucks. 20/6824, S. 36.

> *„Implizite Kollusion oder unabgestimmtes Parallelverhalten von Unternehmen (ohne direkte Kommunikation der betroffenen Unternehmen, sog. tacit collusion) bedarf oft stabilisierender Strukturen oder stabilisierenden Verhaltens. Ein Weg, eine stabile tacit collusion zu erreichen, besteht in der einseitigen Informationsoffenlegung eines Wettbewerbers, welche für andere Unternehmen eine Orientierung darstellen kann. Die relevanten Informationen können sehr vielfältig sein und u. a. Ankündigungen zu Preisen, Mengen, Produktionskapazitäten, aber auch die Verwendung von Dienstleistungen (z. B. Algorithmen) betreffen. Ein Verbot der Offenlegung derartiger kollusionserleichternder bzw. -fördernder Informationen kann wettbewerbslose Oligopole destabilisieren."*[941]

Demnach ist diese Abhilfemaßnahme vom Gesetzgeber ausdrücklich auch geschaffen worden, um ein vom Kartellverbot nicht erfasstes Signalling unterbinden zu können.[942]

2. Verhältnis zum europäischen Recht

Im Anwendungsbereich des Unionsrechts stellt sich die Frage, ob die Regelung in § 32f Abs. 3 S. 7 Nr. 5 GWB mit der Konvergenzregelung aus Art. 3 Abs. 2 S. 1 Kartellverfahrens-VO in Einklang zu bringen ist. Danach darf das nationale Kartellrecht nicht zum Verbot von Vereinbarungen zwischen Unternehmen, Beschlüssen von Unternehmensvereinigungen und aufeinander abgestimmten Verhaltensweisen führen, welche den Handel zwischen Mitgliedstaaten zu beeinträchtigen geeignet sind, aber den Wettbewerb im Sinne des Art. 101 Abs. 1 AEUV nicht einschränken. In der Literatur wird vertreten, dass § 32f Abs. 3 und 4 GWB gerade darauf abzielt, solche Verhaltensweisen zu untersagen und daher im Falle einer Handelsbeeinträchtigung mit Unionsrecht kollidiert und unanwendbar ist.[943] Dies vermag allerdings in dieser Pauschalität nicht zu überzeugen. Die Sperrwirkung der Konvergenzregel kommt nach dem eindeutigen Wortlaut von Art. 3 Abs. 2 S. 1 Kartellverfahrens-VO nur zur Anwendung, wenn eine Tathandlung im Sinne des Art. 101 AEUV vorliegt. In Bezug auf alle anderen einseitigen

---

941 *Deutscher Bundestag*, Gesetzentwurf der Bundesregierung Entwurf eines Gesetzes zur Änderung des Gesetzes gegen Wettbewerbsbeschränkungen und anderer Gesetze, BT-Drucks. 20/6824, S. 30.

942 *Dohrn/Reinhold*, WuW 2023, 540, 546.

943 *Thomas*, ZWeR 2022, 333, 351.

Verhaltensweisen unterhalb dieser Schwelle dürfen von den Mitgliedsstaaten nach Art. 3 Abs. 2 S. 2 Kartellverfahrens-VO strengere innerstaatliche Vorschriften erlassen und angewendet werden.[944] Allerdings soll die Norm beim Signalling gerade dann zur Anwendung kommen, wenn die Handlung die Schwelle einer abgestimmten Verhaltensweise noch nicht erreicht hat. In diesem Bereich bleibt die Regelung daher in jedem Fall anwendbar.

3. Nutzen des § 32f GWB bei algorithmischer Kollusion

Der neu eingeführte § 32f GWB bietet im Kontext der verschiedenen Fallgruppen des kollusiven Einsatzes von Preisalgorithmen bedeutende Vorteile, insbesondere in Szenarien, in denen herkömmliche kartellrechtliche Instrumente an ihre Grenzen stoßen.

a. Signalling

Nach Ansicht von *Thomas* gibt es im Bereich des Signalling keine Regelungslücke, welche durch die neue Norm geschlossen werden müsste, da eine Ahndung des Signalling „nach dem Kartellverbot bereits möglich ist" und „solche Verfahren auch erfolgreich geführt wurden".[945] Wie oben gezeigt, gibt es aber Signalling-Praktiken, welche die Schwelle zur abgestimmten Verhaltensweise nicht erreichen[946], weswegen durchaus ein Anwendungsbereich für § 32f Abs. 3 S. 7 Nr. 5 GWB besteht. Dies ergibt sich schon daraus, dass rein einseitige öffentliche Ankündigungen nicht vom Kartellverbot erfasst werden. Der Nachweis einer abgestimmten Verhaltensweise wird somit in der Praxis oft nicht gelingen.[947] Zudem kann eine öffentliche Preisankündigung eine Kollusion fördern und trotzdem nicht unter das Kartellverbot fallen, weil sie auch für die Verbraucher vorteilhaft ist. Im Rahmen einer Sektoruntersuchung könnte man dagegen die Vor- und Nachteile des Verhaltens gegeneinander abwägen. Daher könnte das

944 *Wagner-von Papp*, WuW 2022, 642, 647; *Lianos/Wagner-von Papp*, JECLAP 13 (2022), 249, 252.
945 Vgl. *Thomas*, ZWeR 2022, 333, 340 f.
946 Vgl. oben Abschnitt B.II.4.
947 *Wagner-von Papp* in: Kirk/Offergeld/Rohner (Hrsg.), Kartellrecht in der Zeitenwende, 2023, 45 f.

Signalling auch dann untersagt werden, wenn Verbrauchervorteile vorliegen, aber die kollusionsfördernden Aspekte überwiegen.[948]

b. Stillschweigendes Zusammenwirken und explizite Kollusion

Im deutschen Kartellrecht könnte auch im Falle eines stillschweigenden Zusammenwirkens oder einer expliziten Kollusion der Algorithmen § 32f GWB zur Anwendung gelangen. Selbstlernende Algorithmen, die eigenständig kollusive Strategien entwickeln, könnten unter diese Norm fallen, wenn die resultierende Marktstörung als „erheblich und fortwährend" klassifiziert wird. Wird nach einer Sektoruntersuchung eine erhebliche, andauernde oder wiederholte Störung festgestellt, stellt sich die Frage, welche Abhilfemaßnahmen i.S.d. § 32f Abs. 3 GWB Erfolg versprechen könnten. Da die Abhilfemaßnahmen nicht abschließend aufgezählt sind, könnten auch Abhilfemaßnahmen jenseits der Regelbeispiele angeordnet werden. Beispielsweise wäre es möglich den Unternehmen den Einsatz des gleichen Preisalgorithmus oder bestimmte Arten von Preissetzungsalgorithmen zu verbieten. Vor diesem Hintergrund wäre es zumindest denkbar, dass die Unternehmen ohne die Algorithmen wieder zu Wettbewerbspreisen konvergieren. Wenn die Abhilfemaßnahmen nicht möglich oder weniger wirksam bzw. belastender für das Unternehmen sind, kann als ultima ratio auch eine Entflechtung nach § 32f Abs. 4 S. 1 GWB erwogen werden. Eine Entflechtung dürfte bei einem kollusiven Zusammenwirken von Algorithmen aber in der Regel keine sinnvolle Option sein.

4. Zwischenergebnis

Der § 32f GWB stellt eine innovative Ergänzung dar, die beim kollusiven Einsatz von Algorithmen zur Anwendung kommen könnte. Während herkömmliche Vorschriften wie das Kartellverbot oder die Missbrauchskontrolle zum Teil an ihre Grenzen stoßen, bietet § 32f GWB eine flexible Grundlage, um Signalling-Praktiken oder das stillschweigende Zusammenwirken bzw. die explizite Kollusion von Preisalgorithmen zu adressieren.

Mario Draghi schlägt in seinem Report vom 9. September 2024 vor, auf europäischer Ebene ein New Competition Tool (NCT) einzuführen,

948 *Wagner-von Papp*, WuW 2022, 642, 648.

welches als europäisches Pendant zu § 32f GWB eingestuft werden kann.[949] Die Einführung des NCT ist von der Kommission bereits im Sommer 2020 vorgeschlagen worden.[950] Letztendlich tauchte das NCT aber nicht in den Vorschlägen für die Regulierung digitaler Märkte auf, weder der Digital Markets Act (DMA) noch der Digital Services Act (DSA) sehen entsprechende Befugnisse für die Kommission vor.[951] Nach *Draghi* soll das NCT insbesondere dort eingreifen, wo klassische kartellrechtliche Vorschriften – etwa das Verbot abgestimmter Verhaltensweisen oder die Missbrauchskontrolle – an ihre Grenzen stoßen. Der Fokus des NCT liege unter anderem darauf, ein stillschweigendes Zusammenwirken (tacit collusion) und andere Formen des Parallelverhaltens in oligopolistischen Märkten zu adressieren, bei denen keine direkte Abstimmung zwischen den Marktteilnehmern vorliegt.[952]

IV. Fazit

Beim Einsatz von Preisalgorithmen konnten sechs verschiedene Fallgruppen identifiziert werden, in denen ein Verstoß gegen das Kartellverbot nach Art. 101 AEUV bzw. § 1 GWB in Betracht kommt. Grundsätzlich ist das Kartellverbot in der Lage, in den meisten Konstellationen wettbewerbsschädigendes Verhalten ausreichend zu erfassen. Gleichwohl zeigt sich in einigen Fallgruppen, dass auch ein wettbewerblich unerwünschtes Verhalten nicht vom Kartellverbot abgedeckt wird.

Der Einsatz von Preisalgorithmen als Werkzeug (1.) ist vom Kartellverbot umfassend erfasst. Der Verstoß gegen das Kartellverbot wird hier durch die Unternehmen selbst begangen und es ergeben sich keine rechtlichen Besonderheiten. Allenfalls erleichtert der Einsatz von Preisalgorithmen

949 *Draghi*, The future of European competitiveness, Part B | In-depth analysis and recommendations, 09.09.2024, S. 303 f., abrufbar unter https://commission.europa.eu/topics/strengthening-european-competitiveness/eu-competitiveness-looking-ahead_en.

950 Siehe hierzu https://ec.europa.eu/info/law/better-regulation/have-your-say/initiatives/12416-Single-Market-new-complementary-tool-to-strengthen-competition-enforcement_en.

951 *Sternberg*, Algorithmische Preissetzung und tacit collusion, 2023, S. 241 ff.

952 *Draghi*, The future of European competitiveness, Part B | In-depth analysis and recommendations, 09.09.2024, S. 303, abrufbar unter https://commission.europa.eu/topics/strengthening-european-competitiveness/eu-competitiveness-looking-ahead_en.

in diesen Konstellationen die Durchführung der Kartellabsprache und erschwert den Kartellbehörden die Ermittlungen. Die Kartellbehörden sind gut beraten, bei der Durchsetzung des Kartellrechts ihrerseits computertechnische und datengetrieben Verfahren für die Kartellrechtsanwendung nutzbar zu machen.[953] In einigen Mitgliedsstaaten werden Software-Lösungen zur Aufdeckung von Kartellverstößen in Form von „Screening-Tools" bereits effektiv eingesetzt. Die russische Kartellbehörde konnte mit ihrer Software „Big Digital Cat" bereits in 80 Fällen Verstöße gegen das Kartellrecht identifizieren. Die tschechische Kartellbehörde entwickelt derzeit fortschrittlichere Screeningverfahren, die unter anderem auf Methoden des maschinellen Lernens basieren. Die britische Wettbewerbsbehörde (CMA) verwendet Software, um Preisdaten auf Muster zu analysieren, die auf unzulässige Preisabsprachen hinweisen könnten. Ein von der dänischen Wettbewerbsbehörde entwickeltes „Screening-Tool" namens „BidViewer" wird mittlerweile von mehreren anderen Kartellbehörden, einschließlich der spanischen und schwedischen, genutzt.[954]

Beim Einsatz von Preisalgorithmen im Vertikalverhältnis (2.) haben sich ebenfalls keine Schutzlücken gezeigt. Hier muss unterschieden werden zwischen dem Einsatz von Preisüberwachungsalgorithmen als Werkzeug zur Überwachung einer vertikalen Preisbindung und dem Einsatz von Preisalgorithmen in Verbindung mit Preisempfehlungen. Im ersteren Fall hat die Kommission bereits erfolgreich ein Verfahren gegen Asus, Denon & Marantz, Philips und Pioneer abgeschlossen. Es zeigen sich keine neuartigen rechtlichen Probleme. Preisempfehlungen stellen für sich genommen noch keinen Verstoß gegen das Kartellverbot dar. Daran ändert auch der Einsatz von Preisalgorithmen nichts. Werden Preisüberwachungsalgorithmen aber eingesetzt, um auf die Einhaltung der Preisempfehlung Druck auszuüben, kann ein Verstoß gegen das Kartellverbot vorliegen. Kritisch ist auch die Integration von Preisempfehlungen in Preisalgorithmen zu bewerten. Die WEKO hat im Hors-Liste-Medikamente-Fall einen Verstoß gegen das Kartellverbot gesehen. Auch im deutschen und europäischen Kartellrecht kann in einem vergleichbaren Fall unter Einsatz von Algorithmen ein Kartellverstoß angenommen werden.

Grundsätzlich vom Kartellverbot umfasst ist auch der Einsatz von Preisalgorithmen in Hub and Spoke-Konstellationen (3.). Die Fallpraxis zu dieser Konstellation bei den Kartellbehörden und vor den Gerichten ist bisher überschaubar. Der EuGH hat im Fall Eturas über eine solche Konstella-

953 *Kruse*, WuW 2023, 13 ff.
954 *Kruse*, WuW 2023, 13, 15.

tion entschieden. Das Bundeskartellamt und die Europäische Kommission haben ihre Rechtsansichten zu dieser Thematik in verschiedenen Studien bzw. in den Horizontal-Leitlinien dargelegt. Diese Veröffentlichungen bieten erste Anhaltspunkte für eine Bewertung beim Einsatz von Preisalgorithmen in dieser Fallgruppe, sind aber nicht abschließend und nicht geeignet, vollständige Rechtssicherheit für die Unternehmen zu gewährleisten.

Rechtsunsicherheit besteht auch bei der kartellrechtlichen Bewertung des Einsatzes von Preisalgorithmen bei Uber und Webtaxi. Die Bereitstellung eines einzigen gleichgeschalteten Preisalgorithmus für alle Fahrer durch die Plattform könnte gegen das Kartellverbot verstoßen, wenn es sich jeweils um Unternehmen im Sinne des Kartellrechts handelt und das Konzernprivileg nicht greift.

Schwierigkeiten bereitet die rechtliche Erfassung von Preisalgorithmen beim Signalling (4.). Denn das Signalling stellt einen Graubereich des Kartellrechts dar, und es gibt keine eindeutigen Vorgaben dazu, welche Verhaltensweisen bei öffentlichen Preisankündigungen einen Kartellverstoß begründen. Die EuGH-Rechtsprechung zum Signalling erschwert die Arbeit der Kartellbehörden, da in der *Ahlström*-Entscheidung strenge Vorgaben für die Annahme eines Kartellverstoßes gemacht wurden. Die Entscheidungspraxis der Kommission und des Bundeskartellamts ist bisher überschaubar und die Fälle wurden in der Regel mit Verpflichtungsentscheidungen beendet.

Werden Preisalgorithmen dergestalt programmiert, dass öffentlichen Ankündigungen von Preiserhöhungen von Wettbewerbern immer gefolgt wird, kann hierin ein Indiz für eine abgestimmte Verhaltensweise gesehen werden. Dagegen sind kurzzeitige Preissignale von Preissetzungsalgorithmen nicht mit den Grundsätzen zum Signalling zu lösen, sondern stellen eine Form der expliziten Kommunikation durch Preisalgorithmen dar.

Ein stillschweigendes Zusammenwirken durch Preisalgorithmen (5.) ist vom aktuellen Kartellrecht nur unzureichend erfasst. Ein stillschweigendes Zusammenwirken durch Preisalgorithmen unterfällt nicht dem Kartellverbot gem. Art. 101 AEUV bzw. § 1 GWB. Auch andere kartellrechtliche Normen können diese Fallgruppe nur unzureichend erfassen. Eine Anwendung des Missbrauchsverbot nach Art. 102 AEUV bzw. §§ 18 ff. GWB ist theoretisch zwar denkbar, wird in der Praxis aber allenfalls in Ausnahmesituationen zu erwarten sein. Die Fusionskontrolle erfasst grundsätzlich ein stillschweigendes Zusammenwirken im Rahmen der Berücksichtigung koordinierter Effekte, setzt aber für die Überprüfung einen der Fusionskontrolle unterfallenden Zusammenschluss voraus. Zudem berücksichtigt die Fusionskontrolle nur die Wirkungen des Zusammenschlusses in der Zukunft. Ein nur in der Vergangenheit aufgetretenes stillschweigendes Zusammenwirken der Unternehmen wird naturgemäß nicht überprüft.

Eine explizite Kollusion durch Preisalgorithmen (6.) ist vom Kartellverbot de lege lata nur teilweise erfasst. Das Kartellverbot setzt nach hier vertretener Ansicht eine subjektive Komponente in Form der Kenntnis der Unternehmen von einem wettbewerbswidrigen Verhalten der Preisalgorithmen voraus. Agieren die Preisalgorithmen komplett selbstständig und die Unternehmen haben keine Kenntnis von der Kommunikation, kann ein Verstoß gegen das Kartellverbot nicht begründet werden. Insoweit besteht möglicherweise Handlungsbedarf, um durch gezielte Anpassungen des Kartellrechts sicherzustellen, dass auch neuartige Herausforderungen durch den Einsatz von Preisalgorithmen effektiv erfasst und wettbewerbsschädigende Verhaltensweisen umfassend sanktioniert werden können.

Im deutschen Kartellrecht bietet der neu eingeführte § 32f GWB eine flexible Ergänzung zu bestehenden kartellrechtlichen Instrumenten. Er erlaubt insbesondere Maßnahmen gegen Signalling sowie gegen stillschweigende oder explizite Abstimmungen durch Preisalgorithmen, wenn diese den Wettbewerb erheblich und fortwährend stören.

D. Preisalgorithmen und Kollusion de lege ferenda

Im ersten Kapitel dieser Arbeit wurde beschrieben, wie Algorithmen sich auf den Wettbewerb auswirken. Die ausgewerteten Studien haben gezeigt, dass eine Kollusion durch Algorithmen im Modell und auf echten Märkten möglich ist. Dieses kollusive Marktergebnis ist zwar kein qualitativ neuartiges wettbewerbliches Problem. Die Konstellationen, unter denen ein kollusives Marktergebnis entsteht, sind hinreichend bekannt. Sollte der Einsatz von Algorithmen zur Preissetzung aber den Effekt haben, dass es in Zukunft vermehrt zu einer Kollusion kommt, handelt es sich um ein quantitativ neuartiges Problem.

Im zweiten Kapitel wurde dargestellt, inwiefern eine Kollusion beim Einsatz von Preisalgorithmen de lege lata vom Kartellrecht erfasst wird. Hier zeigte sich, dass einige Konstellationen von der geltenden Rechtslage ausreichend erfasst werden. Allerdings offenbarten sich auch Schutzlücken. Insbesondere die stillschweigende und explizite Kollusion durch Algorithmen sind vom Kartellrecht de lege lata nicht ausreichend erfasst. Eine Kollusion bedeutet den vollständigen Ausschluss von Wettbewerb und stellt damit den stärksten Eingriff in den freien Wettbewerbsprozess überhaupt dar. Im Grundsatz dürfte daher kein Zweifel daran bestehen, dass es sich bei diesen Konstellationen um Verhaltensweisen handelt, welche mit dem wettbewerblichen Leitbild nicht vereinbar sind. Auch ökonomisch spricht vieles dafür, eine Kollusion effektiv zu sanktionieren. Unternehmen entscheiden sich nämlich unter anderem gegen eine Kollusion, weil die Wahrscheinlichkeit, eine Strafe zu zahlen im Zustand der Kollusion höher ist als unter Wettbewerbsbedingungen. Wenn dieses Gleichgewicht gestört wird, geht die Abschreckungswirkung zurück.

Im folgenden dritten Kapitel der Arbeit wird überprüft, ob die rechtlichen Rahmenbedingungen zur Erfassung einer Kollusion durch Preisalgorithmen de lege ferenda angepasst werden sollten. Dazu wird zunächst das methodische Vorgehen offengelegt (I.). Dann werden die in der Literatur vorgeschlagenen Regelungsmöglichkeiten vorgestellt und bewertet (II.). Weiterhin wird ein eigener Vorschlag zur Regulierung von Preisalgorithmen entwickelt (III.). Der Abschnitt endet mit einem Fazit zu Preisalgorithmen im Kartellrecht de lege ferenda (IV.).

I. Methodische Vorgehensweise

In methodischer Hinsicht sollen die verschiedenen Regelungsmöglichkeiten dargestellt und bewertet werden. In der Literatur existieren bereits einige Vorschläge für eine bessere Erfassung der Kollusion durch Preisalgorithmen de lege ferenda. Eine spezifische Methodik für die Bewertung von Regelungsvorschlägen de lege ferenda scheint bisher nicht zu existieren. Zur methodischen Vorgehensweise diesbezüglich findet sich in einem „Leitfaden zur Promotion" lediglich der Hinweis, die Bearbeitung solle „alle aus rechtlicher Sicht annähernd gleichwertigen Regelungsmöglichkeiten mit ihren jeweiligen Vor- und Nachteilen systematisch darstellen und dann dem Gesetzgeber die Auswahl unter diesen Möglichkeiten überlassen".[955]

Das ist methodisch zu wenig ambitioniert. Darüber hinausgehend erscheint es erstrebenswert, Kriterien für die rechtliche Bewertung der Vor- und Nachteile der Regelungsmöglichkeiten aufzustellen. Wenn die Bewertung der verschiedenen Regelungsmöglichkeiten anhand derselben Kriterien erfolgt, sind die Vorschläge besser zu vergleichen. Zudem können die Kriterien auf das jeweilige Rechtsgebiet, dessen Regelungszweck und die zu regelnde Materie angepasst werden. Anhand der Kriterien wird auch offengelegt, welche Umstände die Bearbeitung für besonders wichtig erachtet. Dies dient der Wissenschaftlichkeit der Arbeit und soll verhindern, dass sich die Bewertung in allgemeinpolitischen Erwägungen verliert. Zur Bewertung der verschiedenen Regelungsmöglichkeiten sollen daher im Folgenden Kriterien aufgestellt werden. Diese Kriterien können zu einem unterschiedlichen Grad erfüllt werden. Sollte eine Regelung ein Kriterium nicht erfüllen, stellt sie keine taugliche Regelungsmöglichkeit dar. Ein Kriterium kann aber auch nur teilweise erfüllt werden, wenn zum Beispiel die Regelung in Bezug auf die Erfüllung des Kriteriums einige Vorteile aber auch einige Nachteile aufweist. Optimalerweise erfüllt die Regelungsmöglichkeit ein Kriterium vollständig, d.h. es gibt aus keinem Blickwinkel Zweifel an der vollständigen Geeignetheit zur Erfüllung des Kriteriums. Die Kriterien sind nicht losgelöst von den bisherigen Ausführungen in dieser Arbeit. Vielmehr hängen die Kriterien mit den bisher gewonnenen Erkenntnissen zusammen.

Zur Bewertung werden zwei allgemeine Kriterien festgelegt, welche bei der Bewertung einer Reglungsoption auch in anderen Rechtsgebieten und in Bezug auf andere Regelungsgegenstände von grundsätzlicher Bedeutung

955 *Martens*, Leitfaden für die juristische Promotion, 2023, S. 54.

sind. Das erste Kriterium ist die möglichst umfassende Schließung der oben festgestellten Schutzlücken, um einen intensiven und nachhaltigen (Preis-)Wettbewerb zu fördern. (1.). Weiterhin sind die Regelungen darauf zu überprüfen, ob sie auch in der Praxis von den Unternehmen beachtet bzw. den Behörden angewendet werden können und dort die gewünschte Wirkung entfalten, sog. Praxistauglichkeit der Regelung (2.). Des Weiteren sind die Regelungen auf die Erfüllung von zwei besonderen – dem spezifischen Regelungsgegenstand geschuldeten – Kriterien zu überprüfen. Einerseits müssen die Regelungen daraufhin überprüft werden, ob die ökonomischen Grundsätze in dem Regelungsvorschlag ausreichend Berücksichtigung finden (3.). Nicht zuletzt muss eine Regelung im technisch geprägten Bereich von Algorithmen und künstlicher Intelligenz in der Lage sein, flexibel auf technologische Fortschritte zu reagieren (4.).

1. Schließung der Schutzlücken

Eine neue Regelung wird nur diskutiert, weil zunächst eine Schutzlücke festgestellt wurde. Die Regelung sollte daher die im Kartellrecht bestehenden und oben identifizierten Schutzlücken möglichst vollständig schließen. Es muss sich nicht zwingend um eine Regelung im deutschen oder europäischen Kartellrecht handeln. Möglicherweise ist eine kartellrechtliche Gesetzesanpassung sogar nicht geeignet, dieses Problem zufriedenstellend zu behandeln. Es ist daher auch denkbar, dass eine Kollusion mit Preisalgorithmen durch eine Regelung in einem anderen Rechtsbereich besser abgedeckt werden kann, solange die wettbewerblichen Belange berücksichtigt werden.

Alle Regelungen müssen dabei mit den verfassungsrechtlichen Vorgaben sowie dem EU-Recht in Einklang stehen. Dies wird im Rahmen dieser Arbeit vorausgesetzt. Gleichzeitig ist jedoch zu prüfen, ob die Regelung verhältnismäßig ist. Eine unverhältnismäßige Regelung – etwa ein vollständiges Verbot des Algorithmeneinsatzes – würde zwar die bestehenden Schutzlücken vollständig schließen, aber zugleich Innovation und technischen Fortschritt ersticken. Eine Abwägung zwischen Effektivität und Verhältnismäßigkeit ist daher unerlässlich.

2. Praxistauglichkeit der Regelung

Die vorgeschlagenen Regelungen werden auch einem Praxistest unterzogen. Dabei sollte der Rechtsrahmen zwei Bedingungen erfüllen. Einerseits sollten die Regelungen von den Behörden durchgesetzt werden können. Dazu müssen Verstöße gegen den Rechtsrahmen aufgedeckt und effektiv sanktioniert werden können. Andererseits muss es den Unternehmen möglich sein, die vorgeschriebenen Regelungen einzuhalten. Dazu muss der Rechtsrahmen für die Adressaten so klar und eindeutig sein, dass diesen ein rechtskonformes Verhalten möglich ist. Anderenfalls ist die Rechtssicherheit für die Unternehmen nicht gewährleistet. Wenn die Eingriffsvoraussetzungen unklar sind, liegt die Bewertung des Sachverhalts weitgehend in den Händen der Behörden, es droht ein „more administrative approach".[956] Gerade bei der Berücksichtigung ökonomischer Erkenntnisse im Recht ist es wichtig, einen für die Praxis brauchbaren Grad an Normkomplexität zu erreichen.[957]

3. Berücksichtigung ökonomischer Grundsätze

Weiterhin muss die Regelung daraufhin überprüft werden, ob sie ökonomische Grundsätze hinreichend berücksichtigt. Die Kommission verfolgt seit Ende der Neunzigerjahre in Bezug auf die Anwendung bestehenden und zur Schaffung neuen europäischen Kartellrechts einen stärker wirtschaftlichen Ansatz (sog. *more economic approach*).[958] Wettbewerbspolitisch bedeutet dies eine Abkehr von dem im Kern auf die ordoliberale Freiburger Schule zurückgehenden vorherigen Wettbewerbsverständnis, welches auf die Erhaltung der Wettbewerbsfreiheit der Unternehmen durch eindeutige Verbote wettbewerbsbeschränkender Maßnahmen abzielte.[959] Der *more economic approach* ist ein Sammelbegriff für verschiedene Ansätze zu einer stärkeren Einbeziehung ökonomischer Theorien und Methoden in die

956 Vgl. zum Begriff *Körber*, NZKart 2023, 193.
957 Siehe hierzu *Rohner*, Art. 102 AEUV und die Rolle der Ökonomie, 2023, S. 342 ff.
958 Vgl. *Europäische Kommission*, Weißbuch zur Anwendung der Art. 85 u. 86 EG, Rn. 78.
959 *Ackermann* in: Riesenhuber (Hrsg.), Europäische Methodenlehre, 2021, S. 642.

wettbewerbliche Praxis.[960] Im Vordergrund stand das Ziel, das Kartellrecht von einem formal-juristischen Ansatz (*form-based approach*) zu einem wirkungsbasierten Ansatz (*effects-based approach*) weiterzuentwickeln.[961] In diesem Sinne sollen bei der Beurteilung von wettbewerblichem Handeln die gesamtwirtschaftlichen Effekte, insbesondere die Auswirkungen auf die Verbraucherwohlfahrt nach Effizienzkriterien, stärker Berücksichtigung finden.[962] Aber auch in anderen Rechtsgebieten spielen ökonomische Kriterien eine gewichtige Rolle. In diesem Sinne hat sich in den Rechtswissenschaften eine eigenständige Methodik zur ökonomischen Analyse des Rechts entwickelt.[963] Die Berücksichtigung ökonomischer Grundsätze als Kriterium soll keine ökonomische Analyse des Rechts in diesem Sinne darstellen. Es würde zu weit führen für jede Regelungsmöglichkeit die Methodik der ökonomischen Analyse des Rechts anzuwenden. Vielmehr soll grundsätzlich und kursorisch überprüft werden, ob die vorgeschlagene Regelung die wettbewerbsökonomischen Erkenntnisse zu Kollusion im Allgemeinen und zu Kollusion beim Einsatz von Algorithmen im Speziellen nicht außer Acht lässt. Auf Märkten existieren, wie gesehen,[964] eine Kollusion hemmende bzw. fördernde Marktbedingungen. Eine Regelung sollte berücksichtigen, dass eine Kollusion sich vor allem durch entsprechende Anreize erklären lässt. Daher sollte eine Regelung möglichst darauf hinwirken, die Kollusion hemmenden Elemente des Marktes zu verstärken bzw. die Kollusion fördernden Elemente zu verringern. Bei der Regelung sollten – wenn möglich und vorhanden – die Ergebnisse von wettbewerbsökonomischen Studien berücksichtigt werden.

---

960 *Mestmäcker/Schweitzer*, Europäisches Wettbewerbsrecht, 2014, § 3, Rn. 45; *Zimmer* in: Studienvereinigung Kartellrecht e.V. (Hrsg.), Kartellrecht in Theorie und Praxis, 2012, S. 525 ff.

961 *Ewald* in: Wiedemann (Hrsg.), Handbuch des Kartellrechts, 2020, § 7, Rn. 17. *Esteva Mosso* in: Basedow/Wurmnest (Hrsg.), Structure and effects in EU competition law, 2011, S. 11 ff.; *Rohner*, Art. 102 AEUV und die Rolle der Ökonomie, 2023, S. 40; *Eckard*, Anwendung und Durchsetzung des Kartellverbots im dezentralen Legalausnahmesystem, 2011, S. 243.

962 *Zimmer* in: Immenga/Mestmäcker, 2025, Art. 101 AEUV, Rn. 6.

963 *Eidenmüller*, Effizienz als Rechtsprinzip, 2005; *Towfigh/Petersen/Englerth u.a.*, Ökonomische Methoden im Recht, 2023; *Beyerbach*, Die juristische Doktorarbeit, 2021, S. 98 ff.; *Martens*, Leitfaden für die juristische Promotion, 2023, S. 50 ff.

964 Siehe oben, B.II.3.

4. Berücksichtigung technologischer Fortschritte (Flexibilität)

Jede Regelung birgt das Risiko eines Irrtums. Dies gilt umso mehr im Bereich der Digitalisierung, da hier aufgrund der Dynamik der Entwicklungen der Rechtsrahmen ständig angepasst werden muss. Der Rechtsrahmen muss dynamisch und flexibel auf Veränderungen des Erkenntnisstands reagieren können. Ein smarter Rechtsrahmen muss Alternativpläne und Korrekturmöglichkeiten vorsehen. Dies setzt voraus, dass Regelungen sich weiterentwickeln und ein „Experiment" sind, welches scheitern oder zu unerwarteten Konsequenzen führen kann.[965]

Ein smarter Rechtsrahmen sollte daher in der Lage sein, einerseits auf technische Entwicklungen der Algorithmen und andererseits auch auf neue ökonomische Erkenntnisse reagieren zu können. Dabei sollte eine möglichst ausgewogene Balance zwischen einer voreiligen Erfassung nicht regelungsbedürftiger Sachverhalte (sog. *false positives*) und dem Risiko einer Nichterfassung regelungsbedürftiger Sachverhalte (sog. *false negatives*) gehalten werden.[966]

In diesem Sinne sollte die Regelung innovationsfreundlich ausgestaltet sein, um technologische Entwicklungen nicht nur zu regulieren, sondern auch zu fördern. Der Rechtsrahmen sollte sicherstellen, dass Innovationen, etwa bei Algorithmen und künstlicher Intelligenz, nicht behindert werden, sondern im Einklang mit den Wettbewerbszielen konstruktiv zum Marktfortschritt beitragen können.

II. Regelungsmöglichkeiten de lege ferenda

Eine Kollusion durch Preisalgorithmen könnte in verschiedenen Gesetzen geregelt werden. Einerseits könnte das Kartellrecht angepasst werden, sodass die bestehenden Schutzlücken geschlossen werden. Neben einer Anpassung des Kartellrechts besteht auch die Möglichkeit, wettbewerbspolitische Antworten außerhalb des Kartellrechts zu suchen. Zwar dürfte es im Ausgangspunkt naheliegen, eine algorithmische Kollusion im Rahmen des Kartellrechts zu regulieren, da sich eine Kollusion negativ auf den Wettbewerb auswirkt. Allerdings ist das Kartellrecht nicht unbedingt immer

965 *Podszun*, Gutachten F zum 73. Deutschen Juristentag Hamburg 2020/Bonn 2022: Empfiehlt sich eine stärkere Regulierung von Online-Plattformen und anderen Digitalunternehmen?, 2020, S. 63.

966 *Ewald* in: Wiedemann (Hrsg.), Handbuch des Kartellrechts, 2020, § 7, Rn. 15.

am besten geeignet, um wettbewerbliche Problemstellungen zu beheben. In diesem Sinne wurde auf europäischer Ebene auch der *Digital Markets Act* (DMA) eingeführt, um den wettbewerblichen Problemen der Plattformökonomie Herr zu werden, nachdem sich in verschiedenen Verfahren gezeigt hat, dass die Vormachtstellung der großen Digitalunternehmen nicht effektiv mit den Mitteln des Kartellrechts reguliert werden kann. Außerdem ist der Einsatz von Algorithmen auf digitalen Märkten eine Querschnittsmaterie. Es sollte daher auch in Betracht gezogen werden, den Einsatz von Algorithmen oder das Agieren auf digitalen Märkten spezialgesetzlich zu regeln.

1. Erfassung von Tacit Collusion im Kartellverbot

Eine Möglichkeit wäre, Art. 101 AEUV und § 1 GWB so anzupassen, dass jede Form der Kollusion erfasst ist. Dann würde auch die bisher nicht vom Kartellverbot erfasste tacit collusion unter das Kartellverbot fallen. Entsprechend könnte dann auch ein stillschweigendes Zusammenwirken von Algorithmen erfasst werden.

a. Der Vorschlag zur Streichung kommunikationsbasierter Tatbestandsmerkmale

Die Erfassung des stillschweigenden Zusammenwirkens durch das Kartellverbot ist schon vor der Digitalisierung und dem Einsatz von Algorithmen zur Preissetzung in der kartellrechtlichen Wissenschaft erörtert worden. Die Debatte startete in den USA mit einem Aufsatz von *Turner* im Jahr 1962. *Turner* vertrat hier die Ansicht, suprakompetitive Preise im Oligopol seien für sich genommen nicht zu beanstanden, da eine rationale individuelle Entscheidung unter ökonomisch nachvollziehbaren Gesichtspunkten nicht unter das Kartellrecht fallen sollte.[967]

Daraufhin verfasste *Posner* in einer viel beachteten Abhandlung eine Gegenrede. Er vertrat dort die Ansicht, jede Form der Kollusion müsste vom Kartellverbot erfasst werden. [968] Zur Begründung führte er aus, dass die Wettbewerber sich auch bei einem stillschweigenden Zusammenwirken

---

967 *Turner*, 75 Harvard Law Review 1962, 655, 666.
968 *Posner*, 21 Stanford Law Review 1969, 1562.

dazu entscheiden, nicht miteinander in Wettbewerb zu treten.[969] Auch *Markovits* sprach sich im US-amerikanischen Recht für die Erfassung des stillschweigenden Zusammenwirkens durch das Kartellverbot aus.[970] *Posner* hat seine Ansicht mittlerweile revidiert und spricht sich nicht mehr für die Erfassung von tacit collusion im Kartellrecht aus.[971]

Im Kontext der potentiellen Wettbewerbsbedrohungen durch Preisalgorithmen ist der Vorschlag, Tacit Collusion durch das Kartellverbot zu erfassen, wieder diskutiert worden.[972]

Eine Erfassung von Tacit Collusion könnte durch eine Abkehr von dem kommunikationsbasierten Ansatz in Art. 101 AEUV bzw. § 1 GWB erreicht werden. Einen solchen Vorschlag hat in jüngerer Vergangenheit *Kaplow* für das US-amerikanische Kartellrecht ausgearbeitet.[973] Er spricht sich für einen direkten Ansatz bei der Ausgestaltung des Kartellverbots (*Direct approach to price-fixing policy*) aus.[974] Dies beinhaltet die Streichung der kommunikationsbasierten Tatbestandsmerkmale „Vereinbarung", „abgestimmte Verhaltensweise" und „Beschluss einer Unternehmensvereinigung". Ein direkter Ansatz fokussiert sich auf das Vorliegen und das Ausmaß eines koordinierten oligopolistischen Preisanstiegs.[975] Der Nachweis eines koordinierten Preisanstiegs könne durch verschiedene Indizien geführt werden, bei denen kein Beweismittel a priori privilegiert werde. Neben dem Nachweis geheimer Absprachen könne ein Kartellverstoß auch durch Markt-basierte Indizien geführt werden. Mögliche Indikatoren für eine erfolgreiche Koordinierung zwischen Oligopolisten seien: Preisbildungsmuster, Preiserhöhungen, Erleichterungspraktiken und das Vorliegen einer Kollusion fördernder Marktbedingungen.[976] Alleine auf ein gleichmäßiges Parallelverhalten könne der Nachweis eines koordinierten Preisanstiegs aber nicht gestützt werden, da es sich hierbei auch um ein wettbewerbliches Verhalten handeln könnte.[977] Dagegen könne ein plötzlicher starker

969 *Posner*, 21 Stanford Law Review 1969, 1562, 1606.
970 *Markovits*, 26 Stanford Law Review 1974, 717, 738; *ders.*, 27 Stanford Law Review 1975, 307, 55 ff.; *ders.*, 28 Stanford Law Review 1975, 45, 315 ff.; *ders.*, 28 Stanford Law Review 1976, 919, 933 f.
971 *Posner*, 79 Antitrust Law Journal 2014, 761, 763.
972 *Gal/Elkin-Koren*, 30 Harvard Journal of Law & Technology 2017, 309, 347; *Pohlmann* in: Festschrift Dirk Schroeder, 2018, S. 646 f.
973 Vgl. *Kaplow*, 61 International Journal of Industrial Organization 2018, 749 ff.
974 *Kaplow*, 61 International Journal of Industrial Organization 2018, 749, 756 ff.
975 *Kaplow*, 61 International Journal of Industrial Organization 2018, 749, 759.
976 *Kaplow*, 61 International Journal of Industrial Organization 2018, 749, 759 ff.
977 *Kaplow*, 61 International Journal of Industrial Organization 2018, 749, 759.

Preisrückgang, genau wie eine plötzliche starke Preiserhöhung, ein Indiz für eine Koordinierung darstellen, wenn dies nicht durch einen Kosten oder Nachfrageschock erklärt werden könne.[978] Preise über dem Wettbewerbslevel – also über den Grenzkosten – könnten ein weiteres Indiz darstellen, wobei Kaplow einräumt, dieses Mittel sei aufgrund der Berechnungsschwierigkeiten mit Vorsicht zu genießen.[979] Weiterhin könnten eine Koordinierung erleichternde Praktiken (sog. *facilitating practices*) als Indiz herangezogen werden.[980] Hierunter könnten geheime Treffen oder auch Preisankündigungen zählen.[981] In Bezug auf das Vorliegen kollusionsfördernder Marktbedingungen solle Folgendes gelten: In Abwesenheit kollusionsfördernder Faktoren liege die Annahme einer Koordinierung fern. Seien die Marktbedingungen dagegen günstig für eine Kollusion, könnten die Kartellbehörden eine Koordinierung annehmen, wobei das alleinige Vorliegen kollusionsfördernder Faktoren als Nachweis noch nicht ausreichen solle.[982]

b. Bewertung

Die Abkehr von dem kommunikationsbasierten Ansatz würde die identifizierten Schutzlücken umfassend schließen. Zumindest in der Theorie würde ein solcher Ansatz jede Form der Kollusion erfassen, soweit genügend Indizien vorliegen. Insbesondere könnte neben dem stillschweigenden Zusammenwirken auch die explizite Kollusion durch Preisalgorithmen umfassend von Art. 101 AEUV bzw. § 1 GWB erfasst werden, da es auf die Kenntnis der Unternehmen von dem Verhalten der Algorithmen nicht mehr ankommt. Der Nachweis von Vorsatz oder Fahrlässigkeit müsste dann nur noch für die Erteilung eines Bußgeldes nach § 81 Abs. 1 Nr. 1 GWB bzw. Art. 23 Abs. 2 S. 1 lit. a Alt. 1 VO 1/2003 und für die Geltendmachung von Schadensersatz nach § 33a Abs. 1 GWB geführt werden. Allerdings muss hierbei auch die Verhältnismäßigkeit berücksichtigt werden, da eine zu weitgehende Erfassung jeglichen Parallelverhaltens zu einer übermäßigen Belastung der Unternehmen führen könnte.

Ökonomische Erkenntnisse werden bei diesem Vorschlag hinreichend berücksichtigt. Insbesondere berücksichtigt der Vorschlag, ob eine Kollu-

---

978 *Kaplow*, 61 International Journal of Industrial Organization 2018, 749, 760.
979 *Kaplow*, 61 International Journal of Industrial Organization 2018, 749, 760 f.
980 *Kaplow*, 61 International Journal of Industrial Organization 2018, 749, 761.
981 *Kaplow*, 61 International Journal of Industrial Organization 2018, 749, 763.
982 *Kaplow*, 61 International Journal of Industrial Organization 2018, 749, 761.

sion begünstigende Marktbedingungen vorliegen. Das Vorliegen dieser Bedingungen kann als Indiz gewertet werden, welches für ein koordiniertes Oligopolverhalten spricht. Der Vorschlag ermöglicht es auch neuere ökonomische Erkenntnisse in die Bewertung mit einfließen zu lassen. Insbesondere könnte dieser Vorschlag auch Erkenntnisse zum Einsatz von Preisalgorithmen und Kollusion berücksichtigen. Der Einsatz von bestimmten Preisalgorithmen unter bestimmten Bedingungen könnte dann als Indiz für das Vorliegen eines koordinierten Verhaltens gewertet werden.

Der Vorschlag wäre auch in der Lage, flexibel auf technologische Fortschritte zu reagieren, denn es spielt hier keine Rolle, mit welchen Algorithmen ein koordiniertes Verhalten erreicht wird. Dies kann als Vorteil gewertet werden, da der Rechtsrahmen nicht durch spezifische Technologien überholt wird. Gleichzeitig besteht jedoch das Risiko, dass Unternehmen, die auf moderne Preissetzungsalgorithmen zurückgreifen, unverhältnismäßigen regulatorischen Unsicherheiten ausgesetzt werden. Eine regelmäßige Überprüfung der Regelung und die Berücksichtigung empirischer Marktdaten wären daher notwendig, um Fehlanwendungen zu vermeiden.

Allerdings würde der direkte Ansatz bei der Ausgestaltung des Kartellverbots zu erheblicher Rechtsunsicherheit bei der Preissetzung in oligopolistischen Märkten sorgen.[983] Im Ergebnis würde dieser Ansatz darauf hinauslaufen, dass jedes Verhalten der Unternehmen im Einzelfall auf das Vorliegen eines koordinierten Preisanstiegs überprüft wird. Auf einem Markt, welcher eine Kollusion begünstigende Marktbedingungen aufweist, wären die Unternehmen unter Umständen verunsichert, welches Verhalten rechtssicher noch möglich ist. Dies könnte insbesondere kleinere Unternehmen unverhältnismäßig belasten, da sie nicht über die Ressourcen verfügen, um umfassende Compliance-Maßnahmen zu ergreifen. Dieser Ansatz definiert nicht eindeutig, welche Verhaltensweisen verboten sind. Ein rechtskonformes Verhalten auf dem Markt wäre daher nicht ohne Weiteres möglich. Die Unternehmen müssten jederzeit mit der Aufnahme von Ermittlungen rechnen. Daher wäre eine Konkretisierung der maßgeblichen Kriterien erforderlich, um eine exzessive behördliche Ermessensausübung zu vermeiden. Insgesamt gibt dieser Vorschlag den Kartellbehörden zu viel Spielraum bei der Aufnahme von Ermittlungen. Es wäre den Kartellbehörden daher möglich, gegen eine Vielzahl von Unternehmen auf praktisch allen Märkten Ermittlungen zu starten, um zu prüfen, ob die Preise über dem Wettbewerbsniveau liegen oder andere Indizien für eine Koordinierung vorliegen.

---

983 Vgl. *Lindsay/McCarthy*, ECLR 2017, 533; *Thomas*, 15 Journal of Competition Law & Economics 2019, 159, 187 ff.

Preise über dem Wettbewerbsniveau sind ohnehin ungeeignet zum Nachweis eines koordinierten Verhaltens, da die Behörde hier ermitteln muss, welcher Preis sich hypothetisch unter Wettbewerbsbedingungen eingestellt hätte. Wie schwierig die Ermittlung eines hypothetischen Wettbewerbspreises ist, zeigt sich in Kartellschadensersatzverfahren und beim Preishöhenmissbrauch.

2. Verbraucherschädliche Informationssignale im Oligopol

Ein weiterer Vorschlag zur rechtlichen Erfassung des Einsatzes von Preisalgorithmen im Kartellverbot stammt von *Thomas*.

a. Der Vorschlag von *Thomas*

Thomas schlägt vor, bestimmte verbraucherschädliche Informationssignale im Oligopol als Zuwiderhandlung gegen Art. 101 AEUV bzw. § 1 GWB einzustufen.[984] Dieser Vorschlag unterscheidet sich von dem Vorschlag einer vollständigen Erfassung der tacit collusion dadurch, dass hier ein konkretes Verhalten der Unternehmen – nämlich das Aussenden der Informationssignale – festgelegt wird, welches die Unternehmen zu vermeiden haben.[985] *Thomas* meint, die Abgrenzung des stillschweigenden Zusammenwirkens zum bewussten Parallelverhalten nach den bisher von der Rechtsprechung gewählten Kriterien sei nicht zielführend. Die einzige, nach wissenschaftlichen Erkenntnissen verlässliche Möglichkeit der Abgrenzung sei es, zu überprüfen, ob der Austausch von Informationssignalen zu einem überwettbewerblichen Gleichgewicht führt, welches nicht durch Effizienzen gerechtfertigt ist.[986] In diesem Sinne sollte eine abgestimmte Verhaltensweise wie folgt definiert werden:

> *„Jedes Informationssignal von zwei oder mehr Unternehmen, welches eine Beschränkung des Wettbewerbs bezweckt oder bewirkt, indem es den Ver-*

984 *Thomas*, 15 Journal of Competition Law & Economics 2019, 159 ff.; *ders.* in: Zimmer (Hrsg.), Regulierung für Algorithmen und Künstliche Intelligenz, 2021, S. 303 ff.

985 *Thomas*, 15 Journal of Competition Law & Economics 2019, 159, 191.

986 *Thomas*, 15 Journal of Competition Law & Economics 159, 160.

> *brauchern durch ein kollusives Gleichgewicht Schaden zufügt, ohne kompensierende Effizienzgewinne zu schaffen.*“[987]

Die Informationssignale würden nach diesem Vorschlag einer zweistufigen Prüfung unterzogen: (1) Sie müssten zu einem kollusiven Gleichgewicht beitragen und (2) dürften nicht durch Verbrauchervorteile gerechtfertigt sein. Folglich muss bei jeder Art von Information, welche an die Wettbewerber gelangt und zu einem kollusiven Gleichgewicht beiträgt, geprüft werden, ob der Nutzen für die Verbraucher überwiegt. Diese Überprüfung soll anhand eines Vergleichs mit einem kontrafaktischen Szenario, indem die Information nicht preisgegeben wird, geschehen. Überwiegt der Nutzen für die Verbraucher nicht, liegt eine abgestimmte Verhaltensweise vor. Maßstab dieser Auswirkungsanalyse ist dabei die Konsumentenrente bzw. Verbraucherwohlfahrt. [988] Überwiegen die Vorteile für die Verbraucher, handelt es sich schon tatbestandlich nicht um eine abgestimmte Verhaltensweise, sondern um einen zulässigen Informationsaustausch.[989] Auf die Kenntnis von dem Verhalten der Algorithmen käme es bei diesem Ansatz dagegen nicht mehr an.[990] Dieses Verständnis des Begriffs der abgestimmten Verhaltensweise kann nach *Thomas* ohne eine Gesetzesänderung im Wege einer entsprechenden Auslegung durch den EuGH realisiert werden.[991]

b. Bewertung

Die von *Thomas* vorgeschlagene Auslegung würde eine Abkehr von der separaten Prüfung der Tatbestandsmerkmale „abgestimmte Verhaltensweise“ und „Wettbewerbsbeschränkung“ – wie sie bisher praktiziert wird – mit sich bringen. Weiterhin würden Effizienzen nicht mehr in erster Linie im Rahmen des Art. 101 Abs. 3 AEUV bzw. § 2 GWB berücksichtigt,

987 *Thomas*, 15 Journal of Competition Law & Economics 159, 190 (Übersetzung aus dem Englischen durch den Verfasser).

988 *Thomas*, 15 Journal of Competition Law & Economics 2019, 159, 191; *ders.* in: Zimmer (Hrsg.), Regulierung für Algorithmen und Künstliche Intelligenz, 2021, S. 303 f.

989 *Thomas* in: Zimmer (Hrsg.), Regulierung für Algorithmen und Künstliche Intelligenz, 2021, S. 304 f.

990 *Thomas* in: Zimmer (Hrsg.), Regulierung für Algorithmen und Künstliche Intelligenz, 2021, S. 307.

991 *Thomas* in: Zimmer (Hrsg.), Regulierung für Algorithmen und Künstliche Intelligenz, 2021, S. 306.

sondern bereits bei der Prüfung der abgestimmten Verhaltensweise. Die Auslegung würde daher eine Abkehr von der bisherigen Gesetzesdogmatik bedeuten.[992] Ob der EuGH eine solche Auslegung tatsächlich vornehmen wird, ist ungewiss.

Der Vorschlag von *Thomas* würde gezielt eine Schutzlücke im Kartellrecht schließen, indem er nicht auf die vollständige Erfassung der Tacit Collusion abzielt, sondern bestimmte Verhaltensweisen der Unternehmen – nämlich das Aussenden von wettbewerbsbeschränkenden Informationssignalen – als unzulässig einstuft. Dadurch würde eine präzisere Erfassung potenzieller Kollusionsmechanismen ermöglicht. Allerdings bleibt eine Schutzlücke für stillschweigende Kollusion bestehen, da sich der Vorschlag auf explizite Signale beschränkt.

Der Vorschlag berücksichtigt ökonomische Erkenntnisse, indem er nicht nur auf die bloße Existenz eines Informationssignals abstellt, sondern auch dessen Auswirkungen auf die Konsumentenrente bzw. die Verbraucherwohlfahrt prüft. Dadurch wird gewährleistet, dass nicht jedes Signal automatisch als wettbewerbswidrig eingestuft wird.

Der Vorschlag bietet eine gewisse Flexibilität, da er nicht auf eine spezifische Technologie oder Kommunikationsform beschränkt ist. Er könnte insbesondere auf algorithmische Kollusion angewendet werden, indem geprüft wird, ob Algorithmen gezielt zur Signalübertragung genutzt werden, um ein kollusives Gleichgewicht herbeizuführen. Allerdings bleibt fraglich, ob die Regelung in der Lage wäre, auf zukünftige technologische Entwicklungen angemessen zu reagieren. Insbesondere beim Einsatz von Black-Box-Algorithmen, kann die Übermittlung von Informationssignalen in der Regel nicht nachgewiesen werden.

Es steht auch zu befürchten, dass eine Realisierung dieses Vorschlags zu Problemen bei der Umsetzung in der Praxis führt. Die Kartellbehörden werden durch diese Auslegung gezwungen, einen erheblichen Aufwand zu betreiben, um eine abgestimmte Verhaltensweise nachzuweisen. Denn sie müssten bei entsprechenden Informationssignalen zunächst den Nachweis überwettbewerblicher Preise erbringen. Dazu müsste man mit ökonomischen Methoden Berechnungen zu dem hypothetischen Wettbewerbspreis ohne das Informationssignal anstellen. Eine solche Berechnung eines hypothetischen Szenarios ist in der Praxis mit erheblichen Schwierigkeiten verbunden und führt in Kartellschadensersatzverfahren – bei denen der hypothetische Preis ohne das Kartell berechnet werden muss – nicht selten zu

992 *Legner* in: Becker (Hrsg.), Wettbewerb auf digitalen Märkten, 2025, S. 89.

jahrelangen Rechtsstreitigkeiten. Weiterhin müsste die Behörde beweisen, dass die Informationssignale nicht anderweitig durch Verbrauchervorteile gerechtfertigt sind. Ein entsprechender Vortrag obliegt aktuell nach Art. 101 Abs. 3 AEUV bzw. § 2 GWB den Kartellanten. Eine derartige Auslegung könnte also dazu führen, dass es in Zukunft für die Kartellbehörden eher schwieriger wird, eine abgestimmte Verhaltensweise festzustellen. Auch für die Unternehmen würde dieser Vorschlag keine Rechtssicherheit mit sich bringen. Die Unternehmen könnten sich beim Austausch von Informationen nicht sicher sein, welche Verhaltensweisen mit dem Kartellverbot zu vereinbaren sind, da potenziell jeder Austausch von Informationssignalen die Kartellbehörden zu Ermittlungen veranlassen könnte. Dies könnte dazu führen, dass die Unternehmen grundsätzlich davon absehen, Informationen auszutauschen, auch wenn dies im Einzelfall – beispielsweise durch Erhöhung der vertikalen Transparenz – von Vorteil für den Wettbewerb sein kann.

3. Neuer Tatbestand für die Aufforderung zu Absprachen und einseitige Veröffentlichungen

Lianos und *Wagner-von Papp* schlagen vor, nach griechischem Vorbild einen neuen Tatbestand für einseitige Verhaltensweisen im europäischen Kartellrecht einzuführen.[993] Dieser Vorschlag ist nicht spezifisch in Bezug auf den Einsatz von Preisalgorithmen entwickelt worden. Allerdings wird in dem Vorschlag auch erwähnt, dass die Wirkungen von einseitigen Verhaltensweisen durch den Einsatz von Algorithmen, welche den Unternehmen ermöglichen die nächsten Schritte der Wettbewerber vorherzusehen, verstärkt werden könnten.[994] Insofern soll überprüft werden, ob der Vorschlag geeignet wäre, die wettbewerblichen Probleme des Einsatzes von Preisalgorithmen zu verringern.

a. Der Vorschlag von *Lianos/Wagner-von Papp*

Der Vorschlag zielt darauf ab, einen neuen Tatbestand im europäischen Kartellrecht zu schaffen, welcher auch Angebote zum Abschluss einer Kar-

993 *Lianos/Wagner-von Papp*, 13 JECLAP 2022, 249 ff.
994 *Lianos/Wagner-von Papp*, 13 JECLAP 2022, 249, 250.

tellabsprache und einseitige Veröffentlichungen erfasst. Als Vorbild für diesen Vorschlag dient der neue Art. 1A des griechischen Kartellgesetzes.[995] In Absatz 1 dieses Artikels wird das reine Angebot zu einer kartellrechtswidrigen Absprache bzw. die Aufforderung, sich an einer solchen Absprache zu beteiligen, erfasst.[996] Im Wortlaut heißt es in Absatz 1:

> „1. *Es ist Unternehmen untersagt, einem anderen Unternehmen vorzuschlagen, es zu zwingen, zu motivieren oder in irgendeiner Weise aufzufordern, sich an einer Vereinbarung zwischen Unternehmen oder an Beschlüssen von Unternehmensvereinigungen oder an aufeinander abgestimmten Verhaltensweisen zu beteiligen, die darauf abzielen, den Wettbewerb im griechischen Hoheitsgebiet zu verhindern, einzuschränken oder zu verfälschen, und die darin bestehen,*
> a) *unmittelbar oder mittelbar die Einkaufs- oder Verkaufspreise auf einem Markt festzusetzen, oder*
> b) *die Produktion, das Angebot, die technologische Entwicklung oder die Investitionen zu beschränken oder zu kontrollieren, oder*
> c) *Märkte oder Bezugsquellen aufzuteilen.*“[997]

In Abs. 2 wird die einseitige Offenlegung von Informationen unter bestimmten Voraussetzungen erfasst. Die Regelung erlaubt unter dem Merkmal der Wettbewerbsbeschränkung eine Abwägung mit den in Abs. 2 S. 2 lit. a-f abschließend aufgezählten Kriterien. Im Wortlaut heißt es in dem Gesetz:

> „2. *Einem Unternehmen ist es untersagt, Preis-, Rabatt-, Liefer- oder Kreditinformationen über Produkte oder Dienstleistungen, welche es geliefert bekommt oder selbst liefern wird, weiterzugeben, wenn:*
> a) *die Weitergabe den wirksamen Wettbewerb im griechischen Hoheitsgebiet beschränkt und*
> b) *sie keine normale Geschäftspraxis darstellt.*
>
> *Bei der Beurteilung, ob eine Offenlegung den wirksamen Wettbewerb beschränkt, ist Folgendes zu berücksichtigen:*
>
> a) *der Grad der Spezifizierung und der individuelle Charakter der Informationen;*

---

995 Protection of free Competition, Law 3959/2011, Gov't Gazette Issue A' 93/20.04.2011, abrufbar unter https://www.epant.gr/en/legislation/protection-of-free-competition.html.

996 *Lianos/Wagner-von Papp*, 13 JECLAP 2022, 249, 250.

997 Übersetzung aus dem Englischen durch den Verfasser.

b) ob sich die Informationen auf künftige Tätigkeiten beziehen;
c) das Ausmaß, in dem die Informationen für die Öffentlichkeit leicht zugänglich sind;
d) ob die Offenlegung Teil eines Musters ähnlicher Offenlegungen durch das Unternehmen ist;
e) ob es in der Vergangenheit auf dem betreffenden Markt oder in der betreffenden Branche zu Absprachen zwischen denselben Unternehmen gekommen ist, und
f) ob der Markt, auf den sich die Offenlegung bezieht, konzentriert ist und einen Oligopolcharakter aufweist.

Es wird nicht davon ausgegangen, dass die Offenlegung von Informationen den wirksamen Wettbewerb einschränkt, wenn sie sich ausschließlich an die Endverbraucher des Produkts oder der Dienstleistung richtet.“ [998]

Weiterhin besteht auch für diese einseitigen Verhaltensweisen nach dem Abs. 3 der Vorschrift die Möglichkeit, in entsprechender Anwendung des Art. 101 Abs. 3 AEUV eine Freistellung zu erhalten.[999] Nach *Lianos/Wagner-von Papp* kann diese Regelung die wettbewerbsschädlichen Verhaltensweisen von einseitigen Verhaltensweisen so weit wie möglich erfassen, ohne den freien Wettbewerb und die legitimen Gründe für die Offenlegung von Informationen im Einzelfall zu stark einzuschränken.[1000]

b. Bewertung

Die Schutzlücken werden durch diesen Vorschlag zumindest teilweise geschlossen. Der Art. 1A Abs. 1 des griechischen Kartellgesetzes ermöglicht es, auch rein einseitige Verhaltensweisen zu erfassen. Solche sind de lege lata nicht vom europäischen Kartellverbot gem. Art. 101 AEUV erfasst. Die entsprechende Vorschrift kann zur Anwendung kommen, wenn ein Kartell nicht zustande kommt, weil das andere Unternehmen sich nicht daran beteiligen möchte oder die Behörde zumindest nicht genügend Nachweise für eine Beteiligung des anderen Unternehmens hat. Eine vergleichbare Regelung existiert im deutschen Kartellrecht mit § 21 Abs. 2 GWB.

Es ist denkbar, dass dieser Absatz in spezifischen Konstellationen mit Preisalgorithmen eine Wirkung entfalten könnte. Wenn beispielsweise ein

998 Übersetzung aus dem Englischen durch den Verfasser.
999 *Lianos/Wagner-von Papp*, 13 JECLAP 2022, 249, 251.
1000 *Lianos/Wagner-von Papp*, 13 JECLAP 2022, 249, 253.

Unternehmen wissentlich einen anderen Algorithmus über ein gemeinsames Kommunikationsprotokoll auffordert, eine Preisabsprache einzugehen, der andere Algorithmus aber nicht darauf eingeht, würde dies voraussichtlich den Tatbestand erfüllen. Der zweite Absatz kann zur Anwendung kommen, wenn Informationen einseitig von einem Unternehmen preisgegeben werden. Dies kann bisher weder vom deutschen noch vom europäischen Kartellrecht erfasst werden. Der Absatz 2 des griechischen Kartellgesetzes ist daher in erster Linie für die Fallgruppe des Signalling von Bedeutung. Hier könnte sich diese Regelung tatsächlich als hilfreich darstellen, da die rechtlichen Anforderungen zur Annahme eines Verstoßes gegen das Kartellverbot de lege lata sehr hoch sind. Der Vorschlag würde diesbezüglich bestehende Rechtsschutzlücken schließen, da auch die einseitige Verbreitung von Informationen sanktioniert werden könnte. Ein stillschweigendes Zusammenwirken könnte dagegen auch von dem neuen Tatbestand nicht erfasst werden. In Bezug auf eine explizite Kollusion durch Preisalgorithmen ist zumindest fraglich, ob dieser Absatz eine Schließung der Schutzlücken bewirkt. Wenn der Algorithmus selbstständig – ohne Wissen der Unternehmen – Informationen weitergibt, ist auch unter Art. 1A des griechischen Kartellgesetzes nicht sicher, ob dieses Verhalten von der Norm erfasst werden kann.

Die Regelung dürfte in der Anwendungspraxis keine größeren Probleme bereiten. Die recht spezifischen Verhaltensvorgaben können von den Kartellbehörden gut umgesetzt werden und bieten ausreichend Rechtssicherheit für die Unternehmen.

Ökonomische Grundsätze werden bei diesem Vorschlag auch hinreichend berücksichtigt. Denn der Austausch von Informationen ist nach ökonomischen Erkenntnissen nicht per se schädlich für den Wettbewerb. Der Einfluss auf das Entstehen einer Kollusion ist vielmehr ambivalent. Diese Ambivalenz findet sich auch in der Prüfung einer „Wettbewerbsbeschränkung" wieder. Die in Absatz 2 Satz 2 lit. a-f aufgezählten Kriterien zielen gerade darauf ab, zu ermitteln, ob die Information sich in dem konkreten Fall tatsächlich schädlich ausgewirkt hat. Die in Absatz 2 Satz 2 lit. a-f aufgezählten Kriterien ermöglichen eine differenzierte Bewertung der Marktbedingungen und stellen sicher, dass nur problematische Informationsweitergaben sanktioniert werden.

Der Vorschlag ist auch geeignet, technologische Fortschritte zu berücksichtigen. Es spielt nach dem Wortlaut der Vorschrift keine Rolle, wie die Information weitergeben wurde. Daher kann auch die Informationsweitergabe durch jegliche Formen von Algorithmen erfasst werden und

Weiterentwicklungen bei den Möglichkeiten der Kommunikation zwischen Algorithmen sind unproblematisch erfasst.

4. Überwachungspflichten beim Einsatz von selbstlernenden Algorithmen

Ein weiterer Vorschlag ist es, beim Einsatz von Algorithmen eine Beweislastumkehr zur Anwendung kommen zu lassen.[1001]

a. Der Vorschlag von *Heinemann/Gebicka*

Der Vorschlag von *Heinemann* und *Gebicka* wurde im Hinblick auf das Urteil des EuGH in Sachen *Eturas* entwickelt. In dieser Entscheidung habe der Gerichtshof entschieden, dass die Technik alleine nicht gegen das Kartellverbot verstoßen kann, sondern immer auch eine Abstimmung des Unternehmens vorausgesetzt wird.[1002] Der Nachweis einer solchen Abstimmung – insbesondere die Kenntnis der Unternehmen – sei beim Einsatz von selbstlernenden Computersystemen oft nicht zu erbringen. Aus Sicht von *Heinemann/Gebicka* ist aber der Einsatz eines selbstlernenden Computersystems, welches mit Wettbewerben Preisabsprachen trifft oder eine vertikale Preisbindung der zweiten Hand durchführt, ausreichend für die Annahme einer abgestimmten Verhaltensweise.[1003] Der rechtliche Anknüpfungspunkt für diese Überlegung sei die Tatsache, dass die Unternehmen für die von ihnen eingesetzten Maschinen verantwortlich seien. Daher seien Unternehmen beim Einsatz von selbstlernenden Computersystemen auf dem Markt auch verpflichtet, diese ständig zu überwachen.[1004] Zeige sich bei dieser Überwachung, dass die Algorithmen eine kollusive Strategie entwickeln, müsse das Unternehmen intervenieren und dies unterbinden. Diese Beobachtungs- und Interventionspflichten beim Einsatz von Algorithmen sollten durch eine entsprechende Vermutung untermauert

1001 *Heinemann* in: Zimmer (Hrsg.), Regulierung für Algorithmen und Künstliche Intelligenz, 2021, S. 269 ff.; *Heinemann/Gebicka*, 7 JECLAP 2016, 431 ff.; *Heinemann*, SZW 2019, 18 ff.

1002 *Heinemann/Gebicka*, 7 JECLAP 2016, 431, 440.

1003 *Heinemann/Gebicka*, 7 JECLAP 2016, 431, 440.

1004 *Heinemann* in: Zimmer (Hrsg.), Regulierung für Algorithmen und Künstliche Intelligenz, 2021, S. 287; *ders.* in: Hochreutener/Stoffel/Armstutz (Hrsg.), 10. Freiburger Tagung zum Wettbewerbsrecht – Verfahrensrecht, staatliche Wirtschaftstätigkeit und algorithmenbasierte Kartelle, 2019, S. 69.

werden.[1005] In diesem Sinne solle die Übertragung der Preissetzungsentscheidung auf ein einheitliches Computersystem einen indirekten Nachweis darstellen, welcher bei einem parallelen Preissetzungsverhalten zu einer widerleglichen Vermutung in Bezug auf das Vorliegen einer abgestimmten Verhaltensweise führe.[1006] Zur Widerlegung der Vermutung müssten die Unternehmen nachweisen, dass ein reines Parallelverhalten vorliegt, ohne dass es zu einer Abstimmung zwischen den Algorithmen gekommen ist. Dazu müssten die Unternehmen den Algorithmus den Wettbewerbsbehörden und Gerichten gegenüber offenlegen.[1007] Dabei solle es den Unternehmen gerade nicht möglich sein sich darauf zurückzuziehen, dass sie aufgrund technischer Komplexität keine Kenntnis von der Funktionsweise des Algorithmus haben (sog. *black-box defence*).[1008]

b. Bewertung

Dieser Vorschlag könnte in erster Linie zur Anwendung kommen, um die bestehenden Schutzlücken im Falle einer expliziten Kollusion durch Preisalgorithmen zu schließen. Mit Hilfe dieser Vermutung könnte ein Verstoß gegen Art. 101 AEUV und § 1 GWB auch ohne den Nachweis der Kenntnis der Unternehmen angenommen werden. Auch im Falle eines stillschweigenden Zusammenwirkens der Algorithmen würde die Vermutung greifen, sofern die Unternehmen nicht in der Lage sind nachzuweisen, dass die Algorithmen tatsächlich nur aufgrund der oligopolistischen Interdependenzen zu einer Kollusion konvergiert sind, ohne miteinander zu kommunizieren. Die Widerlegung der Vermutung dürfte den Unternehmen gerade dann schwerfallen, wenn es sich um Black-Box-Algorithmen handelt und nicht nachvollzogen werden kann, warum die Algorithmen zu einem preislichen Parallelverhalten konvergiert sind. Wenn die Unternehmen dagegen nachweisen können, dass es gerade nicht zu einer Abstimmung

1005 *Heinemann* in: Zimmer (Hrsg.), Regulierung für Algorithmen und Künstliche Intelligenz, 2021, S. 288.

1006 *Heinemann/Gebicka*, 7 JECLAP 2016, 431, 440; *Heinemann* in: Hochreutener/Stoffel/Armstutz (Hrsg.), 10. Freiburger Tagung zum Wettbewerbsrecht – Verfahrensrecht, staatliche Wirtschaftstätigkeit und algorithmenbasierte Kartelle, 2019, S. 69.

1007 *Heinemann*, SZW 2019, 18, 28 ff.; *ders.* in: Zimmer (Hrsg.), Regulierung für Algorithmen und Künstliche Intelligenz, 2021, S. 288.

1008 *Heinemann* in: Zimmer (Hrsg.), Regulierung für Algorithmen und Künstliche Intelligenz, 2021, S. 288.

zwischen den Algorithmen gekommen ist, dürfte ein stillschweigendes Zusammenwirken in der Regel als rechtmäßiges Parallelverhalten weiterhin nicht erfasst sein.

Für die Behörden würde dieser Vorschlag in der Praxis eine Erleichterung bedeuten, da die Vermutung die Durchsetzung des Kartellverbots erleichtert. Wenn es den Behörden gelingt, den Kommunikationsvorgang zu ermitteln – indem sie beispielsweise im Rahmen einer Durchsuchung oder eines Auskunftsverlangens an ein gemeinsames Kommunikationsprotokoll der Algorithmen gelangen – kann die Vermutung ihre volle Wirkung entfalten. Denn in diesem Fall sind die Unternehmen ihren Überwachungspflichten nicht ausreichend nachgekommen. Der Nachweis einer Kenntnis der Unternehmen ist nach diesem Vorschlag nicht maßgeblich. Dies könnte jedoch in der Praxis dazu führen, dass Unternehmen generell vermeiden, fortgeschrittene Algorithmen einzusetzen, um das Risiko einer Beweislastumkehr zu minimieren.

Aus ökonomischer Sicht ist es begrüßenswert, eine explizite Kollusion durch Algorithmen auch kartellrechtlich ausreichend zu erfassen, da dies einen Anreiz schaffen könnte, die eingesetzten Algorithmen ausreichend zu überwachen und dadurch eine Kollusion zu verhindern. Die Überwachungspflichten könnte die Anreizstruktur für Unternehmen so verändern, dass sie verstärkt auf Compliance beim Einsatz von Preisalgorithmen setzen, anstatt sich auf selbstlernende Systeme zu verlassen.

Technologische Fortschritte könnten auch ausreichend berücksichtigt werden, sofern die Vermutung generell für den Einsatz von Algorithmen und nicht nur für eine bestimmte Art von Algorithmen eingeführt wird.

5. Die MTS-Digitaler Handel

In der Literatur wurde weiter vorgeschlagen zur Stärkung der Verbraucher eine Markttransparenzstelle auf digitalen Märkten einzuführen. Dieser Vorschlag wurde erstmals von *Ebers* ins Spiel gebracht, der vorschlug, eine Markttransparenzstelle für Onlinemärkte einzurichten, die mit eigener Software ausgestattet wird und den Einsatz von dynamischer Preisanpassungssoftware auf die Preise untersuchen soll.[1009] In der Monographie von *Sternberg* wird dieser Vorschlag aufgegriffen und unter der Bezeichnung

1009 *Ebers*, NZKart 2016, 554, 555.

„MTS-Digitaler Handel" weiter konkretisiert.[1010] Die Vorschläge sind angelehnt an die bereits bestehenden Markttransparenzstellen für Kraftstoffe, Strom und Gas.

a. Die Markttransparenzstellen für Kraftstoffe, Strom und Gas

Die Markttransparenzstelle für Kraftstoffe (MTS-K) ist in § 47k GWB geregelt. Sie ist keine eigenständige Behörde, sondern als gesetzlich vorgesehene Abteilung beim Bundeskartellamt eingerichtet.[1011] Sinn und Zweck der MTS-K ist es, die Aufdeckung und Sanktionierung von Verstößen gegen das europäische und deutsche Kartellrecht zu vereinfachen, vgl. § 47k Abs. 1 S. 2 GWB. Nach § 47k Abs. 2 GWB sind Tankstellenbetreiber verpflichtet, jede Preisänderung bei den Kraftstoffen in Echtzeit an die Markttransparenzstelle beim Bundeskartellamt zu melden. Zu den Kraftstoffen zählen nach § 47k Abs. 3 S. 1 GWB alle Otto- und Dieselkraftstoffe (also Super E5, Super E 10 und Diesel). Die Daten werden gem. § 47k Abs. 5 GWB bestimmten Verbraucher-Informationsdiensten zur Verfügung gestellt. Diese bieten den Verbrauchern, basierend auf den Daten, Preisvergleichsdienste an. Weitere Einzelheiten sind in der – auf Grundlage des § 47k Abs. 8 GWB erlassenen – Verordnung zur Markttransparenzstelle für Kraftstoffe (MTSKraftV) geregelt. Insbesondere muss die Veröffentlichung der Daten gem. § 47k Abs. 5 S. 2 i.V.m.§ 7 Abs. 1 MTSKraftV bundesweit, neutral, vollständig und aktuell erfolgen.[1012]

Die Markttransparenzstelle für den Großhandel im Bereich Strom und Gas (MTS-Strom/Gas) ist in § 47a - § 47j GWB geregelt. Sie ist als Verwaltungseinheit bei der Bundesnetzagentur eingerichtet. Wie auch die MTS-K ist sie nicht als eigenständige Behörde einzustufen.[1013] Die Aufgabe der MTS-Strom/Gas ist nach § 47a Abs. 1 S. 1 GWB die Sicherstellung einer wettbewerbskonformen Bildung der Großhandelspreise. Gegenstand der Beobachtung sind daher grundsätzlich nicht Verträge über die Lieferung und die Verteilung von Strom oder Erdgas zur Nutzung durch Endver-

1010 *Sternberg*, Algorithmische Preissetzung und tacit collusion, 2023, S. 262 ff.

1011 *Knauff* in: Immenga/Mestmäcker, Band 2, 2024, § 47k GWB, Rn. 3; *Bechtold/Bosch* in: Bechtold/Bosch, 2025, § 47k GWB, Rn. 1.

1012 *Knauff* in: Immenga/Mestmäcker, Band 2, 2024, § 47k GWB, Rn. 17.

1013 *Just/Künstner* in: Schulte/Just, Kartellrecht, 2016, § 47a GWB, Rn. 2; *Knauff* in: Immenga/Mestmäcker, Band 2, 2024, § 47a GWB, Rn. 4.

braucher.[1014] Vielmehr ist das Ziel, alle Vorgänge auf der Großhandelsstufe zu erfassen, um auf dieser Marktstufe Wettbewerbsverstöße aufzudecken. Die in § 47e Abs. 1 GWB festgelegten Adressaten treffen daher umfassende Mitteilungspflichten nach § 47e Abs. 2 GWB i.V.m. §§ 47f, 47g GWB. Die gewonnenen Erzeugungs- und Verbrauchsdaten können zur Verbesserung der Transparenz im Großhandel im Einvernehmen mit dem Bundeskartellamt gem. § 47h Abs. 4 GWB veröffentlicht werden.

b. Der Vorschlag von *Sternberg* zur Einrichtung der „MTS-Digitaler Handel"

Sternberg schlägt vor, eine mit der MTS-K und MTS-Strom/Gas vergleichbare Markttransparenzstelle für digitale Märkte (MTS-Digitaler Handel) einzurichten.[1015] Nach diesem Vorschlag sollen alle Anbieter auf digitalen Märkten durch eine dem § 47k Abs. 2 GWB vergleichbare Vorschrift verpflichtet werden, die Preise für alle ihre Produkte in Echtzeit an die MTS-Digitaler Handel zu übermitteln. Die Markttransparenzstelle soll bei der Europäischen Kommission eingerichtet werden. Die MTS-Digitaler Handel könne dann automatisiert alle Marktdaten an lizensierte und regelmäßig überprüfte Verbraucherinformationsdienste weitergeben.[1016] Der Aufwand für die Einrichtung der Transparenzstelle dürfte groß sein und einigen Personalaufwand erfordern, während der laufende Betrieb mit einem relativ geringen Personalaufwand zu leisten sei.[1017] Die Verbraucherinformationsdienste sollen auf ihren Vergleichsplattformen einen objektiven, vollständigen und übersichtlichen Vergleich aller Produkte gewährleisten. Dadurch soll die Markttransparenz auf Seiten der Verbraucher gesteigert werden, um Kartelle zu destabilisieren und stillschweigende Koordinierung zu erschweren.[1018] Die Behörden erhielten durch MTS-Digitaler Handel die Möglichkeit, die Märkte besser im Blick zu behalten und Auffälligkeiten schneller zu entdecken. Bei Anhaltspunkten für kollusive Gleichgewichte oder Strategien könnten sie Sektoruntersuchungen einleiten.[1019]

1014 *Knauff* in: Immenga/Mestmäcker, Band 2, 2024, § 47a GWB, Rn. 7.
1015 *Sternberg*, Algorithmische Preissetzung und tacit collusion, 2023, S. 269 ff.
1016 *Sternberg*, Algorithmische Preissetzung und tacit collusion, 2023, S. 269.
1017 *Sternberg*, Algorithmische Preissetzung und tacit collusion, 2023, S. 269 f.
1018 *Sternberg*, Algorithmische Preissetzung und tacit collusion, 2023, S. 270.
1019 *Sternberg*, Algorithmische Preissetzung und tacit collusion, 2023, S. 270 f.

Nach *Sternberg* hängt der Erfolg der Transparenzstelle maßgeblich von der Intensität der Nutzung durch die Verbraucher ab. Daher soll die erstmalige Nutzung der Vergleichsdienste durch die Verbraucher durch Werbekampagnen oder Preisanreize aktiv gefördert werden.[1020] Sollte die MTS-Digitaler Handel keine ausreichenden Erfolge verzeichnen, schlägt *Sternberg* die Entwicklung weiterer Funktionen vor. Beispielweise könnte die MTS-Digitaler Handel sog. *algorithmic traders* zur Verfügung stellen, mit deren Hilfe Verbraucher einen gewünschten Kauf durchführen können. Diese Algorithmen würden zugunsten der Verbraucher auf Preisänderungen reagieren und das gewünschte Produkt zum günstigsten Preis einkaufen. Dadurch soll die Frequenz der Preisalgorithmen auf Seite der Unternehmen ausgeglichen werden.[1021]

c. Bewertung

Die bestehenden Schutzlücken werden durch diesen Vorschlag nicht geschlossen, da sich an der kartellrechtlichen Bewertung durch die Einführung einer Markttransparenzstelle nichts ändert und die Kommission auch keine Maßnahmen ergreifen könnte. Zudem bleibt unklar, inwiefern die bloße Bereitstellung von Preisdaten tatsächlich dazu beiträgt, explizite oder stillschweigende Kollusion zu verhindern.

Inwiefern es den Verbraucherinformationsdiensten gelingen wird, eine übersichtliche Preisvergleichsplattform für alle auf digitalen Märkten angebotenen Produkte anzubieten, erscheint auch fraglich. Die Einführung einer Markttransparenzstelle für den digitalen Handel dürfte in jedem Fall mit erheblichem Aufwand für die Kommission verbunden sein. Es ist auch nicht klar, wie Verstöße gegen die Meldepflicht durch die Kommission bei der Vielzahl an Anbietern und Produkten aufgedeckt werden sollen. Zudem könnte eine Verpflichtung zur Echtzeit-Übermittlung aller Preise besonders kleinere Händler und Plattformbetreiber vor erhebliche technische Herausforderungen stellen.

Zumindest in der Theorie berücksichtigt dieser Vorschlag ökonomische Grundsätze, da eine erhöhte vertikale Transparenz Kollusion erschwert. Dies hatte sich auch der deutsche Gesetzgeber bei der Einführung der Markttransparenzstellen erhofft. Die Auswirkungen der Markttransparenz-

1020 *Sternberg*, Algorithmische Preissetzung und tacit collusion, 2023, S. 272.
1021 *Sternberg*, Algorithmische Preissetzung und tacit collusion, 2023, S. 272 f.

stelle für Kraftstoffe wurden in einigen ökonomischen Studien untersucht. Insgesamt kann der Erfolg der Markttransparenzstelle aber als gering bezeichnet werden. Einige Studien deuten darauf hin, dass sich der Wettbewerb zwischen den Tankstellen seit der Einführung intensiviert habe.[1022] Zudem tanken die Verbraucher häufiger zu Zeiten günstiger Preise (sog. Preistäler).[1023] Allerdings habe sich nach der Studienlage der intensivere Wettbewerb bisher nicht in signifikant günstigeren Preisen für die Verbraucher niedergeschlagen. Die Studie von *Dewenter et al.* kommt zu dem Ergebnis, die Preise für alle Kraftstoffarten seien seit Einführung der Markttransparenzstelle im Vergleich zu anderen europäischen Ländern gestiegen.[1024] Andere Autoren können keinen messbaren Effekt erkennen.[1025] Nach der Studie von *Horvath* sind die Preise für die Verbraucher durch die Markttransparenzstelle nur geringfügig gesunken. So haben die Verbraucher seit der Einführung im Durschnitt pro Monat 3,60 € gespart.[1026] Die Studie von *Frondel et al.* kommt zu dem Ergebnis, dass seit der Einführung Erhöhungen der Raffinerie-Preise weniger stark an die Verbraucher weitergegeben wurden als Senkungen der Raffinerie-Preise, wovon die Verbraucher profitiert haben dürften.[1027] In seiner Evaluierung der Markttransparenzstelle für Kraftstoffe geht das Bundesministerium für Wirtschaft und Energie davon aus, dass bisher noch nicht abschließend beurteilt werden kann, ob die Einführung der Markttransparenzstelle für Kraftstoffe letztlich zu höheren oder zu niedrigeren mengengewichteten Durchschnittspreisen geführt hat.[1028]

Auf Basis dieser Erkenntnisse ist fraglich, ob die Erhöhung der vertikalen Transparenz durch die Einführung der MTS-Digitaler Handel zu niedrigeren Preisen für die Verbraucher führen würde. Angesichts des hohen administrativen und technischen Aufwands sowie der unsicheren Erfolgs-

---

1022 *Horvath*, Germany's market transparency unit for fuels, 2019; *Haucap/Heimeshoff/Kehder u.a.*, 97 Wirtschaftsdienst 2017, 721 ff.; *Frondel/Horvath/Vance u.a.*, 54 Journal of Transport Economics and Policy 2020, 102 ff.

1023 *Haucap/Heimeshoff/Kehder u.a.*, 97 Wirtschaftsdienst 2017, 721, 726.

1024 *Dewenter/Heimeshoff/Lüth*, The Impact of the Market Transparency Unit for Fuels on Gasoline Prices in Germany, 2016, S. 5.

1025 *Buchholz/Tode*, 66 Energiewirtschaftliche Tagesfragen 2016, 33 ff.

1026 *Horvath*, Germany's market transparency unit for fuels, 2019, S. 14.

1027 *Frondel/Horvath/Vance u.a.*, 54 Journal of Transport Economics and Policy 2020, 102, 117.

1028 Bundesministerium für Wirtschaft und Energie, Bericht über die Ergebnisse der Arbeit der Markttransparenzstelle für Kraftstoffe und die hieraus gewonnenen Erfahrungen, BT-Drucksache 19/3693, S. 22.

aussichten steht der mögliche Nutzen dieses Vorschlags nicht im Verhältnis zu den damit verbundenen Kosten.

6. Algorithmische Verbraucher

Gal/Elkin-Koren schlagen die Bereitstellung von digitalen Agenten für Verbraucher (sog. algorithmische Verbraucher, engl. *algorithmic consumers*) vor, um den Herausforderungen des unternehmerseitigen Einsatzes von Algorithmen ein Gegengewicht entgegenzusetzen.[1029]

a. Der Vorschlag von *Gal/Elkin-Koren*

Schon heute gibt es eine Vielzahl von Algorithmen, welche Verbraucher bei ihren Entscheidungen unterstützen.[1030] Eine weitere Entwicklung könne nach *Gal/Elkin-Koren* der Einsatz algorithmischer Verbraucher sein. Diese neue Generation von verbraucherseitig eingesetzten Algorithmen könne zunehmend weitere Aufgaben für Verbraucher übernehmen, indem sie automatisch Bedarfe ermittelt, Entscheidungen trifft und Transaktionen durchführt. Ein Beispiel sei ein Algorithmus, der Daten von einem Haustier und dessen Futter analysiert, um den optimalen Zeitpunkt für eine Nachbestellung zu bestimmen und den Nährstoffbedarf des Tieres zu berücksichtigen. Solche Algorithmen könnten auch Echtzeitdaten wie saisonale Krankheitsrisiken, Engpässe oder Preisänderungen einbeziehen, um die besten Entscheidungen zum besten Zeitpunkt zu treffen. Sie erleichterten Verbrauchern den Alltag, indem sie sich um komplexe Entscheidungen kümmern und mehr Zeit für menschliche Aktivitäten schaffen.[1031] Die Autoren heben die potenziellen Vorteile dieses Konzepts hervor. Algorithmische Verbraucher könnten die Effizienz im Markt deutlich steigern, indem sie Such- und Transaktionskosten reduzieren und auf Basis umfangreicher Datenanalysen optimale Entscheidungen treffen.[1032] Gleichzeitig könnten sie kognitive Verzerrungen und manipulative Marketingstrategien ausgleichen und so rationalere Konsumentscheidungen ermöglichen.[1033] Darüber

1029 *Gal/Elkin-Koren*, 30 Harvard Journal of Law & Technology 2017, 309 ff.
1030 Vgl. hierzu oben Abschnitt B.I.2.a.ee.
1031 *Gal/Elkin-Koren*, 30 Harvard Journal of Law & Technology 2017, 309, 314 f.
1032 *Gal/Elkin-Koren*, 30 Harvard Journal of Law & Technology 2017, 309, 311.
1033 *Gal/Elkin-Koren*, 30 Harvard Journal of Law & Technology 2017, 309, 321 f.

hinaus würde die Aggregation individueller Präferenzen durch diese Algorithmen die Nachfragemacht der Verbraucher erhöhen, was insbesondere in Verhandlungen mit Anbietern vorteilhaft wäre.[1034]

Gleichzeitig betonen *Gal und Elkin-Koren* die regulatorischen Herausforderungen, die mit der Einführung algorithmischer Verbraucher einhergehen.[1035] Damit diese ihre Funktion effektiv ausüben könnten, sei ein uneingeschränkter Zugang zu relevanten Marktdaten erforderlich. Regulierungsmaßnahmen müssten sicherstellen, dass solche Daten verfügbar sind und diskriminierungsfrei genutzt werden können. Zugleich müsse der Datenschutz gewährleistet und algorithmische Transparenz sichergestellt werden, um Diskriminierung und Ausschluss bestimmter Verbrauchergruppen zu vermeiden.[1036] Insgesamt sehen *Gal und Elkin-Koren* in algorithmischen Verbrauchern eine Möglichkeit, die Verbraucherautonomie zu stärken und einen effizienteren sowie gerechteren Markt zu fördern.

b. Bewertung

Nach dem Vorschlag von *Gal/Elkin-Koren* bleiben die kartellrechtlichen Schutzlücken grundsätzlich bestehen. Eine stabile stillschweigende oder explizite Kollusion durch Preisalgorithmen kann durch die algorithmischen Verbraucher nicht verhindert werden. Der Vorschlag adressiert aber eine der zentralen Herausforderungen des digitalen Zeitalters: die asymmetrische Verteilung von Informationen und Verhandlungsmacht zwischen Verbrauchern und Unternehmen. Algorithmische Verbraucher könnten dieses Problem reduzieren, indem sie die Nachfragemacht der Verbraucher stärken und so eine effektive Gegenmacht gegenüber Anbietern schaffen.

In der Praxis könnten algorithmische Verbraucher Prozesse automatisieren und so Effizienzgewinne realisieren, indem sie unter anderem Such- und Transaktionskosten reduzieren. Dies stärkt Verbraucher und erhöht die Wettbewerbsintensität. Es müssen Schnittstellen geschaffen werden, die sicherstellen, dass Verbraucheralgorithmen auch Zugang zu den relevanten Marktdaten erhalten. Dazu bedarf es klarer regulatorischer Leitlinien, um sicherzustellen, dass die algorithmischen Verbraucher im Einklang mit datenschutzrechtlichen Vorgaben und diskriminierungsfrei agieren. Eine solche Regulierung müsste gewährleisten, dass Unternehmen die Vorgaben

---

1034 *Gal/Elkin-Koren*, 30 Harvard Journal of Law & Technology 2017, 309, 332 f.
1035 *Gal/Elkin-Koren*, 30 Harvard Journal of Law & Technology 2017, 309, 339 ff.
1036 *Gal/Elkin-Koren*, 30 Harvard Journal of Law & Technology 2017, 309, 342 f.

praktisch umsetzen können und gleichzeitig die zuständigen Behörden in der Lage sind, Verstöße effektiv zu überwachen und zu sanktionieren.

Der Vorschlag berücksichtigt ökonomische Grundsätze hinreichend. Denn er soll die Verbraucherwohlfahrt durch eine effizientere Entscheidungsfindung der Verbraucher erhöhen. Zudem könnte der Vorschlag kollusionsfördernde Marktbedingungen reduzieren. Durch den verbesserten Zugang zu Echtzeitdaten könnten Verbraucher informiertere Kaufentscheidungen treffen, was den Wettbewerb intensivieren und strategische Preissetzungen durch Unternehmen erschweren könnte. Jedoch darf nicht übersehen werden, dass Unternehmen mit ihren wesentlich größeren Ressourcen und technologischen Kapazitäten in der Lage sein werden, auf diese Entwicklung zu reagieren. Ein mögliches Wettrüsten der Algorithmen könnte entstehen, bei dem die Verbraucheralgorithmen strukturell unterlegen sind.

7. Erweiterung der Befugnisse der Kommission

Ein weiterer Vorschlag ist darauf ausgerichtet, die Befugnisse der Kommission bei Sektoruntersuchungen zu erweitern.[1037] Der Vorschlag ist angelehnt an das britische *market investigation tool* aus dem Enterprise Act 2002, wonach die CMA Marktuntersuchungen ohne den Verdacht eines konkreten Wettbewerbsverstoßes einleiten kann. Eine Erweiterung der Befugnisse der Kommission bei Sektoruntersuchungen wurde auch schon in Form der Einführung des *New Competition Tools* auf europäischer Ebene diskutiert.[1038]

a. Der Vorschlag von *Ott*

Der Vorschlag von *Ott* zielt darauf ab, ein stillschweigendes Zusammenwirken der Algorithmen zu verhindern.[1039] Dies könne umgesetzt werden, indem die Befugnisse der Kommission bei Sektoruntersuchungen nach Art. 17 VO 1/2003 erweitert werden. Aktuell ermächtige diese Vorschrift die Kommission nur dazu, bei den Unternehmen Informationen zu erlangen,

1037 *Ott*, WuW 2022, 590, 595 ff.
1038 Vgl. hierzu oben Abschnitt C.III.4.
1039 *Ott*, WuW 2022, 590, 595.

nicht aber zum Einsatz von konkreten Maßnahmen, um Abhilfe zu schaffen bei unerwünschten Marktergebnissen. In Zukunft solle die Kommission daher ermächtigt werden, verhaltensbezogene Maßnahmen zu treffen, wenn strukturelle Probleme beobachtet werden.[1040] Dazu sollen in Bezug auf ein stillschweigendes Zusammenwirken von Algorithmen bestimmte Kriterien entwickelt werden, welche eine Intervention der Kommission ermöglichen. Insbesondere das Auftreten von Faktoren, welche eine Kollusion abstrakt wahrscheinlicher machen, sollen zu diesen Kriterien gehören. Sind die Kriterien hinreichend erfüllt, soll der Kommission die Befugnis gegeben werden, eine sog. *white-box-order* gegenüber den betroffenen Unternehmen auszusprechen. Das bedeutet, die Unternehmen müssen ab diesem Zeitpunkt in der Lage sein, der Kommission interpretierbare und transparente Preisdaten zur Verfügung zu stellen.[1041] Die algorithmische Entscheidungsfindung müsste also von der Kommission nachverfolgt werden können. Das heißt, die Unternehmen könnten keine Black-Box Algorithmen mehr verwenden und müssen gegebenenfalls ihre Algorithmen austauschen oder entsprechend neu programmieren. Dies würde den Unternehmen einen hinreichenden Anreiz geben, von Anfang an auf Black-Box Algorithmen zu verzichten.[1042] Sollte ein stillschweigendes Zusammenwirken aufgedeckt werden, soll die Kommission auch verhaltensorientierte Maßnahmen erlassen können, wie zum Beispiel die Vorgabe von Verzögerungen bei den Preisreaktionen. Auf Basis einer „*white-box-order*“ der Kommission könne weder Schadensersatz geltend gemacht noch ein Bußgeld erlassen werden.[1043]

b. Bewertung

Dieser Vorschlag schließt die bestehenden Schutzlücken nur teilweise. Denn die vorgeschlagenen Maßnahmen können nur im Rahmen einer Sektoruntersuchung getroffen werden. Solche Sektoruntersuchungen wurden bisher nur in einzelnen Wirtschaftszweigen durchgeführt und nehmen in der Praxis eine erhebliche Zeit in Anspruch. Bisher hat die Kommission insgesamt nur Sektoruntersuchungen in den Bereichen Gas- und Elek-

1040 *Sternberg*, Algorithmische Preissetzung und tacit collusion, 2023, S. 596.
1041 *Ott*, WuW 2022, 590, 595.
1042 *Ott*, WuW 2022, 590, 595.
1043 *Ott*, WuW 2022, 590, 596.

trizität[1044], Retail-Bankgeschäft[1045], Unternehmensversicherung[1046], Arzneimittel[1047] und elektronischer Handel[1048] auf Basis des Art. 17 VO 1/2003 durchgeführt. Seit 2008 ist nur noch eine Sektoruntersuchung eingeleitet worden.[1049] Dabei handelt es sich um die Sektoruntersuchung zum elektronischen Handel, welche erst nach einer Dauer von zwei Jahren abgeschlossen wurde.[1050] Daher wäre eine effizientere Nutzung dieses Instruments erforderlich, um Schutzlücken über einzelne Wirtschaftszweige hinaus anzugehen. Im Falle einer Sektoruntersuchung sind die vorgeschlagenen Maßnahmen aber durchaus geeignet, bestehende Probleme zu lösen. Durch den Erlass einer *„white-box-order"* könnte ein stillschweigendes Zusammenwirken oder eine explizite Kollusion durch Algorithmen aufgedeckt werden.

Der Vorschlag berücksichtigt daher ökonomische Erkenntnisse auch ausreichend. Es erscheint insoweit konsequent, dass allein die *„white-box-order"* kein Bußgeld oder Schadensersatzansprüche auslöst. Allerdings sollte im Gesetz die Möglichkeit geschaffen werden, bei Verstoß gegen die Anordnung zu einer Verzögerung der Preisreaktion ein Bußgeld zu erlassen, so wie dies auch nach Art. 23 Abs. 1 VO 1/2003 bei Verstößen gegen bestimmte in Art. 17, 18 und 20 VO 1/2003 vorgesehene Kooperationspflichten festgesetzt werden kann.

1044 *Europäische Kommission*, Untersuchung der europäischen Gas- und Elektrizitätssektoren gemäß Artikel 17 der Verordnung (EG) Nr. 1/2003 (Abschlußbericht), KOM(2006) 851, 10.01.2007, abrufbar unter https://eur-lex.europa.eu/legal-content/DE/TXT/?uri=CELEX:52006DC0851.

1045 *Europäische Kommission*, Untersuchung des Retail-Bankgeschäfts gemäß Artikel 17 der Verordnung (EG) Nr. 1/2003 (Abschlussbericht), KOM(2007) 33 endgültig, 31.01.2007, abrufbar unter https://eur-lex.europa.eu/legal-content/DE/ALL/?uri=CELEX%3A52007DC0033.

1046 *Europäische Kommission*, Untersuchung der Unternehmensversicherungen gemäß Artikel 17 der Verordnung (EG) Nr. 1/2003 (Abschlussbericht), KOM(2007) 556 endgültig, 25.09.2007, abrufbar unter https://eur-lex.europa.eu/legal-content/DE/TXT/HTML/?uri=CELEX%3A52007DC0556.

1047 *Europäische Kommission*, Zusammenfassung des Berichts über die Untersuchung des Arzneimittelsektors, KOM(2009) 351 endgültig, 08.07.2009, abrufbar unter https://eur-lex.europa.eu/legal-content/DE/ALL/?uri=CELEX:52009DC0351.

1048 *Europäische Kommission*, Abschlussbericht über die Sektoruntersuchung zum elektronischen Handel, COM(2017) 229 final, 10.05.2017, abrufbar unter https://eur-lex.europa.eu/legal-content/DE/TXT/?uri=CELEX%3A52017DC0229.

1049 *Barthelmeß/Rudolf* in: LMRKML, 2020, Art. 17 VerfVO, Rn. 4.

1050 *Riesenkampff/Steinbarth* in: BeckOK Kartellrecht, 01.10.2024, Art. 17 Kartellverfahrens-VO, Rn. 9.

8. Preisanpassungsgeschwindigkeit reduzieren

Verschiedene Veröffentlichungen diskutieren Möglichkeiten, die Anzahl der zulässigen Preiserhöhungen pro Tag einzuschränken.[1051] Dabei orientieren sie sich an entsprechenden rechtlichen Regelungen in Österreich und Westaustralien auf dem Tankstellenmarkt.

a. Die Regelung in Österreich und Westaustralien

Eine rechtliche Begrenzung der Möglichkeit, Preiserhöhungen durchzuführen, besteht auf dem Tankstellenmarkt in Österreich. Nach der im Jahr 2009 eingeführten Spritpreisverordnung dürfen Preissenkungen jederzeit vorgenommen werden, während Preiserhöhungen nur einmal täglich um 12 Uhr zulässig sind.[1052] Verstöße gegen diese Regelung können mit einer Geldbuße i.H.v. € 2.000 sanktioniert werden.[1053] Zusätzlich müssen nach der Preistransparenzverordnung alle Preisänderungen von Dieselkraftstoff und Superbenzin 95 spätestens innerhalb einer halben Stunde an die Spritpreistransparenzdatenbank gemeldet werden,[1054] um dann von der E-Control GmbH im Internet veröffentlicht zu werden.[1055]

Eine Preisregulierung auf dem Tankstellenmarkt findet sich ebenfalls auf dem Tankstellenmarkt in der australischen Provinz Westaustralien. [1056] Dort sind Preiserhöhungen und -reduktionen innerhalb eines Zeitfensters

1051 *Stucke/Ezrachi*, Two Artificial Neural Networks Meet in an Online Hub and Change the Future (of Competition, Market Dynamics and Society), 01.07.2017, abrufbar unter https://papers.ssrn.com/sol3/papers.cfm?abstract_id=2949434, S. 43; *dies.*, Virtual Competition, 2016, S. 229 f.; *Sternberg*, Algorithmische Preissetzung und tacit collusion, 2023, S. 218 ff.

1052 § 1 der Verordnung des Bundesministers für Wirtschaft, Familie und Jugend betreffend Standesregeln für Tankstellenbetreiber über den Zeitpunkt der Preisauszeichnung für Treibstoffe bei Tankstellen, Österreich, BGBl II Nr. 484 vom 30.12.2010; in der aktuellen Fassung gilt die Verordnung bis zum 31.12.2025, BGBl. II Nr. 492 vom 19.12.2022.

1053 *Evanthia/Schweikert*, 54 Journal of Transport Economics and Policy 2020, 21, 24.

1054 § 1 Abs. 1 der Verordnung des Bundesministers für Wirtschaft, Familie und Jugend betreffend Mitteilung und Meldung von Treibstoffpreisen an die Preistransparenzdatenbank nach dem Preistransparenzgesetz, Österreich, BGBl. II Nr. 246/2011 vom 01.08.2011; in der aktuellen Fassung gilt die Verordnung bis zum.

1055 Siehe https://www.spritpreisrechner.at/#/fossil.

1056 Government of Western Australia, Petroleum Pricing Regulations 2000, 29.09.2020, abrufbar unter https://www.legislation.wa.gov.au/legislation/statutes.nsf/law_s2723.html.

von 24 Stunden nur einmal möglich. Die Tankstellenbetreiber müssen immer bis 14 Uhr des Vortags ihre für den Folgetag vorgesehenen Preise bei einer Verbraucherschutzstelle anzeigen. Die Preise werden für die Verbraucher auf einer Webseite zum Preisvergleich aufbereitet.[1057]

Angelehnt an die Regelungen auf dem Tankstellenmarkt in Österreich und Westaustralien könnten auch die Möglichkeiten zur Preissetzung generell auf digitalen Märkten begrenzt werden.

b. Bewertung

Eine solche Regelung würde die rechtlichen Schutzlücken naturgemäß nicht schließen. Gegen die Praxistauglichkeit einer solchen Regelung könnte sprechen, dass sie einen erheblichen bürokratischen Aufwand mit sich bringt. Die Meldung aller Preise auf allen digitalen Märkten würde sowohl auf Seite der Unternehmen als auch auf Behördenseite erhebliche Ressourcen in Anspruch nehmen.

Aus ökonomischer Sicht sind solche Regelungen in der Theorie zu begrüßen. Denn sie verlangsamen die Dynamik der Preissetzung und erschweren damit eine Kollusion. Dies könnte die Wahrscheinlichkeit einer Kollusion verringern. Allerdings bestätigen die Ergebnisse der ökonomischen Studien, welche explizit die Auswirkungen der Preisregulierung auf den Tankstellenmärkten in Österreich und Westaustralien untersucht haben, diese theoretischen Annahmen nur bedingt. Die Ergebnisse zu der österreichischen Regulierung sind ambivalent. Die empirischen Studien von *Dewenter/Heimeshoff/Lüth* und *Becker/Pfeiffer/Schweikert* ziehen eine eher positive Bilanz der österreichischen Regelung.[1058] In den Studien konnte beobachtet werden, dass die Benzinpreise signifikant gesunken sind.[1059] Dagegen bewerten verschiedene theoretische bzw. experimentelle Untersuchungen die österreichische Regelung eher kritisch.[1060] Die Untersuchung von *Obradovits* kommt zu dem Ergebnis, dass die österreichische Regelung

1057 Siehe https://www.fuelwatch.wa.gov.au/.

1058 *Dewenter/Heimeshoff/Lüth*, 63 Applied Economics Quarterly 2017, 259 ff.; *Becker/Pfeifer/Schweikert*, 97 Energy Economics 2021, 1 ff.

1059 *Becker/Pfeifer/Schweikert*, 97 Energy Economics 2021, 1, 15; *Dewenter/Heimeshoff/Lüth*, 63 Applied Economics Quarterly 2017, 259, 271.

1060 *Haucap/Müller*, The Effects of Gasoline Price Regulations: Experimental Evidence, 2012; *Obradovits*, 32 International Journal of Industrial Organization 2014, 33 ff. *Angerer*, 36 Finance Research Letters 2020, 1 ff.

die Konsumentenwohlfahrt reduziert.[1061] In diesem Sinne zeigen auch die Studien von *Haucap/Müller* und *Angerer*, dass die Regelung zu höheren Preisen und damit höheren Profiten bei den Tankstellenbetreibern führen könnte.[1062] In Bezug auf die westaustralische Regelung kamen verschiedene Studien zu dem Ergebnis, dass diese sich nicht positiv auf die Verbraucher ausgewirkt hat. In der empirischen Untersuchung von *Wang* konnten nur innerhalb der ersten vier Monate nach der Einführung niedrigere Preise festgestellt werden, während danach kein signifikanter Unterschied zu den Preisen vor der Regulierung mehr bestand.[1063] Auch die empirischen Studien von *Dewenter/Heimeshoff/Lüth* und *Haucap/Müller* bestätigen, dass die Regelung keine signifikanten Auswirkungen gezeitigt hat.[1064] Die empirische Untersuchung von *Byrne/Roos* kommt sogar zu dem Ergebnis, dass die Preise sich zwischen 2001 und 2015 erhöht haben und ein kollusives Marktverhalten zwischen den Wettbewerbern beobachtet wurde.[1065] Klare ökonomische Evidenz für die Sinnhaftigkeit der Regelungen gibt es daher zum aktuellen Zeitpunkt nicht.

9. Ex-Ante-Überprüfung von Algorithmen

Verschiedene Stimmen in der Literatur haben Möglichkeiten diskutiert, Preissetzungsalgorithmen vor ihrem Einsatz einer ex ante Prüfung durch einen „Algorithmen-TÜV“ zu unterziehen.[1066]

1061 *Obradovits*, 32 International Journal of Industrial Organization 2014, 33, 42.

1062 *Haucap/Müller*, The Effects of Gasoline Price Regulations: Experimental Evidence, 2012, S. 19.

1063 *Wang*, 117 Journal of Political Economy 2009, 987 ff.

1064 *Dewenter/Heimeshoff/Lüth*, 63 Applied Economics Quarterly 2017, 259, 271; *Haucap/Müller*, The Effects of Gasoline Price Regulations: Experimental Evidence, 2012, S. 19.

1065 *Byrne/Roos*, 109 The American Economic Review 2019, 591, 617.

1066 *Sternberg*, Algorithmische Preissetzung und tacit collusion, 2023, S. 225; *Harrington*, 14 Journal of Competition Law & Economics 2018, 331; *Stucke/Ezrachi*, Two Artificial Neural Networks Meet in an Online Hub and Change the Future (of Competition, Market Dynamics and Society), 01.07.2017, abrufbar unter https://papers.ssrn.com/sol3/papers.cfm?abstract_id=2949434, S. 34.

a. Der „Algorithmen-TÜV“

Nach diesem Vorschlag würde die Wettbewerbsbehörde – ähnlich wie bei der Fusionskontrolle – vor dem Einsatz der Algorithmen überprüfen, inwiefern die Algorithmen geeignet sind, eine Kollusion zu erreichen. In diesem Sinne sollen unter Laborbedingungen die Auswirkungen des Einsatzes der Algorithmen auf den Wettbewerb überwacht und bewertet werden.[1067] Wenn diese Untersuchung keine schädlichen Auswirkungen auf den Wettbewerb erkennen lässt, werden die Algorithmen zertifiziert und zur Nutzung auf dem realen Markt freigegeben.[1068] Denkbar wäre es, den Einsatz von Preisalgorithmen ohne Zertifizierung generell zu verbieten. Andererseits könnte die Nutzung des „Algorithmen-TÜVs“ auch freiwillig erfolgen. In jedem Fall müsste festgelegt werden, dass bei der Nutzung eines zertifizierten Algorithmus keine kartellrechtlichen Sanktionen drohen.[1069] Wenn die Untersuchungen eine kollusionsfördernde Auswirkung des Algorithmus ergeben, könnten Auflagen erteilt werden oder eine Überarbeitung des Algorithmus gefordert werden.[1070]

b. Bewertung

Eine ex ante-Kontrolle könnte die rechtlichen Schutzlücken nicht vollständig schließen. Es ist zwar möglich, dass Kommunikationsprotokolle zur direkten Abstimmung zwischen Algorithmen aufgedeckt werden.[1071] Allerdings ist es auch nicht ausgeschlossen, dass vorhandene Kommunikationsprotokolle der Algorithmen nicht entdeckt werden oder die Algorithmen in der Lage sind, die Kommunikationsprotokolle erst nach der Prüfung selbst-

1067 *Stucke/Ezrachi*, Two Artificial Neural Networks Meet in an Online Hub and Change the Future (of Competition, Market Dynamics and Society), 01.07.2017, abrufbar unter https://papers.ssrn.com/sol3/papers.cfm?abstract_id=2949434, S. 34.

1068 *Autorité de la concurrence/Bundeskartellamt*, Algorithms and Competition, 06.09.2019, abrufbar unter https://www.bundeskartellamt.de/SharedDocs/Publikation/EN/Berichte/Algorithms_and_Competition_Working-Paper.pdf, S. 75; *OECD*, Algorithms and Collusion: Competition policy in the digital age, 2017, abrufbar unter www.oecd.org/competition/algorithms-collusion-competition-policy-in-the-digital-age.htm, S. 50.

1069 *Picht/Freund*, sic! 2018, 666, 674.

1070 *Gal*, 34 Berkeley Technology Law Journal 2019, 67, 113.

1071 *Sternberg*, Algorithmische Preissetzung und tacit collusion, 2023, S. 225.

ständig zu entwickeln. In diesem Fall würde den Unternehmen zu Unrecht ein kartellrechtlicher Freifahrtschein erteilt und eine Sanktionierung könnte sogar bei einer wissentlichen expliziten Kollusion der Algorithmen gegebenenfalls nicht mehr erfolgen. Auch die verschiedenen Varianten des stillschweigenden Zusammenwirkens können nicht vollständig durch die ex ante Überprüfung verhindert werden. Dies gilt insbesondere beim Einsatz von Algorithmen, die auf künstlicher Intelligenz basieren und im Laufe der Zeit dazulernen. Verwenden die Algorithmen neuronale Netze, wie beim Deep Learning wird es wohl schwierig bis unmöglich, die Effekte auf den Markt im Rahmen der Überprüfung vorherzusehen. Die Algorithmen können sich auf realen Märkten komplett anders verhalten als unter den Laborbedingungen festgestellt wurde.[1072] Daher werden die technologischen Aspekte des Einsatzes von Algorithmen bei diesem Vorschlag nicht hinreichend berücksichtigt.

In der Praxis würde der „Algorithmen-TÜV" zu einem erheblichen Arbeitsaufkommen bei der Wettbewerbsbehörde oder einer beauftragten Stelle führen, insbesondere im Falle einer Verpflichtung, den Algorithmus zertifizieren zu lassen. Zwar könnte die Regelung die Rechtssicherheit für Unternehmen erhöhen, allerdings ist fraglich, ob Unternehmen die damit verbundene bürokratische Belastung und den Aufwand einer ex-ante-Prüfung tatsächlich in Kauf nehmen würden. Aus ökonomischer Sicht ist dieser Vorschlag nicht zu beanstanden, da er in jedem Fall geeignet ist, das Risiko einer Kollusion zu verringern, allerdings um den Preis einer aufwändigen bürokratischen Hürde bei der Programmierung neuer Software.

10. Competition by Design

In der Literatur wurde auch vorgeschlagen, wettbewerbliche Grundgedanken im Sinne eines Competition by Design-Ansatzes bei der Entwicklung von Algorithmen zu berücksichtigen.[1073] Diese Idee orientiert sich an dem in Art. 25 Abs. 1 der Datenschutzgrundverordnung (DS-GVO) kodifizierten Privacy by Design Grundsatz.

1072 *Stucke/Ezrachi*, Two Artificial Neural Networks Meet in an Online Hub and Change the Future (of Competition, Market Dynamics and Society), 01.07.2017, abrufbar unter https://papers.ssrn.com/sol3/papers.cfm?abstract_id=2949434, S. 35.

1073 Vgl. zum Begriff *Vezzoso* in: Lundqvist/Gal (Hrsg.), Competition Law for the Digital Economy, 2019, S. 93 ff.; *dies.*, Competition by Design, 28.11.2017, abrufbar unter https://papers.ssrn.com/sol3/papers.cfm?abstract_id=2986440.

a. Begrifflichkeiten

Unter dem Begriff Competition by Design versteht man, dass wettbewerbliche Komponenten bereits im Design der Algorithmen festgelegt werden. Dass Softwareentwickler beim Design der Algorithmen ein wettbewerbliches Verhalten der Algorithmen fördern, ist auf dem freien Markt keine Selbstverständlichkeit. Eine Verpflichtung zur Berücksichtigung wettbewerblicher Grundsätze im Sinne eines Competition by Design-Ansatzes wäre daher stets mit einem staatlichen Eingriff in das Wettbewerbsgeschehen verbunden. Der Begriff Competition by Design muss zu den Begrifflichkeiten „Compliance by Design" und „Antitrust by Design" abgegrenzt werden. Compliance by Design bedeutet die Einhaltung der bestehenden Regeln durch eine bestimmte Programmierung der Algorithmen. Mit Antitrust by Design wird in der Literatur bezeichnet, welche Maßnahmen beim Einsatz einer Blockchain-Technologie im Design beachtet werden müssen, um diese wettbewerbskonform auszugestalten.[1074]

b. Privacy by Design und Privacy by Default in der DS-GVO

Als Vorbild für eine entsprechende Regelung könnte die Vorgabe in Art. 25 der Datenschutzgrundverordnung (DS-GVO) dienen. In dieser Norm wurden die bereits bekannten Grundsätze Datenschutz durch Technikgestaltung (Privacy by Design) und durch datenschutzfreundliche Voreinstellungen (Privacy by Default) gesetzlich verankert.[1075] In Art. 25 Abs. 1 DS-GVO heißt es:

> *„(1) Unter Berücksichtigung des Stands der Technik, der Implementierungskosten und der Art, des Umfangs, der Umstände und der Zwecke der Verarbeitung sowie der unterschiedlichen Eintrittswahrscheinlichkeit und Schwere der mit der Verarbeitung verbundenen Risiken für die Rechte und Freiheiten natürlicher Personen trifft der Verantwortliche sowohl zum Zeitpunkt der Festlegung der Mittel für die Verarbeitung als auch zum Zeitpunkt der eigentlichen Verarbeitung geeignete technische und organisatorische Maßnahmen - wie z. B. Pseudonymisierung - die dafür ausgelegt sind, die Datenschutzgrundsätze wie etwa Datenminimierung*

1074 *Louven/Saive*, NZKart 2018, 348 ff.; *dies.*, GRUR Int. 2019, 537 ff.

1075 *Hackenberg* in: Hoeren/Sieber/Holznagel (Hrsg.), Handbuch Multimedia-Recht, 2024, Rn. 44.

wirksam umzusetzen und die notwendigen Garantien in die Verarbeitung aufzunehmen, um den Anforderungen dieser Verordnung zu genügen und die Rechte der betroffenen Personen zu schützen."

Diese Vorschrift fordert vom Normadressat geeignete technische und organisatorische Maßnahmen zu ergreifen, um sicherzustellen, dass Datenschutzgrundsätze bei der Gestaltung von Verarbeitungssystemen und -verfahren berücksichtigt werden. Die Vorschrift überlässt es dem Anwender, welche technischen Maßnahmen ergriffen werden, um die Datenschutzgrundsätze zu wahren. Es wird lediglich beispielhaft die Pseudonymisierung als mögliches Mittel der Wahl genannt. Die Norm gibt die Möglichkeit, Umstände, wie den aktuellen Stand der Technik, die Implementierungskosten und Risiken für die Rechte und Freiheiten der Nutzer, mit in die Abwägung bei der Wahl der Maßnahmen einzubeziehen. Die Vorschrift hat auch noch einen zweiten Absatz:

(2) Der Verantwortliche trifft geeignete technische und organisatorische Maßnahmen, die sicherstellen, dass durch Voreinstellung nur personenbezogene Daten, deren Verarbeitung für den jeweiligen bestimmten Verarbeitungszweck erforderlich ist, verarbeitet werden. Diese Verpflichtung gilt für die Menge der erhobenen personenbezogenen Daten, den Umfang ihrer Verarbeitung, ihre Speicherfrist und ihre Zugänglichkeit. Solche Maßnahmen müssen insbesondere sicherstellen, dass personenbezogene Daten durch Voreinstellungen nicht ohne Eingreifen der Person einer unbestimmten Zahl von natürlichen Personen zugänglich gemacht werden.

Der Normadressat ist gem. Art. 25 Abs. 2 DS-GVO verpflichtet, geeignete technische und organisatorische Maßnahmen zu ergreifen, um sicherzustellen, dass standardmäßig nur die personenbezogenen Daten verarbeitet werden, die für den jeweiligen spezifischen Verarbeitungszweck erforderlich sind. Im dritten Absatz geht es um die Zertifizierung:

(3) *Ein genehmigtes Zertifizierungsverfahren gemäß Artikel 42 kann als Faktor herangezogen werden, um die Erfüllung der in den Absätzen 1 und 2 des vorliegenden Artikels genannten Anforderungen nachzuweisen.*

Demnach kann die Erfüllung der Absätze 1 und 2 durch ein genehmigtes Zertifizierungsverfahren nachgewiesen werden. Aus der Formulierung „als Faktor herangezogen werden" wird deutlich, dass die Zertifizierung keine Fiktion der Rechtmäßigkeit bewirkt, sondern nur Indizwirkung hat. Im

Einzelfall kann auch bei einer entsprechenden Zertifizierung eine Überprüfung durch die Datenschutzbehörde drohen.[1076]

c. Competition by Design im Kartellrecht

Erste Überlegungen zur Einführung von Competition by Design im Kartellrecht stammen von *Vezzoso*. Sie sieht Competition by Design als eine Ergänzung zur traditionellen Kartellrechtsdurchsetzung.[1077] Allerdings sieht sie Probleme bei der Umsetzung, da die Normen des europäischen Kartellrechts vage sind und eine flexible Interpretation erfordern. Dies stehe im Widerspruch zur Programmiersprache, die klare und präzise Anweisungen benötigt. Es existiere aber eine kleine Gruppe von Per se-Verboten, welche sich möglicherweise zur Implementierung in den Computercode eignen könnte. Im Rahmen des Art. 101 AEUV gehören dazu das Verbot Preise abzusprechen, Märkte aufzuteilen, des Gruppenboykotts, bestimmte Formen des Informationsaustauschs oder die Preisbindung der zweiten Hand.[1078] *Vezzoso* nimmt beispielhaft auf die von der CMA und dem DoJ untersuchten Poster-Kartelle[1079] Bezug. Hier war die Software eines Anbieters so konfiguriert, dass seine Preise mit dem Preis des anderen Anbieters übereinstimmten, sofern es keinen billigeren Drittanbieter auf Amazon UK gab und der Preis nicht unter den festgelegten Mindestpreis des Verkäufers fiel. Der zweite Verkäufer hatte seinen Algorithmus dagegen so programmiert, dass seine im Übrigen verwendete Unterbietungsregel für den anderen Verkäufer nicht galt, da dieser auf einer „Ignorierliste" stand. Ein mögliches Design zur Verhinderung einer entsprechenden Programmierung könnte es sein, bestimmte Datenkategorien, welche das Unternehmen einer kartellrechtlichen Haftung aussetzen könnten, nicht zu sammeln und/oder zu verarbeiten. Alternativ schlägt *Vezzoso* vor, wenn die Daten gesammelt und verarbeitet werden, den Algorithmus daran zu hindern mit bestimmten Marktteilnehmern nicht in Konkurrenz zu treten.[1080]

1076 *Baumgartner* in: Ehmann/Selmayr (Hrsg.), DS-GVO, 2024, § 25, Rn. 30.

1077 *Vezzoso* in: Lundqvist/Gal (Hrsg.), Competition Law for the Digital Economy, 2019, S. 118.

1078 *Vezzoso* in: Lundqvist/Gal (Hrsg.), Competition Law for the Digital Economy, 2019, S. 119.

1079 Vgl. oben Abschnitt C.II.1.a.aa.

1080 *Vezzoso* in: Lundqvist/Gal (Hrsg.), Competition Law for the Digital Economy, 2019, S. 147 ff.

Weiterhin sollte beim Training einer künstlichen Intelligenz darauf Wert gelegt werden, dass diese keine nichtwettbewerblichen Strategien erlernt. Die Unternehmen könnten auf den Lernprozess Einfluss nehmen, indem sie beispielsweise gewünschtes wettbewerbliches Verhalten durch eine Belohnungsfunktion incentivieren und unerwünschtes nichtwettbewerbliches Verhalten bestrafen.[1081] *Vezzoso* sieht den Competition by Design-Ansatz als eine vielversprechende Idee an, sie räumt aber ein, dass für eine wirksame Umsetzung Technologien intensiv mit ein bezogen werden müssen und die derzeitige Wissensbasis noch erweitert werden müsste.[1082]

d. Bewertung

Der Competition by Design Ansatz würde die bestehenden Schutzlücken überwiegend schließen. Eine explizite Kollusion zwischen Algorithmen könnte von den Unternehmen durch geeignete technische und organisatorische Maßnahmen verhindert werden. In diesem Sinne könnten die Algorithmen so gestaltet werden, dass sie nicht mit anderen Algorithmen kommunizieren, es ihnen also im Design verboten wird, ein gemeinsames Kommunikationsprotokoll zu entwickeln. Ein stillschweigendes Zusammenwirken der Algorithmen kann durch Competition by Design und Competition by Default nicht hundertprozentig verhindert werden. Es ist aber möglich, den Lernprozess einer künstlichen Intelligenz so zu beeinflussen, dass auf echten Märkten möglichst ein wettbewerbliches Verhalten erlernt wird.

Allerdings ist der Vorschlag eines Competition by Design Ansatzes noch nicht praxistauglich. Es bedarf zum aktuellen Zeitpunkt noch weiterer interdisziplinärer Forschung, inwiefern die kartellrechtlichen Vorgaben in der Praxis von den Unternehmen beim Design der Algorithmen Berücksichtigung finden können. Zum jetzigen Zeitpunkt würde eine dem Art. 25 Abs. 1 DS-GVO entsprechende Regelung im Kartellrecht die Unternehmen vor erhebliche Herausforderungen stellen. Die vagen gesetzlichen Vorgaben aus Art. 101 (und gegebenenfalls auch Art. 102) AEUV müssten zunächst in konkrete programmierbare Vorgaben übersetzt werden.

Aus ökonomischer Sicht wäre diese Regelung zu begrüßen, wenn sie dazu führt, dass eine Kollusion seltener auftritt. Dazu könnten zunächst

1081 *Vezzoso* in: Lundqvist/Gal (Hrsg.), Competition Law for the Digital Economy, 2019, S. 150.

1082 *Vezzoso* in: Lundqvist/Gal (Hrsg.), Competition Law for the Digital Economy, 2019, S. 154.

ökonomische Studien durchgeführt werden, in denen die auf Basis kartellrechtlicher Vorgaben programmierten Algorithmen getestet werden. Aus technologischer Sicht müsste berücksichtigt werden, dass verschiedene Arten von Algorithmen auf dem Markt eingesetzt werden, welche eine unterschiedliche Komplexität aufweisen und daher auch nicht alle gleich programmiert werden können. Ein Competition by Design-Ansatz müsste entsprechend offen formuliert werden, damit nicht für alle Arten von Algorithmen die gleichen Vorgaben gelten.

III. Eigener Vorschlag: Berücksichtigung in der KI-VO

Im April 2021 veröffentlichte die Kommission auf Basis der Binnenmarktkompetenz in Art. 114 AEUV einen Entwurf für eine neue Verordnung zur Regulierung von KI (Entwurf-KI-VO).[1083] In der Folge war der Entwurf Gegenstand umfassender Diskussionen und wurde im Gesetzgebungsverfahren mehrmals abgeändert.[1084] Die EU-Verordnung (EU) 2024/1689 über künstliche Intelligenz (auch als KI-VO oder AI Act bezeichnet) wurde am 12. Juli 2024 im Amtsblatt der Europäischen Union veröffentlicht. Sie gilt als weltweit erstes Regelwerk für KI und stellt einen bedeutenden Schritt in der Regulierung von KI innerhalb der Europäischen Union dar.[1085] In der Verordnung wird ein harmonisierter Ansatz zur Regulierung von KI angestrebt, um eine Fragmentierung innerhalb der EU zu vermeiden und einheitliche Standards zu schaffen. Die KI-VO könnte auch auf den Einsatz von Preisalgorithmen ausgedehnt werden, um die Risiken eines kollusiven Zusammenwirkens zu reduzieren und gleiche Wettbewerbsbedingungen in der gesamten Union sicherzustellen. Die KI-VO verfolgt einen risikobasierten Ansatz. Preisalgorithmen, die potenziell wettbewerbswidriges Verhalten automatisieren oder erleichtern könnten, stellen eine Technologie dar, deren Risiken in der KI-VO adressiert werden könnten. Im Folgenden wird mit der Einbeziehung der wettbewerblichen Risiken von Preisalgorithmen in die KI-VO ein neuer Ansatz entwickelt. Dazu sollen zunächst die rechtli-

1083 *Europäische Kommission*, Vorschlag für eine Verordnung des Europäischen Parlaments und des Rates zur Festlegung harmonisierter Vorschriften für Künstliche Intelligenz (Gesetz über Künstliche Intelligenz) und zur Änderung bestimmter Rechtsakte der Union v. 21. April 2021, COM(2021) 206 final, abrufbar unter https://eur-lex.europa.eu/legal-content/DE/TXT/?uri=CELEX%3A52021PC0206.

1084 Vgl. zum Gesetzgebungsprozess https://www.europarl.europa.eu/legislative-train/theme-a-europe-fit-for-the-digital-age/file-regulation-on-artificial-intelligence.

1085 *Ammann/Pohle,* CB 2024, 137; *Chibanguza/Steege*, NJW 2024, 1769.

chen Grundlagen zur KI-VO dargestellt werden (1.). Sodann wird darauf eingegangen, inwiefern die Risiken einer algorithmischen Kollusion in der aktuellen Fassung der KI-VO bereits adressiert werden (2.). Darüber hinaus wird ein Vorschlag zur Anpassung der KI-VO präsentiert, der die spezifischen Risiken durch den Einsatz von Preisalgorithmen erfasst (3.). Zuletzt wird dieser Vorschlag anhand der festgelegten Kriterien einer Bewertung unterzogen (4.).

1. Grundlagen zur KI-VO

Mit der neuen KI-VO verfolgt der EU-Gesetzgeber das Ziel, ein harmonisiertes Regelwerk für künstliche Intelligenz zu schaffen, das sowohl die Funktionsfähigkeit des Binnenmarktes verbessert als auch den Einsatz menschenzentrierter und vertrauenswürdiger KI-Systeme fördert. Die Verordnung bildet einen zentralen Baustein zur Sicherstellung einer KI-Entwicklung, die den europäischen Grundrechten, Grundfreiheiten und Werten entspricht. [1086] Sie strebt gem. Art. 1 Abs. 1 KI-VO danach, neue KI-Technologien mit hohen Standards für Gesundheit, Sicherheit, Demokratie, Rechtsstaatlichkeit und Umweltschutz zu verbinden.

a. Anwendungsbereich

aa. Sachlicher Anwendungsbereich

Die KI-VO definiert den Begriff „KI-System“ in Art. 3 Nr. 1 KI-VO. Nach Erwägungsgrund 12 KI-VO soll diese Definition KI-Systeme von einfacheren herkömmlichen Softwaresystemen und Programmierungsansätzen abgrenzen. Demnach gelten Softwaresysteme und Programmieransätze, die ausschließlich auf von Menschen definierten Regeln basieren, nicht als KI-Systeme. Solche Systeme führen Operationen basierend auf festen, vorgegebenen Anweisungen aus, ohne die Fähigkeit, sich durch Daten oder Interaktionen eigenständig weiterzuentwickeln. Weiterhin sieht die KI-VO die Fähigkeit „abzuleiten“ als ein Hauptmerkmal von KI-Systemen an. Darunter wird die Fähigkeit verstanden aus den Eingaben, die es erhält, durch den Einsatz von Lern-, Modellierungs- oder Schlussfolgerungsprozessen

---

1086 *Möller-Klapperich*, NJ 2024, 337.

bestimmte Ergebnisse zu erzeugen. Das Ableiten wird durch Techniken wie zum Beispiel maschinelles Lernen ermöglicht.

In den sachlichen Anwendungsbereich der KI-VO fallen demnach nur selbstlernende Preisalgorithmen, die auf KI basieren.[1087] Dagegen sind einfache statische Preisalgorithmen nicht von der Verordnung erfasst.[1088] Die KI-VO gilt daher schon nach ihrem Anwendungsbereich nur für einen Teil der in der Praxis angewendeten Preisalgorithmen.

bb. Persönlicher Anwendungsbereich

Der persönliche Anwendungsbereich wird in Art. 2 Abs. 1 KI-VO festgelegt und umfasst Anbieter, Einführer, Händler, Betreiber, Bevollmächtigte und betroffene Personen. Die KI-VO erfasst in erster Linie Anbieter (engl. *provider*) und Betreiber (engl. *deployer*) von KI-Systemen. Der Anbieterbegriff (Art. 3 Nr. 3 KI-VO) knüpft dabei an das Entwickeln und Inverkehrbringen an, der Betreiberbergriff (Art. 3 Nr. 4 KI-VO und Erwägungsgrund 13 KI-VO) an die Verwendung des KI-Systems. Zusätzlich gilt die KI-VO unter anderem auch für Einführer und Händler (lit. d) solcher Systeme.

cc. Territorialer Anwendungsbereich

Gemäß Art. 2 Abs. 1 lit. a KI-VO ist die KI-VO auf Anbieter anzuwenden, die in der EU KI-Systeme in Verkehr bringen oder in Betrieb nehmen. Das gilt unabhängig davon, ob die Anbieter in der Union oder in einem Drittland niedergelassen sind (Erwägungsgrund 21 KI-VO). Die Anknüpfung des territorialen Anwendungsbereichs an diese Merkmale wird Marktortprinzip genannt.[1089]

Die KI-VO ist nach Art. 2 Abs. 1 lit. a KI-VO ebenfalls anwendbar auf Betreiber von KI-Systemen, die ihren Sitz in der Union haben oder sich in der Union befinden (sog. Niederlassungsprinzip).[1090] Nach Art. 2 Abs. 1 lit. c KI-VO reicht es für die territoriale Anwendbarkeit aus, dass die vom KI-System hervorgebrachte Ausgabe in der EU verwendet wird, auch wenn

1087 Siehe hierzu bereits oben Abschnitt B.I.3.
1088 Vgl. zum Begriff oben Abschnitt B.I.2.b.aa.
1089 *Wendehorst* in: Martini/Wendehorst, Art. 2 KI-VO, Rn. 12.
1090 *Wendehorst* in: Martini/Wendehorst, Art. 2 KI-VO, Rn. 20.

die Anbieter oder Betreiber ihren Sitz in einem Drittland haben oder sich in einem Drittland befinden.[1091]

dd. Zeitlicher Anwendungsbereich

Die KI-VO erfasst KI über ihren gesamten Produktlebenszyklus hinweg. Das bedeutet, dass die KI-VO nicht nur Anforderungen an die Entwicklung von KI stellt, sondern auch zahlreiche Pflichten nach dem Inverkehrbringen formuliert, beispielsweise Überwachungspflichten.[1092]

Die Bestimmungen treten gestaffelt in Kraft, um den Marktteilnehmern ausreichend Zeit zur Anpassung an die neue Rechtslage zu gewähren.[1093] Art. 113 der KI-VO regelt den gestaffelten Geltungsbeginn der einzelnen Bestimmungen. Der größte Teil der Bestimmungen gilt ab dem 2. August 2026. Kapitel I und II der Verordnung treten bereits am 2. Februar 2025 in Kraft, das betrifft insbesondere das Verbot inakzeptabler Praktiken aus Art. 5 KI-VO. Weitere Vorschriften, wie die Regelungen in Kapitel V zu KI-Modellen mit allgemeinem Verwendungszweck und die Sanktionen in Kapitel XII, sind ab dem 2. August 2025 anwendbar. Zwei Jahre später, am 2. August 2027, beginnt die Geltung der Vorschriften für Hochrisiko-KI-Systeme. Einen begrenzten Bestandsschutz für bestehende KI-Systeme sieht Art. 111 der KI-VO vor.[1094]

ee. Ausnahmen

In Art. 2 Abs. 3 und Abs. 4 KI-VO werden Ausnahmen vom Anwendungsbereich festgelegt. Die KI-VO gilt nicht für KI-Systeme aus den Bereichen nationale Sicherheit/Militär und auch nicht für KI-Systeme oder KI-Modelle, die für den alleinigen Zweck der wissenschaftlichen Forschung und Entwicklung programmiert und in Betrieb genommen werden. Die KI-VO findet auch keine Anwendung auf Forschungs-, Test- und Entwicklungstätigkeiten zu KI-Systemen oder KI-Modellen, bevor diese in Verkehr gebracht oder in Betrieb genommen werden (Art. 2 Abs. 8 KI-VO). Eine weitere Ausnahme existiert für Open-Source-Systeme (Art. 2 Abs. 12 KI-VO).

1091 vgl. zum Hintergrund dieser Regelung auch Erwägungsgrund 22 KI-VO.
1092 *Chibanguza/Steege*, NJW 2024, 1769, 1770.
1093 Von *Welser*, GRUR-Prax 2024, 485, 486.
1094 *Feiler/Forgó*, KI-VO, EU-Verordnung über künstliche Intelligenz, 2024, S. 4 f.

Demnach erfasst die KI-VO grundsätzlich keine KI-Systeme, die unter freien und quelloffenen Lizenzen bereitgestellt werden. Diese Privilegierung von Open-Source Systemen gilt allerdings nicht unbeschränkt. In diesem Sinne sind im Bereich verbotener Praktiken (Art. 5 KI-VO), Hochrisiko-KI-Systeme (Art. 6 KI-VO) und für bestimmte in Art. 50 KI-VO genannte KI-Systeme Rückausnahmen vorgesehen.

b. Risikobasierter Ansatz

Die KI-VO verfolgt einen risikobasierten Ansatz.[1095] Dieser Ansatz berücksichtigt, dass KI-Systeme nicht nur erheblichen Nutzen für Wirtschaft und Gesellschaft bieten, sondern je nach Einsatz und Anwendung auch Risiken bergen können, die öffentliche Interessen und Rechte beeinträchtigen.[1096] Ein Risiko i.S.d. Verordnung ist nach der Legaldefinition in Art. 3 Nr. 2 KI-VO „die Kombination aus der Wahrscheinlichkeit des Auftretens eines Schadens und der Schwere dieses Schadens". Je nach Schwere des in einem bestimmten Einsatzfeld oder bei einem bestimmten Einsatzzweck der KI-Technologie anzunehmenden Risikos stellt die KI-VO wenige bis sehr umfassende oder strenge regulatorische Anforderungen.[1097] Nach dem risikobasierten Ansatz werden KI-Systeme in verschiedene Risikokategorien eingeteilt:

- Verbotene Praktiken (Art. 5 KI-VO),
- Hochrisiko-KI-Systeme (Art. 6 KI-VO),
- KI-Systeme mit beschränktem Risiko (Art. 50 KI-VO),
- KI-Systeme mit geringem Risiko (Art. 95 KI-VO).

aa. Verbotene Praktiken

Die Vorgaben zu verbotenen Praktiken sind im Kapitel II der KI-VO normiert. Von bestimmten Praktiken beim Einsatz von KI-Systemen geht nach Ansicht des europäischen Gesetzgebers ein inakzeptables Risiko für fundamentale Rechte aus (vgl. Erwägungsgrund 26 KI-VO). In Art. 5 Abs. 1

1095 *Chibanguza/Steege*, NJW 2024, 1769, 1771; *Feiler/Forgó*, KI-VO, EU-Verordnung über künstliche Intelligenz, 2024, S. 12 ff.

1096 *Frank/Heinze*, NZA 2023, 1281, 1282.

1097 *Möller-Klapperich*, NJ 2024, 337, 338.

KI-VO werden die verbotenen Praktiken im KI-Bereich abschließend aufgelistet.

(1) Verhaltensbeeinflussende Systeme

Zu diesen verbotenen Praktiken gehört insbesondere das Inverkehrbringen, die Inbetriebnahme oder die Verwendung von KI-Systemen, die menschliches Verhalten durch unterschwellige Beeinflussung oder absichtliche Manipulation oder Täuschung (Art. 5 Abs. 1 lit. a KI-VO) und/oder Ausnutzung von Schwäche oder Schutzbedürftigkeit (Art. 5 Abs. 1 lit. b KI-VO) in einer Weise wesentlich beeinflussen, dass dadurch dieser Person oder einem Dritten erhebliche Schäden verursacht werden können.[1098]

(2) KI-Einsatz in der Strafverfolgung

Im Bereich der Strafverfolgung beschränkt die Verordnung erstens die merkmalsbasierte Bewertung des Risikos, dass eine Person eine Straftat begeht (Art. 5 Abs. 1 lit. d KI-VO) und zweitens die Möglichkeit der biometrischen Echtzeit-Fernidentifizierung (Art. 5 Abs. 1 lit. h und Abs. 2-7 KI-VO).[1099]

(3) Weitere verbotene Praktiken

Zu den verbotenen Praktiken nach Art. 5 Abs. 1 lit. c KI-VO gehört auch das sog. *Social Scoring*.[1100] Dabei handelt es sich um die Kategorisierung oder Klassifizierung von Personen anhand ihres sozialen Verhaltens, ihrer Eigenschaften oder Persönlichkeitsmerkmale. Diese Praxis ist untersagt, wenn sie auf Daten basiert, die ursprünglich zu anderen Zwecken erfasst wurden, oder wenn die Bewertung im Einzelfall als ungerechtfertigt oder unverhältnismäßig anzusehen ist.

Ebenfalls verboten ist die Emotionserkennung am Arbeitsplatz und in Bildungseinrichtungen, es sei denn, sie ist medizinisch oder aus Sicherheitsgründen zwingend erforderlich (Art. 5 Abs. 1 lit. f KI-VO).

1098 *Chibanguza/Steege*, NJW 2024, 1769, 1771; *Feuerstack/Becker//Hertz*, ZfDR 2023, 421, 440.
1099 *Möller-Klapperich*, NJ 2024, 337, 340.
1100 *Wendehorst* in: Martini/Wendehorst, Art. 5 KI-VO, Rn. 59.

Ein weiteres Verbot betrifft die biometrische Kategorisierung von Personen im Hinblick auf besonders sensible und diskriminierungsrelevante Eigenschaften, wie etwa Sexualität oder politische Überzeugungen (Art. 5 Abs. 1 lit. g KI-VO). Diese Praxis ist nur dann zulässig, wenn sie ausschließlich der Kennzeichnung oder Filterung rechtmäßig erworbener biometrischer Datensätze dient.

Darüber hinaus ist das ungezielte Auslesen von Gesichtsbildern im Internet (sog. *Scaping*) oder aus Überwachungsvideos zur Erstellung oder Erweiterung von Datenbanken für Gesichtserkennungssysteme nach Art. 5 Abs. 1 lit. e KI-VO untersagt.[1101]

Das Inverkehrbringen, die Inbetriebnahme oder die Verwendung von KI-Systemen zur Preissetzung wird in Kapitel II der KI-VO nicht verboten.

bb. Hochrisiko-KI-Systeme

In Kapitel III der KI-VO finden sich Regelungen für Hochrisiko-KI-Systeme. Anders als im zweiten Kapitel werden hier nicht nur bestimmte auf KI-Systeme bezogene Tätigkeiten reguliert, sondern für bestimmte KI-Systeme verpflichtende Anforderungen festgelegt, die auf Eigenschaften wie Zuverlässigkeit, Diskriminierungsfreiheit, Robustheit oder Transparenz gerichtet sind.[1102] Hochrisiko-KI-Systeme sollen in der EU nur zum Einsatz kommen, wenn sie bestimmte verbindliche Anforderungen erfüllen (Erwägungsgrund 46 KI-VO). Diese Anforderungen sind in den Art. 6 ff. KI-VO geregelt. Es handelt sich bei Art. 6 KI-VO um eine der zentralen Vorgaben der KI-VO, da viele praxisrelevante KI-Systeme in die Kategorie der Hochrisiko-Systeme fallen.[1103]

(1) Vorliegen eines Hochrisiko KI-Systems

Als hochriskant sollten nur solche KI-Systeme eingestuft werden, die erhebliche schädliche Auswirkungen auf die Gesundheit, die Sicherheit und die Grundrechte von Menschen in der EU haben (Erwägungsgrund 46 KI-VO). Welche KI-Systeme als hochriskant einzustufen sind, ist in Art. 6 Abs. 1 und Abs. 2 KI-VO geregelt.

1101 *Ammann/Pohle,* CB 2024, 137, 139.
1102 *Wendehorst* in: Martini/Wendehorst, Art. 5 KI-VO, Rn. 2.
1103 *Ruschemeier* in: Martini/Wendehorst, Art. 6 KI-VO, Rn. 5.

i. Klassifizierung nach dem Produktsicherheitsrecht

Die Vorschrift in Art. 6 Abs. 1 KI-VO orientiert sich am europäischen Produktsicherheitsrecht.[1104] Danach liegt ein Hochrisiko-KI-System vor, wenn das KI-System als Sicherheitsbauteil i.S.v. Art. 3 Nr. 14 KI-VO für ein anderes Produkt verwendet wird oder wenn es selbst ein Produkt ist, welches unter die in Anhang I aufgeführten Harmonisierungsrechtsvorschriften der Union fällt (li. a) und dieses Produkt bzw. das KI-System selbst als Produkt einer Konformitätsbewertung durch Dritte nach diesen Vorschriften unterzogen ist (lit. b).

Für den Einsatz von KI-Systemen zur Preissetzung gibt es keine europäischen Harmonisierungsrechtsvorschriften, welche in Anhang I aufgeführt werden.

ii. Klassifizierung aufgrund des Verwendungszwecks

In Art. 6 Abs. 2 KI-VO werden bestimmte Anwendungsfelder als besonders schützenswert eingestuft, sodass KI-Systeme, die in diesen Bereichen eingesetzt werden, automatisch als Hochrisiko-Systeme gelten. Diese Bereiche, die in Anhang III der Verordnung aufgeführt sind, umfassen unter anderem den Einsatz von KI-Systemen am Arbeitsplatz, im Personalmanagement sowie im Zusammenhang mit grundlegenden privaten und öffentlichen Leistungen.

Der Einsatz von KI-Systemen zur Preissetzung wird nicht in Anhang III erwähnt.

iii. Ausnahmetatbestand für Art. 6 Abs. 2 KI-VO

In Art. 6 Abs. 3 KI-VO werden Ausnahmen von der Klassifizierung nach Art. 6 Abs. 2 KI-VO vorgesehen. Diese Ausnahmen greifen, wenn die KI-Systeme weder ein erhebliches Risiko für die Gesundheit, die Sicherheit oder die Grundrechte natürlicher Personen darstellen noch einen wesentlichen Einfluss auf Entscheidungsprozesse haben, da sie lediglich untergeordnete Hilfstätigkeiten übernehmen. Ob diese Voraussetzungen erfüllt sind, muss von den Anbietern im Rahmen einer Selbsteinschätzung bewertet werden. Wenn der Anbieter davon ausgeht, dass ein in Anhang III

1104 *Ruschemeier* in: Martini/Wendehorst, Art. 6 KI-VO, Rn. 28.

aufgeführtes KI-System nicht hochriskant ist, muss er nach Art. 6 Abs. 4 KI-VO seine Bewertung dokumentieren und das KI-System nach Art. 49 Abs. 2 KI-VO in der EU-Datenbank (Art. 71 KI-VO) registrieren.

(2) Vorgaben für Hochrisiko-KI-Systeme

Hochrisiko-KI-Systeme sind ein wesentlicher Bestandteil der KI-VO, die Anforderungen an diese sind umfassend.

i. Compliance

Die Art. 8 ff. der KI-VO legen die Compliance-Anforderungen für Hochrisiko-KI-Systeme fest. Im Mittelpunkt steht dabei die in Art. 9 KI-VO verankerte generalklauselartige Verpflichtung zur Einrichtung eines Risikomanagementsystems, das den gesamten Lebenszyklus des KI-Systems abdeckt. Dieses System soll eine Risikoanalyse umfassen, die potenzielle Gefahren für Gesundheit, Sicherheit oder Grundrechte bei einer zweckgemäßen Nutzung des KI-Systems berücksichtigt. Dabei muss auch ein möglicher Missbrauch des Systems in die Analyse einbezogen werden.[1105]

Daneben definieren die folgenden Artikel spezifische Anforderungen, an die zum Training verwendeten Daten (Art. 10 KI-VO), die Erstellung und Aufbewahrung technischer Dokumentation (Art. 11 und 12 KI-VO), die Informationsbereitstellung (Art. 13 KI-VO) sowie die Gewährleistung von Genauigkeit, Robustheit und Cybersicherheit des Systems (Art. 15 KI-VO).

ii. Menschliche Aufsicht

Eine zentrale Verpflichtung ist zudem die Sicherstellung einer menschlichen Aufsicht über das KI-System gemäß Art. 14 KI-VO. Die Aufsichtsperson muss über die in Art. 3 Nr. 56 und Art. 4 KI-VO näher bestimmte KI-Kompetenz (engl. *AI Literacy*) verfügen.[1106] Der Anbieter ist gem. Art. 14 Abs. 3 KI-VO verpflichtet, bestimmte Vorkehrungen zu treffen, die es der Aufsichtsperson ermöglichen, die Fähigkeiten und Grenzen des Hochrisiko-KI-Systems vollständig zu verstehen. Zudem soll sichergestellt werden,

1105 *Möller-Klapperich*, NJ 2024, 337, 341.
1106 Von *Welser*, GRUR-Prax 2024, 485, 487.

dass die Aufsichtsperson sich der potenziellen Neigung zu einem automatischen oder übermäßigen Vertrauen in KI-generierte Ergebnisse (sog. Automatisierungsbias) bewusst bleibt und in der Lage ist, diese Ergebnisse korrekt zu interpretieren (Art. 14 Abs. 4 lit. a bis c KI-VO). Darüber hinaus müssen die Maßnahmen gewährleisten, dass die Aufsichtsperson in der Lage ist, in bestimmten Situationen zu entscheiden, das Hochrisiko-KI-System nicht zu verwenden oder die KI-generierten Ergebnisse außer Acht zu lassen, außer Kraft zu setzen oder rückgängig zu machen (Art. 14 Abs. 4 lit. d KI-VO).[1107]

iii. Pflichten der Anbieter und Betreiber

Die Pflichten sind überwiegend an die Anbieter adressiert.[1108] Die spezifischen Anforderungen an Anbieter sind in Art. 16 der KI-VO festgelegt. Unter bestimmten Bedingungen können jedoch auch Betreiber die Pflichten eines Anbieters treffen. Dies ist gemäß Art. 25 KI-VO dann der Fall, wenn Betreiber ein bereits in Verkehr befindliches Hochrisiko-KI-System unter eigenem Namen oder eigener Marke anbieten, wenn sie eine wesentliche Änderung an dem System vornehmen oder wenn sie den ursprünglichen Zweck der KI abändern.[1109] Der Betreiber unterliegt ansonsten nur den weniger umfangreichen Anforderungen aus Art. 26 KI-VO.[1110] In Art. 72 KI-VO sind zudem für Anbieter von Hochrisiko-KI-Systemen Produktbeobachtungspflichten nach der Inverkehrgabe vorgesehen, wobei die Anforderungen an die Produktbeobachtung bei sich weiterentwickelnden Systemen höher sind.

cc. KI-Systeme mit beschränktem Risiko

In Art. 50 KI-VO sind Transparenzpflichten für Anbieter und Betreiber von KI-Systemen mit beschränktem Risiko festgelegt. Diese Verpflichtungen greifen in Situationen, in denen der Nutzer darüber informiert werden muss, dass er mit einer KI interagiert, um sich angemessen schützen zu

1107 *Frank/Heinze*, NZA 2023, 1281, 1283.
1108 *Ammann/Pohle*, CB 2024, 137, 140.
1109 *Möller-Klapperich*, NJ 2024, 337, 341.
1110 *Ammann/Pohle*, CB 2024, 137, 141.

können.[1111] Anbieter müssen gemäß Art. 50 Abs. 1 KI-VO sicherstellen, dass KI-Systeme, die mit Menschen interagieren, so gestaltet sind, dass eine durchschnittlich informierte und aufmerksame Person erkennt, dass sie mit einer KI kommuniziert. Dies gilt nach Art. 50 Abs. 4 KI-VO auch für Betreiber solcher Systeme, wobei bestimmte Ausnahmen von den strengen Transparenzpflichten für den Einsatz bei der Strafverfolgung und für offensichtlich künstlerische oder satirische Zwecke vorgesehen sind.

Der Einsatz von KI-Systemen zur Preissetzung dürfte nicht unter diese Vorschrift fallen, da Preisalgorithmen nicht für die direkte Kommunikation mit natürlichen Personen bestimmt sind. Die KI-VO lässt offen, was unter einer „Interaktion" zu verstehen ist. Unter diese Vorschrift dürften unproblematisch KI-Systeme fallen, welche mit Hilfe von Chatbots auf der Grundlage von Natural Language Processing-Algorithmen mit Menschen kommunizieren können. Aber auch andere Formen des wechselseitigen Austausches, wie etwa sprachliche Kommunikation oder der Einsatz von sozialen Robotern im Pflegebereich dürften erfasst sein.[1112] Dagegen interagieren KI-Systeme zur Preissetzung in der Regel nicht direkt mit Menschen, sondern bieten nur Preise an, die von den Menschen akzeptiert oder abgelehnt werden können.

dd. KI-Systeme mit geringem Risiko

Für alle anderen KI-Systeme können gem. Art. 95 KI-VO freiwillig zwei verschiedene Arten von Verhaltenskodizes befolgt werden. Sinn und Zweck dieser Regelung ist es, Wirtschaftsakteure zu motivieren, auch in nicht-verpflichtenden Bereichen eine möglichst umfassende KI-Compliance herzustellen, um das allgemeine gesellschaftliche Vertrauen in KI zu stärken.[1113] Nach Art. 95 Abs. 1 KI-VO sollen Verhaltenskodizes gefördert werden, mit denen die Anforderungen für Hochrisiko-KI-Systeme aus Kapitel III Abschnitt 2 der Verordnung, auf freiwilliger Basis auf nicht hochriskante KI-Systeme übertragen werden. In Art. 95 Abs. 2 KI-VO werden Verhaltenskodizes für alle Arten von KI-Systemen geregelt.

Die Wirksamkeit der freiwilligen Verhaltenskodizes und deren praktische Bedeutung darf bezweifelt werden. Die KI-VO sieht keine positiven

1111 *Chibanguza/Steege*, NJW 2024, 1769, 1771, 1773.
1112 *Martini* in: Martini/Wendehorst, Art. 50 KI-VO, Rn. 46.
1113 *Chibanguza/Steege*, NJW 2024, 1769, 1771, 1774.

oder negativen Folgen für die (Nicht-)Einhaltung der Verhaltenskodizes vor. Vor diesem Hintergrund besteht für Anbieter oder Betreiber von KI-Systemen kein Anreiz die Verhaltenskodizes freiwillig zu befolgen.[1114] Diese Regelung hat daher auch allenfalls einen geringen Mehrwert für die Regulierung des Einsatzes von KI-Systemen zur Preissetzung.

c. KI-Modelle mit allgemeinem Verwendungszweck

Für KI-Modelle mit allgemeinem Verwendungszweck (engl. *General Purpose AI*) gibt es in Art. 51 ff. KI-VO ein eigenes Regelungssystem, das neben dem gestuften, risikobasierten Ansatz steht. Die dort festgeschriebenen Vorgaben sind zusätzlich zu den Voraussetzungen der jeweiligen Risiko-Stufe zu erfüllen. Die Pflichten richten sich nur an die Anbieter von KI-Modellen mit allgemeinem Verwendungszweck.

aa. Einstufung als KI-Modell mit allgemeinem Verwendungszweck

Die KI-VO definiert nicht, was unter einem KI-Modell konkret zu verstehen ist und wie es sich von einem KI-System unterscheidet. Ausweislich ihrer Legaldefinition in Art. 3 Nr. 63 lit. b KI-VO zeichnen sich KI-Modelle mit allgemeinem Verwendungszweck vor allem durch ihre erhebliche allgemeine Verwendbarkeit sowie die Fähigkeit vielfältige Aufgaben zu bewältigen, aus. Hierunter können zum Beispiel Large Language Models[1115] wie ChatGPT subsumiert werden.[1116]

Wie oben dargestellt können Large Language Models wie ChatGPT auch zur Preissetzung verwendet werden.[1117]

bb. Pflichten für Anbieter von KI-Modellen mit allgemeinem Verwendungszweck

Die Pflichten, welche alle Anbieter von KI-Modellen mit allgemeinem Verwendungszweck zu erfüllen haben, sind in Art. 53 KI-VO normiert. Nach Art. 53 Abs. 1 KI-VO ist zu unterscheiden zwischen der Pflicht zur

---

1114 *Hartmann* in: Martini/Wendehorst, Art. 95 KI-VO, Rn. 22.
1115 Siehe hierzu oben Abschnitt B.I.3.e.
1116 *Möller-Klapperich*, NJ 2024, 337, 341; *Ammann/Pohle*, CB 2024, 137, 142.
1117 Siehe hierzu oben Abschnitt B.III.2.b.dd.

- Bereitstellung einer technischen Dokumentation für das Büro für KI[1118] und die zuständigen nationalen Behörden[1119] (lit. a und Anhang XI KI-VO)
- Bereitstellung von Transparenzinformationen für nachgelagerte Anbieter (Abs. 1 lit. b und Anhang XII),
- Implementierung einer Strategie zur Einhaltung des Urheberrechts und zur Erstellung und Veröffentlichung einer Trainingsdatenzusammenfassung (lit. c und d).[1120]

cc. Ausnahme für Open-Source-Modelle

Eine Ausnahme von den Anbieterpflichten aus Art. 53 Abs. 1 lit. a und lit. b KI-VO besteht nach § 53 Abs. 2 KI-VO für Open-Source-Modelle, also solche KI-Systeme, die frei zugänglich sind und von Nutzern modifiziert sowie weiterverbreitet werden können. Ziel dieser Ausnahme ist es, Forschung, Innovation und Wettbewerb zu fördern. [1121] Dabei ist zu beachten, dass eine Monetarisierung ein KI-System automatisch von der Einstufung als Open-Source-Modell ausschließt. Zudem greifen Rückausnahmen in all den Fällen, in denen durch den Einsatz von Open-Source-Modellen die Anforderungen der KI-VO für Systeme der jeweiligen Klassifizierung umgangen werden könnten. Aufgrund dieser weitreichenden Rückausnahmen bleibt der tatsächliche Vorteil, der durch die Privilegierung von Open-Source-KI-Modelle entsteht, letztlich begrenzt.[1122]

dd. Zusätzliche Pflichten bei systemischem Risiko

Die Anbieter von KI-Modellen mit allgemeinem Verwendungszweck mit systemischem Risiko unterliegen zusätzlichen Anforderungen nach Art. 55 KI-VO. Ein systemisches Risiko äußert sich gem. Art. 3 Nr. 65 KI-VO durch tatsächliche oder vernünftigerweise vorhersehbare negative Folgen für Grundrechte, öffentliche Interessen oder die Gesellschaft insgesamt. Ein KI-Modellen mit allgemeinem Verwendungszweck wird gem. Art. 51

1118 Vgl. Art. 3 Nr. 47 KI-VO.
1119 Vgl. Art. 3 Nr. 48 KI-VO.
1120 *Bernsteiner/Schmitt* in: Martini/Wendehorst, Art. 95 KI-VO, Rn. 22.
1121 *Chibanguza/Steege*, NJW 2024, 1769, 1771, 1774.
1122 *Feuerstack/Becker//Hertz*, ZfDR 2023, 421, 424.

Abs. 1 lit. a KI-VO insbesondere dann als solches mit systemischem Risiko eingestuft, wenn es über „Fähigkeiten mit hohem Wirkungsgrad“ verfügt. Anknüpfungspunkt sind dabei nach Art. 3 Nr. 64 KI-VO die Fähigkeiten der fortschrittlichsten KI-Modelle mit allgemeinem Verwendungszweck.

Gemäß Art. 52 Abs. 1 KI-VO muss der Anbieter der Kommission mitteilen, wenn sein KI-Modelle mit allgemeinem Verwendungszweck über Fähigkeiten mit hohem Wirkungsgrad verfügt. Diese Fähigkeiten muss der Anbieter nach Art. 51 Abs. 1 lit. a KI-VO mittels „geeigneter technischer Instrumente und Methoden“ feststellen. Jedenfalls sind solche Fähigkeiten nach Art. 51 Abs. 2 KI-VO anzunehmen, wenn die kumulierte Menge der für das Training notwendigen Berechnungen 10^{25} übersteigt. Dieser Schwellenwert orientiert sich an den aktuell leistungsfähigsten Modellen und wird derzeit nur von wenigen Modellen wie zum Beispiel OpenAIs GPT-4 sowie Googles Gemini 1.0 Pro erreicht.[1123] Die Kommission kann diesen Schwellenwert durch delegierte Rechtsakte nach Art. 51 Abs. 2 i.V.m. Art. 97 Abs. 2 KI-VO dynamisch an den technologischen Fortschritt anpassen.[1124]

d. Sanktionen

Die Sanktionen sind in Art. 99 ff. KI-VO festgelegt. Die Mitgliedstaaten sollen Vorschriften für Sanktionen und andere Durchsetzungsmaßnahmen, die für die ordnungsgemäße und wirksame Durchsetzung der KI-VO notwendig sind, erlassen (Art. 99 Abs. 1 KI-VO). Die KI-VO sieht erhebliche Bußgelder vor, deren maximale Höhe je nach Kategorie des Verstoßes gestaffelt ist. Für Verstöße gegen das Verbot bestimmter KI-Praktiken kann ein Maximalbußgeld von maximal 35 Millionen € oder – im Falle eines Unternehmens – bis zu 7 % des weltweiten Jahresumsatzes im vorangegangenen Geschäftsjahr verhängt werden (Art. 99 Abs. 3 KI-VO). Bei Verstößen gegen die Vorgaben für Hochrisiko-KI-Systeme drohen nach Art. Abs. 4 KI-VO maximale Bußgelder von 15 Millionen € oder bis zu 3 % des gesamten weltweiten Jahresumsatzes des Unternehmens im vorangegegangenen Geschäftsjahr. In beiden Absätzen bildet der jeweils höhere Betrag die Obergrenze der zulässigen Bußgelder.

Die Beobachtung und Überwachung der KI-Modelle mit allgemeinem Verwendungszweck übernimmt nach Art. 3 Abs. 47 KI-VO i.V.m. Art. 88 f.

1123 *Hecht*, KIR 2025, 30, 34.
1124 *Bronner*, KIR 2024, 55, 60.

KI-VO das Büro für künstliche Intelligenz (engl. *AI Office*) bei der Kommission. Im Übrigen wird die Durchsetzung der KI-VO in den Mitgliedstaaten von nationalen Behörden übernommen.[1125] Dabei sind die Mitgliedstaaten verpflichtet, mindestens eine notifizierende Behörde gemäß Art. 3 Abs. 19 der KI-VO sowie eine Marktüberwachungsbehörde oder eine Behörde, die beide Aufgaben wahrnimmt, einzurichten. Die Marktüberwachungsbehörden sind insbesondere für die Durchsetzung und Sanktionierung von Verstößen gegen die KI-VO zuständig (Erwägungsgrund 156 KI-VO, Art. 3 Abs. 26 KI-VO). Nach Art. 85 KI-VO haben natürliche und juristische Personen das Recht, etwaige Verstöße gegen die Verordnung bei der zuständigen Marktüberwachungsbehörde zu melden.[1126]

2. Kartellrechtliche Implikationen in der KI-VO

In der aktuellen KI-VO spielen potenzielle Risiken für den Wettbewerb durch KI-Systeme eine untergeordnete Rolle. Nach Erwägungsgrund 45 KI-VO werden Verhaltensweisen, welche nach europäischem Kartellrecht verboten sind, nicht von der KI-VO berührt. Die Kommission und die jeweiligen nationalen Kartellbehörden müssen nach Art. 74 Abs. 2 KI-VO jährlich über alle potenziell wettbewerbsrechtlich relevanten Vorgänge, die im Rahmen der Marktüberwachungstätigkeiten erlangt wurden, informiert werden.[1127] Die Kommission hatte in ihrem Entwurf noch vorgesehen, dass die Kommission und die jeweiligen nationalen Wettbewerbsbehörden unverzüglich alle wettbewerbsrechtlich relevanten Informationen gemeldet bekommen (Art. 63 Abs. 2 Entwurf-KI-VO).[1128] Insofern sind die Berichtspflichten an die Kartellbehörden in der finalen Fassung abgemildert worden.

Ansonsten enthält die KI-VO keine Bezüge zum Kartellrecht. Durch die Berichtspflichten kann die KI-VO dazu beitragen, die Durchsetzung des Kartellrechts durch die Kartellbehörden beim Einsatz von KI zu verbessern. Darüber hinaus ist die KI-VO in ihrer aktuellen Fassung nicht

1125 *Herbers/Rappenglück*, RDi 2024, 432, 433.
1126 *Ashkar/Schröder*, BB 2024, 771, 775.
1127 *Hartmann* in: Martini/Wendehorst, Art. 74 KI-VO Rn. 9.
1128 *Europäische Kommission*, Vorschlag für eine Verordnung des Europäischen Parlaments und des Rates zur Festlegung harmonisierter Vorschriften für Künstliche Intelligenz (Gesetz über Künstliche Intelligenz) und zur Änderung bestimmter Rechtsakte der Union v. 21. April 2021, COM(2021) 206 final, abrufbar unter https://eur-lex.europa.eu/legal-content/DE/TXT/?uri=CELEX%3A52021PC0206.

geeignet, die potenziellen Risiken für den Wettbewerb durch den Einsatz von KI-Systemen zu erfassen. Kollusive Verhaltensweisen von KI-Systemen zur Preissetzung werden durch die KI-VO in ihrer aktuellen Fassung nicht effektiv verhindert.

3. Vorschlag zur Ergänzung der KI-VO

Die KI-VO bietet eine vielversprechende Möglichkeit, die Risiken einer Kollusion durch Preisalgorithmen wirksam zu regulieren. Diese Option sollte vor dem Hintergrund der rasanten Entwicklung und zunehmenden Nutzung von KI-basierten Preisalgorithmen erwogen werden.

Der risikobasierte Ansatz der KI-VO eignet sich hervorragend, um auch die Risiken des Einsatzes von Preisalgorithmen zu regeln, da er eine flexible und differenzierte Regulierung ermöglicht. Vor diesem Hintergrund wird im Folgenden ein erster Vorschlag präsentiert, wie die KI-VO gezielt angepasst werden könnte, um eine Kollusion durch KI-Systeme zu verhindern. Der Vorschlag soll als Ausgangspunkt für weiterführende Diskussionen und die Entwicklung eines umfassenden Regulierungsansatzes dienen, um die bestehenden Regelungen weiterzuentwickeln und die Herausforderungen des digitalen Zeitalters wirksam zu bewältigen. Ziel ist es, einen angemessenen Ausgleich zwischen der Förderung von Innovation und der Sicherstellung eines fairen Wettbewerbs zu schaffen.

a. Keine Aufnahme in die Liste der verbotenen KI-Praktiken

Der Einsatz von KI-Preisalgorithmen sollte nicht in die Liste der verbotenen Praktiken i.S.d. Art. 5 Abs. 1 KI-VO aufgenommen werden, da ihr Einsatz in vielen Fällen legitime und wettbewerbsfördernde Funktionen erfüllt. Sie können zur Effizienzsteigerung, zur besseren Anpassung von Preisen an die Nachfrage und zur Optimierung von Geschäftsprozessen beitragen. Ein generelles Verbot ist unangemessen, da es Innovation hemmen könnte und Unternehmen pauschal daran hindert, die Vorteile dieser Technologie legal zu nutzen.

b. KI-Systeme zur Preissetzung als Hochrisiko-KI-Systeme

KI-Systeme zur Preissetzung könnten in Anhang III der KI-VO aufgenommen werden. Sie wären dann nach Art. 6 Abs. 2 KI-VO als hochriskant einzustufen. Der Anhang III der KI-VO listet Bereiche auf, in denen der Einsatz von KI-Systemen potenziell erhebliche Auswirkungen auf die Gesundheit, die Sicherheit oder die Grundrechte natürlicher Personen haben kann. KI-Systeme zur Preissetzung werden aktuell nicht als Hochrisiko-Systeme von der KI-VO erfasst.[1129]

c. Änderungsbefugnis der Kommission nach Art. 7 KI-VO

Die Kommission wird in Art. 7 Absatz 1 KI-VO ermächtigt, den Katalog der in Anhang III aufgeführten Lebensbereiche und Anwendungsfelder durch delegierte Rechtsakte zu erweitern oder die bestehende Liste zu ändern.[1130] Dadurch wird sichergestellt, dass der Gesetzgeber flexibel auf technische Entwicklungen reagieren kann (vgl. Erwägungsgrund 52 KI-VO).[1131] Das Hinzufügen oder Ändern von KI-Systemen steht unter zwei Voraussetzungen. Erstens soll das KI-System in einem der der in Anhang III aufgeführten Bereiche eingesetzt werden (Art. 7 Abs. 1 lit. a KI-VO). Zweitens muss das KI-System ein Risiko der Schädigung in Bezug auf die Gesundheit, Sicherheit oder nachteilige Auswirkungen auf die Grundrechte bergen und dieses Risiko muss der Risikoeinstufung der bereits Anhang III genannten KI-Systemen entsprechen oder diese übersteigen (Art. 7 Abs. 1 lit. b KI-VO).

aa. Einsatz in einem der in Anhang III aufgeführten Bereiche

In der Literatur ist umstritten, wie diese Voraussetzung auszulegen ist.

Nach einer Ansicht kann die Kommission neue Anwendungsfälle nur hinzufügen, wenn das betreffende KI-System einem der bereits bestehenden Bereiche in Anhang III Nr. 1–8 KI-VO zugeordnet werden kann. Die Kommission ist daher nach dieser Ansicht nicht berechtigt, gänzlich neue Bereiche hinzuzufügen, die in Anhang III KI-VO bislang nicht genannt

1129 Vgl. *Legner* in: Becker (Hrsg.), Wettbewerb auf digitalen Märkten, 2025, S. 86.
1130 *Ruschemeier* in: Martini/Wendehorst, Art. 6 KI-VO, Rn. 95.
1131 *Chibanguza/Steege*, NJW 2024, 1769, 1771.

werden.[1132] Nach dieser Ansicht wäre es der Kommission nicht möglich auf Basis der Ermächtigung aus Art. 7 Abs. 1 KI-VO KI-Systeme zur Preissetzung als neuen Bereich in Anhang III KI-VO aufzunehmen.

Nach anderer Ansicht ist die Zuordnung eines Systems zu den bestehenden Bereichen keine zwingende Voraussetzung, sondern nur als ein Kriterium zu bewerten.[1133] Nach dieser Ansicht könnte die Kommission den Anhang III durch einen delegierten Rechtsakt auf KI-Systeme zur Preissetzung erweitern.

Es erscheint überzeugender Art. 7 Abs. 1 lit. a KI-VO dergestalt auszulegen, dass die Kommission nicht nur neue Anwendungsfälle innerhalb der bestehenden Bereiche hinzufügen darf, sondern auch ermächtigt wird gänzlich neue Bereiche in Anhang III der KI-VO aufzunehmen.

Zunächst spricht der Wortlaut der Norm nicht ausdrücklich dagegen, dass die Kommission neue Bereiche ergänzt. Die Vorschrift ermächtigt die Kommission zur Änderung von Anhang III durch Hinzufügung oder Änderung von Anwendungsfällen für Hochrisiko-KI-Systeme, sofern die in Art. 7 Abs. 1 lit. a und b KI-VO genannten Voraussetzungen erfüllt sind. Eine ausdrückliche Beschränkung dahingehend, dass sich die Änderungen nur auf bereits bestehende Bereiche beziehen dürfen, lässt sich dem Text nicht entnehmen. Vielmehr wird in Art. 7 Abs. 1 lit. a KI-VO nur gefordert, dass KI-Systeme einem in Anhang III aufgeführten Bereich zugeordnet werden sollen. Die Verwendung des Worts „sollen" spricht dafür, dass es sich nicht um eine zwingende Vorgabe handelt, anderenfalls hätte der Gesetzgeber eine verpflichtende Formulierung wie etwa „müssen in einem der in Anhang III aufgeführten Bereiche eingesetzt werden" oder „dürfen ausschließlich in einem der in Anhang III aufgeführten Bereiche eingesetzt werden" gewählt. Auch die englische und französische Sprachfassung von Art. 7 Abs. 1 lit. a KI-VO stützen die Auffassung, dass es sich nicht um eine zwingende Vorgabe handelt. In der englischen Version heißt es: *"the AI systems are intended to be used in any of the areas listed in Annex III."* Die Formulierung *"intended to be used"* deutet nicht auf eine zwingende Vorgabe hin. Hätte der Gesetzgeber eine strikte Beschränkung auf bereits bestehende Bereiche vorsehen wollen, hätte er eine Formulierung wie *"the AI systems must be used exclusively in the areas listed in Annex III"* oder *"the AI systems shall only be used in the areas listed in Annex III"* gewählt.

1132 *Ebers/Streitbörger*, RDi 2024, 393, 396; *Ruschemeier* in: Martini/Wendehorst, Art. 7 KI-VO, Rn. 11.

1133 *Martini* in: Hilgendorf/Roth-Isigkeit, Die neue Verordnung der EU zur Künstlichen Intelligenz, 2023, § 4, Rn. 111.

In diesem Sinne ist auch die französische Fassung der Vorschrift zu verstehen: *"les systèmes d'IA sont destinés à être utilisés dans l'un des domaines énumérés à l'annexe III."* Auch hier deutet die Formulierung *"sont destinés à être utilisés"* nicht auf eine zwingende Anforderung hin. Eine verpflichtende Formulierung hätte hier beispielsweise *"les systèmes d'IA ne peuvent être utilisés que dans l'un des domaines énumérés à l'annexe III"* lauten müssen.

Auch Sinn und Zweck der Regelung spricht für eine flexible Anpassung an technische und gesellschaftliche Entwicklungen. Die KI-VO verfolgt das Ziel, Hochrisiko-KI-Systeme zu regulieren, um Gesundheit, Sicherheit und Grundrechte zu schützen. Für eine weite Auslegung spricht, dass der EuGH die Normen des europäischen Rechts so auslegt, dass sie ihre volle praktische Wirksamkeit (sog. *effet utile*) entfalten können.[1134] In diesem Sinne ist die Auslegung zu bevorzugen, welche der Verwirklichung der Vertragsziele dient und die Funktionsfähigkeit der Gemeinschaft sicherstellt.[1135] Die technologische Entwicklung verläuft jedoch dynamisch, sodass sich neue Risikobereiche ergeben können, die im ursprünglichen Anhang III nicht erfasst wurden. Eine restriktive Auslegung würde dazu führen, dass die Kommission nur innerhalb der bestehenden Bereiche tätig werden kann, selbst wenn sich ein völlig neuer, hochriskanter Anwendungsbereich für KI-Systeme herausbildet. Dies würde den intendierten Schutz der Verordnung unterlaufen und die Anpassungsfähigkeit des Rechtsrahmens erheblich einschränken.

bb. Nachteilige Auswirkungen für Gesundheit, Sicherheit oder Grundrechte

Es erscheint sinnvoll, Preisalgorithmen in Anhang III der KI-VO aufzunehmen, da sie vergleichbare Risiken wie die bereits erfassten Anwendungsbereiche bergen. Das Ausmaß der nachteiligen Auswirkungen des KI-Systems

---

1134 *Seyr*, Der effet utile in der Rechtsprechung des Europäischen Gerichtshofs, 2008, S. 111 ff.; *Streinz* in: Festschrift für Ulrich Everling, 1995, S. 1491 ff *vgl.* EuGH, 13.07.2006, verb. Rs. C-295/04 bis C-298/04, ECLI:EU:C:2006:461, Rn. 89 – *Manfredi*; EuGH, 12.12.2019, Rs. C-435/18, ECLI:EU:C:2019:1069, Rn. 27 – *Otis*; EuGH, 29.06.2023, Rs. C-763/21 P, ECLI:EU:C:2023:528, Rn. 100 – *TUIfly;* EuGH, 13.07.2023, Rs. C-376/20 P, ECLI:EU:C:2023:561, Rn. 161 und 244 – *CK Telecoms;* EuGH, 23.11.2023, Rs. C-209/21 P, ECLI:EU:C:2023 905, Rn. 31 – *Ryanair*; EuGH, 28.01.2025, Rs. C-253/23, ECLI:EU:C:2025:40, Rn. 61 – *ASG 2.*

1135 *Mayer* in: Grabitz/Hilf/Nettesheim (Hrsg.), Das Recht der Europäischen Union, Band I, 2024, Art. 19 EUV, Rn. 57.

auf die durch die Charta geschützten Grundrechte ist für die Einstufung als hochriskant von besonderer Bedeutung. Zu diesen Rechten gehören nach Erwägungsgrund 48 KI-VO „die Würde des Menschen, die Achtung des Privat- und Familienlebens, der Schutz personenbezogener Daten, die Freiheit der Meinungsäußerung und die Informationsfreiheit, die Versammlungs- und Vereinigungsfreiheit, das Recht auf Nichtdiskriminierung, das Recht auf Bildung, der Verbraucherschutz, die Arbeitnehmerrechte, die Rechte von Menschen mit Behinderungen, die Gleichstellung der Geschlechter, Rechte des geistigen Eigentums, das Recht auf einen wirksamen Rechtsbehelf und ein faires Gerichtsverfahren, das Verteidigungsrecht, die Unschuldsvermutung sowie das Recht auf eine gute Verwaltung". Preisalgorithmen stellen ein Risiko für den Verbraucherschutz (Art. 38 EU-GRCh) dar, da sie den Wettbewerb gefährden. Unter Wettbewerbsbedingungen funktionieren Märkte für Verbraucher erheblich besser. Denn Wettbewerb führt zu niedrigen Preisen, besserer Auswahl und mehr Innovationen.

Ein kollusives Zusammenwirken von Preisalgorithmen kann zu höheren Preisen und eingeschränkter Wahlfreiheit für Verbraucher führen. Die KI-VO verweist an mehreren Stellen auf die Ethikleitlinien für vertrauenswürdige KI von 2019, die von einer – von der Kommission beauftragten – unabhängigen Expertengruppe für künstliche Intelligenz entwickelt wurden.[1136] In den Ethikleitlinien für vertrauenswürdige KI werden sieben Grundsätze für die Förderung und Sicherung einer ethischen und robusten KI beschrieben.[1137] Unter dem Grundsatz „Vielfalt, Diskriminierung und Fairness" wird in den Ethikleitlinien davor gewarnt, dass eine Gefahr von KI-Systemen „durch die Vereinheitlichung der Preise durch geheime Absprachen" ausgehe.[1138] Die Gefahr für Verbraucher durch eine Kollusion von KI-Systemen wurde von der Expertengruppe somit erkannt. Dieses Risiko wird in der aktuellen Fassung der KI-VO aber nur unzureichend adressiert. Durch die Aufnahme in Anhang III würden Preisalgorithmen den strengen Anforderungen für Hochrisiko-KI-Systeme unterliegen. Dies würde sicherstellen, dass ihre Transparenz erhöht, ihre Risiken minimiert und ihr Einsatz stärker überwacht wird, ohne ihre legitimen Anwendungen

---

1136 Vgl. Ergägungsgründe 7, 27 und 165 KI-VO.

1137 *Hochrangige Expertengruppe für künstliche Intelligenz*, Ethik-Leitlinien für eine vertrauenswürdige KI, 08.04.2019, S. 2, abrufbar unter https://digital-strategy.ec.europa.eu/de/library/ethics-guidelines-trustworthy-ai.

1138 *Hochrangige Expertengruppe für künstliche Intelligenz*, Ethik-Leitlinien für eine vertrauenswürdige KI, 08.04.2019, S. 23, abrufbar unter https://digital-strategy.ec.europa.eu/de/library/ethics-guidelines-trustworthy-ai.

zu behindern. Eine solche Einstufung ist daher gerechtfertigt, um mögliche systemische Risiken zu adressieren und den fairen Wettbewerb zu schützen.

cc. Zwischenergebnis

Nach hier vertretener Auslegung kann die Kommission aufgrund ihrer Befugnis aus Art. 7 Abs. 1 KI-VO den Anhang III ändern und KI-Systeme zur Preissetzung als neuen Bereich aufnehmen. Dies bietet den Vorteil, dass Preisalgorithmen unkompliziert und schnell in die Regulierung der KI-VO integriert werden können, ohne ein vollständiges Gesetzgebungsverfahren durchlaufen zu müssen.

Allerdings könnte der Vorschlag auch umgesetzt werden, wenn diese Möglichkeit nicht in Betracht kommen sollte. Selbst wenn man Art. 7 Abs. 1 KI-VO enger auslegt und eine solche Ergänzung nur durch den europäischen Gesetzgeber für zulässig hält, könnte die KI-VO jederzeit im ordentlichen Gesetzgebungsverfahren überarbeitet werden. Eine Anpassung durch den Gesetzgeber würde zwar mehr Zeit in Anspruch nehmen, könnte aber dennoch dazu genutzt werden, Preisalgorithmen explizit als Hochrisiko-KI-Systeme einzustufen und damit verbindlichen regulatorischen Vorgaben zu unterwerfen.

4. Bewertung des eigenen Vorschlags

Die Aufnahme von Preisalgorithmen in Anhang III KI-VO als Hochrisiko-KI-Systeme kann dazu beitragen, bestehende Schutzlücken für den Wettbewerb zu schließen. Die Schutzlücken können nur beim Einsatz von KI-Systemen geschlossen werden, einfache statische Preisalgorithmen[1139] sind vom Anwendungsbereich der KI-VO ausgenommen. Allerdings arbeiten statische Preisalgorithmen auf festen, vom Menschen vorgegebenen Regeln, ohne die Fähigkeit, eigenständig zu lernen oder sich anzupassen. Dadurch besteht ein geringeres Risiko, dass sie unerwartete oder unerwünschte Verhaltensmuster entwickeln, die zu Kollusion führen könnten. Durch die Anforderungen in der KI-VO könnten kartellrechtswidrige Verhaltensweisen präventiv verhindert werden. Denn die Anbieter von KI-Systemen zur Preissetzung müssten nach Art. 9 KI-VO ein Risikomanagementsystem

1139 Vgl. zum Begriff oben Abschnitt B.I.2.b.aa.

einrichten. Dabei handelt es sich um einen kontinuierlichen iterativen Prozess, der während des gesamten Lebenszyklus eines Hochrisiko-KI-Systems geplant und durchgeführt wird. Ziel dieses Prozesses sollte es ein, die einschlägigen Risiken von KI-Systemen für Gesundheit, Sicherheit und Grundrechte zu ermitteln und zu minimieren (vgl. Erwägungsgrund 65 KI-VO). Beim Einsatz von KI-Preisalgorithmen müssen die Risiken des Entstehens einer Kollusion ermittelt werden und alle verhältnismäßigen Maßnahmen ergriffen werden, um dieses Risiko wirksam zu reduzieren. Die getroffenen Entscheidungen sollen dokumentiert und erläutert werden. Zumindest könnten Kartellverstöße durch Preisalgorithmen effektiver aufgedeckt werden. Denn Hochrisiko-KI-Systeme müssen nach Art. 14 KI-VO so konzipiert und entwickelt werden, dass sie wirksam beaufsichtigt werden können. Dabei muss gewährleistet werden, dass die Aufsichtspersonen die Ausgabe des Hochrisiko-KI-Systems richtig interpretieren können. Durch diese Vorgaben zur Transparenz sollte eine Aufdeckung von kollusiven Verhaltensweisen erleichtert werden. Zudem müssen die Kommission und die jeweiligen nationalen Kartellbehörden nach Art. 74 Abs. 2 KI-VO regelmäßig über alle potenziell wettbewerbsrechtlich relevanten Vorgänge von Hochrisiko-KI-Systemen informiert werden. Die Einstufung von KI-Systemen zur Preissetzung als Hochrisiko-KI-Systeme ist auch verhältnismäßig, da der legitime Einsatz von KI-Preisalgorithmen nicht grundsätzlich verboten wird und statische Preisalgorithmen ohne Einhaltung der Vorgaben aus der KI-VO weiterhin zum Einsatz kommen können.

Für die Anbieter von KI-Systemen zur Preissetzung erzeugt die Einstufung als Hochrisikosystem einen hohen Compliance Aufwand durch Melde-, Informations- und Registrierungspflichten und weitere Vorgaben.[1140] Dieser Aufwand ist jedoch gerechtfertigt, da solche Systeme nur ein geringes Innovationspotenzial haben, da sie primär der Optimierung von Marktpreisen dienen. Gleichzeitig bergen diese Systeme das Risiko einer Kollusion zu Lasten der Verbraucher.

Der Vorschlag berücksichtigt wettbewerbsökonomische Erkenntnisse hinreichend, insbesondere die Auswirkungen von Preisalgorithmen auf Markttransparenz und -dynamik. Er hat das Ziel, kollusionsfördernde Faktoren zu minimieren und wettbewerbsfreundliche Marktbedingungen zu fördern.

Die KI-VO bietet einen flexiblen Rechtsrahmen zur Erfassung dieses Problems. Sie sieht an verschiedenen Stellen niedrigschwellige Möglichkei-

1140 *Vasel*, EuZW 2024, 829, 831 f.

ten vor, die Regelungen an die rasanten Entwicklungen von KI anzupassen. Stellvertretend für diese Möglichkeiten seien hier nur die Befugnisse der Kommission aus Art. 51 Abs. 2 i.V.m. Art. 97 Abs. 2 KI-VO und Art. 7 Absatz 1 KI-VO genannt, wonach eine dynamische Anpassung spezifischer Regelungen an den technologischen Fortschritt möglich ist.

IV. Fazit zu Preisalgorithmen im Kartellrecht de lege ferenda

Die bisher in der Literatur vorgeschlagenen Regelungsmöglichkeiten vermögen nur teilweise zu überzeugen.

Eine Erfassung von Tacit Collusion im Kartellrecht würde zu erheblicher Rechtsunsicherheit bei den Unternehmen führen. Der Vorschlag von *Thomas*, verbraucherschädliche Informationssignale im Oligopol als Zuwiderhandlung gegen Art. 101 AEUV bzw. § 1 GWB einzustufen, dürfte in der Praxis nur schwer umzusetzen sein, da die Behörde nachweisen müsste, dass die Informationssignale zu einem kollusiven Gleichgewicht beitragen, es also zum Beispiel zu Preisen über dem Wettbewerbsniveau gekommen ist.

Der Vorschlag von *Lianos* und *Wagner-von Papp*, nach griechischem Vorbild einen neuen Tatbestand für einseitige Verhaltensweisen im europäischen Kartellrecht einzuführen, ist durchaus geeignet, bestehende Rechtsschutzlücken im Bereich des Signalling zu schließen. Eine entsprechende Regelung ist daher grundsätzlich zu begrüßen. Sie wäre allerdings nicht geeignet, ein stillschweigendes Zusammenwirken der Algorithmen oder eine explizite Kollusion durch Preisalgorithmen zu erfassen.

Der Vorschlag von *Heinemann und Gebicka*, bei einem parallelen Preissetzungsverhalten durch Preisalgorithmen eine widerlegliche Vermutung in Bezug auf das Vorliegen einer abgestimmten Verhaltensweise einzuführen, ist geeignet, die Schutzlücken bei einer expliziten Kollusion durch Preisalgorithmen vollständig zu schließen. Auch dieser Vorschlag ist daher grundsätzlich zu begrüßen. Es ist aber zumindest nicht sicher, ob der EuGH eine entsprechende Vermutung beim Einsatz von Preisalgorithmen entwickeln wird. Um bereits zum jetzigen Zeitpunkt den Unternehmen ein ausreichendes Maß an Rechtssicherheit zu gewährleisten, wäre es bedenkenswert, diesen Vorschlag auch in Gesetzesform zu gießen.

Die Einführung einer weiteren Markttransparenzstelle für den digitalen Handel (MTS-Digitaler Handel) ist nicht überzeugend, da der Verwaltungsaufwand für die Einrichtung im Lichte des unsicheren Ertrags sehr hoch ist.

Die Bereitstellung von digitalen Agenten für Verbraucher ist grundsätzlich eine gute Idee, um die Nachfragemacht der Verbraucher zu stärken und kollusive Marktbedingungen zu reduzieren. Allerdings kann dieser Vorschlag eine stabile, stillschweigende oder explizite Kollusion nicht verhindern, und es steht zu befürchten, dass Verbraucheralgorithmen in einem Wettrüsten den strukturell überlegenen Algorithmen der Unternehmen unterlegen sind.

Der Vorschlag von *Ott*, die Befugnisse der Kommission bei Sektoruntersuchungen zu erweitern, ist grundsätzlich zu begrüßen, dürfte aber im Lichte der zurückhaltenden Behördenpraxis der Kommission im Hinblick auf die Einleitung von Sektoruntersuchungen keinen wesentlichen Beitrag zur Schließung der Schutzlücken leisten.

Für die Sinnhaftigkeit einer Reduzierung der Preisanpassungsgeschwindigkeit – wie auf dem Tankstellenmarkt in Österreich und Westaustralien – gibt es keine klare ökonomische Evidenz.

Der Vorschlag eine ex ante-Überprüfung von Algorithmen einzuführen, berücksichtigt die technologischen Aspekte bei der Nutzung von Algorithmen nicht hinreichend, da es wohl kaum gelingen wird, bei KI-basierten Algorithmen vorherzusehen, wie diese sich in einem dynamischen Umfeld entwickeln.

Der Competition by Design Ansatz erscheint im Ausgangspunkt vielversprechend, ist aber nach dem bisherigen Forschungsstand noch nicht empfehlenswert, da noch nicht geklärt ist, ob es überhaupt möglich ist, die vagen Vorgaben des europäischen Kartellrechts in programmierbare Vorgaben zu übersetzen. Hier bedarf es in Zukunft weiterer interdisziplinärer Forschung aus dem Bereich Informatik, Ökonomie und Rechtswissenschaften.

In dieser Arbeit wurde ein neuer Vorschlag zur Regulierung von Preisalgorithmen unterbreitet. Anstatt bestehende kartellrechtliche Mechanismen zu erweitern, wird argumentiert, dass die Risiken einer algorithmischen Kollusion effektiver im Rahmen der KI-VO adressiert werden können. Durch die Einstufung von KI-gestützten Preisalgorithmen als Hochrisiko-KI-Systeme gemäß Art. 6 Abs. 2 i.V.m. Anhang III KI-VO würden strengere Transparenz-, Überwachungs- und Compliance-Anforderungen eingeführt. Dies würde dazu beitragen, kollusive Effekte frühzeitig zu erkennen und wettbewerbsschädliche Dynamiken zu verhindern, ohne den legitimen Einsatz von Preisalgorithmen unnötig einzuschränken. Der vorgeschlagene Ansatz bietet daher eine zukunftsgerichtete Lösung, die technologische Entwicklungen berücksichtigt und bestehende regulatorische Schutzlücken schließt.

E. Ergebnis

Im Rahmen dieser Arbeit wurden drei Forschungsfragen überprüft.

Im ersten Kapitel dieser Arbeit wurde die Frage untersucht, welchen Einfluss der Einsatz von Preisalgorithmen auf die Wahrscheinlichkeit einer Kollusion hat. Die Untersuchung hat gezeigt, dass der Einsatz von Preisalgorithmen grundsätzlich das Potenzial hat, die Wahrscheinlichkeit einer Kollusion zu erhöhen, allerdings hängt dies stark von den spezifischen Bedingungen ab. Während einige Studien nachgewiesen haben, dass Algorithmen unter bestimmten Bedingungen kollusives Verhalten zeigen können, ist dies keineswegs das einzige mögliche Marktergebnis. Es gibt auch zahlreiche Studien, in denen Algorithmen zum Nash-Gleichgewicht konvergieren, ohne dass es zu einer Kollusion kommt. Besonders außerhalb ihrer Trainingsumgebung scheint es für Algorithmen schwieriger zu sein, eine Kollusion aufrechtzuerhalten, was darauf hindeutet, dass kollusives Verhalten eher eine Ausnahme darstellt. Das Zusammenspiel von Algorithmen und menschlichen Marktteilnehmern führt ebenfalls nicht zwangsläufig zu höheren Preisen. Vielmehr können verschiedene Faktoren wie die Markttransparenz, die Anbieterkonzentration und spezifische Designaspekte der Algorithmen die Kollusionswahrscheinlichkeit beeinflussen. Hier zeigen sich Parallelen zu menschlicher Kollusion, wobei jedoch auch einige Besonderheiten bei einer Kollusion durch Preisalgorithmen bestehen.

Im zweiten Kapitel wurde der Frage nachgegangen, inwiefern eine Kollusion durch oder mithilfe von Preisalgorithmen durch das Kartellrecht de lege lata erfasst werden kann. Auf Basis der bisherigen Fallpraxis und der in der Literatur aufgeworfenen hypothetischen Szenarien konnten sechs Fallgruppen des kollusiven Zusammenwirken von oder mithilfe von Preisalgorithmen identifiziert werden. Die Analyse hat ergeben, dass die meisten wettbewerbsschädigenden Verhaltensweisen der Algorithmen durch das Kartellrecht ausreichend erfasst sind. Rechtsunsicherheit besteht bei der kartellrechtlichen Bewertung im Fall Uber. Die Bereitstellung eines einzigen gleichgeschalteten Preisalgorithmus für alle Fahrer durch die Plattform könnte gegen das Kartellverbot verstoßen, wenn es sich jeweils um Unternehmen im Sinne des Kartellrechts handelt und das Konzernprivileg nicht greift. Beim Signalling macht die Rechtsprechung des EuGH in Sachen Ahlström strenge Vorgaben für die Annahme eines Kartellverstoßes. Dies führt zu einer zurückhaltenden Praxis der Kartellbehörden. Trotzdem haben die Europäische Kommission im Container Shipping-Verfahren und das Bundeskartellamt in der Zementbranche zuletzt im Wege von Settlements erfolgreich Verfahren abgeschlossen. Ein Signalling durch oder mithilfe von Preisalgorithmen könnte daher von den Kartellbehörden ebenfalls aufgegriffen werden. Eine Regelungslücke besteht beim stillschweigenden Zusammenwirken durch Preisalgorithmen, da dieses vom Kartellrecht de lege lata nicht erfasst werden kann. Zwar bestand diese Regelungslücke auch schon vor dem Einsatz von Preisalgorithmen. Allerdings könnte dieses Phänomen durch den vermehrten Einsatz von Preisalgorithmen in Zukunft häufiger auftreten. Die Fallgruppe der expliziten Kollusion durch Preisalgorithmen kann bei fehlender Kenntnis der Unternehmen nach hier vertretener Auffassung nicht durch das Kartellrecht erfasst werden. Inwiefern ein solch hypothetisches Szenario tatsächlich in der realen Welt auftritt, wird die Zukunft zeigen. Im deutschen Kartellrecht bietet § 32f GWB eine flexible Ergänzung zu bestehenden kartellrechtlichen Instrumenten, die auch beim Einsatz von Preisalgorithmen angewendet werden könnte. Eine entsprechende Regelung gibt es auf europäischer Ebene bisher nicht.

Nicht zuletzt wurde die Frage untersucht, ob die rechtlichen Rahmenbedingungen zur Erfassung einer Kollusion durch Preisalgorithmen de lege ferenda angepasst werden sollten. In der Literatur werden verschiedene Regelungsansätze zur Schließung bestehender Lücken diskutiert, die jeweils Vor- und Nachteile aufweisen, jedoch keine umfassend zufriedenstellende Lösung bieten. Die europäische KI-Verordnung (KI-VO) stellt dagegen eine vielversprechende Alternative zur Regulierung der Risiken algorithmischer Kollusion dar. In dieser Arbeit wurde ein neuer Vorschlag entwickelt, der vorsieht, Preisalgorithmen als Hochrisiko-KI-Systeme gemäß Art. 6 Abs. 2 i.V.m. Anhang III KI-VO einzustufen. Durch diese Einordnung würden strengere Transparenz-, Überwachungs- und Compliance-Pflichten eingeführt, die eine frühzeitige Identifikation und Kontrolle kollusiver Effekte ermöglichen könnten. Dies würde nicht nur bestehende Schutzlücken schließen, sondern auch für ein höheres Maß an Rechtssicherheit sorgen, ohne den legitimen Einsatz von Preisalgorithmen unverhältnismäßig zu beschränken. Der Vorschlag stellt somit eine regulatorische Antwort dar, die technologische Entwicklungen berücksichtigt und einen angemessenen Ausgleich zwischen Innovationsförderung und Wettbewerbsschutz schafft.

Zusammenfassend zeigt diese Arbeit, dass der Einsatz von Preisalgorithmen sowohl tatsächliche als auch rechtliche Herausforderungen mit sich bringt. Während Algorithmen das Potenzial haben, kollusives Verhalten zu begünstigen, hängt ihr tatsächlicher Einfluss stark von den jeweiligen

Marktbedingungen und der verwendeten Software ab. Die Untersuchung des kartellrechtlichen Status quo hat verdeutlicht, dass viele Formen der algorithmischen Kollusion bereits durch bestehende Vorschriften erfasst werden, wenngleich in bestimmten Fällen Unsicherheiten und Regelungslücken bestehen. Die Frage nach einer möglichen Anpassung des Kartellrechts bleibt daher komplex, insbesondere da eine vorschnelle Regulierung Innovationspotenziale hemmen könnte. Die vorgeschlagene Einordnung von Preisalgorithmen als Hochrisiko-KI-Systeme nach der KI-VO bietet eine vielversprechende Alternative, um Transparenz und Kontrolle zu verbessern, ohne den technologischen Fortschritt unverhältnismäßig zu beschränken. Dennoch bleibt offen, wie effektiv solche regulatorischen Maßnahmen in der Praxis sein werden und ob sie den dynamischen Entwicklungen im Bereich KI langfristig gerecht werden können. Künftige Forschung sollte daher insbesondere untersuchen, wie sich algorithmische Marktmechanismen weiterentwickeln und welche regulatorischen Antworten erforderlich sind, um eine faire und wettbewerbsfreundliche Marktordnung zu gewährleisten.

Literaturverzeichnis

Abada, Ibrahim/Lambin, Xavier/Tchakarov, Nikolay, Collusion by mistake: does algorithmic sophistication drive supra-competitive profits?, 03.05.2022, abrufbar unter https://papers.ssrn.com/sol3/papers.cfm?abstract_id=4099361#

Abreu, Dilip/Rubinstein, Ariel, The Structure of Nash Equilibrium in Repeated Games with Finite Automata, 56 Econometrica 1988, 1259-1281

Ackermann, Thomas, Europäisches Kartellrecht, in: Riesenhuber, Karl (Hrsg.), Europäische Methodenlehre, 4. Aufl., Berlin 2021, S. 629-652

Adcox, Rachel/Oakes, Daniel, Setting the AI Standard for Algorithmic Pricing in the U.S.: Per Se or Rule of Reason?, NZKart 2024, S. 370–373

Adrian, Axel, Grundprobleme einer juristischen (gemeinschaftsrechtlichen) Methodlehre, Berlin 2009

Agarwal, Devika, Indian Competition Authority Rules that Uber Does not Facilitate Hub and Spoke Arrangements, 11 JECLAP 2020, S. 56–59

Ammann, Thorsten/Pohle, Jan, KI-Verordnung – Was bisher geschah und jetzt zu tun ist, CB 2024, S. 137-144

Anderson, Marc/Huffmann, Max, The Sharing Economy Meets the Sherman Act: Is Uber a Firm, a Cartel, or Something in Between?, 3 Columbia Business Law Review 2017, S. 859–933

Andreas, Alexander, Die Haftung für Kartellverstöße durch Preisalgorithmen, Tübingen 2022

Angerer, Martin, Regulation of retail gasoline prices, 36 Finance Research Letters 2020, S. 1–8

Anitha, P./Krithika, G./Choudhry, Mani Deepak, Machine Learning Techniques for learning features of any kind of data: A Case Study, 3 International Journal of Advanced Research in Computer Engineering & Technology 2014, S. 4324–4331

Anweiler, Jochen, Die Auslegungsmethoden des Gerichtshofs der Europäischen Gemeinschaften, Frankfurt am Main 1997

Arrow, Kenneth/Debreu, Gerard, Existence of an Equilibrium for a Competitive Economy, 22 Econometrica 1954, S. 265–290

Ashkar, Daniel/Schröder, Christian, Das Gesetz über künstliche Intelligenz der Europäischen Union (KI-Verordnung), BB 2024, S. 771-779

Asker, John/Fershtman, Chaim/Pakes, Ariel, The impact of artificial intelligence design on pricing, Journal of Economics & Management Strategy 2023, S. 1–29

Assad, Stephanie/Clark, Robert/Ershov, Daniel/Xu, Lei, Algorithmic Pricing and Competition: Empirical Evidence from the German Retail Gasoline Market, 28.08.2020, abrufbar unter https://papers.ssrn.com/sol3/papers.cfm?abstract_id=3682021

Autorité de la concurrence/Bundeskartellamt, Algorithms and Competition, 06.09.2019, abrufbar unter https://www.bundeskartellamt.de/SharedDocs/Publikation/EN/Berichte/Algorithms_and_Competition_Working-Paper.pdf

Axelrod, Robert, Die Evolution der Kooperation, 5. Aufl., München 2000

Axelrod, Robert/Hamilton, William, The evolution of cooperation, 211 Science 1981, S. 1390–1396

Bacher, Klaus/Hempel, Rolf/Wagner-von Papp, Florian (Hrsg.), BeckOK Kartellrecht, 14. Edition, Stand 01.10.2024

Banicevic, Anita/Kohlmaier, Gabrielle/Pechersky, Dajena/Howlett, Ashley, Algorithms: Challenges and opportunities for antitrust compliance, 2018, abrufbar unter https://awards.concurrences.com/en/awards/2019/business-articles/algorithms-challenges-and-opportunities-for-antitrust-compliance

Banks, Jeffrey S./Sundaram, Rangarajan K., Repeated games, finite automata, and complexity, 2 Games and Economic Behavior 1990, S. 97–117

Bauer, Michael/Rahlmeyer, Dietmar/Schöner, Markus (Hrsg.), Handbuch Vertriebskartellrecht, 4. Aufl., München 2024

Bechtold, Rainer/Bosch, Wolfgang (Hrsg.), Gesetz gegen Wettbewerbsbeschränkungen, 11. Aufl., München 2025

Bechtold, Rainer/Bosch, Wolfgang/Brinker, Ingo (Hrsg.), EU-Kartellrecht, 4. Aufl., München 2023

Ballestrem, Johannes Graf/ *Bär, Ulrike/Gausling, Tina/Hack, Sebastian/Oelffen, Sabine* von, Künstliche Intelligenz – Rechtsgrundlagen und Strategien in der Praxis, Wiesbaden 2020

Becker, Maike/Pfeifer, Gregor/Schweikert, Karsten, Price Effects of the Austrian Fuel Price Fixing Act: A Synthetic Control Study, 97 Energy Economics 2021, S. 1–15

Beckmann, Kirsten/Müller, Ulf, Teil 10 Kartellrecht, in: Hoeren, Thomas/Sieber, Ulrich/Holznagel, Bernd (Hrsg.), Handbuch Multimedia-Recht, 62. Auflage, München 2024

Behnke, Joachim, Entscheidungs- und Spieltheorie, 2. Aufl., Baden-Baden 2020

Bendel, Oliver, 300 Keywords Generative KI, Wiesbaden 2024

Benoit, Jean-Pierre/Krishna, Vijay, Dynamic Duopoly: Prices and Quantities, 54 The Review of Economic Studies 1987, S. 23–35

Bernhardt, Lea/Dewenter, Ralf, Collusion by code or algorithmic collusion? When pricing algorithms take over, 16 European Competition Journal 2020, 312–342

Bernheim, B. Douglas/Whinston, Michael, Multimarket Contact and Collusive Behavior, 21 RAND Journal of Economics 1990, S. 1–26

Bertrand, Joseph, Recherches sur les Principes Mathematiques de la Theorie des Richesses, Le Journal des sçavans 1883, S. 499–508

Beyerbach, Hannes, Die juristische Doktorarbeit. Ein Ratgeber für das gesamte Promotionsverfahren, 4. Aufl., Basel 2021

Bixer, Valentin/Heimeshoff, Ulrich, Künstliche Intelligenz, Preisalgorithmen und ihre wettbewerbspolitischen Implikationen, in: Budzinski, Oliver/Haucap, Justus u.a. (Hrsg.), Zur Ökonomik von Sport, Entertainment und Medien, Berlin 2021

Bleckmann, Albert, Zu den Auslegungsmethoden des Europäischen Gerichtshofs, NJW 1982, S. 1177–1182

Boer, Arnoud den/*Meylahn, Janusz/Schinkel, Maarten*, Artificial collusion: Examining supracompetitive pricing by Q-learning algorithms., 16.09.2022, abrufbar unter https://papers.ssrn.com/sol3/papers.cfm?abstract_id=4213600

Borenstein, Severin, Rapid Price Communication and Coordination: The Airline Tariff Publishing Case (1994), in: Kwoka, John/White, Lawrence (Hrsg.), The Antitrust Revolution, 4. Aufl., New York, Oxford 2004, S. 233–251

Botta, Marco/Wiedemann, Klaus, To discriminate or not to discriminate? Personalised pricing in online markets as exploitative abuse of dominance, 50 European Journal of Law and Economics 2020, S. 381–404

Brock, William/Scheinkman, José, Price Setting Supergames with Capacity Constraints, 52 The Review of Economic Studies 1985, S. 371–382

Bronner, Pascal, Risikoklassifizierung, Risikobewertung und Risikominimierung nach der KI-Verordnung, KIR 2024, S. 55-62

Brösse, Ulrich, Einführung in die Volkswirtschaftslehre. Mikroökonomie, 3. Aufl., Berlin/Boston 1999

Brown, Zach/MacKay, Alexander, Competition in Pricing Algorithms, 15 American Economic Journal: Microeconomics 2023, S. 109–156

Buccirossi, Paolo, Facilitating Practices, in: Buccirossi, Paolo (Hrsg.), Handbook of antitrust economics, Cambridge (Massachusetts) 2008, S. 305-353

Buchholz, Isabelle/Tode, Christian, Tanken Verbraucher durch die Markttransparenzstelle für Kraftstoffe wirklich günstiger?, 66 Energiewirtschaftliche Tagesfragen 2016, S. 33–35

Bühler, Stefan/Jaeger, Franz, Einführung in die Industrieökonomik, Berlin/Heidelberg 2002

Bundeskartellamt, Sektoruntersuchung Kraftstoffe - Abschlussbericht, 01.05.2011, abrufbar unter https://www.bundeskartellamt.de/SharedDocs/Publikation/DE/Sektoruntersuchungen/Sektoruntersuchung%20Kraftstoffe%20-%20Abschlussbericht.pdf

Bundeskartellamt, Hinweise zum Preisbindungsverbot im Bereich des stationären Lebensmitteleinzelhandels, 12.07.2017, abrufbar unter https://www.bundeskartellamt.de/SharedDocs/Publikation/DE/Diskussions_Hintergrundpapier/Hinweispapier%20Preisbindung%20im%20Lebensmitteleinzelhandel.html

Bundeskartellamt, Algorithmen und Wettbewerb, 16.01.2020, abrufbar unter https://www.bundeskartellamt.de/SharedDocs/Publikation/DE/Schriftenreihe_Digitales/Schriftenreihe_Digitales_6.html

Bundeskartellamt, Leitlinien für die Vereinbarkeit des Genossenschaftswesens mit dem Kartellrecht, 02.11.2021, abrufbar unter https://www.bundeskartellamt.de/SharedDocs/Publikation/DE/Leitlinien/Genossenschaftsleitlinien.html

Bundeskartellamt/Autorité de la concurrence, Competition Law and Data, 10.05.2016, abrufbar unter https://www.bundeskartellamt.de/SharedDocs/Publikation/DE/Berichte/Big%20Data%20Papier.html

Bunte, Hermann-Josef (Hrsg.), Kommentar zum deutschen und europäischen Kartellrecht, 14. Aufl., Köln 2021

Buxmann, Peter/Schmidt, Holger, Künstliche Intelligenz, Wiesbaden 2019

Byrne, David/Roos, Nicolas de, Learning to Coordinate: A Study in Retail Gasoline, 109 The American Economic Review 2019, S. 591–619

Caforio, Valeria, Algorithmic tacit collusion: a regulatory approach, 15 The Competition Law Review 2023, S. 9–30

Calvano, Emilio/Calzolari, Giacomo/Denicoló, Vincenzo/Pastorello, Sergio, Algorithmic collusion with imperfect monitoring, 79 International Journal of Industrial Organization 2021, S. 1–21

Calvano, Emilio/Calzolari, Giacomo/Denicolò, Vincenzo/Pastorello, Sergio, Artificial Intelligence, Algorithmic Pricing and Collusion, 110 The American Economic Review 2020, S. 3267–3297

Capobianco, Antonio/Nyeso, Anita, Challenges for Competition Law Enforcement and Policy in the Digital Economy, 9 JECLAP 2018, S. 19–27

Carlton, Dennis/Perloff, Jeffrey, Modern industrial organization, Boston 2005

Chen, Le/Mislove, Alan/Wilson, Christo, An Empirical Analysis of Alorithmic Pricing on Amazon Marketplace, 11.04.2016, abrufbar unter https://dl.acm.org/doi/10.1145/2872427.2883089

Chibanguza, Kuuya/Steege, Hans, Die KI-Verordnung – Überblick über den neuen Rechtsrahmen, NJW 2024, S. 1769-1775

CMA, Pricing Algorithms - Economic Working Paper on the use of algorithms to faciliate collusion and personalised pricing, 08.10.2018, abrufbar unter https://assets.publishing.service.gov.uk/government/uploads/system/uploads/attachment_data/file/746353/Algorithms_econ_report.pdf

Compte, Olivier/Jenny, Frédéric/Rey, Patrick, Capacity constraints, mergers and collusion, 46 European Economic Review 2002, S. 1–29

Connor, John, Cartels Costly for Consumers, 18.06.2017, abrufbar unter https://papers.ssrn.com/sol3/papers.cfm?abstract_id=2988489&download=yes

Cooper, Russell/DeJong, Douglas/Forsythe, Robert/Ross, Thomas, Communication in Coordination Games, 107 The Quartelry Journal of Economics 1992, 739–771

Cormen, Thomas/Leiserson, Charles/Rivest, Ronald/Stein, Clifford, Introduction to Algorithms, 4. Aufl., Cambridge 2022

Cournot, Antoine, Recherches sur les principes mathématiques de la théorie des richesses, Paris 1838

Cournot, Antoine, Untersuchungen über die mathematischen Grundlagen der Theorie des Reichtums, Jena 1924

Crandall, Jacob/Oudah, Mayada/Tennom/Ishowo-Oloko, Fatimah/Abdallah, Sherief/Bonnefon, Jean-François/Cebrian, Manuel/Shariff, Azim/Goodrich, Michael/Rahwan, Iyad, Cooperating with machines, 9 Nature Communications 2018, S. 1–12

Danwitz, Thomas von, Funktionsbedingungen der Rechtsprechung des Europäischen Gerichtshofes, EuR 2008, S. 769–786

Davidson, Carl/Deneckere, Raymond, Excess Capacity and Collusion, 31 International Economic Review 1990, S. 521–541

Deng, Ai, Cartel Detection and Monitoring: A Look Forward, 5 Journal of Antitrust Enforcement 2017, S. 488–500

Deng, Ai, 4 Reasons We May Not See Colluding Robots Anytime Soon, 03.10.2017, abrufbar unter https://papers.ssrn.com/sol3/papers.cfm?abstract_id=3271904

Deng, Ai, An Antitrust Lawyer's Guide to Machine Learning, 32 Antitrust Magazine 2018, S. 82–87

Deng, Ai, Algorithmic Collusion and Algorithmic Compliance: Risks and Opportunities, 19.11.2020, abrufbar unter https://papers.ssrn.com/sol3/papers.cfm?abstract_id=3733743

Dewenter, Ralf/Heimeshoff, Ulrich/Lüth, Hendrik, The Impact of the Market Transparency Unit for Fuels on Gasoline Prices in Germany, Düsseldorf 2016

Dewenter, Ralf/Heimeshoff, Ulrich/Lüth, Hendrik, Less pain at the pump? The effects of regulatory interventions in retail gasoline markets, 63 Applied Economics Quarterly 2017, S. 259–274

Dietze, Philipp von/*Janssen, Helmut*, Kartellrecht in der anwaltlichen Praxis, 6. Aufl., München 2023

Dixit, Avinash/Nalebuff, Barry, Thinking Strategically, New York 1993

Doetsch, Matthias, Die Haftung Dritter bei Erzeugung von kollusiven Marktergebnissen im europäischen Kartellrecht, Berlin 2020

Dohrn, Daniel/Huck, Linda, Der Algorithmus als „Kartellgehilfe"? – Kartellrechtliche Compliance im Zeitalter der Digitalisierung, DB 2018, S. 173–179

Dohrn, Daniel/Reinhold, Agnés, „Collusion by Code": Herausforderungen für die kartellrechtliche Compliance, WuW 2023, S. 540–546

Dörr, Adrian, Algorithmic Tacit Collusion, Tübingen 2025 (im Erscheinen)

Draghi, Mario, The future of European competitiveness, Part B | In-depth analysis and recommendations, 09.09.2024, S. 303 f., abrufbar unter https://commission.europa.eu/topics/strengthening-european-competitiveness/eu-competitiveness-looking-ahead_en

Dück, Hermann/Mäusezahl, Steffen/Symnick, Inga, Kartell der Algorithmen - das Verbot wettbewerbsbeschränkenden Zusammenwirkens im Lichte fortschreitender Digitalisierung bei der Preissetzung, ZWeR 2019, S. 94–132

Ebers, Martin, Dynamic Algorithmic Pricing: Abgestimmte Verhaltensweise oder rechtmäßiges Parallelverhalten?, NZKart 2016, S. 554–555

Ebers, Martin/Streitbörger, Chiara, Die Regulierung von Hochrisiko-KI-Systemen in der KI-Verordnung, RDi 2024, S. 393-400

Eckard, Fabian, Anwendung und Durchsetzung des Kartellverbots im dezentralen Legalausnahmesystem. Eine verfahrens- und materiellrechtliche Betrachtung unter Berücksichtigung des more economic approach, Berlin 2011

Ehmann, Eugen/Selmayr, Martin (Hrsg.), DS-GVO, 3. Aufl., München 2024

Eidenmüller, Horst, Effizienz als Rechtsprinzip. Möglichkeiten und Grenzen der ökonomischen Analyse des Rechts, 4. Aufl., Tübingen 2015

Emmerich, Volker/Lange, Knut Werner, Kartellrecht, 16. Aufl., München 2024

Engel, Christoph, Tacit Collusion: The Neglected Experimental Evidence, 12 Journal of Empirical Legal Studies 2015, S. 537–577

Engler, Miriam, Uber-Fahrer als Arbeitnehmer, EuZA 2021, S. 103–111

Epivent, Andréa/Lambin, Xavier, On algorithmic collusion and reward-punishment schemes., 17.02.2023, abrufbar unter https://papers.ssrn.com/sol3/papers.cfm?abstract_id=4227229

Eschenbaum, Nicolas/Mellgren, Filip/Zahn, Philipp, Robust algorithmic collusion, 02.02.2022, abrufbar unter https://arxiv.org/abs/2201.00345

Esteva Mosso, Carles, The More Economic Approach Paradigm – An Effects-based Approach to EU Competition Policy, in: Basedow, Jürgen/Wurmnest, Wolfgang (Hrsg.), Structure and effects in EU competition law. Studies on exclusionary conduct and state aid, Alphen aan den Rijn 2011

Europäische Kommission, Untersuchung der europäischen Gas- und Elektrizitätssektoren gemäß Artikel 17 der Verordnung (EG) Nr. 1/2003 (Abschlußbericht), KOM(2006) 851, 10.01.2007, abrufbar unter https://eur-lex.europa.eu/legal-content/DE/TXT/?uri=CELEX:52006DC0851

Europäische Kommission, Untersuchung des Retail-Bankgeschäfts gemäß Artikel 17 der Verordnung (EG) Nr. 1/2003 (Abschlussbericht), KOM(2007) 33 endgültig, 31.01.2007, abrufbar unter https://eur-lex.europa.eu/legal-content/DE/ALL/?uri=CELEX%3A52007DC0033

Europäische Kommission, Untersuchung der Unternehmensversicherungen gemäß Artikel 17 der Verordnung (EG) Nr. 1/2003 (Abschlussbericht), KOM(2007) 556 endgültig, 25.09.2007, abrufbar unter https://eur-lex.europa.eu/legal-content/DE/TXT/HTML/?uri=CELEX%3A52007DC0556

Europäische Kommission, Zusammenfassung des Berichts über die Untersuchung des Arzneimittelsektors, KOM(2009) 351 endgültig, 08.07.2009, abrufbar unter https://eur-lex.europa.eu/legal-content/DE/ALL/?uri=CELEX:52009DC0351

Europäische Kommission, Abschlussbericht über die Sektoruntersuchung zum elektronischen Handel, COM(2017) 229 final, 10.05.2017, abrufbar unter https://eur-lex.europa.eu/legal-content/DE/TXT/?uri=CELEX%3A52017DC0229

Europäische Kommission, Commission Staff Working Document Accompanying the document Report from the Commission to the Council and the European Parliament Final report on the E-commerce Sector Inquiry, 10.05.2017, abrufbar unter https://eur-lex.europa.eu/legal-content/DE/ALL/?uri=CELEX%3A52017SC0154

Europäische Kommission, Competition Policy Brief, Competition in Generative AI and Virtual Worlds, 19.09.2024, abrufbar unter https://digital-strategy.ec.europa.eu/en/news/commission-publishes-policy-brief-competition-generative-ai-and-virtual-worlds

Evans, David, The Antitrust Economics of Multi-Sided Platform Markets, 20 Yale Journal on Regulation 2003, S. 325–381

Evans, David, Webtaxi: A Wrong Decision on "Algorithmic Price Fixing", 10.08.2018, abrufbar unter https://www.jdsupra.com/legalnews/webtaxi-a-wrong-decision-on-algorithmic-93151/

Evans, William/Kessides, Ioannis, Living by the „Golden Rule“: Multimarket Contact in the U.S. Airline Industry, 109 The Quaterly Journal of Economics 1994, S. 341–366

Evanthia, Fasoula/Schweikert, Karsten, Price Regulations and Price Adjustment Dynamics: Evidence from the Austrian Retail Fuel Market, 54 Journal of Transport Economics and Policy 2020, S. 21–39

Ewald, Christian, Grundzüge der Wettbewerbsökonomie, in: Wiedemann, Gerhard (Hrsg.), Handbuch des Kartellrechts, 4. Aufl., München 2020, S. 176-305

Ezrachi, Ariel/Stucke, Maurice, Virtual Competition. The Promise and Perils of the Algorithm-Driven Economy, Cambridge 2016

Ezrachi, Ariel/Stucke, Maurice, Artificial Intelligence & Collusion: When Computers Inhibit Competition, 2017 University of Illinois Law Review 2017, S. 1775–1809

Ezrachi, Ariel/Stucke, Maurice, Sustainable and Unchallenged Algorithmic Tacit Collusion, 17 Northwestern Journal of Technology and Intellectual Property 2020, S. 217–260

Ezrachi, Ariel/Stucke, Maurice, Two Artificial Neural Networks Meet in an Online Hub and Change the Future (of Competition, Market Dynamics and Society), 01.07.2017, abrufbar unter https://papers.ssrn.com/sol3/papers.cfm?abstract_id=2949434

Farrell, Joseph, Cheap Talk, Coordination and Entry, 18 RAND Journal of Economics 1987, S. 34–39

Farrell, Joseph/Rabin, Matthew, Cheap Talk, 10 Journal of Economic Perspectives 1996, S. 103–118

Farrell, Joseph/Shapiro, Carl, Asset ownership and market structure in oligopoly, 21 RAND Journal of Economics 1990, S. 275–292

Feiler, Lukas/ Forgó, Nikolaus (Hrsg.), KI-VO, EU-Verordnung über künstliche Intelligenz, Wien 2024

Feuerstack, Daniel/Becker, Daniel/Hertz, Nora, Die Entwürfe des EU-Parlaments und der EU-Kommission für eine KI-Verordnung im Vergleich, ZfDR 2023, S. 421-424

Fish, Sara/Gonczarowski, Yannai A./Shorrer, Ran I., Algorithmic Collusion by Large Language Models, 31.03.2024, abrufbar unter https://arxiv.org/abs/2404.00806

Foerster, Jakob N./Assael, Yannis M./Freitas, Nando de/*Whiteson, Shimon,* Learning to Communicate with Deep Multi-Agent Reinforcement Learning, 24.05.2016, abrufbar unter https://arxiv.org/abs/1605.06676

Fonseca, Miguel/Normann, Hans-Theo, Explicit vs. Tacit Collusion – The Impact of Communication in Oligopoly Experiments, Düsseldorf 2012

Frank, Justus/Heine, Maurice, KI-Einsatz im Betrieb unter der KI-Verordnung, NZA 2023, S. 1281-1284

Friedman, James, A Non-Cooperative Equilibrium for Supergames, 38 The Review of Economic Studies 1971, S. 1–12 ()

Friedman, James, Game Theory with Applications to Economics, Oxford 1986

Friedman, James, Oligopoly theory, Cambridge 1987

Fritsch, Michael, Marktversagen und Wirtschaftspolitik, 10. Aufl., München 2018

Frondel, Marco/Horvath, Marco/Vance, Colin/Kihm, Alexander, Increased Market Transparency in Germany's Gasoline Market, 54 Journal of Transport Economics and Policy 2020, S. 102–120

Furman, Jason/Coyle, Diane/Fletcher, Amelia/McAuley, Derek/Marsden, Philip, Unlocking Digital Competition. Report of the Digital Competition Expert Panel, 13.03.2019, abrufbar unter https://www.gov.uk/government/publications/unlocking-digital-competition-report-of-the-digital-competition-expert-panel

Gal, Avigdor, It's a Feature, not a Bug: On Learning Algorithms and what they teach us, 07.06.2017, abrufbar unter https://www.oecd.org/competition/algorithms-and-collusion.htm

Gal, Michal, Algorithms as Illegal Agreements, 34 Berkeley Technology Law Journal 2019, S. 67–118

Gal, Michal/Elkin-Koren, Niva, Algorithmic Consumers, 30 Harvard Journal of Law & Technology 2017, S. 309–353

Gasser, Lucas, Der Marktstrukturmissbrauch in der Plattformökonomie. Informationsasymmetrien als Ausgangspunkt eines Verstoßes gegen Art. 102 AEUV, Baden-Baden 2021

Gayger, Anna, Die kartellrechtliche Beurteilung von Preisgleitklauseln als Ausprägung von Hub & Spoke Verhältnissen, Baden-Baden 2020

Gemini Team Google, Gemini: A Family of Highly Capable Multimodal Models, 17.06.2024, abrufbar unter https://arxiv.org/abs/2312.11805

Giannino, Michele, Webtaxi: The Luxembourg Competition Authority exempts an algorithmic price-fixing arrangement on efficiency grounds, 10.06.2018, abrufbar unter https://www.lexxion.eu/en/coreblogpost/webtaxi-the-luxembourg-competition-authority-exempts-an-algorithmic-price-fixing-arrangement-on-efficiency-grounds/

Göhsl, Jan-Frederick, Algorithm Pricing and Article 101 TFEU, WuW 2018, S. 121–125

Gonzalez Verdugo, Catalina, Horizontal Restraint Regulations in the EU and the US in the Era of Algorithmic Tacit Collusion, 7 UCL Journal of Law and Jurisprudence 2018, S. 114–141

Goodfellow, Ian/Bengio, Yoshua/Courville, Aaron, Deep Learning, Cambridge, Massachusetts 2018

Goolsbee, Austan/Syverson, Chad/Levitt, Steven D., Mikroökonomik, Stuttgart 2014

Grabitz, Eberhard/Hilf, Eberhard/Nettesheim, Martin (Hrsg.), Das Recht der Europäischen Union, Band I, 83. Aufl., München 2024

Graevenitz, Albrecht, Mitteilungen, Leitlinien, Stellungnahmen – Soft Law der EU mit Lenkungswirkung, EuZW 2013, S. 169–173

Green, Edward/Porter, Robert, Noncooperative Collusion under Imperfect Price Information, 52 Econometrica 1984, S. 87–100

Grunst, Die Unternehmensverantwortlichkeit im europäischen und deutschen Kartellrecht, Baden-Baden 2023

Guda, Harish/Subramanian, Upender, Your Uber Is Arriving: Managing Independent Workers through Surge Pricing, Forecast Communication and Worker Incentives, 65 Management Science 2019, S. 1995–2014

Hackenberg, Wolfgang, Teil 15.2 Big Data und Datenschutz, in: Hoeren, Thomas/Sieber, Ulrich/Holznagel, Bernd (Hrsg.), Handbuch Multimedia-Recht, 62. Auflage, München 2024

Hacker, Philipp, The Ambivalence of Algorithms, in: Bakhoum, Mor/Conde Gallego, Beatriz u.a. (Hrsg.), Personal Data in Competition, Consumer Protection and Intellectual Property Law, Berlin 2018, S. 85–117

Hainz, Josef/Benditz, Robert, Indirekter Informatonsaustausch in Hub and Spoke-Konstellationen - Der Teufel steckt im Detail, EuZW 2012, S. 686–690

Haltiwanger, John/Harrington, Joseph, The Impact of Cyclical Demand Movements on Collusive Behavior, 22 RAND Journal of Economics 1991, S. 89–106 ()

Hanaki, Nobuyuki/Sethi, Rajiv/Erev, Ido/Peterhansl, Alexander, Learning strategies, 56 Journal of Economic Behavior & Organization 2005, S. 523–542

Hansen, Karsten T./Misra, Kanishka/Pai, Mallesh M., Frontiers: Algorithmic Collusion: Supra-competitive Prices via Independent Algorithms, 40 Marketing Science 2021, S. 1–12

Harrington, Joseph, Detecting Cartels, in: Buccirossi, Paolo (Hrsg.), Handbook of antitrust economics, Cambridge (Massachusetts) 2008, S. 213–259

Harrington, Joseph/Harker, Patrck, Developing Competition Law for Collusion by Autonomous Price-Setting Agents, 22.08.2017, abrufbar unter https://papers.ssrn.com/sol3/papers.cfm?abstract_id=3037818

Harrington, Joseph E., Developing Competition Law for Collusion by Autonomous Artificial Agents, 14 Journal of Competition Law & Economics 2018, S. 331–363

Haucap, Justus/Heimeshoff, Ulrich/Kehder, Christiane/Odenkirchen, Johannes/Thorwarth, Susanne, Auswirkungen der Markttransparenzstelle für Kraftstoffe, 97 Wirtschaftsdienst 2017, S. 721–726

Haucap, Justus/Heimeshoff, Ulrich/Schultz, Luis Manuel, Legal and illegal cartels in Germany between 1958 and 2004, Düsseldorf 2010

Haucap, Justus/Müller, Christian, The Effects of Gasoline Price Regulations: Experimental Evidence, Düsseldorf 2012

Haupt, Heiko, Kollektive Marktbeherrschung in der europäischen Missbrauchs- und Fusionskontrolle, Baden-Baden 2004

Havu, Katri/Zupančič, Neža, Case Comment: Collusion and Online Platforms in Eturas, 11 The Competition Law Review 2016, S. 255–266

Hecht, Moritz, Regulierung von GPAI-Modellen durch die KI-Verordnung, KIR 2025, S. 30-38.

Heilmann, Till, Algorithmus, in: Liggieri, Kevin/Müller, Oliver (Hrsg.), Mensch-Maschine-Interaktion. Handbuch Zu Geschichte - Kultur - Ethik, Stuttgart 2019, S. 229–231

Heinemann, Andreas, Algorithmen als Anlass für einen neuen Absprachebegriff?, SZW 2019, S. 18–30

Heinemann, Andreas, Algorithmenbasierte Kartelle, in: Hochreutener, Inge/Stoffel, Walter/Armstutz, Marc (Hrsg.), 10. Freiburger Tagung zum Wettbewerbsrecht – Verfahrensrecht, staatliche Wirtschaftstätigkeit und algorithmenbasierte Kartelle, Bern 2019, S. 53–75

Heinemann, Andreas, Algorithmenbasierter Handel und Kartellverbot, in: Zimmer, Daniel (Hrsg.), Regulierung für Algorithmen und Künstliche Intelligenz. Tagung an der Universität Bonn am 7. und 8. September 2020, Baden-Baden 2021, S. 269–292

Heinemann, Andreas/Gebicka, Aleksandra, Can Computers Form Cartels? About the Need for European Institutions to Revise the Concertation Doctrine in the Information Age, 7 JECLAP 2016, S. 431–441

Hennemann, Moritz, Künstliche Intelligenz und Wettbewerbsrecht, ZWeR 2018, S. 161–184

Henninger, Thomas, Europäisches Privatrecht und Methode. Entwurf einer rechtsvergleichend gewonnenen juristischen Methodenlehre, Tübingen 2009

Herbers, Björn/Rappenglück, David, Die Durchsetzung der KI-Verordnung auf EU-Ebene: Das EU AI Office, RDi 2024, S. 432-439

Hettich, Matthias, Algorithmic Collusion: Insights from Deep Learning, 24.11.2021, abrufbar unter https://ideas.repec.org/p/cqe/wpaper/9421.html

Heuss, Ernst, Aufeinander abgestimmtes Verhalten – Sackgasse und Ausweg, WuW 1974, S. 369–379

Hidar, Siham, Rechtliche Grenzen smarter Preisgestaltung. Eine Untersuchung der rechtlichen Zulässigkeit dynamischer und personalisierter Preisgestaltung aus datenschutz- und lauterkeitsrechtlicher Perspektive, Baden-Baden 2021

Hingston, Philip/Kendall, Graham, Learning versus Evolution in Iterated Prisoner's Dilemma, in: IEEE (Hrsg.), 2013 IEEE Congress on Evolutionary Computation (CEC), Piscataway, New Jersey 2013, S. 364–372

Höfer, Heinrich, Abgestimmtes Verhalten - Wettbewerbspolitik am Ende oder am Ende Wettbewerbspolitik?, 29 ORDO 1978, S. 201–243

Hochrangige Expertengruppe für künstliche Intelligenz, Ethik-Leitlinien für eine vertrauenswürdige KI, 08.04.2019, abrufbar unter https://digital-strategy.ec.europa.eu/de/library/ethics-guidelines-trustworthy-ai

Hollanders de Ouderaen, Louis/Partsch, Philippe-Emmanuel/Evans, Thomas, The Luxembourg Competition Authority allows a price-fixing agreement between competitors as it provides efficiency gains in the taxi market (Webtaxi), 07.06.2018, abrufbar unter https://www.concurrences.com/en/bulletin/news-issues/june-2018/the-luxembourg-competition-authority-allows-a-price-fixing-agreement-between

Holler, Manfred/Illing, Gerhard/Napel, Stefan, Einführung in die Spieltheorie, 8. Aufl., Berlin 2019

Höpfner, Clemens/Rüthers, Bernd, Grundlagen einer europäischen Methodenlehre, 209 AcP 2009, S. 1–36

Horvath, Marco, Germany's market transparency unit for fuels. Fostering collusion or competition?, Bochum 2019

Huck, Steffen/Normann, Hans Theo/Oechssler, Jorg, Zero-knowledge cooperation in dilemma games, 220 Journal of Theoretical Biology 2003, S. 47–54

Huller, Felix, Die Regulierung des Rideselling (Uber), Berlin 2022

Immenga, Ulrich/Mestmäcker, Ernst-Joachim (Hrsg.), Wettbewerbsrecht, Band 1, Europäisches Kartellrecht, 7. Aufl., München 2025

Immenga, Ulrich/Mestmäcker, Ernst-Joachim (Hrsg.), Wettbewerbsrecht, Band 2, Kartellrecht im GWB, 7. Aufl., München 2024

Ittoo, Ashwin/Petit, Nicolas, Algorithmic Pricing Agents and Tacit Collusion: A Technological Perspective, 03.10.2017, abrufbar unter https://papers.ssrn.com/sol3/papers.cfm?abstract_id=3046405

Ivaldi, Marc/Jullien, Bruno/Rey, Patrick/Seabright, Paul/Tirole, Jean, The Economics of Tacit Collusion: Implications for Merger Control, in: Ghosal, Vivek/Stennek, Johan (Hrsg.), The Political Economy of Antitrust, Amsterdam 2007, S. 217-239

Izquierdo, Segismundo/Izquierdo, Luis, The ‚Win-Continue, Lose-Reverse' Rule in Cournot Oligopolies: Robustness of Collusive Outcomes, in: Amblard, Frédéric/Miguel, Francisco J. u.a. (Hrsg.), Advances in Artificial Economics, Cham 2015, S. 33–44

Jaeger, Wolfgang/Kokott, Juliane/Pohlmann, Petra/Schroeder, Dirk/Seeliger, Daniela (Hrsg.), Frankfurter Kommentar zum Kartellrecht, 109. Aktualisierung, Köln 2024

Janka, Sebastian/Uhsler, Sverin, Antitrust 4.0 - The rise of Artificial Intelligence and emerging challenges to antitrust law, 39 European Competition Law Review 2018, S. 112–123

Jeschonneck, Malte, Collusion among Autonomous Pricing Algorithms Utilizing Function Approximation Methods, Düsseldorf 2021

Johnson, Justin/Rhodes, Andrew/Wildenbeest, Matthijs, Platform Design When Sellers Use Pricing Algorithms, 19.10.2022, abrufbar unter https://papers.ssrn.com/sol3/papers.cfm?abstract_id=3691621

Jungermann, Frank, Kollektive Marktbeherrschung durch interdependentes Parallelverhalten und deren Missbrauch, Köln/München 2007

Kantzenbach, Erhard/Kottmann, Elke/Krüger, Reinald, Kollektive Marktbeherrschung: neue Industrieökonomik und Erfahrungen aus der europäischen Fusionskontrolle, Baden-Baden 1996

Kaplow, Louis, Price-fixing policy, 61 International Journal of Industrial Organization 2018, S. 749–776

Kasberger, Bernhard/Martin, Simon/Normann, Hans-Theo/Werner, Tobias, Algorithmic Cooperation, 13.07.2023, abrufbar unter https://papers.ssrn.com/sol3/papers.cfm?abstract_id=4389647

Käseberg, Thorsten/von Kalben, Jonas, Herausforderungen der künstlichen Intelligenz für die Wettbewerbspolitik. Preisbildung durch Algorithmen, WuW 2018, S. 2–8

Kirn, Stefan/Müller-Hengstenberg, Claus, Intelligente (Software-)Agenten: Von der Automatisierung zur Autonomie? - Verselbstständigung technischer Systeme, MMR 2014, S. 225–232

Kleeberger, Lukas, Kartellrechtliche Zurechnungsfragen bei der Verwendung von Algorithmen, Baden-Baden 2023

Klawonn, Thilo, Künstliche Intelligenz, Musik und das Urheberrecht, Tübingen 2023

Klein, Timo, Autonomous algorithmic collusion: Q-learning under sequential pricing, 52 RAND Journal of Economics 2021, S. 538–558

Kling, Michael/Thomas, Stefan, Kartellrecht, 2. Aufl., München 2016

Knieps, Günther, Wettbewerbsökonomie, 3. Aufl., Berlin 2008

Köndgen, Johannes/Mörsdorf, Oliver, Die Rechtsquellen des Europäischen Privatrechts, in: Riesenhuber, Karl (Hrsg.), Europäische Methodenlehre, 4. Aufl., Berlin 2021, S. 131-180

König, Carsten, KI und Wettbewerbsrecht, in: Ebers, Martin/Heinze, Christian/Krügel, Tina/Steinrötter, Björn (Hrsg.), Künstliche Intelligenz und Robotik, München 2020, S. 542-572

Körber, Torsten, Das GWB auf dem Weg zum „more administrative approach"?, NZKart 2023, S. 193–194

Kreifels, Stephan, Die Prioritätensetzung der Europäischen Kommission beim Aufgreifen kartellrechtlicher Fälle, Baden-Baden 2019

Kruse, Johannes, Computational antitrust": Computergestützte Ansätze für die kartellbehördliche Praxis, WuW 2023, S. 13–18

Kruse, Rudolf/Borgelt, Christian/Klawonn, Frank/Moewes, Christian/Ruß, Georg/Steinbrecher, Matthias, Computational Intelligence. Eine methodische Einführung in Künstliche Neuronale Netze, Evolutionäre Algorithmen, Fuzzy-Systeme und Bayes-Netze, Wiesbaden 2012

Kühn, Kai-Uwe, Fighting Collusion by Regulating Communication between Firms, 32 Economic Policy 2001, S. 169–204

Künstner, Kim, Preissetzung durch Algorithmen als Herausforderung des Kartellrechts, GRUR 2019, S. 36–42

Künstner, Kim/Franz, Benjamin, Preisalgorithmen und Dynamic Pricing: Eine neue Kategorie kartellrechtswidriger Abstimmungen?, K&R 2017, S. 688–693

Legner, Sarah, Kollusion durch Algorithmen?, in: Becker, Björn Christian (Hrsg.), Wettbewerb auf digitalen Märkten, Baden-Baden 2025, S. 71-93

Leibo, Joel Z./Zambaldi, Vinicius/Lanctot, Marc/Marecki, Janusz/Graepel, Thore, Multiagent Reinforcement Learning in Sequential Social Dilemmas, 10.02.2017, abrufbar unter https://arxiv.org/abs/1702.03037

Lenaerts, Koenraad/Gutiérrez-Fons, José Antonio, To Say What the Law of the EU Is: Methods of Interpretation and the European Court of, 20 Colombia Journal of European Law 2014, S. 3–61

Lerer, Adam/Peysakhovich, Alexander, Maintaining cooperation in complex social dilemmas using deep reinforcement learning, 05.03.2018, abrufbar unter https://arxiv.org/abs/1707.01068

Lettl, Tobias, Kartellverbot nach Art. 101 AEUV, §§ 1, 2 GWB und vertikale Preisempfehlung/Preisbindung, WRP 2011, S. 710–736

Levenstein, Margaret/Suslow, Valerie, What Determines Cartell Success, 44 Journal of Economic Literature 2006, S. 43–95

Lianos, Ioannis/Wagner-von Papp, Florian, Tackling invitations to collude and unilateral disclosure: the moving frontiers of competition law?, 13 JECLAP 2022, S. 249–253

Lichtenberg, Tim, Die Unternehmenseigenschaft von Arbeitnehmern, NZKart 2023, S. 296–300

Liesegang, Heiko, Hub and Spoke Conspiracies im U.S. Kartellrecht, WuW 2012, S. 1035–1048

Lindsay, Alistair/McCarthy, Eithne, Do we need to prevent pricing algorithms cooking up markets?, ECLR 2017, S. 533–537

Loewenheim, Ulrich/Meessen, Karl/Riesenkampff, Alexander/Kersting, Christian/Meyer-Lindemann, Hans Jürgen (Hrsg.), Kartellrecht, 4. Aufl., München 2020

Lorz, Oliver/Endrikat, Morten, Einführung in die Volkswirtschaftslehre, 16. Aufl., Stuttgart 2022

Louven, Sebastian/Saive, David, Antitrust by Design. Das Verbot wettbewerbsbeschränkender Abstimmungen und der Konsensmechanismus der Blockchain, NZKart 2018, S. 348–354

Louven, Sebastian/Saive, David, Antitrust by Design – The prohibition of anti-competitive coordination and the consensus mechanism of the blockchain, GRUR Int. 2019, S. 537–543

Lu, Alice/Frazier, Peter/Kislev, Oren, Surge Pricing Moves Uber's Driver-Partners, 30.05.2018, abrufbar unter https://papers.ssrn.com/sol3/papers.cfm?abstract_id=3180246

Lübbig, Thomas, Rechtsgrundlagen, in: Wiedemann, Gerhard (Hrsg.), Handbuch des Kartellrechts, 4. Aufl., München 2020

Luber, Mirjam, Unionsbürgerschaft als Kompetenzproblem, Tübingen 2023

Lübke, Julia, Preisabstimmung durch Algorithmen, ZHR 2021, S. 723-769.

Malueg, David, Collusive behavior and partial ownership of rivals, 10 International Journal of Industrial Organization 1992, S. 27–34

Markovits, Richard, Oligopolistic Pricing Suits, the Sherman Act, and Economic Welfare: Part II. Injurious Oligopolistic Pricing Sequences: Their Description, Interpretation, and Legality under the Sherman Act, 26 Stanford Law Review 1974, S. 717-771

Markovits, Richard, Oligopolistic Pricing Suits, the Sherman Act, and Economic Welfare: Part III. Proving (Illegal) Oligopolistic Pricing: A Description of the Necessary Evidence and a Critique of the Received Wisdom about Its Character and Cost, 27 Stanford Law Review 1975, S. 307-331

Markovits, Richard, Oligopolistic Pricing Suits, the Sherman Act, and Economic Welfare: Part IV. The Allocative Efficiency and Overall Desirability of Oligopolistic Pricing Suits, 28 Stanford Law Review 1975, S. 45-60

Markovits, Richard, A Response to Professor Posner, 28 Stanford Law Review 1976, S. 919-956

Marshall, Robert/Marx, Leslie, The Economics of Collusion, Cambridge (Massachusetts) 2012

Martens, Sebastian, Leitfaden für die juristische Promotion, 2. Aufl., Berlin 2023

Martin, Simon/Rasch, Alexander, Collusion by algorithm: The role of unobserved actions, 11.03.2022, abrufbar unter https://www.cesifo.org/en/publications/2022/working-paper/collusion-algorithm-role-unobserved-actions

Martini, Mario, Hochrisiko-KI-Systeme: Risikobasierter Ansatz in: Hilgendorf, Eric/ Roth-Isigkeit, David (Hrsg.), Die neue Verordnung der EU zur Künstlichen Intelligenz, München 2023

Martini, Mario/ Wendehorst, Christiane (Hrsg.), KI-VO, Verordnung über künstliche Intelligenz, München 2024

McSweeny, Terell/O'Dea, Brian, The Implications of Algorithmic Pricing for Coordinated Effects Analysis and Price Discrimination Markets in Antitrust Enforcement, 32 Antitrust Magazine 2017, S. 75–81

Mehra, Salil, De-Humanizing Antitrust: The Rise of the Machines and the Regulation of Competition, 21.08.2014, abrufbar unter https://papers.ssrn.com/sol3/papers.cfm?abstract_id=2490651

Mehra, Salil, Antitrust and the Robo-Seller: Competition in the Time of Algorithms, 100 Minnesota Law Review 2016, S. 1323–1375

Mehra, Salil, US v. Topkins: can price fixing be based on algorithms?, 7 JECLAP 2016, S. 470–474

Mestmäcker, Ernst-Joachim/Schweitzer, Heike, Europäisches Wettbewerbsrecht, 3. Aufl., München 2014

Meylahn, Janusz/Boer, Arnoud den, Learning to collude in a pricing duopoly, 01.12.2020, abrufbar unter https://papers.ssrn.com/sol3/papers.cfm?abstract_id=3741385

Meyring, Bernd, Signalling—When Should We Worry?, 11 Journal of European Competition Law & Practice 2020, S. 335–345

Miklós-Thal, Jeanine/Tucker, Catherine, Collusion by Algorithm: Does Better Demand Prediction Facilitate Coordination Between Sellers?, 65 Management Science 2019, S. 1552–1561

Miller, Akiva, What Do We Worry About When We Worry About Price Discrimination? The Law and Ethics of Using Personal Information for Pricing, 19 Journal of Technology Law and Policy 2014, S. 41–104

Miller, Amalia, Did the Airline Tariff Publishing Case Reduce Collusion?, 53 The Journal of Law & Economics 2010, S. 569–586

Miller, John, The coevolution of automata in the repeated Prisoner's Dilemma, 29 Journal of Economic Behavior & Organization 1996, S. 87–112

Mnih, Volodymyr/Kavukcuoglu, Koray/Silver, David/Rusu, Andrei A./Veness, Joel/Bellemare, Marc G./Graves, Alex/Riedmiller, Martin/Fidjeland, Andreas K./Ostrovski, Georg/Petersen, Stig/Beattie, Charles/Sadik, Amir/Antonoglou, Ioannis/King, Helen/Kumaran, Dharshan/Wierstra, Daan/Legg, Shane/Hassabis, Demis, Human-level control through deep reinforcement learning, 518 Nature 2015, S. 529–533

Möller-Klapperich, Julia, Die neue KI-Verordnung der EU, NJ 2024, S. 337-342

Monopolkommission, Wettbewerb 2018. XXII. Hauptgutachten der Monopolkommission gemäß § 44 I 1 GWB, 03.07.2018, abrufbar unter https://www.monopolkommission.de/images/HG22/HGXXII_Gesamt.pdf

Motta, Massimo, Competition Policy, 11. Aufl., Cambridge 2009

Müller, Klaus, Mikroökonomie. Eine praxisnahe, kritische und theoriengeschichtlich fundierte Einführung: mit Aufgaben, Klausuren und Lösungen, 8. Aufl., Chemnitz 2020

Müller-Graf, Peter-Christian, Algorithmen im Kartellrecht, in: Benicke, Christoph/Huber, Stefan (Hrsg.), Festschrift für Herbert Kronke, Bielefeld 2020, S. 1145-1155

Müller-Graf, Peter-Christian, Das „Soft Law" der europäischen Organisationen, EuR 2012, S. 18–34

Mundt, Andreas, Algorithmen und Wettbewerb in einer digitalen Welt, ZvertriebsR 2021, 69-71

Münter, Markus, Microeconomics, Competition and Strategic Behaviour, Stuttgart 2022

Musolff, Leon, Algorithmic Pricing Facilitates Tacit Collusion, 13.07.2022, abrufbar unter https://dl.acm.org/doi/abs/10.1145/3490486.3538239

Neumann, John/Morgenstern, Oskar, Spieltheorie und wirtschaftliches Verhalten, Würzburg 1961

Neuner, Jörg, Die Rechtsfortbildung, in: Riesenhuber, Karl (Hrsg.), Europäische Methodenlehre, 4. Aufl., Berlin 2021, S. 351-376

Normann, Hans-Theo/Sternberg, Martin, Do Machines Collude Better than Humans?, 12 Journal of European Competition Law & Practice 2021, S. 765–771

Normann, Hans-Theo/Sternberg, Martin, Human-algorithm interaction: Algorithmic pricing in hybrid laboratory markets. Algorithmic pricing in hybrid laboratory markets, Düsseldorf 2022

Nowak, Martin/Sigmund, Karl, A strategy of win-stay, lose-shift that outperforms tit-for-tat in the Prisoner's Dilemma game, 364 Nature 1993, S. 56–58

O'Connor, Jason/Wilson, Nathan, Reduced demand uncertainty and the sustainability of collusion: How AI could affect competition, 54 Information Economics and Policy 2021, S. 1–22

Obradovits, Martin, Austrian-style gasoline price regulation: How it may backfire, 32 International Journal of Industrial Organization 2014, S. 33–45

Odudu, Okeoghene, Indirect Information Exchange: The Constituent Elements of Hub and Spoke Collusion, 7 ECL 2011, S. 205–242

OECD, Algorithms and Collusion: Competition policy in the digital age, 2017, abrufbar unter https://www.oecd.org/competition/algorithms-collusion-competition-policy-in-the-digital-age.htm

OECD, Algorithmic Collusion: Problems and Counter-Measures-Note by A. Ezrachi & M. E. Stucke, 31.05.2017, abrufbar unter https://web-archive.oecd.org/temp/2022-02-22/428074-algorithms-and-collusion.htm

OECD, Algorithmic competition – Note by Brazil, 14.06.2023, abrufbar unter https://web-archive.oecd.org/temp/2024-01-22/652359-algorithmic-competition.htm

Ohlhausen, Maureen, Should We Fear The Things That Go Beep In the Night? Some Initial Thoughts on the Intersection of Antitrust Law and Algorithmic Pricing, 23.05.2017, abrufbar unter https://www.ftc.gov/news-events/news/speeches/should-we-fear-things-go-beep-night-some-initial-thoughts-intersection-antitrust-law-algorithmic

OpenAI, GPT-4 Technical Report, 04.03.2024, abrufbar unter https://arxiv.org/abs/2303.08774

Ott, Alfred, Grundzüge der Preistheorie, 3. Aufl., Göttingen 1997

Ott, Leonie, The future is now: machine learning pricing algorithms and tacit collusion, WuW 2022, S. 590–596

Otto, Jannik, Bußgeldverantwortlichkeit von Kartellgehilfen, WuW 2016, 454-459

Otto, Jannik, Der Kartellgehilfe als Bußgeldadressat im Europäischen Kartellrecht, Berlin 2015

Oxera, When algorithms set prices: winners and losers, 19.06.2017, abrufbar unter https://www.oxera.com/wp-content/uploads/2018/07/When-algorithms-set-prices-winners-and-losers.pdf.pdf

Paal, Boris, Missbrauchstatbestand und Algorithmic Pricing, GRUR 2019, S. 43–53

Parker, Philip/Röller, Lars, Collusive Conduct in Duopolies: Multimarket Contact and Cross-Ownership in the Mobile Telephone Industry, 28 RAND Journal of Economics 1997, S. 304–322

Pasquale, Frank, The Black Box Society, Cambridge (Massachusetts) 2015

Passaro, Nicholas, How Meyer v. UberCould Demonstrate That Uber and the Sharing Economy Fit into Antitrust Law Economy Fit into Antitrust Law, 7 Michigan Business & Entrepreneurial Law Review 2018, S. 259–282

Pechstein, Matthias/Drechsler, Carla, Die Auslegung und Fortbildung des Primärrechts, in: Riesenhuber, Karl (Hrsg.), Europäische Methodenlehre, 4. Aufl., Berlin 2021, S. 181-208

Pechstein, Matthias/Nowak, Carsten/Häde, Ulrich (Hrsg.), Frankfurter Kommentar zu EUV, GRC und AEUV, Band 1, 2. Aufl., Tübingen 2023

Petit, Nicolas, Antitrust and Artificial Intelligence: A Research Agenda, 8 JECLAP 2017, S. 361–362

Petit, Nicolas, Big Tech and the Digital Economy: The Moligopoly Scenario, Oxford 2020

Picht, Peter Georg/Freund, Benedikt, Wettbewerbsrecht auf algorithmischen Märkten, sic! 2018, S. 666–678

Podszun, Rupprecht, UBER – A Pan-European Regulatory Challenge, EuCML 2015, S. 59–60

Podszun, Rupprecht, Muss das Kartellrecht schneller werden?, WuW 2017, S. 577

Podszun, Rupprecht, Gutachten F zum 73. Deutschen Juristentag Hamburg 2020/Bonn 2022: Empfiehlt sich eine stärkere Regulierung von Online-Plattformen und anderen Digitalunternehmen?, München 2020

Pohlmann, Petra, Keine Bindungswirkung von Bekanntmachungen und Mitteilungen der Europäischen Kommission, WuW 2005, S. 1005–1009

Pohlmann, Petra, Algorithmen als Kartellverstöße, in: Kokott, Juliane/Pohlmann, Petra/Polley, Romina (Hrsg.), Festschrift Dirk Schroeder, Köln 2018, S. 633–655

Popescu, Dana, Repricing Algorithms in E-Commerce, 06.10.2015, abrufbar unter https://papers.ssrn.com/sol3/papers.cfm?abstract_id=2669997

Posner, Richard, Oligopoly and the Antitrust Laws: A Suggested Approach, 21 Stanford Law Review 1969, S. 1562–1606

Posner, Richard, Review of Kaplow, Competition Policy and Price Fixing, 79 Antitrust Law Journal 2014, S. 761–768

Potters, Jan/Suetens, Sigrid, Oligopoly experiments in the current millennium, 27 Journal of Economic Surveys 2013, S. 439–460

Priester, Anna/Robbert, Thomas/Roth, Stefan, A special price just for you: effects of personalized dynamic pricing on consumer fairness perceptions, 19 Journal of Revenue and Pricing Management 2020, S. 99–112

Richter, Burkhard/Niggemann, Peter, Preisalgorithmen, Informationsaustausch und Signaling - Kartellrechtliche Herausforderungen im Online-Vertrieb, in: Kokott, Juliane/Pohlmann, Petra/Polley, Romina (Hrsg.), Festschrift Dirk Schroeder, Köln 2018, S. 683–707

Riesenhuber, Karl, Europäische Methodenlehre – Einführung und Übersicht, in: Riesenhuber, Karl (Hrsg.), Europäische Methodenlehre, 4. Aufl., Berlin 2021, S. 1-6

Rochet, Jean-Charles/Tirole, Jean, Platform Competition in Two-Sided Markets, 1 The American Economic Review 2003, S. 990–1029

Rochet, Jean-Charles/Tirole, Jean, Two-sided markets: a progress report, 37 RAND Journal of Economics 2006, S. 645–667

Röhling, Andreas/Haus, Florian, Hub and Spoke - Kartelle im Handel, KSzW 2013, 32-36

Rohner, Tristan, Art. 102 AEUV und die Rolle der Ökonomie, Baden-Baden 2023

Ross, Thomas, Cartel Stability and Product Differentiation, 10 International Journal of Industrial Organization 1992, S. 1–13

Rotemberg, Julio/Saloner, Garth, A Supergame-Theoretic Model of Price Wars during Booms, 76 The American Economic Review 1986, S. 390–407

Roth, David, Der "ebenso effiziente Wettbewerber", Baden-Baden 2017

Rottmann, Johannes, Preisgarantien im Wettbewerbsrecht, Baden-Baden 2024

Rottmann, Johannes/Göhsl, Jan-Frederick, Zentrale Preissetzung auf Transaktionsplattformen der Sharing Economy – Der Fall Uber, WuW 2019, S. 348–355

Rubinstein, Ariel, Finite automata play the repeated prisoner's dilemma, 39 Journal of Economic Theory 1986, S. 83–96

Rusu, Catalin, Eturas: Of Concerted Practices, Tacit Approval, and the Presumption of Innocence, 7 JECLAP 2016, S. 396–398

Säcker, Franz Jürgen/Bien, Florian/Meier-Beck, Peter/Montag, Frank (Hrsg.), Münchener Kommentar zum Wettbewerbsrecht, Band 1/1, 4. Aufl., München 2023

Salaschek, Uwe/Serafimova, Mariya, Preissetzungsalgorithmen im Lichte von Art. 101 AEUV. Innovation des Preiswettbewerbs oder kartellrechtliche Grauzone, WuW 2018, S. 8–17

Salcedo, Bruno, Pricing Algorithms and Tacit Collusion, 01.11.2015, abrufbar unter http://brunosalcedo.com/docs/collusion.pdf

Sannikov, Yuliy/Skrzpacz, Andrzej, Impossibility of Collusion under Imperfect Monitoring with Flexible Production, 97 The American Economic Review 2007, S. 1794–1823

Schirmer, Jan-Erik, Von Mäusen, Menschen und Maschinen – Autonome Systeme in der Architektur der Rechtsfähigkeit, JZ 2019, S. 711-718

Schmidt, Ingo/Haucap, Justus, Wettbewerbspolitik und Kartellrecht, 10. Aufl., München 2013

Schrepel, Thibault, Here's why algorithms are NOT (really) a thing, 15.05.2017, abrufbar unter https://www.networklawreview.org/algorithms-based-practices-antitrust/

Schrepel, Thibault, The Fundamental Unimportance of Algorithmic Collusion for Antitrust Law, 10.02.2020, abrufbar unter https://orgs.law.harvard.edu/antitrust/2020/02/10/the-fundamental-unimportance-of-algorithmic-collusion-for-antitrust-law/

Schröder, Marcel, Preisalgorithmen und Wettbewerb. Die Nutzung von Preisalgorithmen aus wettbewerbspolitischer, -ökonomischer und -rechtlicher Perspektive, Baden-Baden 2024

Schuchmann, Fritz, Die Behandlung von tacit collusion im europäischen und deutschen Kartellrecht, Baden-Baden 2017

Schulte, Josef/Just, Christoph (Hrsg.), Kartellrecht, 2. Aufl., Köln 2016

Schwalbe, Ulrich, Algorithmen, maschinelles Lernen und kollusives Verhalten, in: Kokott, Juliane/Pohlmann, Petra/Polley, Romina (Hrsg.), Festschrift Dirk Schroeder, Köln 2018

Schwalbe, Ulrich, Algorithms, Maschine Learning, and Collusion, 01.06.2018, abrufbar unter https://papers.ssrn.com/sol3/papers.cfm?abstract_id=3232631&download=yes

Schwalbe, Ulrich, Algorithms, machine learning, and collusion, 14 Journal of Competition Law & Economics 2019, S. 568–607

Schwalbe, Ulrich/Zimmer, Daniel, Kartellrecht und Ökonomie, 3. Aufl., Frankfurt am Main 2021

Scott Morton, Fiona, Amazon's pricing algorithms and the enforcement response in the US and Europe, Concurences Review N° 1-2024, Art. N° 116147, S. 1–6

Seitz, Natalie, Common Ownership im Wettbewerbsrecht, Baden-Baden 2020

Sellenthin, Mark, Volkswirtschaftslehre - mathematisch gedacht, 2. Aufl., Wiesbaden 2022

Seyr, Sibylle, Der effet utile in der Rechtsprechung des Europäischen Gerichtshofs, Berlin 2008

Shapiro, Carl, Theories of oligopoly behavior, in: Schmalensee, Richard (Hrsg.), Handbook of industrial organization, Amsterdam 2009, S. 329–414

Shy, Oz, Industrial organization. Theory and applications, 5. Aufl., Cambridge (Massachusetts) 2000

Šmejkal, Václav, Cartels by Robots - Current Antitrust Law in Search of an Answer, 31.12.2017, abrufbar unter https://hrcak.srce.hr/192773

Snyder, Christopher, A Dynamic Theory of Countervailing Power, 27 RAND Journal of Economics 1996, S. 747–769

Solek, Lukas, Passive Participation in Anticompetitive Agreements, 8 JECLAP 2017, S. 15–24

Soltész, Ulrich, Europäisches „Soft Law" – Ein Wesen ohne Kuschelfaktor, EuZW 2013, S. 881–882

Sommer, Martin, Haftung für autonome Systeme. Verteilung der Risiken selbstlernender und vernetzter Algorithmen im Vertrags- und Deliktsrecht, Baden-Baden 2020

Sperber, Herbert/Mändle, Markus, Wirtschaft verstehen, 6. Aufl., Stuttgart 2024

Spiridonova, Alena/Juchnevicius, Edvarias, Price algorithms as a threat to competition under the conditions of digital economy: Approaches to antimonopoly legislation of brics countries, 7 BRICS Law Journal 2020, S. 94–117

Stackelberg, Heinrich von, Marktform und Gleichgewicht, Wien 1934

Stancke, Fabian, Die Haftung für kartellrechtliches Fehlverhalten Dritter, CCZ 2019, S. 274–283

Stäuber, Richard, Preisbindung durch Preisempfehlung – Urteile des Schweizer Bundesgerichts zu Hors-Liste-Arzneimitteln, NZKart 2022, S. 388–391

Sternberg, Martin, Algorithmische Preissetzung und tacit collusion, Baden-Baden 2023

Steuer, Sebastian, Passive Investoren. Indexbasierte Vermögensverwaltung und die Corporate Governance der Publikumsgesellschaft, Baden-Baden 2022

Stigler, George, A Theory of Oligopoly, 1964 Journal of Political Economy, S. 44–61

Stöcker, Mathias, Abstimmung über Dritte, WuW 2012, S. 935–947

Streinz, Rudolf, Der »effet utile« in der Rechtsprechung des Gerichtshofs der Europäischen Gemeinschaften, in: Due, Ole (Hrsg.), Festschrift für Ulrich Everling, Baden-Baden 1995, S. 1491-1513

Streitbörger, Chiara, Preisalgorithmenkartelle, Baden-Baden 2024

Strotebeck, Falk, Einführung in die Mikroökonomik. Band I: Theoretische Grundlagen, Wiesbaden 2020

Stucke, Maurice E./Grunes, Allen, Big Data and Competition Policy, Oxford 2016

Sugaya, Takuo/Wolitzky, Alexander, Maintaining Privacy in Cartels, 126 Journal of Political Economy 2018, S. 2569–2607

Sukhbaatar, Sainbayar/Szlam, Arthur/Fergus, Rob, Learning Multiagent Communication with Backpropagation, 31.10.2016, abrufbar unter https://arxiv.org/abs/1605.07736

Surblytė-Namavičienė, Gintarė, Data-Driven Economy and Artificial Intelligence: Emerging Competition Law Issues, WuW 2017, S. 120–127

Sutton, Richard S./Barto, Andrew G., Reinforcement learning, Cambridge (Massachusetts) 2018

Swarup, Prakhar, Artificial Intelligence, 2 International Journal of Computing and Corporate Research 2012, ID: ISSN2249054X-V2I4M4-072012

Thiele, Alexander, Europäisches Prozessrecht, 2. Aufl., München 2014

Thomas, Stefan, Harmful Signals - Cartel Prohibition and Oligopoly Theory in the Age of Machine Learning, 15 Journal of Competition Law & Economics 2019, S. 159–203

Thomas, Stefan, Auslegung des Kartellverbots bei Kollusion durchAlgorithmen, in: Zimmer, Daniel (Hrsg.), Regulierung für Algorithmen und Künstliche Intelligenz. Tagung an der Universität Bonn am 7. und 8. September 2020, Baden-Baden 2021, S. 293–310

Thomas, Stefan, Rechtliche und wettbewerbspolitische Bewertung des § 32f RefE 11. GWB-Novelle, ZWeR 2022, S. 333–354

Thonke, Victor, Algorithmen im Recht: der Einfluss von Algorithmen auf den kartellrechtlichen Kollusionsbegriff, Speyer 2020

Tirole, Jean, The Theory of Industrial Organization, 14. Aufl., Cambridge (Massachusetts) 2003

Towfigh, Emanuel V./Petersen, Niels/Englerth, Markus/Magen, Stefan/Morell, Alexander/Schmolke, Klaus Ulrich, Ökonomische Methoden im Recht. Eine Einführung für Juristen, 3. Aufl., Tübingen 2023

Townley, Christopher/Morrison, Eric/Yeung, Karen, Big Data and Personalised Price Discrimination in EU Competition Law, 11.10.2017, abrufbar unter https://papers.ssrn.com/sol3/papers.cfm?abstract_id=3048688

Tremblay, Victor/Tremblay, Carol, New perspectives on industrial organization, New York 2012

Turing, Alan Mathison, Computing Machinery and Intelligence, 49 Mind 1950, S. 433–460

Turner, Donald, The Definition of Agreement Under the Sherman Act: Conscious Parallelism and Refusals To Deal, 75 Harvard Law Review 1962, S. 655–706

Varian, Hal, Grundzüge der Mikroökonomik, 9. Aufl., Berlin 2016

Vasel, Johann, Sieben Sünden und Defizite europäischer KI-Regulierung, EuZW 2024, S. 829-835.

Veith, Charlotte, Künstliche Intelligenz, Haftung und Kartellrecht, Baden-Baden 2021

Veljanovski, Cento, Pricing Algorithms as Collusive Devices, IIC 2022, S. 604–620

Vezzoso, Simonetta, Competition by Design, 28.11.2017, abrufbar unter https://papers.ssrn.com/sol3/papers.cfm?abstract_id=2986440

Vezzoso, Simonetta, Competition by design, in: Lundqvist, Björn/Gal, Michal S. (Hrsg.), Competition Law for the Digital Economy, Cheltenham 2019, S. 93–124

Vives, Xavier, Oligopoly pricing. Old ideas and new tools, Cambridge (Massachusetts) 2001

Wagner-von Papp, Florian, Information exchange agreements, in: Ioannis, Lianos/Geradin, Damien (Hrsg.), Handbook on European Competition Law. Substantive Aspects, Cheltenham 2013, S. 130-173

Wagner-von Papp, Florian, § 32f GWB-RefE: Lehren aus dem UK, WuW 2022, S. 642–650

Wagner-von Papp, Florian, Sektoruntersuchung und Störung des Wettbewerbs – „Paradigmenwechsel" zum „Marktdesign"?, in: Kirk, Alexander/Offergeld, Philipp/Rohner, Tristan (Hrsg.), Kartellrecht in der Zeitenwende. Auf dem Weg zur 11. und 12. GWB-Novelle, Baden-Baden 2023

Waldmann, Leonie, Der Einsatz von Preisalgorithmen und das Marktmachtmissbrauchsverbot, Baden-Baden 2024

Waltman, Ludo/Kaymak, Uzay, Q-learning agents in a Cournot oligopoly model, 32 Journal of Economic Dynamics & Control 2008, S. 3275–3294

Wang, Zhongmin, (Mixed) Strategy in Oligopoly Pricing: Evidence from Gasoline Price Cycles Before and Under a Timing Regulation, 117 Journal of Political Economy 2009, S. 987–1030

Wank, Rolf, Uber-Fahrer als Arbeitnehmer?, RdA 2021, S. 376–377

Weber, Stefan/Dovgan, Tatiana/Kara, Artem, Russia: Antitrust Legislation and Enforcement Practice 2017-2018, 18.03.2019, abrufbar unter https://www.noerr.com/en/newsroom/news/russia-antitrust-report-2018

Weimann, Joachim/Brosig-Koch, Jeannete, Einführung in die experimentelle Wirtschaftsforschung, Wiesbaden 2019

Weller, Jonas, Aktionärsstruktur und Wettbewerb, Baden-Baden 2025 (im Erscheinen)

Welser, Marcus von, Die KI-Verordnung – ein Überblick über das weltweit erste Regelwerk für künstliche Intelligenz, GRUR-Prax 2024, S. 485-488

Werden, Gregory, Consumer welfare and competition policy in: Drexl, Josef/Kerber, Wolfgang/Podszun, Rupprecht (Hrsg.), Competition Policy and the Economic Approach, Cheltenham 2012

Werden, Gregory, Economic Evidence on the Existence of Collusion: Reconciling Antitrust Law with Oligopoly Theory, 71 Antitrust Law Journal 2004, S. 719-800

Werner, Tobias, Algorithmic and Human Collusion, 14.11.2023, abrufbar unter https://papers.ssrn.com/sol3/papers.cfm?abstract_id=3960738

Werner, Tobias/Hunold, Matthias, Algorithmic Price Recommendations and Collusion: Experimental Evidence, 30.08.2023, abrufbar unter https://papers.ssrn.com/sol3/papers.cfm?abstract_id=4557050

Whish, Richard/Bailey, David, Competition Law, 11. Aufl., Oxford 2024

Wiedemann, Gerhard, Neue Entwicklungen bei der Wouters-Doktrin des EuGH – Zur Ausnahme vom Verbot des Art. 101 Abs. 1 AEUV bei der Verfolgung von Gemeinwohlzielen, NZKart 2024, S. 347-351

Wied-Nebbeling, Susanne, Preistheorie und Industrieökonomik, 5. Aufl., Berlin/Heidelberg 2009

Wiese, Harald, Entscheidungs-und Spieltheorie, Berlin 2002

Wieting, Marcel/Sapi, Geza, Algorithms in the Marketplace: An Empirical Analysis of Automated Pricing in E-Commerce, 08.11.2021, abrufbar unter https://papers.ssrn.com/sol3/papers.cfm?abstract_id=3945137

Wissing, Christian, Reaktionsverbundenheit in Oligopolen – das Problem der „tacit collusion", WuW 2017, S. 543–545

Wolf, Maik, Algorithmengestützte Preissetzung im Online-Einzelhandel als abgestimmte Verhaltensweise – Ein Beitrag zur Bewältigung des „Predictable Agent" über Art. 101 Abs. 1 AEUV, NZKart 2019, S. 2–10

Yao, Dennis/DeSanti, Susan, Game Theory and the Legal Analysis of Tacit Collusion, 38 The Antitrust Bulletin 1993, S. 113-141

Yilnen, Johannes, Digital Pricing und Kartellrecht, NZKart 2018, S. 19–22

Zampa, Gian Luca/Buccirossi, Paolo, Hub and Spoke Practices: Law and Economics of the New Antitrust Frontier?, 9 CLI 2013, S. 91–110

Zander-Hayat, Helga/Reisch, Lucia/Steffen, Christine, Personalisierte Preise - Eine verbraucherpolitische Einordnung, VuR 2016, S. 403–410

Zimmer, Daniel, Kartellrecht und neuere Erkenntnisse der Spieltheorie – Vorzüge und Nachteile einer alternativen Interpretation des Verbots abgestimmten Verhaltens (§ 25 Abs. 1 GWB, Art. 85 Abs. 1 EWGV), ZHR 1990, S. 470–487

Zimmer, Daniel, Law and Economics im Recht der Wettbewerbsbeschränkungen, in: Studienvereinigung Kartellrecht e.V. (Hrsg.), Kartellrecht in Theorie und Praxis. Festschrift für Cornelis Canenbley zum 70. Geburtstag, München 2012, S. 525-535

Zurth, Patrick, Die kartellrechtliche Bändigung von Preisalgorithmen, ZWeR 2021, S. 361–392

Alle Internetquellen wurden zuletzt am 05.02.2025 abgerufen.